乾隆的百寶箱

清宮寶藏與京城時尚

賴惠敏——著

目次

小引

李漁《夏宜樓》小說描述一位書生瞿佶，在街肆上買西洋千里鏡。他登塔試眺，照見一位美女名叫嫻嫻，居處夏宜樓，容貌端莊過人，決計娶為妻。千里鏡打破男女空間區隔的藩籬，結局為「吉人既占花王，又收盡了群芳眾豔」。李漁是明末清初的文人，在那時代已經有西方傳教士引進洋貨到中國來，所以他是第一位把望遠鏡寫入小說的文人。到十八世紀，《紅樓夢》小說中出現的西洋器物更多，該書描述劉姥姥進大觀園，見到自鳴鐘「只聽得當的一聲，又若金鐘銅磬一般，不防倒唬的一展眼。」賈府的大時鐘、大鏡子，婦女穿著毛皮服飾或使用瑪瑙、鼻煙壺等物品都是洋貨。然而，《紅樓夢》和清宮的洋貨比起來，又顯得小巫見大巫。清宮有粵海關大量採辦洋貨，乍浦港進口的日本洋銅和各種東洋器皿等，還有恰克圖俄羅斯進的毛皮、紡織品等。這些進口的毛皮、毛織品、珊瑚、銅、錫、鉛、玻璃、紫檀木、洋氈數量，令人嘆為觀止，可見清人對西方舶來品的興趣值得深入探討。

經由貿易數量的變化來觀察洋貨影響人們生活的品味，這是近年來中西學者關注的焦點。彭慕蘭（Pomeranz Kenneth）《大分流》（The Great Divergence）討論歐洲和中國的奢侈消費，如糖、絲、棉產量影響城市居民的品味。此外，西洋的眼鏡、飾品、毛皮與食品魚翅、燕窩等舶來品也在中國迅速的成長。彭慕蘭認為中國人對西方進口的舶來品除了燕窩之外，對其他商品興趣不大。[1] 康無為（Harold Kahn）曾提到：「十八世紀的北京在生活方式或服飾上，並未模仿外人，也沒做過什麼調適，不像八世紀長安那樣，深受唐帝國外緣的突厥和波斯人的風格與貨物的影響」。[2] 韓格理（Gary G. Hamilton）討論十九世紀俄國接受了大量的西方貨品，其接受原因是因這些貨品是歐洲製造的，特別是法國製造的。然而，親法分子掌握俄國後，就把這些西方商品留給俄國的貴族及其家臣使用。菁英分子有意藉著把這種貨品集中於君主，特別是凱薩琳大帝，以形成一種消費模式。南美的菁英分子也使用大量的西方貨

1　彭慕蘭（Pomeranz Kenneth）著，邱澎生等譯，《大分流》（臺北：巨流出版社，2004），頁211-213。

2　康無為（Harold Kahn）著，〈帝王品味：乾隆朝的宏偉氣象與異國奇珍〉，收入康無為著，《讀史偶得：學術演講三篇》（臺北：中央研究院近代史研究所，1993），頁70。

品，菁英分子也是政治領袖，他們保有極大的優異性特點，作為維持他們的領導權的手段之一。在印度使用西方貨品是特殊分子，例如有知識的行政人員及商人等。如此看來，西方社會中菁英地位群體比較容易接受西方商品。至於中國人基於文化的優越性，菁英分子不喜歡所有的外國人及外國製的貨品。[3]然而，十九世紀中國處於內憂外患時期，統治階層與文武官員等都倡導簡約，而十八世紀盛清時期，皇帝宮廷生活無不奢靡鋪張，洋貨充斥宮廷。洋貨成為清朝帝國統治的利器，賞賜蒙古王公、西藏喇嘛等，締造太平盛世，不能忽視它的重要性。西洋物品在宮廷大量使用，北京內城是旗人居住的地方，城內的東西兩廟，東城的隆福寺和西城的護國寺，一日能消耗百萬錢，消費者極盡所能的購買洋貨。

筆者閱讀清人筆記，特別是《北京竹枝詞》提到乾嘉時期洋貨充斥北京，如大小絨、嗶嘰、羽紗、紫檀、火石，及所製時辰鐘表等物，精巧絕倫。十八世紀朝鮮王國每年派使臣到北京朝覲，許多使臣的日記都提到北京繁華且奢侈景象。如朴趾源（1737-1805）於《熱河日記》載隆福寺：「階城玉欄所布掛，皆龍鳳氍毹，而衣披墻壁者，盡是法書名畫。……前年李懋官遊此寺，值市日，逢內閣學士嵩貴，自選一狐裘，挈領披拂，口向風吹氅，較身長短，手揣銀交易，大駭之。……然今吾歷訪賣買者，皆吳中名士，……其所覓物，類多古董彝鼎、新刻書冊、法書名畫、朝衣朝珠、香囊眼鏡。……以中國人人能有精鑒雅賞也。」[4]李德懋看到嵩貴在廟會市集購買高級狐裘，大為驚訝。朴趾源到北京正逢乾隆四十五年（1780）皇帝七十大壽，當時的隆福寺所賣皆氍毹、書畫、古董、朝珠、香囊眼鏡、狐裘貂帽等。嘉慶朝禮親王昭槤《嘯亭雜錄·續錄》載：「乾隆末，和相當權，最尚奢華，凡翰苑部曹名輩，無不美麗自喜，衣褂袍褶，式皆內裁。其衣冠敝陋，惘惘無華者，人皆視為棄物。」[5]官員衣

3　〔美〕韓格理（Gary G. Hamilton）著，張維安譯，〈中國人對外國商品的消費：一個比較的觀點〉，收入韓格理著，張維安、陳介玄、翟本瑞譯，《中國社會與經濟》（臺北：聯經出版社，1990），頁191-225。

4　〔韓〕朴趾源著，朱瑞平點校，《熱河日記》（上海：上海書店出版社，1997），頁346-347。

5　〔清〕昭槤著，《嘯亭雜錄·續錄》（臺北：弘文館出版社，1986），卷2，頁423。

褂袍褶必稱宮樣，爭尚奢華，說明宮廷帶動時尚流行。

倪玉平、許檀等提到崇文門稅收的增加，他們雖留意了商業的發展，[6]但是未特別討論稅收和國際貿易的關係。雍正五年（1727）中俄簽訂《恰克圖條約》，乾隆二十年（1755）中俄商民開始在恰克圖貿易。[7]又，乾隆二十二年（1757）所謂「廣州一口通商」。[8]洋貨帶來了崇文門稅收的變化，第一、以「洋」為稅目數量增加。康熙二年（1663）規定：「凡外國進貢之人，帶來貿易物件，應令崇文門監督，止記冊報部，不必收稅。」[9]康熙八年（1669）崇文門訂立稅則，雍正八年（1730）關於皮張的稅則不多，包括上、中、下等三等貂皮，及豹皮、狐皮、水獺皮、虎皮等。[10]乾隆十七年（1752）增海龍皮、沙狐皮、羔皮袍、羔皮褂的稅額。乾隆三十六年（1771）增訂了洋貂皮、太平貂皮、洋灰鼠皮的項目，這些都是進口的毛皮。另增羽綢、珊瑚器、水晶器、碧霞璽、鐘表之稅則。至乾隆四十五年（1780），崇文門稅關徵收的布疋類中有「洋」、「回」的錦緞、布疋約 17 項。皮張則增加 20 種毛皮項目，而且依照服飾所需，分有「袖」、「領」、「帽沿」。[11]其他金線、絨氈、鏡子、八音盒、自行羊、顯微鏡、洋針、洋紅、洋青等更不可勝數。詳細的內容將在本書各章中討論。

第二、崇文門稅收在乾隆年間大幅增加。崇文門以菸、酒、茶、布四項為

---

6 倪玉平著，《清代關稅：1644-1911年》（北京：科學出版社，2017），頁62；許檀著，《明清華北的商業城鎮與市場層級》（北京：社會科學出版社，2021），頁19-58。

7 賴惠敏著，《滿大人的荷包：清代喀爾喀蒙古的衙門與商號》（北京：中華書局，2020），頁8。

8 陳國棟認為「廣州一口通商」的說法一定要和英國連結，不能擴大到包括所有與中國貿易的國家，參見陳國棟著，《清代前期的粵海關與十三行》（廣州：廣東人民出版社，2014），頁8-9。

9 〔清〕馬齊、張廷玉、蔣廷錫監修，《大清聖祖仁皇帝實錄》（臺北：華文書局，1969），卷之10，頁161-2。

10 《督理崇文門商稅鹽法・康熙八年題定則例徵銀數目》，收入陳湛綺編，《國家圖書館藏清代稅收稅務檔案史料匯編》（北京：全國圖書館文獻縮微複製中心，2008），冊6，頁2860-2862。

11 《督理崇文門商稅鹽法・乾隆三十六年新增稅則》，收入陳湛綺編，《國家圖書館藏清代稅收稅務檔案史料匯編》，冊7，頁3007-3008、3021、3021-3023、3088-3090、3104-3106。

大宗，順治年間正額為 85,099 兩，康熙二十五年（1686）正額為 94,483 兩。雍正元年（1723），正額為 102,175 兩。[12]乾隆二十一年（1756）正額盈餘共銀 262,085.7 兩、乾隆四十一年（1776）為 316,089.5 兩。崇文門關稅繳交戶部的定額約為 110,000 兩餘。[13]嘉慶八年（1803）八月初三日起至九年八月初二日止一年期內，徵收過額稅銅斤水腳銀 102,180.81 兩，又儘收儘解參稅銀 5.43 兩，盈餘銀 179,359.54 兩。[14]自嘉慶十年（1805），八月初三日起至十一年八月初二日止計十二個月一年期滿，共收正額銀 102,186.71 兩，收盈餘銀 212,473.11 兩，通計正額盈餘儘收儘解共收銀 314,659.82 兩。較比上年無閏月年分多收盈餘銀 108.5 兩。[15]稅收增加和洋貨在北京的流通不無關係。乾嘉年間崇文門稅收參見圖 A-1。

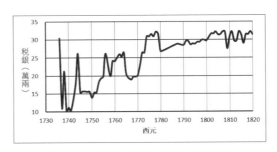

圖 A-1：乾嘉年間崇文門稅收的變化

資料來源：倪玉平，《清代關稅：1644-1911 年》；中央研究院歷史語言研究所藏，《中央研究院歷史語言研究所現存清代內閣大庫原藏明清檔案》等。

　　崇文門稅收和居住內城的居民消費有關。根據韓光輝研究，清代順治四年（1647）內城人口 39.5 萬，外城 14.4 萬，城屬人口 12 萬，共 65.9 萬。康熙

12　倪玉平著，《清代關稅：1644-1911年》，頁62。

13　崇文門交戶部銀，乾隆二十七年為111,274.5兩；四十一年為110,694兩。《宮中硃批奏摺・財政類》（北京：中國第一歷史檔案館發行微捲，1986），檔案編號0335-037，乾隆二十七年八月十八日；檔案編號0347-042，乾隆四十一年八月九日。

14　中央研究院歷史語言研究所藏，《中央研究院歷史語言研究所現存清代內閣大庫原藏明清檔案》，登錄號116735，嘉慶十年六月十九日。

15　《中央研究院歷史語言研究所現存清代內閣大庫原藏明清檔案》，登錄號173914，嘉慶十一年九月。

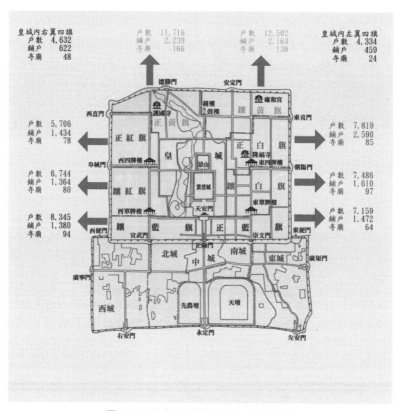

圖 A-2：北京內城鋪戶的分布與數量

資料來源：載銓等修，《金吾事例》，章程三，頁 15-18。

二十年（1681）內外城共 76.7 萬。乾隆四十六年（1781）共 98.7 萬，其中內城 45 萬。宣統二年（1910）外城人口為 82.2 萬，內城約 38.8 萬，共 121 萬。若連外城人：清初為 55 萬人，乾隆四十六年（1781）為 86 萬人，清末為 121 萬人。[16] 根據史志宏研究戶部銀庫支出：京師八旗兵餉約計 400 餘萬，京師王公百官俸祿、京官養廉銀等 108 萬兩，以及行政經費支出約 90 萬兩，[17] 京師官員和兵丁的俸餉等達 5、600 萬兩，足以形成龐大的消費群體。

《金吾事例》載：「嘉慶十八年，御史嵩安等奏酌籌內城編查保甲事宜。……居民鋪戶俱令注明姓名、籍貫、年歲、行業、家口、奴僕。除婦女幼孩，其餘俱令注明年貌。鋪戶令一月出具甘結，一本送衙門存查；一本交該官廳收存。」[18] 該書統計咸豐元年（1851），北京內城的戶口約 76,443 戶，商鋪數量為 15,333 家，商鋪的分布參見圖 A-2。

過去筆者探討北京廟會的活動主要集中在護國寺、隆福寺、雍和宮等地。從圖 A-2 看來，這些寺廟附近，以及東四牌樓、西四牌樓鋪戶的分布較多，此為旗人消費場所。[19] 劉小萌利用北京的契約文書研究漢人在內城經營商業，其鋪面分布於東直門內北小街、安定門大街、鼓樓前斜街、德勝門內大街、國子監西口、西四牌樓東邊等處。[20] 也是靠近圖 A-2 鋪戶密集所在。

北京內城的核心為皇帝住所——紫禁城，服務皇帝的單位內務府是全國最龐大的行政機構，內務府所屬機構 50 多處，官員 3,000 多位，太監近 3,000 人，還有三旗內管領下食錢糧、食季米蘇拉 4,950 名。[21] 內務府所掌握的財政

16 韓光輝著，〈清代北京地區人口的區域構成〉，《中國歷史地理論叢》，1990年4期，頁135-142；同作者，《北京歷史人口地理》（北京：北京大學出版社，1996），頁128。

17 行政經費支出約90萬兩，其中包括內務府、工部、太常寺、光祿寺、理藩院等衙門支領備用銀56萬兩，參見史志宏著，《清代戶部銀庫收支和庫存研究》（北京：社會科學文獻出版社，2014），頁54-56。

18 〔清〕載銓等修，《金吾事例》，收入故宮博物院編，《故宮珍本叢刊》（海口：海南出版社，2000），冊330，〈章程二〉，頁57-58。

19 賴惠敏著，《乾隆皇帝的荷包》（臺北：中研院近代史研究所，2016二刷），頁329-337。

20 劉小萌著，〈清代北京內城居民的分布格局與變遷〉，收入劉小萌著，《清史滿族史論集》（北京：中國社會科學出版社，2020），下冊，頁695-714。

21 祁美琴著，《清代內務府》（北京：中國人民大學出版社，1998），頁186。

資源相當驚人，其廣儲司銀庫為內務府庋藏金銀的單位，根據《清宮內務府奏銷檔》記載，銀庫依雍正元年奏過黃冊內實存銀 832,365.65 兩，雍正二年（1724）正月初一日起至三年（1725）八月二十九日止，用銀 1,848,900.38 兩。[22] 雍正七年（1729），內務府官員雙全奏報銀庫收貯銀 359,000 餘兩，遵旨鎔化之色銀 1,320,890 兩，得紋銀 476,300 餘兩。[23] 雍正七年（1729）至乾隆九年（1744）資料遺失。《內務府廣儲司銀庫用項月摺檔》載，自乾隆十年到六十年（1745-1795）總收入為 68,803,253 兩，支出銀兩為 67,705,043 兩。[24] 平均內務府一年的花費在百萬兩以上，而北京的鋪戶同時提供內務府辦買物資之消費。

　　祁美琴將內務府的經費支出分成：一、帝、后日常膳食和服御用品的消耗；二、賞賜；三、節日慶典；四、修繕、祭祀；五、出巡；六、衙門辦公費和官員差役人員的薪資。[25] 本書利用《內務府廣儲司銀庫用項月摺檔》統計各年支出，重點在於宮廷的服飾、賞賜、祭祀等項目。所以將膳食和服飾分開，修繕與祭祀也分開來。這樣做的用意是著重服飾、賞賜及祭祀中有的洋貨。透過內務府各單位「辦買」的物資，異國奇珍不斷湧入清宮。

　　內廷生活中重要的支出費用是帝、后們的服御用品。供奉皇太后、皇帝、皇后御用冠服，妃嬪暨皇子、公主朝冠、朝服，皆依定式成造。主要由江南三織造局分織龍衣、採布、緞、紗、綢、絹、布、棉甲及採買金絲、織絨之屬，歲由府擬定式樣及應用之數，奉行織造。三織造額定經費 13 萬兩，但是內務府的買賣人仍須在北京辦買各種珠寶、珊瑚、皮張、氈毯等。

---

22 中國第一歷史檔案館、故宮博物院合編，《清宮內務府奏銷檔》（北京：故宮出版社，2014），冊1，雍正三年十二月初七日，頁455-457。

23 《清宮內務府奏銷檔》，冊3，雍正七年十一月十六日，頁367。

24 朱慶薇著，〈內務府廣儲司六庫月摺檔〉，《近代中國史研究通訊》，期34（2002年9月），頁143-147。

25 祁美琴著，《清代內務府》，頁170-189。

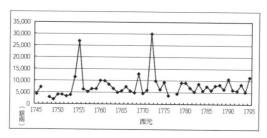

圖 A-3：服飾消費的支出
資料來源：《內務府廣儲司銀庫用項月摺檔》。

　　清代宮中筵宴名目繁多，由內務府承辦的筵宴主要有皇太后聖壽、皇后千秋節、各級妃嬪的生辰等日所舉行的筵宴，有皇子、皇孫、皇曾孫婚禮中的初定禮、成婚禮筵宴，有皇帝家筵宴及宗室宴，還有幾次大規模的千叟宴等等。皇帝萬壽、元旦及除夕賜宴外藩蒙古王公等，則由內務府和光祿寺合辦。筵宴之後賞給外藩蒙古王公等各種皮張、緞疋等。雖然賞賜物品並非都是洋貨，但檔案沒明顯區分各項賞賜的經費，故按照《內務府廣儲司銀庫用項月摺檔》各年支出，參見圖 A-4。

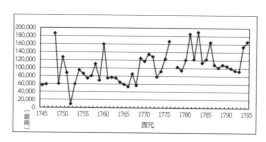

圖 A-4：賞賜的支出
資料來源：《內務府廣儲司銀庫用項月摺檔》。

　　此外，內廷祭祖包括祭神、祭天、祭祖等項，一年之中，大小祭祀不斷，內務府官員辦買各項香供、糖觔、果品、蠟燭等，其中沈香、速香等屬舶來品，其費用也相當可觀。《內務府廣儲司銀庫用項月摺檔》各年支出，乾隆三十五年以前在四萬兩以下，三十五年以後增加到六到八萬，參見圖 A-5 祭祀。

圖 A-5：祭祀的支出

資料來源：《內務府廣儲司銀庫用項月摺檔》。

　　內務府所需的物資會向北京的鋪戶辦買，因此乾隆年間出現著名的銀樓商號等。潘榮陛撰《帝京歲時紀勝》記載乾隆年間帝京品物，「金銀寶飾，開敦華、元吉之樓；綵緞綾羅，置廣信、恆豐之號。貂裘狐腋，江米街頭；珊瑚珍珠，廊房巷口。靛青梭布，陳慶長細密寬機；羽緞氆氌，伍少西大洋青水。冬冠夏緯，北於橋李齊名。滿襪朝靴，三進天奇並盛。織染局前鞓帶，經從內府分來；隆福寺裡荷包，樣自大宮描出。」[26] 江米街（現在的東交民巷）專賣貂裘狐腋；廊房巷賣珊瑚珍珠。北京百貨齊聚，服玩之好，厭古而喜新；爭奇而誇美者，必曰宮樣。西方研究物質文化的學者認為奢侈品本來是貴族用來顯示特權身分地位的象徵，到消費社會形成後，任何人只要有錢就可以購買到奢侈品。而且貴族的消費模式被下層社會所仿效，隨著城市化更促進仿效的現象，且在城市內造就了這種消費的集中市場。筆者認為乾隆皇帝面臨全球化的貿易，有意推廣奢侈品的使用，在禮制上規定貴族、王公、官員的服飾，並引進西方、西藏等地工藝技術影響北京城市工商業。本書討論的清宮寶藏包含著在 1760 年工業革命後全球化貿易的趨勢改變了清宮物品的喜好，乃至影響到禮儀制度的變化，而這些變化都和皇帝設計、西洋、西藏技術支援，以及傑出的執行群臣和手藝精湛的工匠有關。以下分四個面向來分析：

26　〔清〕潘榮陛撰，《帝京歲時紀勝》（臺北：木鐸出版社，1982），頁41-42。

（一）清宮物資與全球化

　　過去學者注意到清代朝貢體系，主要透過禮儀制度建立起宗藩等級名分關係，各地的貢物物資的互換，但 1760 年工業革命之後，全球貿易興盛，以朝貢名義來進行實質的貿易為必然趨勢。最顯著的是毛皮和紡織品的貿易。十八世紀清朝統治的帝國版圖擴張至喀爾喀蒙古，與俄羅斯接壤。俄國每年輸入中國的毛皮達數百萬張，至十九世紀恰克圖與萊比錫（Lipsia）為全球兩處毛皮貿易的重鎮。在俄國方面的研究已經有很多論著，譬如〔美〕克利福德・M. 福斯特（Clifford M. Foust）、〔俄〕米・約・斯拉德科夫斯基、〔俄〕阿・科爾薩克、〔俄〕特魯謝維奇、〔俄〕B. C. 米雅斯尼科夫、〔俄〕謝・賓・奧孔等。[27] 其他還有〔日〕吉田金一、〔日〕森永貴子、〔美〕謝健（Jonathan Schlesinger）等 [28] 有關英美毛皮進口中國的資料，以《東印度公司對華貿易編年史（1635-1834）》（*The Chronicles of the East India Company Trading to China, 1635-1834*）為主，記載十八世紀末至十九世紀初，由英國、美國進口的海獺、海豹、兔皮等，每年約 20 萬元。[29]

27　〔美〕Clifford M. Foust, *Muscovite and Mandarin, Russia's Trade with China and Its Setting 1727-1805* (Chapel Hill: University of North Carolina Press, N.C. 1969);〔俄〕米・約・斯拉德科夫斯基著，宿豐林譯，《俄國各民族與中國貿易經濟關係史（1917年以前）》（北京：社會科學文獻出版社，2008）；〔俄〕阿・科爾薩克著，米鎮波譯，《俄中商貿關係史述》（北京：社會科學文獻出版社，2010）；〔俄〕特魯謝維奇著，徐東輝、譚萍譯，《十九世紀前的俄中外交與貿易關係》（長沙：岳麓書院出版社，2010）；B. C. 米雅斯尼科夫主編，徐昌翰等譯，《19世紀俄中關係：資料與文獻第一卷1803-1807》（廣州：廣州人民出版社，2013）；〔俄〕謝・賓・奧孔著，俞啟驤等譯，《俄美公司》（北京：商務印書館，1988）。

28　〔日〕吉田金一著，〈ロシアと清の貿易について〉，《東洋學報》，卷45號4（1963年6月），頁39-86；〔日〕森永貴子著，《ロシアの拡大と毛皮交易：16-19世紀シベリア・北太平洋の商人世界》（東京：彩流社，2008）；同作者，《イルクーツク商人とキャフタ貿易：帝政ロシアにおけるユーラシア商業》（札幌：北海道大學出版會，2010）。Jonathan Schlesinger, *A World Trimmed with Fur: Wild Things, Pristine Places, and the Natural Fringes of Qing* (Stanford: Stanford University Press, 2019). 中譯本謝健（Jonathan Schlesinger）著，關康譯，《帝國之裘：清朝的山珍、禁地以及自然邊疆》（北京：北京大學出版社，2019），頁108-113。

29　〔美〕馬士著，中國海關史研究中心、區宗華譯，《東印度公司對華貿易編年史（1635-1834）》（廣州：中山大學出版社，1991）；相關論文有蔡鴻生著，〈清代廣州的毛皮貿

筆者曾於 2020 年出版《滿大人的荷包》一書，探討晉商在恰克圖販售茶葉的情況，利用了蒙古共和國國家檔案局《恰克圖商民買賣貨物清冊》，該檔案還包括商民從俄羅斯進口的毛皮、西洋紡織品銷遍中國各城市。過去學者以為英國進口的紡織品在中國銷路不佳，所以認定中國人不愛洋貨，若看到數量眾多的俄羅斯商品在中國行銷應該會改觀的。

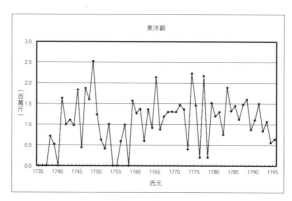

圖 A-6：唐船輸出日本洋銅數量

資料來源：永積洋子，《唐船輸出入品數量一覽，1637-1833 年：復元唐船貨物改帳・歸帆荷物買渡帳》，頁 257-298。

其次，探討金屬的進口，主要是銅、錫、鉛。《水窗春囈》提到：與河廳「同時奢靡者，為廣東之洋商，漢口、揚州之鹽商，蘇州之銅商，江蘇之州縣，其揮霍大半與河廳相上下。」[30] 劉序楓統計自康熙二十三年（1684）清朝開放海禁後，日本銅輸出至中國的數量急遽增加。康熙二十三年至三十四年（1684-1695）間，每年均有 300-400 萬斤；康熙三十五年至四十九年（1696-1710）間，每年均有 400-700 萬斤。康熙五十四年（1715）以後因日本銅產減少，至乾隆七年（1742）日本將輸出銅數限制在 150 萬斤；乾隆三十年（1765）為 130 萬斤；乾隆五十六年（1791）降為 100 萬斤。[31]〔日〕永積洋子所編《唐船輸出入品

易〉，《學術研究》，1986年4期，頁85-91。

30　〔清〕歐陽兆熊、金安清撰，《水窗春囈》（北京：中華書局，1984），卷下，頁42。

31　劉序楓著，〈清康熙──乾隆年間洋銅的進口與流通問題〉，收入湯熙勇編，《中國海洋發展

數量一覽，1637-1833 年》記載 1637-1833 年間，中國船到日本購買的洋銅數量，經整理後繪製圖 A-6。[32]

　　中國歷史上任土作貢的傳統下，清朝貢錫、鉛數量相當多。何新華在《清代貢物制度研究》提到貢錫的省分有江蘇、安徽、福建、山西、廣東等，以廣東貢錫數量最多。[33] 實際上，從英國東印度公司（The British East India Company）以及荷蘭東印度公司（The Dutch East India Company）確可看到錫、鉛進口到廣州。英國、荷蘭船隻運送的錫原來是壓船艙用的，後來發現中國人祭祀焚燒錫箔冥紙用量多，荷蘭東印度公司輸出中國的錫大為增加，十八世紀中葉後較十七世紀錫的輸出量增加 15 倍。[34] 錫和鉛的合金稱為六錫，清宮大量使用於宮殿建築防水、旅行輕便器皿、茶罐防潮等，用途相當多元。

（二）洋貨與清宮禮儀制度

　　研究中國服飾的著名學者安東籬（Antonia Finnane）討論中國歷代文人描述的邊疆文學出現穿著毛皮野蠻人的形象。[35] 清朝的貂裘不再是野蠻的象徵，乾隆十三年（1748），皇帝命允祿編輯《皇朝禮器圖式》，這套圖譜包括祭器、儀器、冠服、樂器、鹵簿與武備六部。帝室、王公、百官等穿用按照冠服圖的

史論文集》（臺北：中央研究院中山人文社會科學研究所，1999），輯7，上冊，頁93-144。

32　〔日〕永積洋子編，《唐船輸出入品数量一　，1637-1833年：復元唐船貨物改帳・帰帆荷物買渡帳》（東京：創文社，1987）。

33　何新華著，《清代貢物制度研究》（北京：社會科學文獻出版社，2012），頁23-39。如江蘇貢高錫16,239斤、安徽貢高錫16,654斤、福建貢錫22,028斤、山西貢11,800斤、廣東貢高錫35,664斤8兩、點錫211,713斤。

34　Els M. Jacobs, *Merchant in Asia: The Trade of the Dutch East India Company during the Eighteenth Century* (Leiden: CNWS Publications, 2006), pp. 227-228. 劉勇（Liu Yong）書附錄2有荷蘭1758-1793年運到中國錫的數量，參見Liu Yong, *The Dutch East India Company's Tea Trade with China, 1757-1781* (Leiden: Brill, 2007), pp. 178-203.

35　Antonia Finnane, *Changing Clothes in China: Fashion, History, Nation* (London: Hurst& Company Press, 2007); "Barbarian and Chinese: Dress as Difference in Chinese Art." *Humanities Australia 1* (August 2010), pp. 33-43.

規範，形成階層分明的社會。[36] 賴毓芝認為中西貿易進口之物並非一時獵奇之物，而是長期貿易結果。[37] 新的禮儀注入許多新的元素，林士鉉提到《皇朝禮器圖式》內容的多元族群文化因素現象，僅翻檢《圖式》目錄，很容易發現諸如境內「蒙古」、「回部」、「厄魯特」、「番部」等各族群，以及朝鮮、瓦爾喀、回部等等外國及部族名目的器具，也包括大量的西洋儀器。[38]

宮廷製作服飾取動物毛皮之精華，如海龍帽沿、黑狐端罩、烏雲豹皮長褂、草狐腿長褂、青狐下頦長褂、金銀下頦長褂、海龍皮長褂等。衣、褲的製作過程是將小塊毛皮拼裝加工，只取毛皮最珍貴的部位狐腋、下頦做成長褂。縫製手工細緻，有所謂「針腳細若蚊睫，工藝精妙絕倫」。[39] 毛皮加工必須注意柔軟、明亮，內務府使用「炸」、「染」、「燻」的方式功夫獨到。又規定：「本項匠役不敷應用，仍添外僱民匠」，這些外僱工匠成為北京毛皮業的重要成員。[40] 宮廷毛皮製作的材料和技術影響北京毛皮手工業，至民國年間北平仍為皮貨製作之重心。[41]

瞿同祖《中國法律與中國社會》一書指出封建社會以生活方式來表現階級，婦女的首飾和衣服都取決於夫或子的官階，金珠翠玉一直都是命婦的專用品。[42] 由於清代皇室使用的金銀器皿，在《皇朝禮器圖式》有詳細的界定等級。皇太后、皇帝、皇后、妃嬪等的鹵簿、膳具有著不同成色的金銀銅錫器皿。乃至皇室成員去世後，其祭器亦以金屬來區分貴賤。本書將分別探討清宮的金銀

36　劉潞著，〈一部規範清代社會成員行為的圖譜——有關《皇朝禮器圖式》的幾個問題〉，《故宮博物院院刊》，2004年4期，頁130-144、160-161。

37　賴毓芝著，〈「圖」與禮：《皇朝禮器圖式》的成立及其影響〉，《故宮學術季刊》，卷37期2（2020年9月），頁1-56。

38　林士鉉著，〈《皇朝禮器圖式》的滿蒙西域西洋等因素探究〉，《故宮學術季刊》，卷37期2（2020年9月），頁83-172。

39　嚴勇、房宏俊、殷安妮主編，《清宮服飾圖典》（北京：紫禁城出版社，2010），頁258。

40　李華著，〈明清以來北京的工商業行會〉，收入李華編，《明清以來北京工商會館碑刻選編》（北京：文物出版社，1980），頁1-46。

41　相關書籍，參見擷華編輯社，《新北京指南》（北京：擷華書局，1914），第十二類服飾；徐珂編，《實用北京指南》（北京：商務印書館，1920）；池澤匯等編纂，《北平市工商業概況（一）》，收入張研等主編，《民國史料叢刊》（鄭州：大象出版社，2009），冊571。

42　參見瞿同祖著，《中國法律與中國社會》（臺北：里仁書局，1982），頁183-184。

器以及金屬祭器與貴賤的關係。

（三）清宮的工藝技術

明代宋應星著《天工開物》描述冶鑄、錘鍛、焊接等技術相當經典，但在實際做法上僅有簡要的說明，並沒有詳細記載相關物品設計、具體尺寸和耗材用量等。清代宮廷的檔案在這方面的資料相當齊全。乾隆皇帝下諭旨令官員或匠役成做器物，首先得呈「樣」，依照皇帝喜好，進行樣的修改，樣包括紙樣、蠟樣、合牌樣等。[43]另外，章嘉國師（1717-1786）所繪製的佛像的樣，亦不容忽視。再者，莊親王允祿參與各種器皿的製作，他所帶領的工匠來自全國各省，為當時工藝技術的佼佼者。清宮在工藝上有圖、模型、文字說明，將工藝趨於標準化、定型化，可以大量複製各種佛像、法器、祭器等。

值得一提是清宮充分掌握各種金屬合金技術，製作傑出的藝術作品。法國傳教士利國安神父（Giovanni Laureati，1666-1727）曾提到：「帝國擁有各種金屬礦：金、銀、銅、鐵、鉛、錫。白銅看起來簡直像銀。日本人把黃色的銅運到中國，它是錠塊狀出售的，看上去像金錠，中國人用來做各種日用品，人們認為這種銅不會生鏽。」[44]銅和鋅的合金稱為黃銅，在明代以前已出現，但到了清朝才普遍被使用。2010年故宮博物院，柏林馬普學會科學史所出版《宮廷與地方：十七至十八世紀的技術交流》，該書聚焦於清宮製作器物知識的流動和傳播納入具有地理廣度的技術體系考察。例如皇室引進歐洲的畫琺瑯生產技術，以及來自尼泊爾、西藏的銅造像技術，吸收知識之後再予以創新；最重要的是清朝統治者參與了資金投入以及產品的設計。康熙皇帝干預組織結構、

---

43 張淑嫻研究宮廷內檐裝修，有地盤圖、裝修紙樣、布樣、燙樣（以草紙、秫秸、油蠟和木料製作器物模型，按照比例縮小）、木樣（屬於透雕工藝）。做法單詳細說明裝修式樣、位置和具體尺寸、做法。張淑嫻著，《金窗繡戶：清代皇宮內檐裝修研究》（北京：故宮出版社，2019），頁38-58。

44 〔法〕杜赫德（Jean-Baptiste Du Halde）編，鄭德弟、呂一民等譯，《耶穌會士中國書簡集：中國回憶錄》（鄭州；大象出版社，2005），卷2，頁117。

管理生產和交流，而雍正和乾隆皇帝則投入到產品設計之中，並在物品上打下了烙印。[45]「乾隆年間製」有如現在的商標，成為古物收藏家鑑定的印記。

二十世紀初西方學者費迪南德・萊辛（Ferdinand Diederich Lessing）研究雍和宮的器物都以青銅（bronze）稱呼，其實黃銅（brass）才是清代製作器物的主流。[46]不只是西洋人對雍和宮器物認識不清，連金梁對雍和宮之黃銅、鍍金器物描述也不多。[47]筆者發現從十八世紀到十九世紀末清宮製作銅器的知識已形成斷裂的現象。幸虧清宮留下來大量的《匠作則例》可以還原到十八世紀工匠的技術，如姜亞沙等主編，《清代宮苑則例匯編》、王世襄編著，《清代匠作則例彙編》[48]。過去，西洋傳教士的技藝影響宮廷已經有許多學者討論過，譬如繪畫、琺瑯、西洋鐘錶等，對西藏工藝影響的研究較少。羅文華《龍袍與袈裟：清宮藏傳佛教文化考察》一書的第五節清宮藏傳佛教造像，討論清宮造佛受到西藏影響，並指出章嘉國師對於造佛像的貢獻，特別是梵銅琍瑪（藏文中銅質統稱 li ma）的分類和製造。章嘉國師還參與法器、佛像加工的工藝流程之中。[49]《章嘉國師若必多吉傳》載：「他只要用手觸摸一下，就能查知佛像等物品製作的好壞，區別出是用印度的還是用西藏的新舊銅料製作的，對唐喀的圖像的好壞也有很強的鑑別能力。」[50]此外，清朝有許多轉世活佛稱為呼圖克圖駐錫北京，稱駐京喇嘛。乾隆皇帝常諭令他們辨別各種器物的年代、成分和製作的程序，阿旺班珠爾呼圖克圖、噶爾丹錫呼圖呼圖克圖、阿嘉呼圖克

45 薛鳳著，〈追求技藝：清代技術知識之傳播網路〉，收入故宮博物院，柏林馬普學會科學史所編，《宮廷與地方：十七至十八世紀的技術交流》（北京：紫禁城出版社，2010），頁11-30。

46 〔德〕Lessing, Ferdinand, *Yung Ho Kung: An Iconography of the Lamaist Cathedral in Peking with Notes on Lamaist Mythology and Cult* (Stockholm; Göteborg: Elanders Boktryckeri Aktiebolag, 1942), p. 56.

47 金梁編纂，牛力耕校訂，《雍和宮志略》（北京：中國藏學出版社，1994），頁216-217。

48 姜亞沙等主編，《清代宮苑則例匯編》（北京：全國圖書館文獻縮微複製中心，2011）；王世襄編著，《清代匠作則例彙編（佛作、門神作）》（北京：北京古籍出版社，2001）；同作者，《清代匠作則例彙編（裝修作、漆作、泥金作、油作）》（北京：中國書店，2008）。

49 羅文華著，《龍袍與袈裟：清宮藏傳佛教文化考察》（北京：紫禁城出版社，2005），上冊，頁373-383。

50 土觀・洛桑卻吉尼瑪著，陳慶英、馬連龍譯，《章嘉國師若必多吉傳》（北京：中國藏學出版社，2007），頁186。

圖亦參與佛像和佛塔的製作。本書將利用《清宮內務府造辦處檔案總匯》以及《雍和宮滿文檔案譯編》等檔案，討論西藏、尼泊爾的工藝對宮廷影響。[51]

（四）宮廷與北京城市文化

德國學者諾貝特・埃里亞斯（Norbert Elias）提到十八世紀法國宮廷對社會的影響，他認為：「法國社會整個結構和發展，逐步使越來越多的階層渴望效仿上流社會的模式。」不僅僅是指就餐形式，也包括思維和談吐的方式。[52]近年來，明清時代百姓對士大夫消費習慣的仿效，有巫仁恕研究晚明士大夫的消費文化，特別重視鑒賞的品味，具有社會區分的作用。以「雅」、「俗」作為士人與庶民之間的區分。[53]

《北平市工商業概況》載：「清代養心殿設有造辦處，專為內庭供奉。其時各地製造首飾之名工，罔不招致其中。又前外打磨廠內戥子市，向為首飾樓聚集之所，承造滿籍貴族婦女之扁方墊子（滿人梳兩把頭，其頂樑之橫簪名為扁方，其底部曰墊子），鑲嵌金玉珠翠，備極精巧。業此者出入府邸，藉通聲氣，頗有勢力。此外各首飾樓製造滿漢首飾，為各士商眷屬所購用者，更為普遍。」[54]說明造辦處網羅各地名匠，這些工匠又將宮廷的式樣帶出，為商號仿做的對象。楊靜亭編《都門雜記》特別標明「內式暖帽」、「內式荷包」等。此書記載了北京風俗：「京師最尚繁華，市廛鋪戶，妝飾富甲天下。如大柵欄、珠寶市、西河沿、琉璃廠之銀樓、緞號，以及茶葉舖、靴舖皆雕樑畫棟、金碧

---

51 中國第一歷史檔案館、香港中文大學文物館合編，《清宮內務府造辦處檔案總匯》（北京：人民出版社，2005）；趙令志等主編，《雍和宮滿文檔案譯編》（北京：北京出版社，2016）上、下卷。

52 〔德〕諾貝特・埃里亞斯（Norbert Elias）著，王佩莉、袁志英譯，《文明的進程：文明社會起源和心理起源的研究》（北京：三聯書局，1998），上冊，頁187-198。

53 巫仁恕著，《品味奢華：晚明的消費社會與士大夫》（臺北：中央研究院、聯經出版社，2007），頁219。

54 池澤匯等編纂，《北平市工商業概況（一）》，頁91。

輝煌，令人目迷五色。」[55]

　　晚清時期北京的銀樓數量已相當可觀，1904 年北京金店業同業公會登記表中記載當時的金店有五十餘家，而 1916 年北京金銀首飾業同業公會登記表中記載當時的銀樓有 74 家。1919 年《京師總商會名錄》收錄的銀樓有 97 家，銀樓、金店合計超過 130 家。[56] 靠近鑄爐處的雍和宮是北京藏傳佛教的中心，附近有 7 家佛像店：永豐號、聚興厚、廣聚成、義和永、義和齋、恆豐號、泰興號，都在雍和宮大街上。永豐號開設於明末清初。據京師市政公所調查，7 家佛像店每年售出佛像合計在 1 萬 2、3 千元左右。其中永豐號約 3、4 千，聚興厚約 2 千元上下，義和永約 1 千元 2、3 百元，義和齋約 1 千 3 百元上下，恆豐號約 1 千 4 百餘元，泰興號約 2 千元上下。[57] 其次，蒙古王公每年到北京朝覲駐錫外館，附近有一、二百多家雜貨店，販售銅盆、銅器皿、銅佛像等。根據王永斌的研究，外館的雙順銅器舖生產紅銅奶壺、銅盆、銅盤、銅蠟阡、銅香爐、銅供碗、銅供盤等拜佛用品。[58]

　　由以上討論可知，紫禁城並非獨立於高牆內，它與北京城市關係密切，本書闡釋清宮寶藏包含了中西各種物資進入京城，再由皇帝訂立禮器規範、工匠成做器物，再流傳北京及全國各地。

55　〔清〕楊靜亭編，《都門雜記》，收入徐永年增輯，《都門紀略》（北縣：文海出版社，1972），上冊，頁251。
56　金文華編，《簡明北平遊覽指南》（北平：中華印書局，1932），篇6，頁1。
57　〔日〕中野江漢著，《北京繁昌記》（北京：支那風物研究會，1925），卷1，頁96-101。
58　王永斌著，《北京關廂鄉鎮和老字號》（北京：東方出版社，2003），頁66-67。

第一章

清宮的毛皮

自古以來，皮裘為上層社會地位的象徵，蒙元入主後中國冠服中多有毛皮，明代狐皮被視為奢侈品，貂皮、海獺皮、銀鼠皮等珍貴毛皮亦為民眾喜愛。明朝皇家和官員穿著的毛皮主要來自蒙古和女真兩地。[59] 滿洲自努爾哈齊（1559-1626）時代和明朝之間即有貿易往來，其中以人參、毛皮為大宗。明代末期，宮中每年需用 1 萬張貂皮和大約 6 萬多張狐皮，民間也流行貂皮服飾，促成明與女真貂皮貿易長期持續發展。[60] 清朝統治的帝國版圖擴張至喀爾喀蒙古，與俄羅斯接壤。十八世紀俄國每年輸入中國的毛皮達數百萬張，至十九世紀恰克圖與萊比錫為全球兩處毛皮貿易的重鎮。

　　康熙二十八年（1689）的《尼布楚條約》協議俄國商隊到北京貿易，之後俄國的政府商隊定期到北京貿易，大約三年一期。然而，俄國商隊往返一次至少需要三年時間，商團到北京也花費不少，俄國政府必須給使團兩年的特殊薪金、贈送皇帝和大臣的禮品，以及運輸費用，共約 10 萬盧布。相較之下，商人每年若拿出 10 萬盧布的資金投在恰克圖的貿易上，所得到的利潤比北京商隊得到的還要多些。[61]《恰克圖條約》規定兩國在邊界上建立市場，使得私商們獲得利潤。俄國商隊在乾隆二年（1737）之後仍然繼續來華，直到乾隆二十年（1755）才完全停止。商人的數目和貨物的數量不如以前，因這時期的中俄貿易重心轉移到恰克圖。[62]

　　中國北方地區寒冷，對毛皮需求量很大，出現供不應求的局面。俄國不斷尋找新的毛皮產地，從西伯利亞到勘察加半島，進而向東進入阿留申群島和阿拉斯加半島，獵獲大量皮毛。恰克圖貿易給俄國政府提供了大量的稅收，1755

59　參見周錫保著，《中國古代服飾史》（臺北：南天書局，1989）；邱仲麟著，〈保暖、炫耀與權勢——明代珍貴毛皮的文化史〉，《中央研究院歷史語言研究所集刊》，第八十本，第四分（2009年12月），頁555-631。

60　〔日〕河內良弘著，〈明代東北亞的貂皮貿易〉，收入常江編，《慶祝王鍾翰教授八十壽辰學術論文集》（瀋陽：遼寧大學出版社，1993），頁284-299。

61　〈六等文官米勒教授於1764年所寫的關於赴華使團的意見〉，引自〔俄〕尼古拉·班蒂什—卡緬斯基編著，中國人民大學俄語教研室譯，《俄中兩國外交文獻匯編：1619-1792年》（北京：商務印書館，1982），頁421-422。

62　張維華、孫西著，《清前期中俄關係》（濟南：山東教育出版社，1997），頁277。

年為 193,173 盧布，1800 年增加到 715,364 盧布。恰克圖海關稅收在俄國關稅
總收入中占了 20-38％。大量毛皮和呢絨的輸入，使中國北方地區居民的衣著
變得豐富多采，尤其是在北京，用俄國毛皮和呢絨做的衣服非常時髦，從宮廷
顯貴到商民百姓都爭相穿戴。[63]

　　謝健探討 1760-1830 年之間滿洲、蒙古地區出現的環境變遷，影響到動植
物的生態。譬如淡水的珍珠貝、野生人參、海獺及貂都被過度捕獵、挖掘、砍
伐，這時期消費熱潮的生態後果是前所未見的。該書第四章也討論烏梁海的貢
貂，作者認為恰克圖貿易和烏梁海貢貂存在關連性，恰克圖交易的貂皮數量增
加，烏梁海進貢貂皮數量就減少。[64] 但是，謝博士並沒有利用《恰克圖各舖戶
請領舖票隨帶貨物價值銀兩並買俄羅斯貨物價值銀兩數目清冊》，並無統計恰
克圖毛皮貿易數量，怎能比較兩地的相關程度？況且，烏梁海進貢貂皮僅 3 千
張，而恰克圖貿易貂皮達萬張、狐皮數十萬張、鼠皮達數百萬張。兩者在量上
不可同日而語。本章透過蒙古共和國烏蘭巴托的國家檔案局現藏的許多滿文、
蒙文、漢文檔案記錄發現，其中商人買賣茶葉、毛皮、布疋的檔案，為數不少。
自 1813-1871 年，雖然此時的毛皮貿易已衰微，仍產有相當數量的皮張。

　　清宮毛皮另一來源為唐努烏梁海。唐努烏梁海自乾隆二十三年（1758）貢
貂皮等，烏梁海共 1,100 餘戶，內 500 餘戶尚能交納貢賦。乾隆朝每年須向唐
努烏梁海徵收貂皮 3,000 張，貂皮不足，可用其他毛皮代替，這些貂皮的總值
為 6 萬盧布。[65] 東北地區各民族也向清朝政府進貢貂皮，根據裘石、沙永福，
〈貢貂與賞烏林制度非貿易辨〉一文考證，從乾隆十五年（1750）到同治十二
年（1873）三姓地方貢貂的戶數都沒有變化，始終是 2,398 戶。納貢者所繳納
的貂皮（紫貂，又稱黑貂）是清朝皇帝御用之物，因此規定了嚴格的質量標
準。[66]《內務府廣儲司皮庫月摺檔》記載東北貂皮分成五等，這些珍貴的毛皮

63　王少平著，〈中俄恰克圖貿易〉，《社會科學戰線》，1990年3期，頁182-186。

64　〔美〕謝健著，關康譯，《帝國之裘：清朝的山珍、禁地以及自然邊疆》，頁14、143。

65　樊明方著，〈從唐努烏梁海進貢貂皮看清政府對唐努烏梁海的管轄〉，《中國邊疆史地研
　　究》，1993年4期，頁28-31。

66　裘石、沙永福著，〈貢貂與賞烏林制度非貿易辨〉，《北方文物》，1995年2期，頁87-92。

並不變賣，故本章的討論不包括東北的毛皮。

　　本章利用十九世紀下半葉，有俄國人和中國人陸續到烏梁海、科布多考察紀錄。如〔俄〕格・尼・波塔寧著《蒙古紀行》；拔杜耶甫《西部蒙古游歷談》；馬鶴天《內外蒙古考察日記》；李廷玉著《游蒙日記》、孟榘著《烏城回憶錄》；樊鏞《科布多風土記》，對這些地方物產有清楚描述。日本學者則松彰文認為清代中期以後出現「消費社會」，要從生產、流通、消費三個途徑來思考。[67]此一觀點給筆者很大啟發，從中俄毛皮貿易的論著中可知道俄羅斯各地生產毛皮種類，在中國毛皮的流通和消費方面也有完整紀錄。故本章擬探討清宮皮庫庋藏皮張種類，並就恰克圖、唐努烏梁海的貿易量進行統計。其次，分析這些皮貨中宮廷留用數量與變價數量，從中可知宮廷對皮貨種類的喜好。

一、恰克圖進口的皮貨

　　乾隆二十二年（1757）皇帝停止了沙俄商隊來京貿易，限定在恰克圖一地貿易。《竹葉亭雜記》記載：「恰克圖庫倫大臣所轄也，交易即在恰噶爾設監督。以我之茶葉、大黃、磁、線等物易彼之（俄國）哦登紬、灰鼠、海龍等物。」[68]乾隆皇帝似乎認為恰克圖的毛皮可能種類較多，故派遣內務府官員前往買辦皮張。《內務府廣儲司銀庫用項月摺檔》記載，乾隆皇帝曾派出內務府官員、買賣人等前往齊雅克圖辦買皮張，次數共13次，每次本金並盤費腳價等項將近2萬兩銀，還有餘剩銀兩必須交回內務府。[69]

　　根據乾隆朝《內務府廣儲司皮庫月摺檔》的記載，內務府商人到恰克圖採購的皮貨，使得皮庫所貯存的毛皮種類變多了。有黑狐皮、青狐皮、黑猞猁猻、黃狐皮、狼皮、白豹皮、紅豹皮、海狼皮、染貂皮、貂膝、貂肷、青狐皮腿仁口袋、青臁皮、黃狐皮、虎皮、狐皮拐子、花貂子皮、獾子皮、白海龍皮、白

67　〔日〕則松彰文著，〈清代中期社会における奢侈・流行・消費—江南地方を中心として—〉，《東洋學報》，卷80，期2（1998年9月），頁173-200。

68　〔清〕姚元之著，《竹葉亭雜記》（北京：中華書局，1982），卷3，頁81。

69　中國第一歷史檔案館藏，《內務府廣儲司銀庫用項月摺檔》，乾隆二十六年八月。

獺皮、賀蘭國牛皮、蜜狗皮、鹿皮、羊皮、白孔雀翎等。以上毛皮可看出，除了整張毛皮外，俄國亦大量出售動物各部位毛皮，如將狐皮背部、腿部、尾巴、腹部和頸部分開來賣，以賺取更高價格。[70]

　　乾隆三十三年（1768），中俄恢復恰克圖貿易後，兩國貿易額約在 200 萬至 300 萬盧布之間，較以前明顯增加。乾隆皇帝諭旨庫倫辦事大臣訂定恰克圖章程，擬定開市後對俄羅斯貿易策略。庫倫辦事大臣瑚圖靈阿擬定：「俄羅斯哪項物件應如何折價，如何依時應增價，應減價之處，亦照此由行頭等會同各商人研商統一去買換，永遠禁止暗中妄行加價爭著買換俄羅斯物件。這些俱交給部院章京詳查，嚴加管理。」[71]次年，恰克圖辦事理藩院郎中留保住奏報，將俄羅斯貿易物件，分別舊商品數目、新減商品數目送皇帝御覽。但是，十八世紀俄國輸出的毛皮占總貿易的 85％，至十九世紀毛皮比重不斷下降，在 1930 年代末降至 28％。1854 年毛皮的比重大為下降，僅占 5％。[72]俄國輸出的毛皮數量少，價格自然提高，本節將討論十九世紀俄國輸入毛皮的數量和價格。

◎中俄貿易

　　乾隆三十四年（1769），恰克圖辦事理藩院郎中留保住奏報四月初三日與俄羅斯進行恰克圖貿易事，他說：「俄國人遵照我們現減商品貿易已有十日，與我方商人毫無爭端，謙和貿易。在前俄羅斯貿易物件，分別舊商品數目、新減商品數目，繕寫漢字清單一併呈覽。」[73]就留保住所附物價單，可知這是按照恰克圖章程。照前將俄羅斯物件價值數目，十分減一、二、三分不等。參見表 1-1。

70　〔美〕Clifford M. Foust, *Muscovite and Mandarin: Russia's Trade with China and Its Setting 1727-1805*, p. 349.

71　中國第一歷史檔案館藏，《軍機處滿文錄副奏摺》，檔案編號03-2281-019，頁1661-1678，乾隆三十三年九月二十四日。

72　孟憲章主編，《中蘇貿易史資料》（北京：中國對外經濟貿易出版社，1991），頁174。

73　《軍機處滿文錄副奏摺》，檔案編號03-2311-014，頁1758-1763，乾隆三十四年四月十三日。

俄羅斯商品	單位	舊價京布	減作京布	單價（每張）	單價銀
頂高銀針皮	每張	17 甬	14 甬	14 甬	42
中等銀針皮	每張	10 甬	8 甬	8 甬	24
下等銀針皮	每張	7 甬	5 甬	5 甬	15
大銀鼠皮	每百張	8 甬	7 甬	0.7 疋	0.21
中銀鼠皮	每百張	5 甬	4 甬	0.4 疋	0.12
鍋蓋水皮	每張	1 甬 6 疋	1 甬 4 疋	1 甬 4 疋	4.2
翻板水皮	每張	1 甬 8 疋	1 甬 6 疋	1 甬 6 疋	4.8
長毛水皮	每十張	8 甬	7 甬	7 疋	2.1
水獺肷皮	每十張	4 甬	3 甬	3 疋	0.9
大白灰鼠皮	每千張	24 甬	20 甬	0.2 疋	0.06
二白灰鼠皮	每千張	18 甬	15 甬	0.15 疋	0.045
帶尾黑鼠皮	每千張	18 甬	15 甬	0.15 疋	0.045
雜樣灰鼠皮	每千張	15 甬	13 甬	0.13 疋	0.039
粗毛貂皮	每張	1 甬	8 疋	8 疋	2.4
黑羔子皮	每百張	16 甬	15 甬	1.5 疋	0.45
長脖羔子皮	每百張	5 甬	4.5 甬	0.45 疋	0.135
白羔子皮	每百張	7 甬	6 甬	0.6 疋	0.18
紅狐狸皮	每十張	10 甬	8 甬	8 疋	2.4
二信狐狸皮	每十張	6 甬	5 甬	5 疋	1.5
黃狐狸皮	每十張	4 甬	3 甬	3 疋	0.9
小毛白狐狸皮	每百張	33 甬	28 甬	2.8 疋	0.84
二毛白狐狸皮	每百張	26 甬	22 甬	2.2 疋	0.66
大毛白狐狸皮	每百張	24 甬	20 甬	2 疋	0.6
青狐仔皮	每百張	18 甬	15 甬	1.5 疋	0.45
黑貓兒皮	每百張	7 甬	6 甬	0.6 疋	0.18
花貓兒皮	每百張	5 甬	4 甬	0.5 疋	0.15
沙狐皮	每百張	28 甬	24 甬	2.4 疋	0.72
蒼兔皮	每百張	7 甬	6 甬	0.6 疋	0.18
花魚皮	每百張	40 甬	35 甬	3.5 疋	1.05
青魚皮	每百張	35 甬	30 甬	3 疋	0.9
騸馬	每匹	3 甬	2 甬 4 疋	2 甬 4 疋	7.2
騍馬	每匹	1 甬 8 疋	1 甬 6 疋	1 甬 6 疋	4.8
綿羊	每十隻	3 甬	2 甬 5 疋	2.5 疋	0.75

表 1-1：乾隆三十四年前後的貨物價格

資料來源：《軍機處滿文錄副奏摺》，檔案編號 03-2311-014，頁 1758-1763，乾隆三十四年四月十三日。

圖 1-1：恰克圖買賣城的遺址
資料來源：作者拍攝。

表 1-1 中的銀針皮為海獺皮，G. F. 米勒（1705-1783）認為堪察加半島和新發現群島的主要皮貨是海獺皮、狐皮、黑貂皮、白鼬皮、狼皮、熊皮等。這些皮貨經海路到鄂霍次克，然後沿著西伯利亞邊境運往恰克圖，絕大部分皮貨在恰克圖賣給中國人，獲利很大。除此之外，俄國也將外國的皮貨輸入聖彼得堡再運到邊境，英國提供大量來自哈得遜灣和加拿大的海狸皮及其他皮貨。[74]

海獺皮（otter skins）的數量最多且最貴重，它們經常出沒於阿留申群島和狐狸群島。由於海獺皮的皮毛和普通海狸相似，被俄國人稱為 Bobry Morski，意即海狸，有時候有叫堪察加海狸。上等海獺皮每張賣 30-40 盧布，中等海獺皮每張賣 20-30 盧布，上等海獺皮每張賣 15-25 盧布。在恰克圖老海獺皮和中年的海獺皮每張賣 80-100 盧布，次等海獺皮每張 30-40 盧布。[75]當時 1 盧布等於銀 0.7 兩，表 1-1 頂高銀針皮一張 42 兩、中等銀針皮一張 24 兩、下等銀針皮一張 15 兩。乾隆三十六年（1771），皇帝詢問吉林將軍富椿有關海獺的資訊，富椿回覆：「漢人稱之為太平貂，價亦賤。詢據地方人言，此乃勒可哩（lekeri），係海獺崽。夫海獺者，到海方可捕獲；勒可哩者，於海口即可補得。因此，與內庫所存真正海獺皮核對，看的毛尖黑且密，並非如此。從前海獺不易捕得，捕獵者必先寫遺書後方去捕獵。是以先汗特頒仁旨永禁。惟因進貢，故意誇大其難，亦未可定。或有小人圖利，仍在海私捕者，亦為難免。富椿想是不認得海獺，被人所騙，將勒可哩作為海獺送來者，亦有之事。」[76]海獺皮的可貴之處是得在大海補捉，海獺崽棲息海口容易捕捉，亦稱太平貂。太平貂皮的稅則為海龍（Sea lion）皮的四分之一，每張徵銀 2 錢。[77]從 1797 至 1821年俄美公司捕獲的海獺為 72,894 隻，而從 1842 至 1861 年則剩 25,602 隻。一

74　〔德〕G. F. 米勒、彼得・西蒙・帕拉斯著，李雨時譯，趙禮校，《西伯利亞的征服和早期俄中交往、戰爭和商業史》（北京：商務印書館，1979），頁29。

75　〔德〕G. F. 米勒、彼得・西蒙・帕拉斯著，李雨時譯，趙禮校，《西伯利亞的征服和早期俄中交往、戰爭和商業史》，頁31-32。

76　中國第一歷史檔案館編，《乾隆朝滿文寄信檔譯編》（長沙：嶽麓書院，2011），冊9，頁620-621。

77　《督理崇文門商稅鹽法・乾隆四十五年新增稅則》，收入陳湛綺編，《國家圖書館藏清代稅收稅務檔案史料匯編》，冊7，頁3021。

張海獺皮的售價一般在 100-300 盧布，最珍貴的海獺皮有時達到 1,000 盧布，這種珍貴毛皮在中國的銷量甚少。俄美公司獵獲的海獺皮一小部分經由恰克圖運往中國和直接運往廣州，大部分則在俄國國內銷售。[78] 北京的當鋪對俄羅斯產的毛皮有詳細描述：「海龍皮，俄羅斯者高皮大絨，足有銀針。每張銀六十兩。」[79] 內務府採購的毛皮，以海龍皮貨最為珍貴，白針海龍尤不易得，棲息於北極海附近的海域上。在《內務府廣儲司皮庫月摺檔》載，乾隆八年至五十五年（1743-90）曾收購海龍皮 20,131 張，因數量不多，多數用於製作皇室成員之衣裳。

恰克圖貿易中，貂鼠為珍貴的皮貨之一。最好的貂鼠來自東西伯利亞，尤其是堪察加。十九世紀二〇年代，由於西伯利亞森林窮捉濫捕紫貂、普通貂和玄褐色狐狸等貴重毛皮，以致數量急遽減少。[80]《當譜集》載：「凡看貂皮要毛細軟嫩，嫩是新鮮色、好要毛厚、伶放板張要大、色道要紫。」[81] 道光二十三年（1843）抄本《論皮衣粗細毛法》記載：「紫貂其色紫，毛厚滿絨、滿坐、滿針，並不露板。其皮厚而柔者上也。其色微紫，而草黃色者次也。其針黑、其毛絨烏包色者，更次也。紫貂皮一張銀三兩，以至於五、六兩。」[82] 貂皮毛細柔軟，紫色是最高級的貂皮，紫貂每張 3 兩至 6 兩，與恰克圖商號清冊記載的相符。細毛貂皮為伊爾庫茨克的黑貂皮。

十八世紀中葉，每年有 6,000-16,000 張貂皮經由恰克圖輸出，貂腿亦單獨出售，每年出口 5-10 萬隻。[83] 十九世紀商號購買的貂皮數量大都在一萬張以下，

78　〔俄〕謝・賓・奧孔著，俞啟驤等譯，《俄美公司》，頁51、215。

79　《當譜・清抄本》，收入國家圖書館分館編，《中國古代當鋪鑒定秘籍》（北京：全國圖書館文獻縮微複製中心，2001），頁188。

80　〔俄〕米・約・斯拉德科夫斯基著，宿豐林譯，《俄國各民族與中國貿易經濟關係史（1917年以前）》，頁231。

81　《當譜集・乾隆二十四年抄本》，收入國家圖書館分館編，《中國古代當鋪鑒定秘籍》，頁91-92。

82　《論皮衣粗細毛法・道光二十三年抄本》，收入國家圖書館分館編，《中國古代當鋪鑒定秘籍》，頁131。

83　〔俄〕米・約・斯拉德科夫斯基著，宿豐林譯，《俄國各民族與中國貿易經濟關係史（1917年以前）》，頁231。

而價格則在 2 兩至 5 兩間（參見圖 1-5），比表 1-1 的貂皮價格 2.4 兩貴些。G. F. 米勒提到來自西伯利亞的許多皮貨很不值錢，甚至抵不上運進歐俄所需的運費，而那些以高價賣給中國人的上等皮貨，則由於價格高昂難在俄國境內遇到買主。[84] 銀鼠（Ermine）又稱臊鼠、騷鼠、掃雪、鼬鼠，夏天的毛皮為赤鳶色，冬天雪白色，尾端有點黑色為其特色，屬於珍貴的毛皮。銀鼠在受歡迎的程度上僅次於灰鼠，俄國每年出口 140,000-400,000 張。[85]

北極狐本色是藍灰色或深灰色的，但牠們隨不同年紀和不同季節而換毛。牠們剛生下來毛色是褐色，冬季變為白色，夏季變為褐色；在毛逐漸脫落的春秋季節，皮上便顯出各種斑點和條紋。[86] 商號檔案稱為二信狐皮為似貂的狐狸皮。狐狸皮有許多種類、品級和價格。黑狐亦稱銀黑狐、元狐、握刀，是高貴的毛皮。青狐色調有灰青色、石板色、紫褐色，毛皮纖細如棉纖維。白狐產於西伯利亞、阿拉斯加等地，白狐的冬毛為純白色，夏毛在脊椎、肩部呈現暗褐色、紫褐色。在恰克圖進行交易的狐皮不下於 45 種。黑狐皮、紅狐皮是俄美公司從美洲大陸運來。[87]

表 1-1 中，紅狐皮每張 2.4 兩、二信狐狸皮每張 1.5 兩、黃狐皮每張 0.9 兩，至十九世紀紅狐皮每張 2.4 兩、二信狐狸皮每張 2.8 兩、黃狐皮每張 1.5 兩。二信狐皮和黃狐皮的價格上升，沙狐皮、白狐皮價格則和十八世紀差不多，中國向來「惡色白，近喪服也」，[88] 所以白狐皮價格特別低。狐皮除了整張狐皮外，俄國為因應中國的需求，將狐狸的背部、腿部、尾巴、腹部和頸部皮毛分開來賣，獲得更高的利潤。[89] 恰克圖商人採辦黑狐腿每對 2 兩、紅狐腿每對 0.3 兩、二信狐腿每對 0.2 兩、黃狐腿每對 0.1 兩、白狐腿每對才 0.07 兩。有趣的

84 〔德〕G. F. 米勒、彼得‧西蒙‧帕拉斯著，李雨時譯，趙禮校，《西伯利亞的征服和早期俄中交往、戰爭和商業史》，頁32-33。

85 〔美〕Clifford M. Foust, *Muscovite and Mandarin: Russia's Trade with China and Its Setting 1727-1805*, p. 347.

86 〔德〕G. F. 米勒、彼得‧西蒙‧帕拉斯著，李雨時譯，趙禮校，《西伯利亞的征服和早期俄中交往、戰爭和商業史》，頁50。

87 〔俄〕阿‧科爾薩克著，米鎮波譯，《俄中商貿關係史述》，頁165-166。

88 〔清〕徐珂著，《清稗類鈔》（北京：中華書局，1984），頁6183。

89 〔美〕Clifford M. Foust, *Muscovite and Mandarin: Russia's Trade with China and Its Setting 1727-1805*, p. 349.

是，狐前腿子比後腿子貴一倍，如紅二信狐後腿每對 0.3 兩、紅二信狐前腿每對 0.15 兩。表 1-1 中有青狐仔皮為幼小的狐皮，做成皮裘稱為狐崽裘。[90]

阿‧科爾薩克提到俄國銷售到中國的毛皮以松鼠皮最多，松鼠在東西伯利亞和西西伯利亞都可以捕獲，在後貝加爾湖一帶捕獲松鼠的數量達到 50 萬隻。在十八世紀八十年代毛皮占出口總值的 85％，到 1826 年只占 47.5％。平均每年向中國輸出 400-600 萬張灰鼠皮，200 萬張羔羊皮、3 萬張狐皮。[91]

皮庫儲存數量最多是灰鼠皮，官員曾採購灰鼠皮 287,459 張。灰鼠也稱為松鼠，俄國每年出售量為 200 萬至 400 萬張，在恰克圖的貿易活動中占第一位。[92] 各種灰鼠中，以鄂畢河上游所捉最珍貴。[93] 它是銀色的，腹部則是白色的，在鄂畢河或其西，據說每千張才賣 60-65 盧布。其次受歡迎的為托波河以西的森林所產，每千張值 40 盧布。尼布楚區或鄂畢河之灰鼠銷售量更大，而價格為更便宜的 20-35 盧布。鼯鼠較灰鼠短，每張 0.02-0.06 盧布。一種有條紋的灰鼠，較歐洲同類瘦小，全身布滿黑色斑紋，底色則為淡黃褐色。它的毛平滑，外觀近似銀鼠，每張 0.02-0.03 盧布。

乾隆二十六年（1761）皇帝派范清注、留保住到恰克圖採購皮貨。乾隆皇帝很重視兩人採購皮貨時的價格和出售之利潤，故要求他們報告採辦的數量、單價、在北京售價，以及盤纏旅費等等。參見表 1-2。

范清注、留保住兩人個別採辦的皮貨，顯然范清注獲利較高，數量也較多。而在旅費方面，留保住和回子等行裝腳價 2,953.1 兩；范清注腳價盤費銀 1,731.4 兩。范清注在售出皮貨的報告中說明，此次採購皮貨的利潤為百分之 9.46％。乾隆皇帝派遣內務府商人和官員去恰克圖採購皮貨，原先打算以較低價格買進毛皮，再用較高價格賣出，實際獲利的機會並不如皇帝所想像的，其

90　據《聽雨叢談》解釋：「崽子為獸類之雛。」〔清〕福格著，《聽雨叢談》（北京：中華書局，1984），頁145。

91　〔俄〕米‧約‧斯拉德科夫斯基著，宿豐林譯，《俄國各民族與中國貿易經濟關係史（1917年以前）》，頁231。

92　〔美〕Clifford M. Foust, *Muscovite and Mandarin: Russia's Trade with China and Its Setting 1727-1805*, p. 346.

93　〔美〕Clifford M. Foust, *Muscovite and Mandarin: Russia's Trade with China and Its Setting 1727-1805*, p. 346.

物品	採購人	數量	原單價銀（兩）	京價銀（兩）	利潤100%
黑狐皮	留保住	122 張	26.85	28.62	6.59
	范清注	215 張	24.6	30.18	22.68
青狐皮	留保住	94 張	6.47	9.86	52.39
	范清注	214 張	4.73	5.91	24.94
銀針海龍皮	留保住	41 張	17.77	20.43	14.96
	范清注	34 張	26.5	29.64	11.84
銀鼠	留保住	11,900 張	0.2	0.21	5
	范清注	27,761 張	0.19	0.21	10.52
各色氈	留保住	371 尺	0.66	1	51.51
	范清注	767 尺	0.54	1	85.18
各色香羊皮	留保住	104 張	0.63	1	58.73
	范清注	61 張	0.66	1	51.51
青狐腿	留保住	103 對	1.41	1.1	-21.98
灰鼠皮	范清注	25,160 張	0.03	0.04	33.33
俄羅斯緞	留保住	82 尺	2.47		
金線	留保住	70 枝	1.29		
銀線	留保住	14 枝	0.88		
金花邊	留保住	8.5 兩	1.83		

表 1-2：內務府買賣人留保住、范清注採購皮貨的數量與價格
資料來源：《乾隆朝內務府奏銷檔》，冊 257，乾隆二十六年六月四日，頁 279-291。

原因大約如下幾項：

　　第一、恰克圖所採買的毛皮不見得符合市場所需。譬如，乾隆二十七年
（1762）內務府員外郎勤保的報告指出，採買皮張有去腿肷芝麻花黑狐皮、青
狐皮，外間用處稀少，即便減價亦難銷售。還有近白色的毛皮，在中國向來「惡
色白，近喪服也。」[94] 所以白狐皮、白灰鼠皮等毛皮也不易出售。

　　第二、內務府採買的皮貨有大部分交由皮行商人估價後變賣。通常內務府
官員希望商人的估價包含採買的原價和運費（腳價）之後再加一成出售。可是

94　〔清〕徐珂著，《清稗類鈔》，頁6183。

商人因市場上皮貨價格變動大，商人不能保證所有皮貨都賺錢。

　　第三、商人領了內務府的皮張變價，並不能在一年內變價，奏請延長交銀的年限，分成五年或十年完交。例如，范國英於乾隆三十四年買得內務府變價皮張，至三十八年（1773）11月才賣出17,719.05兩。總管內務府大臣金簡（？-1794）等五人甚至因商人交皮張變價銀遲延，被罰俸一年1,550兩。[95]內務府不得已將皮張改交由長蘆、兩淮鹽政、江南三織造局、粵海關等六個單位變價，期限為一年將銀兩交內務府。此外，恰克圖貿易中斷，造成內務府採辦皮貨次數不多。乾隆朝中俄恰克圖貿易曾三次關閉。根據酈永慶、宿豐林的研究，第一次關閉是因為俄國越界立柵，又向商人增加稅收，以及邊境竊盜等民事案件不秉公處理，這時間是乾隆二十七年（1762）到三十三年（1768）。[96]清政府於乾隆二十七年宣布暫停市易，並未撤走買賣城的商人，未嚴格禁止商人往來。[97]〔美〕克利福德‧M.福斯特引用俄國資料顯示，二十八年（1763）以後貿易量劇減，至三十二（1767）年則沒有貿易數字。[98]

　　不過，根據《乾隆朝內務府銀庫用項月摺檔》記載，乾隆年間內務府買賣人在北京就可以辦買羽緞、皮張、顏料、驌鼠帽沿等，其金額約數千至萬兩左右，參見圖1-2。

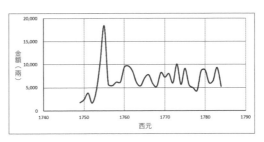

圖1-2：內務府買賣人辦買皮張等的用銀數

95　《乾隆朝內務府銀庫月摺檔》，乾隆三十八年十一月；乾隆三十九年七月、八月、九月。

96　參見布羅代爾著，顧良、施康強譯，《十五至十八世紀的物質文明、經濟和資本主義》（北京：三聯書店，1992），卷1，頁297。

97　參見酈永慶、宿豐林著，〈乾隆年間恰克圖貿易三次閉關辨析〉，《歷史檔案》，1987年3期，頁80-88。

98　轉引自王少平著，〈恰克圖貿易中斷原因初探〉，《學習與探索》，1987年3期，頁136-140。

項目	數量	稅銀（兩）	備注
銀針皮	1 張	0.8	比海龍皮例
熊皮	1 張	0.06	比元狐例
貂皮袖	1 副	0.06	比上等貂皮例
銀針袖	1 副	0.06	比上等貂皮例
貂皮領	1 副	0.03	比上等貂皮例減半
兔毛	100 觔	0.12	比保德毛例
駝毛	100 觔	0.06	比羊毛例
貓皮袖	100 副	0.06	比羊毛袖例
銀針領	1 條	0.03	比上等貂皮例減半
銀鼠袖	1 副	0.006	比羊毛袖例加十倍
水獺領	1 條	0.003	比羊毛袖例加五倍
狐皮領	1 條	0.003	比羊毛袖例加五倍
狐膝領	100 條	0.6	比烏雲豹下嗑倍
狐背領	100 條	0.6	比烏雲豹下嗑倍
窩刀狐膝領	1 條	0.03	比窩刀皮例
皮條	100 根	0.06	比皮渣減半
香鼠皮	100 張	0.36	比銀鼠例
駝皮	1 張	0.012	比牛皮例
貂皮帽沿	1 副	0.06	比上等貂皮例
水獺袖	1 副	0.006	比羊毛袖例加十倍

表 1-3：乾隆四十五年（1780）各類皮張稅則

資料來源：《督理崇文門商稅鹽法·乾隆四十五年新增稅則》，收入陳湛綺編，《國家圖書館藏清代稅收稅務檔案史料匯編》，冊 7，頁 3021、3104-3106。

　　皇帝的買賣人採辦恰克圖毛皮，自然為王公、官員仿效，其貿易影響到崇文門的稅則的變化。康熙八年（1669）崇文門開始訂立稅則，雍正八年（1730）關於皮張的稅則不多。上等貂皮 1 張稅銀 6 分、中等貂皮 1 張稅銀 4.2 分、下等貂皮 10 張稅銀 3 錢。豹皮 1 張稅銀 2.1 錢、狐皮 10 張稅銀 6 分、水獺皮 100 張稅銀 1.8 錢。虎皮 1 張稅銀 1.2 錢。[99] 至乾隆四十五年（1780），崇文門

99　《督理崇文門商稅鹽法·雍正二年題定則例徵銀數目》，收入陳湛綺編，《國家圖書館藏清代

稅關徵收的皮張項目更多了，而且依照服飾所需，分有「袖」、「領」、「帽沿」。俄羅斯商人出售狐皮背部、腿部、尾巴、腹部和頸部分開來賣，以賺取更高價格。崇文門稅關亦按照「副」、「條」計稅，可見乾隆皇帝不遺餘力課奢侈稅。

二、唐努烏梁海進貢的皮張

康熙五十四年（1715）唐努烏梁海成為清朝統治的一部分，唐努烏梁海地區劃分為五個旗，除了庫倫大喇嘛直屬的喇嘛旗外，其他四旗為唐努旗、薩拉吉克旗、托錦旗和克木齊克旗。五旗設總管五人。旗下設佐領、驍騎校各5人。每佐領150戶，每戶1丁，共150丁。[100]

（一）唐努烏梁海的進貢

乾隆二十三年（1758）訂唐努烏梁海貢賦，每貢戶的貢賦額為貂皮3張。《清高宗實錄》記載：「據成袞扎布奏稱：和托輝特之特斯、奇木、托濟、錫爾克騰等四部烏梁海，共十六鄂拓克，一千一百餘戶。內五百餘戶，尚能交納貢賦，餘皆無力。現在收取伊等貂鼠、猞猁猻、狼、狐等皮張，及雕翎、麝香等物，除麝香不准充貢，餘物量其所值，以每戶三貂計算。」[101]用貂皮折抵其他皮張，如猞猁猻皮、水獺皮每1張折交貂皮3張。狐皮、掃雪皮、狼皮每2張折交貂皮1張。灰鼠皮40張折交貂皮1張。[102]

根據內務府奏銷檔的記載，乾隆年間烏梁海進貢的毛皮數量沒有固定，然

　　　稅收稅務檔案史料匯編》，冊6，頁2860-2862。
100 〔清〕崑岡等奉敕撰，《大清會典事例（光緒朝）》（北京：中華書局據光緒二十五年〔1899〕石印本影印，1991），卷977，頁11161；康右銘，〈清代的唐努烏梁海〉，《世界歷史》，1988年5期，頁116-122。
101 〔清〕慶桂等奉敕修，《大清高宗純皇帝實錄》（北京：中華書局，1986），卷577，頁20-21。
102 國立故宮博物院藏，《宮中檔咸豐朝奏摺》，文獻編號406006740，咸豐五年九月十六日。

年代	黃貂皮	猞猁猻皮	水獺皮	黃狐皮	掃雪皮	狼皮	豹皮	沙狐皮	灰鼠皮
1759	2,105	62	73	1,286	10	131	6	71	26,584
1761	2,355	49	108	423	34	54		36	18,266
1762	1,123	24	54	177	12	10		16	8,060
1763	1,492	22	58	428	19	4	1	57	8,600
1764	1,536	38	47	988	57	6	2	50	6,340
1765	1,519	101	49	713	68	4	2	7	2,200
1766	1,660	117	68	751	29	4	1	38	2,960
1767	1,702	71	40	897	53	5		11	4,080
1768	2,357	41	13	771	36	3	1	6	
1769	2,322	25	19	714	47			12	8,180
1770	2,747	14	3	42	6	3			13,480
1771	2,576	31	6	303	31		1		13,480
1772	2,765	17		198	10	7			12,140
1773	2,692	46	7	646	22				2,840
1774	2,428	120	8	756	24	36	1		2,320
1775	2,443	67	16	791	17	3	4	1	8,200
1776	2,650	16		908	8	1			7,980
1777	2,629	49		948	46		2		3,160
1779	1,924	31	1,348	12	17				29,100
1780	2,483	32	1	1,243	13	41	1		10,020
1781	1,998	38	1	1,650	32	55	2	20	20,380
1782	1,445	53	1	1,796	14	23	1	23	20,040
1783	2,171	73	3	1,650	41	12	1	0	2,680
1784	1,947	98	9	1,991	38	9	1	1	11,980
1785	2,034	74	7	2,265	51	54	3	0	5,840
1786	1,614	78	11	2,531	59	32	0	0	18,000
1787	2,456	140	17	4,608	96	97	3	2	39,020
1789	1,155	108	10	2,280	55	232	1	3	16,120
1790	1,208	107	4	2,176	54	62	0	1	21,880
1791	1,393	73	7	2,609	46	102	0	3	11,280
1792	984	90	5	2,180	46	69	0	0	36,520
1793	1,739	94	6	2,088	28	81	2		28,200
1794	1,792	121	9	2,242	32	215		2	18,100
1795	1,255	75	15	1,935	12	5			56,320
1796	1,562	69	6	2,255	10	49			39,680
單位：皮張（張）									

表 1-4：烏梁海進貢皮張數量
資料來源：《軍機處錄副奏摺》、《清宮內務府奏銷檔》等。

而毛皮種類卻很固定。如貂皮、猞猁猻、水獺皮、狼皮、掃雪、黃狐皮、沙狐皮、灰鼠皮等。[103] 乾隆年間，唐努烏梁海、阿勒台烏梁海、阿勒坦淖爾烏梁海歷年的進貢皮張數量參見表 1-4。

　　嘉慶十年（1805），烏里雅蘇台將軍成寬（？-1807）奏請，烏梁海等現有人丁 1,679 戶，進貢貂皮 4,144 張，作為定額，每年添戶不添皮張。[104] 烏梁海五旗戶數共 786 戶，各旗貢貂的分配：唐努、撒拉吉克、托錦三旗額定 406戶，貢貂皮 1,218 張，克穆齊克旗 229 戶，貢貂皮 687 張，庫蘇古爾旗交 453張。[105] 科布多所屬的阿勒台烏梁海七旗 685 戶，科布多所屬的阿勒坦淖爾烏梁海二旗 208 戶，每戶交 2 張；科布多所屬的阿勒坦淖爾烏梁海二旗每戶交 2 張。阿勒坦淖爾烏梁海貢貂亦可以其他皮張折抵。

　　阿勒坦淖爾又稱阿爾泰諾爾（諾爾亦稱淖爾為湖泊之意），為阿爾泰河所流入之湖。該處兩旗，一名阿爾泰諾爾；一名索洛什卑。富俊（1748-1834）於《科布多政務總冊》提到阿勒台烏梁海左翼四旗，乾隆二十年投誠。根據陳維新研究同治三年（1864）《塔城界約》後，科布多參贊大臣向俄方提出兩國應及早在國界設立界碑鄂博。同治七年奎昌所繪《科布多中俄邊境建立界牌鄂博圖》，科布多段邊界在俄人巴布科夫主導下，俄國順利取得齋桑泊以東及阿爾泰山以北，額爾濟斯河以東之海留圖河、科爾沁河、布克圖滿河（布赫塔瑪河）、哈屯河上游等諸河流域土地。居住在此區域之阿爾泰諾爾兩旗、阿勒台烏梁海七旗，均劃歸俄國所屬。[106] 因此，同治朝以後貢貂只剩下烏里雅蘇台所屬唐努烏梁海五旗，至清末一直都維持貂皮 2,358 張。因為貢貂只剩下唐努烏梁海五旗，清朝規定用貂皮折抵其他皮張的數量，只限於三分之一，每年要交納貂皮 800 張以上。其餘仍交納各種皮張。

---

103 中國第一歷史檔案館藏，《乾隆朝內務府奏銷檔》，冊264，乾隆二十八年七月二日，頁98-99。

104 國立故宮博物院藏，《軍機處檔摺件》，文獻編號089596，同治二年七月初二日。

105 樊明方著，〈清朝對唐努烏梁海地區的管轄〉，《中國邊疆史地研究》，1996年2期，頁42-59。

106 陳維新著，〈同治時期中俄烏里雅蘇台及科布多界務交涉──以故宮博物院藏外交輿圖為例〉，《蒙藏季刊》，卷20期3（2011年9月），頁48-71。

（二）貢貂的運輸及賞賜

烏梁海貢區打獵的旺季在九、十月間。這季節野獸新絨毛完全長齊，所以獵人集中在這時期捕打野獸。同時也是野獸皮張交易最活躍的時期。但在獵業地區必須等到納貢皮張選足之後，才能上市自由買賣。

1、運輸貢貂的路線

烏梁海總管交納貂皮時，必須呈遞應交皮張戶口造具蒙字名冊。據烏里雅蘇台將軍奏稱，唐努烏梁海總管到烏里雅蘇台呈遞貢皮，並將應交皮張戶口造具蒙字名冊呈遞前來。將軍當堂點驗，遵照額數收齊，照理折放賞項。然後裝箱封固黏貼印花，揀派員外郎善貴督帶弁兵，由驛護送交納。[107]《烏里雅蘇台事宜》載，烏里雅蘇臺的房租銀用於製造進貢貂皮木箱銀 18 兩、布 24 疋。又，支放官兵出差行裝銀 1,000 餘兩，其中官領銀 12 兩、兵領銀 8 兩。[108]

貢貂的路線據《科布多政務總冊》載：「阿勒台烏梁海年貢皮張，向係伊等送往烏里雅蘇台轉進，乾隆五十三年　贊大臣保泰與烏里雅蘇台將軍會奏，伊等送往烏里雅蘇台道路遙遠，往返必須四十餘日，一切馱載口糧，未免竭蹶，請嗣後照阿勒坦諾爾烏梁海之例，就近交科布多，遇便轉送烏里雅蘇台。」阿勒台烏梁海貢皮張原直接交到烏里雅蘇台，後就近交科布多，「每年正月內阿勒坦諾爾烏梁海進貢皮張，五月內阿勒台烏梁海進貢皮張，本處派員送至烏里雅蘇台將軍處，派員送京。」[109]科布多的皮張送到烏里雅蘇台後，由定邊左副將軍派員送到山西，再送到北京。

---

107 國立故宮博物院藏，《宮中檔咸豐朝奏摺》，文獻編號408004262，光緒二十六年九月二十一日。

108 〔清〕佚名著，《烏里雅蘇台事宜》，收入茅建海主編，《清代兵事典籍檔冊匯覽》（北京：學苑出版社，2005），冊17，頁111-112。

109 〔清〕富俊著，《科布多政務總冊》（北京：全國圖書館文獻縮微複製中心，1988），頁16-2。

圖 1-3：烏梁海所貢白馬
資料來源：故宮博物院編，《故宮博物院藏清代宮廷繪畫》（北京：文物出版社，1992），
頁 111。

2、貢貂之獎賞

樊明方認為烏梁海貢貂是一種賦稅，具有強制性、無償性、固定性。清政府對於貢貂和灰鼠皮賞給彭緞和布疋，屬於獎勵物品，其他猞猁猻皮、水獺皮、狐皮、掃雪皮、狼皮等皮張，不支付報酬。可是這樣就違反一般所認為的清朝朝貢制度「薄來厚往」的精神。筆者認為朝貢制度和賦稅制度還是不同，清代人民交地丁銀之賦稅完全無償，但是貢貂多少還有獎賞。事實上，清朝的貢貂和獎賞可用銀兩換算，烏里雅蘇台所屬唐努烏梁海五旗，科布多所屬的阿勒台烏梁海、阿勒坦淖爾烏梁海二地，每年進貂皮折賞彭緞，按進貢貂皮 10 張給彭緞 1 疋，彭緞例價銀 2.84 兩。若無緞，每緞 1 疋折布 8 疋，1 疋布等於 0.355 兩。貂皮不足 10 張，每張給布 2 疋。由塔爾巴哈台領解存庫之布疋以備賞。[110] 按 3 疋彭緞抵放馬 1 匹，每匹馬價銀 8 兩。但蒙古人不喜歡賞馬，改折布疋。

咸豐四年（1854）七月間，據烏里雅蘇台將軍扎拉芬泰（？-1860）具奏，因庫存緞疋無多，現值軍務未竣道路梗塞，各省應解物件誠恐弗克照常依期解京，部庫乏存。議將應支放緞 3 疋者，改抵賞馬 1 匹。查彭緞例價銀 2.84 兩，以馬例價銀 8 兩，按數核算亦屬輕重相等。是以奏准咨行科布多一律照辦等因前來。阿勒坦諾爾烏梁海及阿勒台烏梁海二處，每年進貢貂皮數在五、六十張一、二百張不等，按貂皮 10 張給緞 1 疋，但數至賞 3 疋緞者折馬 1 匹。除抵馬之外零給布疋無多。據辦理蒙古事務處章京等面稟交納貂皮蒙古人等，似有不願領馬之意。再查交納貂皮每戶 2 張至 15 戶共交 30 張，應領折馬 1 匹。惟馬係蒙古地土出產之物，例價雖係銀 8 兩，市價私購價銀不過數兩。戶多馬少不敷均分，此係實在情形。

嘉慶二年（1797），烏梁海進貢皮張各戶，賞小彭緞 163 疋、藍布 902 疋。彭緞折銀 462.92 兩，藍布 320.21 兩，共銀 783.13 兩。貢貂皮 4,144 張，按內務府變價每張 0.9 兩，共銀 3,729.6 兩，報酬約 21%。到咸豐年間，清朝實施減俸制度，賞賜銀兩更少。同治四年（1865），唐努烏梁海每年額進貂皮，賞

---

110 國立故宮博物院藏，《宮中檔咸豐朝奏摺》，文獻編號406008491，咸豐六年七月十七日。

小彭緞 85 疋，每 3 疋折馬 1 匹，共折賞馬 28 匹。折賞布 1,106 疋，每疋價銀 0.33 兩，共銀 364.98 兩，覈減兩成共 291.98 兩。[111] 同治年間的賞賜和嘉慶朝相比只剩了四分之一。

（三）烏梁海的商貿活動

商人欲赴烏梁海購貨必由哈拉（為入烏要口設有稽查官員）經過，然後能達。但須先赴烏城請領護票，以便驗票放行。烏梁海為打牲部落，土貨除牛羊皮張外，有狼、狐、猞猁，及貂鼠、鹿茸、香臍等。又，科布多與烏梁海連界出產略同，惟細皮較多，並產羚羊角。[112]

烏梁海的物產豐富，除了產毛皮之外，馬的品種亦好。乾隆二十九年（1764）八月二十五日奉上諭：「前派巴圖濟爾噶勒等，前往杜爾伯特、烏梁海等處，採辦御用馬匹，烏梁海人等獻出馬匹使其挑選，從中選出察罕莫爾之棗騮馬、唐努烏梁海之白馬，皆可為朕之乘騎。此等烏梁海皆為屬民，深知朕之御用馬匹，便獻出好馬，以供選購，其心甚屬可嘉，雖已超值賞賜，仍應施恩。著傳諭成袞扎布等，將出售此等馬匹之人，施恩蠲免十年之賦。嗣後，再有此等之人，除賞給馬價外，仍令蠲免其賦。」[113] 乾隆皇帝喜歡好馬，令出售馬匹者可蠲免十年之賦稅。嘉慶二年（1797），定邊左副將軍圖桑阿（？-1801）參奏參贊大臣額勒春（？-1798）牟利營私各款。事因烏梁海進貢馬到烏里雅蘇臺，額勒春令家人向索馬 40 匹，伊即挑存 20 匹。又勒索羊 100隻，烏梁海只應付 50 隻，額勒春貪鄙已極實難寬宥。向來派往各路大臣於所管部落尚多有備帶賞需散給者，豈有轉向所部等人勒索之理，大失滿洲大臣顏

---

111 中國第一歷史檔案館藏，《內閣題本戶科》，檔案編號02-01-04-21877-004，同治四年。

112 〔清〕李廷玉著，吳豐培整理，《游蒙日記》（香港：蝠池書院出版有限公司，2009，據民國四年〔1915〕財政部印行影印），頁479-480。

113 〔清〕曹振鏞、戴均元、英和、汪廷珍奉敕修，《大清仁宗睿皇帝實錄》（北京：中華書局，1986），卷1496，頁1038-1～1038-2。

面。[114]

　　乾隆四十八年（1783）九月三十日奉上諭：「閱海寧所奏商民賈力，於烏梁海貿易時，馬匹為烏梁海總管巴雅爾圖旗下之諾爾布所盜一事。看來，彼處商民與烏梁海、厄魯特交往密切。商民皆圖利。久之，烏梁海、厄魯特吃虧後，銜恨成仇，商民必定吃虧。著將此寄信海寧，令其平時留心，遇有在烏梁海行商之人，即諭以：爾等皆係圖利之人，嗣後再往烏梁海等處貿易，稍加獲利，即應知足，應與烏梁海、厄魯特和睦相處。若過於貪利，烏梁海、厄魯特等吃虧仇視爾等，於爾等頗為不利。商民各知謹慎，不再滋事，與烏梁海、厄魯特和睦相處，則甚善哉。」[115]

　　民國七年（1918），都護副使烏里雅蘇臺佐理員恩華咨呈烏城華商永興恆、恆和義、義盛德、恆隆厚、新升永等在唐努烏梁海，房產屋宇與內地壯麗爭勝，一切財產不下數千百萬。[116]唐努烏梁海盛產高級的貂皮、狐皮、狼皮、猞猁猻皮等毛皮。永興恆應是販售所販的氈毯應來自唐努烏梁海與科布多地區的皮張和氈絨。民國三年（1914）《調查歸化商埠情形報告書》載，清盛時每年歸化、包頭兩處輸入皮張羢毛約計可值五、六百萬兩。民國二年（1912），歸化產羊皮 830,633 斤、羊絨 58,215 斤、駝羢 479,200 斤、馬尾 22,601 斤、牛尾 10,000 斤。製造羢氈 30,000 斤、毛氈 291,000 斤。[117]

　　滕德永的研究提到嘉慶以後各朝的內務府貢貂變價，多數以貂皮成品貂皮褂的形式賣給王公大臣，其價格根據等第略有不同；一等貂皮褂用貂皮 80 張，每張 1.75 兩，每件 140 兩；二等貂皮褂，每張 1.5 兩，每件 120 兩；三等貂皮褂，每張 1.125 兩，每件 90 兩。[118]內閣大庫檔案常見內務府變價庫存的貂皮、貂褂，

---

114 中國第一歷史檔案館編，《乾隆朝滿文寄信檔譯編》，冊3，頁497。

115 中國第一歷史檔案館編，《乾隆朝滿文寄信檔譯編》，冊16，頁648。

116 中央研究院近代史研究所檔案館藏，《北洋政府外交部商務檔》，館藏號03-32-177-02-002，民國七年一月六日。

117 中央研究院近代史研究所檔案館藏，《北洋政府外交部商務檔》，館藏號03-17-002-03-004，民國三年。

118 滕德永著，〈清代內務府貢貂變價制度探析〉，《黑龍江社會科學》，2013年6期，頁144-153。該文只討論唐努烏梁海，沒有提到阿勒台烏梁海、阿勒坦淖爾烏梁海二地的貢貂。

如咸豐元年總管內務府咨內閣此次庫存無用黃貂皮一千餘張，貂褂 24 件。除道光三十年（1850）賞領過貂褂之大臣銜名毋庸開送外，其本年情願認買及不願認買之大臣，銜名造冊以便摺奏。[119]

　　清宮從恰克圖貿易和唐努烏梁海進貢的皮張，自乾隆朝《內務府廣儲司皮庫月摺檔》的記載可以統計出貂皮、狐皮、鼠皮收支的數量。圖 1-4 顯示四等貂皮和五等貂皮數量較少，可見在十八世紀下半葉中國所產的上等貂皮數量減少，而唐努烏梁海的進貢也只是較為次等的黃貂皮。

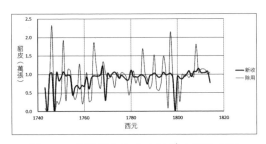

圖 1-4：乾隆朝內務府皮庫貂皮類收支圖

　　圖 1-5 為狐皮的進項和用項。青狐皮和黑狐皮的數量增長與恰克圖的貿易時期有關。至於黃狐皮在 1780 年左右數量明顯增加，此因唐努烏梁海進貢數量增加。黃貂皮的數量變化，大約自 1760 年以後數量增加，亦與唐努烏梁海進貢有關。

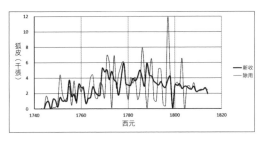

圖 1-5：乾隆朝內務府皮庫狐皮類收支圖

119　《中央研究院歷史語言研究所現存清代內閣大庫原藏明清檔案》，登錄號143316，咸豐元年四月初七日。

圖 1-6 為《內務府廣儲司皮庫月摺檔》所載自 1740-1810 年灰鼠皮各年新收、除用數量變化在恰克圖和唐努烏梁海的皮貨進入北京之前，灰鼠皮一年最高存量約 4 萬。1770 年代增為 15 萬張左右，除用的部分，在 1740-50 年代都不滿 2 萬張，1760 年代則超過五萬張，1770 年代也超過 10 萬張以上。這表示由恰克圖買進和唐努烏梁海進貢的灰鼠皮刺激市場的需求，因灰鼠皮在皮貨中算是價格低廉，平民百姓都有能力購買。

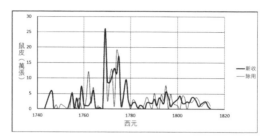

圖 1-6：乾隆朝內務府皮庫鼠皮類收支圖

三、十九世紀進口的皮張

從 1802-1804 年起，從俄國出口的主要商品毛皮的銷量下降了，每年為 124 萬盧布，占 37.7％，而外國呢絨向中國的出口量卻增加了每年 1,641,000 盧布，占 49.5％。十九世紀恰克圖皮張貿易特色在於俄國的貓皮、粗毛羊羔皮的出口明顯增長，其他毛皮的出口出現下降趨勢。[120]

（一）恰克圖的毛皮貿易

優質的紫貂皮或者被運往俄國、歐洲，或者被希臘人運至土耳其、波斯、阿拉伯，劣質的則被運到了中國，因為中國人善於巧妙地將這些毛皮染色、染

---

120 〔俄〕特魯謝維奇著，徐東輝、譚萍譯，陳開科審校，《十九世紀前的俄中外交及貿易關係》（長沙：岳麓書社，2010），頁171-172。

黑，然後將其以優等品賣給自己的同胞和非西伯利亞的俄國人。[121]

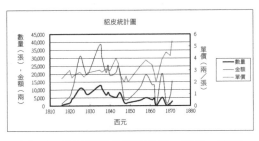

圖1-7：商號購買的貂皮數量、價格、總額

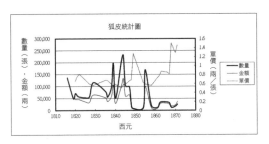

圖1-8：商號購買的狐皮數量、價格、總額

俄羅斯進口的狐皮，以沙狐皮最多，其次是黃狐皮、紅狐皮、白狐皮等，中國人重視的黑狐皮相當少，必須加以染色。

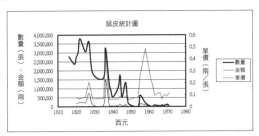

圖1-10：商號購買的灰鼠皮數量、價格、總額

圖1-10統計中，灰鼠皮的數量有明顯下降，從三、四百萬張降到數萬張，

---

121 〔俄〕特魯謝維奇著，徐東輝、譚萍譯，陳開科審校，《十九世紀前的俄中外交及貿易關係》，頁161。

圖 1-9：狐皮
資料來源：作者拍攝。

圖 1-11：柏木山貓
資料來源：故畫 00339600006，故宮博物院藏。圖版取自《器物典藏資料檢索系統》：
https://digitalarchive.npm.gov.tw/Antique/Content?uid=2648&Dept=U（檢索日期：2022 年
4 月 8 日）。

價格則有上升趨勢，由 1 錢以下升至 1.5 錢和 2 錢。但總體看來，灰鼠皮的價格仍不高。在十八世紀八十年代毛皮占出口總值的 85%，到 1826 年只占 47.5%。平均每年向中國輸出 400-600 萬張灰鼠皮，到 1841-1843 年灰鼠皮剩 100 萬張。[122]1849 年在雅庫茨克一個市集出售的松鼠皮達到 126.5 萬張，這些松鼠皮都被運往恰克圖。[123]

　　恰克圖的貿易中也包括貓皮，貓皮分為家貓皮和草原貓皮兩種。家貓中純黑色要比雜色毛的更受歡迎。表 1-1 的黑貓兒皮每張 0.18 兩，花貓兒皮每張 0.15 兩。圖 1-12 貓皮的價格在 0.2 至 0.3 錢，價格比乾隆時高些。中國對黑色家貓的需求量相當大，貿易清冊的檔案中將貓皮分為「黑貓皮」、「雜色貓皮」、「色貓皮」「野貓皮」，自 1829 年至 1871 年貓皮進口數量共 1,856,590 張，其中黑貓皮有 1,390,020 張，約占 75%。草原貓皮尺寸比家貓尺寸大，顏色更像猞猁猻，但它的毛很短。此外，還有在奧倫堡和西伯利亞邊境線上從吉爾吉斯人手中換進的貓皮，也運到恰克圖的市場。[124]中國人喜好黑色毛皮，在缺乏黑貂和黑狐的情況下，以黑貓皮做為服飾越來越普遍。《紅樓夢》記載賈府被抄家時，也抄出貓皮 35 張。

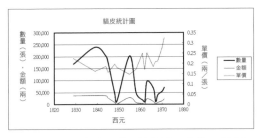

圖 1-12：商號購買貓皮的數量、價格、總額

俄國陸地的動物數量減少下，俄美公司轉向獵捕海洋動物，每年捕獲水獺

122 〔俄〕米・約・斯拉德科夫斯基著，宿豐林譯，《俄國各民族與中國貿易經濟關係史（1917年以前）》，頁231。
123 〔俄〕阿・科爾薩克著，米鎮波譯，《俄中商貿關係史述》，頁47-48、161-164。
124 〔俄〕阿・科爾薩克著，米鎮波譯，《俄中商貿關係史述》，頁166-167。

皮約 2,000 張，全都運往中國。[125] 水皮（выдра）包括水獺皮和海狸皮，有所謂正板水皮指俄國水獺皮；番板水皮指西洋水獺皮（外國水獺皮）；咼蓋水皮指德國海狸皮（外國海狸皮）；長毛水皮俄國海狸皮。[126]

表 1-1 中「翻板水皮」每張 4.8 兩、「鍋蓋水皮」每張 4.2 兩，「長毛水皮」每張 2.1 兩，這些奇怪的名詞，據《論皮衣粗細毛法》載；「水獺皮，醬黑色，其針硬，絨米色。其原皮土黃色，至大者身長 2 裁尺、面寬 1 尺 1、2 寸。次小者身長 1 尺 6、7 寸、面寬 8、9 寸。番水皮，獺出北口外，滿針、滿絨。」[127] 又《當譜・清抄本》記載水獺皮分成三種，「頭等為藏水獺其毛純而亮，紫色到根。次者番板水獺，其毛淡紫色黃根。又次者為鍋蓋水獺，其毛黑黃色灰根。鍋蓋水獺出在俄羅斯。」[128] 在恰克圖貿易的晉商解釋的水皮名稱和北京當鋪寫的不一樣，晉商靠近毛皮產地，他們的說法應較為準確。俄國資料說每張約 10 盧布，折算成銀兩約 6 至 7 兩間，和恰克圖記載的價格相仿。

俄美公司捕獲量最多的是海狗（海豹）1803 年，海豹皮充斥恰克圖，價格一直下跌，從 6-7 盧布跌到 2 盧布，並由於粗製濫造，質量極差。為了穩定價格，足智多謀的俄美公司經理毫不遲疑地下令將十幾萬張的海豹皮付之一炬，僅在烏納拉斯卡就燒毀 70 萬張毛皮。[129] 從 1842 至 1861 年間，海豹的輸出只有 338,604 張，減少了許多，可見毛皮資源枯竭。十九世紀下半葉，俄美公司平均每年捕獲 18,000 隻海豹，其中 8,000 隻海豹經恰克圖運往中國，另部分海豹皮運往上海港。[130]

---

125 〔俄〕謝・賓・奧孔著，俞啟驤等譯，《俄美公司》，頁216。

126 Перевод с китайского, публикация, транскрипция, исследование и приложения И.Ф. Поповой и Таката Токио. Словари кяхтинского пиджина, p. 178.

127 《論皮衣粗細毛法・道光二十三年抄本》，收入國家圖書館分館編，《中國古代當鋪鑒定秘籍》，頁135。

128 《當譜・清抄本》，收入國家圖書館分館編，《中國古代當鋪鑒定秘籍》，頁292。

129 〔俄〕謝・賓・奧孔著，俞啟驤等譯，《俄美公司》，頁54。

130 〔俄〕謝・賓・奧孔著，俞啟驤等譯，《俄美公司》，頁215-216。

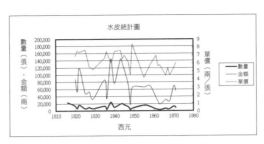

圖 1-13：商號購買水獺皮等的數量、價格、總額

表 1-1 中「長脖羔子皮」每張 0.135 兩，「白羔子皮」每張 0.18 兩。長脖羔子皮。近時盛行骨種黑羊皮帽，其毛烏而潤，倍於存色，皮板及白耐久，然價昂，甚者高於七八金一頂。[131] 長脖皮指俄國的羔羊皮。黑骨種羊皮為布哈拉的羔羊皮。青骨種羊皮是灰色羊羔皮。白骨種羊皮圖魯漢克斯牧羊人駐紮地的羊羔皮。恰克圖商號的檔案稱「長脖子皮」，「白長脖子皮」、「黑長脖子皮」。長脖皮指羔羊皮，大黑長脖皮指西洋羊羔皮（外國羊羔皮）。表 1-1 中長脖羔子皮每張 0.135 兩。參見圖 1-14。

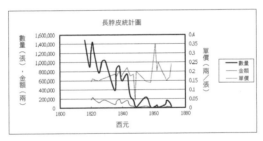

圖 1-14：商號購買長勃皮（羔羊皮）的數量、價格、總額

（二）英美毛皮貿易

蔡鴻生的論文討論廣州的毛皮貿易始於 1787 年英船喬治國王號和查律女王號攜帶 2,500 張毛皮到廣州發售，1789 年美國船隻哥倫比亞號運來運

---

131 李家瑞編，《北平風俗類徵》（臺北：臺灣商務印書館，1992），〈服飾〉，頁234。

來 1,200 張皮貨到廣州。[132]1787 年毛皮中有海獺皮，以 50,000 元售給石瓊官。[133]1791 年 3 月 13 日文官通知特選委員會說，海關已出告示禁止輸入海獺皮，認為它們是從俄羅斯人那裡購來的，因為皇帝幾年前已和該國不睦，不准互相交往，故頒發這一禁令。[134]1792 年取消海獺皮入口的禁令。[135]該年英公司船進口兔皮每張 2 錢、海狸皮每張 4 兩、海獺皮每張 10 元。[136]1801 年廣州市場價格表，海豹皮每 100 張為 80 元，海狸皮每張 6 元，而海獺皮每張為 22 元。[137]

十八世紀末美國在加州和南美洲西班牙領地發現新的毛皮資源，大舉組織獵取海豹。1798-1807 年間從馬薩洛夫島就有 850 萬張海豹皮運到廣州。但如蔡鴻生所說，十九世紀二〇年代美國輸入的毛皮達 20 餘萬美元，二〇年代以後太平洋區域毛皮資源枯竭，美洲毛皮被毛織品取代。[138]《東印度公司對華貿易編年史（1635-1834）》記載 1787-1833 年間英美輸入中國毛皮的數量與金額，顯示英美進口的毛皮數量遠比俄國的少得多。其次，英美進口的毛皮以海洋動物為主，如海獺皮、海豹皮、海狸皮，陸地動物以兔皮為主。珍貴毛皮如貂皮、狐皮、銀鼠皮等則闕如。

132 蔡鴻生著，〈清代廣州的毛皮貿易〉，《學術研究》，1986年4期，頁85-91。

133 〔美〕馬士著，中國海關史研究中心組譯，區宗華譯，《東印度公司對華貿易編年史（1635-1834）》，卷2，頁455。

134 〔美〕馬士著，中國海關史研究中心、區宗華譯，《東印度公司對華貿易編年史（1635-1834）》，卷2，頁502。

135 〔美〕馬士著，中國海關史研究中心、區宗華譯，《東印度公司對華貿易編年史（1635-1834）》，卷2，頁510。

136 〔美〕馬士著，中國海關史研究中心、區宗華譯，《東印度公司對華貿易編年史（1635-1834）》，卷2，頁518。

137 〔美〕馬士著，中國海關史研究中心、區宗華譯，《東印度公司對華貿易編年史（1635-1834）》，卷2，頁667。

138 蔡鴻生著，〈清代廣州的毛皮貿易〉，《學術研究》，1986年4期，頁85-91。

圖 1-15：冷枚《梧桐雙兔圖》
資料來源：故宮博物院編，《故宮博物院藏清代宮廷繪畫》，頁 43。

四、恰克圖進口的皮革

在恰克圖市場享有大銷售量的還有皮革，像香牛皮、山羊皮、小牛皮等。
皮革商品銷售給中國人有很長的歷史。香牛皮之名，出自俄國，因俄國出產一
種樹皮帶有香味，含有丹寧質，用作製革材料，製成之革，含有香氣，故名香
牛皮。[139]

乾隆皇帝派內務府官員或買賣人到恰克圖採辦毛皮的同時，也採買皮革。
乾隆二十八年（1763）三月，香羊皮（滿文 šafiya）300 張、金花香牛皮（aisin
ilhai bulgari）76 張。[140] 清朝稱皮革為香牛皮（bulgari），是因牛皮上的香味。
嘉慶年間《草珠一串》載：「尖靴武備院稱魁，帽樣須圓要軟胎」注解：近時
尖靴必須武備院樣。[141] 說明武備院設計的尖靴成為流行時尚。

蒙古地區皮革的使用非常普遍，如蒙古人冬天穿皮衣，一直到夏天；夏天
穿上單衣，男女都穿著皮靴子。軍需品中最好的要算曬乾的鹹牛肉搗成粉裝在
袋內，袋是熟牛皮做的，因而不怕潮濕，一名軍人有 2 升就可吃三、四個月。
還有炒米，每個人有 2 升可吃三個來月。又，蒙古包外邊隨著季節用氈子或皮
子、布圍起來。[142] 因此，瑚圖靈阿、慶桂（1737-1816）等酌定恰克圖貿易章
程時，特別考慮蒙古人的需求，規定：「俄羅斯物件內氈子、狐皮香牛皮等項，
皆是蒙古人平常需用者，恰克圖附近有蒙古人買俄羅斯物件時，除價值百兩銀
子以內物件，令其任意貿易。」[143]

俄羅斯的香牛皮、香羊皮等在於鞣製皮革加工業是俄羅斯工業的一個專門

---

139 張家口香牛皮廠則是使用內地所產之科子橡椀子，以及南洋運來之樹膠皮等，採用植物鞣法製
　　成，其皮並無香味。魏雅平著，〈工商月報調查·張家口皮革業近況及其衰落之原因〉，《河
　　北工商月報》，卷1期8（1929年6月），頁139-153。
140 《軍機處滿文錄副奏摺》，檔案編號03-2018-014，頁2791-2793，乾隆二十八年三月。
141 〔清〕得碩亭著，《草珠一串》，收入〔清〕楊米人等著，路工編選，《清代北京竹枝詞
　　（十三種）》（北京：北京古籍出版社，1982），頁53。
142 羅布桑卻丹原著，趙景陽翻譯，管文華校訂，《蒙古風俗鑒》（瀋陽：遼寧民族出版社，
　　1988），頁6-11。
143 《軍機處滿文錄副奏摺》，檔案編號03-2281-019，頁1674，乾隆三十三年九月二十四日。

分支：喀山、沃羅格達、烏斯秋格及其他的城市，很早就以自己的製革工廠而著名，西伯利亞也很早就存在這種產業。在俄羅斯商隊時期，西伯利亞邊境的居民就在庫倫用香牛皮交換家畜，隨著恰克圖貿易的開辦，皮革的銷量應該是相當大的。[144] 恰克圖貿易對皮革商品的需要，促進了貝加爾地區皮革生產的發展。例如，在伊林斯基和卡班斯克城堡（色楞格斯克縣）附近有不少「皮革工廠」，在上烏丁斯克、色楞格斯克、伊爾庫茨克和其他地方產生了皮革企業。其所生產的商品不僅銷售於邊區，也運往恰克圖，以便向中國銷售。1762-1785 年間，在恰克圖貿易的香牛皮每年交換量總計從 5 萬張到 8 萬張，而山羊皮和小牛皮每年總計達到 5 萬張。[145]

十九世紀初，香牛皮的銷售從 7 萬張增加到 9 萬張，而小牛皮革和公山羊皮革的銷售也已經超過了 20 萬張。[146] 這些商品的這種貿易狀況維持到了 1824年。中國商人輸出茶葉，皮革作包裝材料，用皮革包裝大黃和製茶葉箱，以便長途運轉。[147]

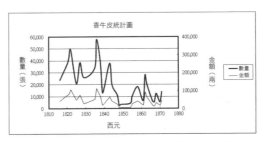

圖 1-16：商民購買香牛皮的數量與金額

《俄中商貿關係史述》提到十九世紀初，香牛皮的銷售從 7 萬張增加到 9 萬張，不過，從商民貿易清冊看來，香牛皮革最多將近 6 萬多張。會有這樣的落差是因清政府允許蒙古人到恰克圖從事小額買賣，或者邊境走私貿易所致。

---

144 〔俄〕阿・科爾薩克著，米鎮波譯，《俄中商貿關係史述》，頁54。
145 〔俄〕阿・科爾薩克著，米鎮波譯，《俄中商貿關係史述》，頁54。
146 〔俄〕阿・科爾薩克著，米鎮波譯，《俄中商貿關係史述》，頁71。
147 孟憲章主編，《中蘇貿易史資料》，頁187。

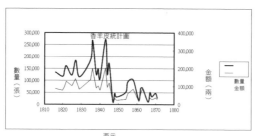

圖 1-17：商民購買香羊皮的數量與金額

　　山羊皮革的銷售有兩年超過了 20 萬張，多數在十餘萬張，山羊皮製作靴子，如《紅樓夢》描述林黛玉換上掐金挖雲紅香羊皮小靴。

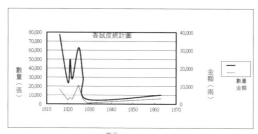

圖 1-18：商民購買香鼠皮的數量與金額

　　俄羅斯商人出售的香鼠皮數量比不上香牛皮、香羊皮，可能鼠皮體型小，做出來的皮革用處不大。根據俄國學者科爾薩克的著作指出，中國所需要的主要是香牛皮和公山羊皮革。在恰克圖市場上常換出的大部分是秋明和托木斯克的香牛皮，以黑色和紅色為主。精緻上等山羊革也是從喀山運過來的，在那裡為恰克圖貿易收購的大部分是經過高級精製，並染了色的上等山羊皮革。公山羊皮革和香牛皮成了繼呢子、波里斯絨和毛皮之後，恰克圖最重要的貿易商品。從 1824 年至 1840 年起恰克圖的換出商品中，皮革類商品的價值匯總數（平均數）如下表所示：

年分	金額（盧布紙幣）
1824-1826	969,022
1827-1829	1,019,696
1830-1832	906,400
1833-1835	791,934
1836-1838	650,616
1839-1840	677,002

表 1-5：1824-1840 年皮革類商品的價值平均數

資料來源：〔俄〕科爾薩克著，米鎮波譯，《俄中商貿關係史述》，頁125。

　　從恰克圖檔案也發現，庫倫辦事大臣每年必須進貢香牛皮給內務府武備院。據恰克圖部員奎祿呈報，應交同治十三年（1874）分黃香羊皮 16 張、紅香牛皮 6 張。並光緒元年分黃香羊皮 16 張、紅香牛皮 6 張，以及二年分司員任內應交黃香羊皮 16 張、紅香牛皮 6 張。以上共計三年分共應解交黃香羊皮 48 張、紅香牛皮 18 張均如數購齊，一併派家丁郭玉徐順等管解運京赴武備院呈交。查該部員家丁郭玉徐順等於本年（光緒三年）十二月十七日持文赴本院呈進，隨即呈明本院堂台如數驗收訖。[148]

　　康熙七年（1668）崇文門開始訂立稅則，因當時已有俄羅斯的商人到北京貿易，因此俄羅斯的皮革也列入稅則中。如黃正牛皮 1 張 1 張銀 3 分、紅牛皮張 1 張銀 3 分、普通牛皮 1 張 1.2 分。[149]清末對皮革課稅，羊皮板每百張 2.75 兩、色香羊皮每 100 張 2.25 兩、香羊皮每 100 張 2 兩。牛皮每 10 張 7.5 錢。香鼠皮照各國稅則灰鼠銀鼠例每百張 5 錢。[150]

---

148 行政院文化部蒙藏文化中心藏，《蒙古國家檔案局檔案》，〈恰克圖呈交御用黃香羊皮紅香羊皮額徵張數〉，編號049-016，頁0110-0112。

149 《督理崇文門商稅鹽法・乾隆四十五年新增稅則》，收入陳湛綺編，《國家圖書館藏清代稅收稅務檔案史料匯編》，冊6，頁2860-2861。

150 蔣廷黻編，《籌辦夷務始末補遺》（民國間抄本），卷178，頁344-1～344-2。

五、小結

　　滿洲統治者起源於東北地區,以獵取毛皮動物為業。但東北所產的貂皮不足,故乾隆皇帝派人到遙遠的恰克圖採辦皮張,主要原因是十八世紀俄國占領西伯利亞、阿拉斯加,動物毛皮產量豐盛,種類遠遠超過東北。乾隆皇帝派人採購珍貴的銀針海龍皮等,俄國商人亦大量出售動物各部位毛皮,如將狐皮背部、腿部、尾巴、腹部和頸部分開來賣,以賺取更高價格。有趣的是,在中國稱為狐肷、狐膁、貂膆等,價格高,崇文門稅關按「條」課稅。毛皮亦以有「袖」、「領」、「帽沿」課稅,說明製作毛皮的規格在中俄兩國都有了共識。

　　德國學者諾貝特‧埃里亞斯(Norbert Elias)提到十八世紀法國宮廷對社會影響,他認為:「法國社會整個結構和發展,逐步使越來越多的階層渴望效做上流社會的模式。」不僅僅是指就餐形式,也包括思維和談吐的方式。[151] 清朝宮廷製作的毛皮服飾,成為王公貴族、官員所仿效的對象。又透過皇帝的賞賜,毛皮服飾傳播至蒙古、新疆、西藏、朝鮮等地區,影響層面超過歷代。

　　俄羅斯在廣大的西伯利亞、阿拉斯加地區捕獵動物,又從海洋捕獵的海獺皮價格超越陸地動物毛皮,海獺皮每張達3、40兩,而貂皮只有2、3兩。至十九世紀毛皮資源枯竭,毛皮被毛織品取代。這現象與廣州的毛皮貿易相似,蔡鴻生認為廣州的毛皮貿易十九世紀二十年代以後太平洋區域毛皮海獺和海豹等珍貴皮獸,便瀕臨滅絕的邊緣。[152] 從蒙古共和國藏的檔案統計圖表可看出1816年至1871年間,貂皮的數量在萬張以下。狐皮、鼠皮數量急遽下降,且價格不斷上升。俄國因狩獵毛皮產量下降後,再從歐美進口水獺皮和海豹皮轉賣到中國。再者,中國人喜好黑色毛皮,十九世紀黑貂皮數量減少,以黑貓皮、黑羊皮、黑鼠皮等取代。清季除了少數上層官員仍穿著帶膆貂褂,下層官員則以貓皮、兔皮代替狐皮、銀鼠皮等。灰鼠皮在皮貨中算是價格低廉,平民百姓都有能力購買。

---

151 〔德〕諾貝特‧埃里亞斯著,王佩莉、袁志英譯,《文明的進程:文明社會起源和心理起源的研究》,上冊,頁187-198。

152 蔡鴻生著,〈清代廣州的毛皮貿易〉,《學術研究》,1986年4期,頁85-91。

北京作為清帝國的首都，冠蓋雲集，從皇帝、王公、官員冬天的都需要穿著毛皮服飾，為毛皮消費重鎮。毛皮的加工手續繁瑣，北京有各種硝皮局、刷皮局、洗染局來整理毛皮，縫製毛皮的工匠將毛皮切割大小齊一的材料，兼備「針腳細若蚊睫」的手藝。並且，由行會組織可見製作冠帽、靴鞋等行業，毛皮分工細密、專業，至民國時期北京仍網羅全國各處的毛皮，製作外銷高級毛皮服飾。

第二章

清宮的冠服

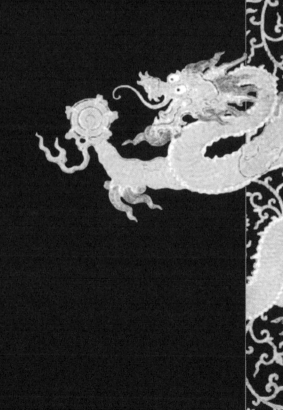

瞿同祖認為衣飾上的限制自古迄清都是用以區別貴賤的一種重要標識，清朝以毛皮界定各種身分品級，不能隨意穿用。[153] 宗鳳英《清代宮廷服飾》探討宮廷服飾的制度，分成禮服、吉服、常服、行服、雨服、便服。各種服飾穿著的場合不同，從帝后到文武官員各有不同等第。[154] 清代自皇太極即位之初，上諭：「今國中冠服不一，各任意　製，甚非所以肅觀瞻也。特定入朝冠服之制，凡朝期俱用披領，平居止用袍。自八大臣以下，庶人以上，毋得戴尖纓帽。冬則戴綴纓圓皮帽，夏則用涼帽。其黑狐大帽，係御賜者，入朝准戴，平居俱行禁止。」[155] 乾隆皇帝引述皇太極的規定，告誡子孫要保留滿族服裝。羅友枝（Evelyn S. Rawski）探討滿洲文化政策，服裝、語言和習武等條例，用以鞏固征服精英集團內部的認同。[156] 謝健《帝國之裘：清朝的山珍、禁地以及自然邊疆》一書注意到毛皮在滿漢人生活中產生交集，也讓人們創造新名詞。毛皮和其他野生動物成為帝國更廣闊的共享的物質文明的一部分。[157] 本章將闡述乾隆皇帝以《皇朝禮器圖式》頒行天下，雖有意界定社會階級的服飾，然因毛皮貿易的興盛，打破階級的藩籬，促進十八世紀毛皮服飾的流行。

　　乾隆十三年（1748），皇帝同時啟動宮廷編輯圖書大型計畫，其中包括祭器、冠服、定鹵簿五輅之制等。其中冠服有四卷，第一卷為皇帝、皇太子、親王、貝勒、王公，屬於皇室近親貴族階層。第二卷是民公侯伯、侍衛、文武官員，舉人、生員，乃至宮廷執事。第三卷為皇太后、皇后、皇貴妃以下至鄉君冠服。第四卷民公夫人以下冠服。原則上係按照階級等第、性別來編排。[158] 實際上，在《皇朝禮器圖式》編成之前，乾隆十三年（1748）繪製了 561 頁的

153 瞿同祖著，《中國法律與中國社會》，頁182-183。

154 宗鳳英著，《清代宮廷服飾》（北京：紫禁城出版社，2004），頁30-188。

155 〔清〕圖海監修，《大清太宗文皇帝實錄》（臺北：華聯出版，1964），卷14，頁193-2～194-1。

156 羅友枝（Evelyn Rawski）著，周衛平譯，《清代宮廷社會史》（北京：中國人民大學出版社，2009），頁40-53。

157 〔美〕謝健著，關康譯，《帝國之裘：清朝的山珍、禁地以及自然邊疆》，頁17-19。

158 〔清〕允祿等纂，牧東點校，《皇朝禮器圖式》（揚州：廣陵書社，2004），卷4-7，頁101-348。

冠服圖與《皇朝禮器圖式》冠服門不一樣，前者開頭是皇帝祭天、雩、日、月等冠服，後來再按階級等第、性別繪製，說明武英殿版《皇朝禮器圖式》係整合十三年的冠服圖而來。況且，《皇朝禮器圖式》有好幾個版本的繪本，如今散落各大博物館、圖書館，其中北京故宮彩圖本有 92 冊，每冊頁數不一，共 1,974 頁，武英殿本共有 1,303 張圖，四庫本共有 1,320 張圖。[159] 本章利用乾隆十三年《清宮內務府奏案》有每幅畫之畫師所用的銀兩，嵇若昕曾關注造辦處工匠的收入，[160] 本章係利用奏案資料探討畫師的日薪較一般工匠高，算是待遇優渥的技術人員。

　　《皇朝禮器圖式》的祭器門，常引用《周官》、《禮記》、聶崇義《三禮圖》等，延續三代禮制。冠服門則是展現滿洲本位，以「本朝定制」來闡釋服制特色。清朝制定帝后官員朝服、朝冠使用貂皮、黑狐皮等各色毛皮，為歷朝服飾所未見。它不僅是東北或烏梁海貢貂的結果，與貿易的關連尤其密切，前章敘述中俄毛皮貿易，不乏珍貴毛皮如海龍皮、貂皮、狐皮，建構了皇帝、王公和職官的服制。再從乾隆二十四年（1758）抄本《當譜集》來看，各種寶石、珊瑚、青金石充斥京城，證明貿易量遽增，構成帝國上層社會的洋貨服飾來源。再者，乾隆朝生產朝冠的人員為內務府的官員，並由皇帝撥內帑來開帽鋪。《皇朝禮器圖式》不僅是規範上層社會的禮制，而且成為一種型錄。許多官員按照朝服圖式來製作龍袍送給皇帝，唯有品質最高西洋金銀線織的龍袍受到皇帝青睞，其他質地不佳的被駁回，形成有趣送禮的文化現象。

一、繪製冠服圖式

　　清朝入關後推行滿族傳統服飾為基礎，制定冠服制度，在冬季的服飾特別使用毛皮種類來顯現皇室、王公、官員等級差異。根據《大清會典圖》所載，

---

159 賴毓芝著，〈「圖」與禮：《皇朝禮器圖式》的成立及其影響〉，《故宮學術季刊》，卷37期2，頁1-56。

160 嵇若昕著，〈清中後期（1821-1911）內務府造辦處南匠及其相關問題〉，《故宮學術季刊》，卷32期3（2015春），頁63-89。

圖 2-1：康熙明黃色緞綉雲龍貂鑲海龍皮朝袍
資料來源：嚴勇、房宏俊、殷安妮主編，《清宮服飾圖典》，頁 27。

圖 2-2：嘉慶明黃色綢黑狐皮端罩
資料來源：嚴勇、房宏俊、殷安妮主編，《清宮服飾圖典》，頁 23。

圖 2-3：皇帝冬朝袍圖樣
資料來源：嚴勇、房宏俊、殷安妮主編，《清宮服飾圖典》，頁 28。

清代宮廷服飾包括禮服、吉服、常服、行服、便服（氅衣、襯衣都是清宮后妃常見的便服等。禮服又分為朝袍（參見圖2-1）、端罩（參見圖2-2）等；吉服分為龍袍、龍掛；常服分為常服袍、常服褂。其中端罩是整件皮毛朝外的禮服，冬天舉行大典時，將端罩穿於朝袍外面以禦寒冷。（參見圖2-3）[161]

　　這些服飾對滿漢官員來說可能不太熟悉，因此乾隆皇帝命官員繪圖以示其意。乾隆十三年（1748）總管內務府大臣三和奏為繪畫冠服圖式用過銀兩絹布紙張細數。三和等奏報：「此誠重名分，而明秩序之至意，臣等謹按章程詳細商酌。上自皇上朝冠、朝服、吉服常服，下至王公大臣，以至九品以上官員朝帽、朝衣、圖分為三冊。又上自皇太后、皇后、皇貴妃、妃嬪之朝冠、朝服，下自王妃，以至六品以上命婦之朝帽、朝衣，分為三冊，共寫六冊。其繪圖所需畫工物料，並辦事人員飯食紙筆等項之費，實屬預需而所用銀兩數目預難酌定。請向廣儲司銀庫暫領銀五百兩應用，將用度銀兩詳加酌核得其細數另行奏聞。如有不敷再行請領，通俟繪圖完竣之日，將用過銀兩數目詳細核銷具奏。」這說明繪製冠服分性別各三冊，總共六冊。經費係向廣儲司領500兩，至結案時再一併核銷。[162]

　　三和會同汪由敦、王扎爾、阿岱等按章程詳細商酌，共編六冊，561頁，用銀2,983.85兩，參見表2-1。自乾隆十四年正月初六日起，至十六年八月二十六日告竣。上自皇上朝冠朝服吉服常服圖式至王妃以至六品命婦之朝帽朝衣圖式，共為六冊其繪圖所需畫工物料並辦事人員飯食紙筆等項之費臣等詳細酌核通共用銀2,983.85兩向廣儲司支領應用，參見表2-2。

　　三和所奏繪畫冠服圖式用過銀兩，稽核的官員逐一詳加察核，發現除僱覓畫工購買顏料俱係按照圖頁計算應准開銷外，其所開司庫人等飯食公費等項共銀735兩零。「查司庫人等原有別項差使內，應給之飯食公費，儘可令其相兼

---

161 〔清〕崑岡等奉敕撰，《大清會典圖（光緒朝）》（臺北：新文豐出版社，1976，據光緒二十五年（1899）刻本影印），頁1855、1887、1922、1925、1928；〔清〕佚名輯，《總管內務府現行條例（廣儲司）》（臺北：文海出版社，1972），卷3，頁59。
162 中國第一歷史檔案館、故宮博物院合編，《清宮內務府奏案》（北京：故宮出版社，2014），冊57，乾隆十三年十二月初五日，頁228-233。

冊數	等第	服飾總類	頁數
1	皇帝	朝冠、朝服、吉服、常服	107
2	東宮以至伯	朝帽、朝衣	88
3	一品官至九品官	朝帽、朝衣	90
4	皇太后、皇后、皇貴妃	朝冠、朝服、吉服	120
5	貴妃、嬪	朝冠、朝服、吉服	102
6	王妃以至六品命婦	朝帽、朝衣	54
	共用經費	銀 2,983.85 兩	

表 2-1：皇帝至命婦等之冠服頁數
資料來源：中國第一歷史檔案館、故宮博物院合編，《清宮內務府奏案》，冊 75，乾隆十七年十一月十八日，頁 213-306。

支出	數量	單價（兩）	日	共銀（兩）
工匠	8,657 名	0.255	965 日	2,207.54
每頁均折顏料飛金銀兩	1 頁	0.302		169.42
監看繪畫圖式無品級司庫	2 員	每日飯食銀 0.1	965 日	193
貼寫人	1 名	每日飯食銀 0.08	965 日	77.2
領班畫工	1 名	每日飯食銀 0.08	965 日	77.2
領班畫工	1 名	每月公費銀 5	32 個月 21 日	163.5
蘇拉	3 名	每日飯食銀 0.03	965 日	86.85
廚役	1 名	每日工銀 0.04	965 日	38.6
共計	2,843.89			

表 2-2：冠服圖之工匠和材料支出預算
資料來源：《清宮內務府奏案》，冊 75，乾隆十七年十一月十八日，頁 213-306。

項目	用量	日期	用量	日期	共計
烤顏料用炭	每日 10 斤	十月初一日起至正月二十日	每日 5 斤	二月初一日起至九月三十日	6,130* 銀 6 釐 =36.78（兩）
煤	每日 10 斤	十月初一日起至正月二十日	每日 5 斤	二月初一日起至九月三十日	6,130* 銀 2 釐 =12.26（兩）
顏色磁碟	400 個				400* 銀 2 分 =8（兩）
做畫掃	60 個				60* 銀 5.5 分 =3.3（兩）
繪畫冠服底本	40 頁				銀 38.92 兩

表 2-3：冠服圖之其他費用
資料來源：《清宮內務府奏案》，冊 75，乾隆十七年十一月十八日，頁 213-306。

行走，何必另行專派？其辦理殊有未善之處，不便准其開銷。」故，於冊開用過銀 3,112 兩零內照數核減銀 735 兩零，著令三和賠繳。

冠服圖式 561 頁每頁用寬 1.5 尺，長 1.6 尺畫絹一幅，再裱背圖式六冊繕寫上諭。每冊用寬 1.5 尺，長 1.6 尺畫絹四幅，共畫絹 24 幅，共計寬 3 尺畫絹 46.8 丈。鋪墊圖樣用榜紙 600 張，苫蓋畫撑用三線布 1 疋。（參見圖 2-3）

宗鳳英認為清朝皇帝的朝服是舉行嘉禮慶典、吉禮祭祀活動時所穿的禮服，在歷史上皇帝沒有祭服。禮服由朝冠、朝服、端罩、補服、朝掛、朝裙（參見圖 2-4）、朝珠、朝靴、朝帶、領約、金約、采帨、耳飾十幾部分組成。[163]《清宮內務府奏案》繪製冠服圖式和《皇朝禮器圖式》不同的是，這檔案特別列出皇帝祭天壇、祭雩壇、祭地壇、祭日壇、祭月壇、設朝的禮服。既然嘉禮慶典與祭祀活動的禮服一樣，為何還特別闢出吉禮之禮服？

《皇朝禮器圖式》載，皇帝冬朝冠「謹按，本朝定制：十一月朔至上元，皇帝御冬朝服，色用明黃，惟南郊祈穀用藍。披領及裳俱表以紫貂，袖端薰貂。繡文兩肩，前、後正龍各一，襞積行龍六，列十二章，俱在衣，間以五色雲。」[164] 披領及裳俱繪製紫貂，袖端薰貂黑狐、貂皮。又有正龍兩條、行龍六條，以及十二章，繪製朝服最複雜，一頁需要 25 畫工，正反面約 12.76 兩。補掛、端罩都用 13 畫工，正反面共 6.62 兩。根據楊玉君研究，在清中葉後北京、天津民俗畫中出現許多畫工設計皮裘的圖像。[165] 或許宮廷畫工也將這套冠服圖體裁用於年畫中。

到乾隆三十一年（1766）五月，禮器舘又繪製一套冠服圖畫冊，冠服圖共 309 頁交翰林院官員書寫同樣頁數的說文，連同說文目錄用了 377 塊絹。武英殿修書處辦理事務郎中六十九等陸續呈報，給翰林等備辦飯食辦買物料，併給匠役等工價，乾隆三十年十一月領銀 1,000 兩、十二月領 2,000 兩、三十一年

---

163 宗鳳英著，《清代宮廷服飾》，頁30。

164 〔清〕允祿等纂，牧東點校，《皇朝禮器圖式》，卷4，頁104。十二章：日、月、星辰、山、龍、華蟲、黼、黻在衣，宗彝、藻、火、粉米在裳，間以五色雲，下幅八寶平水。

165 楊玉君著，〈楊柳青民俗版畫中的財富母題意義與轉換〉，《民俗曲藝》，期207（2020年3月），頁11-60。

圖 2-4：皇帝十二章金龍袍
資料來源：萬依、王樹卿、陸燕貞主編，《清宮生活圖典》，頁 163。

圖 2-5：康熙帝雨服

資料來源：萬依、王樹卿、陸燕貞主編，《清宮生活圖典》，頁 165。

五月領銀 1,000 兩、七月領 2,000 兩，共銀 7,000 兩。[166] 為數 309 頁的冠服圖花了 7,000 兩，每頁圖文大約十餘兩銀子，相當百姓家半年的花費。

乾隆三十二年（1757），筆帖式八十四持來武英殿印文內開，為咨送新增雨衣等畫冊事。照得本殿奏准，酌定品官雨帽並將雨服一類，增入皇朝禮器圖冠服門內，遵即辦理。（參見圖 2-5）乾隆三十二年七月十四日奏：「本日奉旨知道了。欽此。欽遵相應抄錄原奏，並圖樣說文，咨送貴處轉交春宇舒和照式繪畫，俟隨時畫得隨交如意舘查照辦理可也。」[167]三十二年增加雨衣的畫冊，這是十三年沒有繪製的內容。製作雨衣的材料為羽緞，為荷蘭進口的商品。[168]冠服的繪製到乾隆三十六年完成，首領董五經交御製序 23 頁、目錄 90 頁、冠服圖小冊頁一分，計圖 792 頁，說 560 頁。傳旨著交如意舘裱冊頁。[169]

乾隆皇帝對於冠服堅持「夏收殷冔，本不相沿襲」的義理。並舉出遼金元易服飾、改衣冠喪失淳樸之風，導致國事衰頹。乾隆皇帝認為衣冠必不可輕言改易，三代祭祀的冠帽，夏代冠名為收，殷朝稱為冔，周朝稱為弁。各自有名稱，本不相沿襲。

因之，乾隆十三年到三十六年，武英殿禮器館、造辦處書畫處各繪製不同版本的冠服圖。郭福祥認為《皇朝禮器圖式》的編纂經過初纂和重加校補兩個過程。初纂於乾隆二十四年完成，重加校補則於乾隆三十一年完成，形成《皇朝禮器圖式》的最後版本。[170]就冠服的部分來說，應當到乾隆三十六年才完成服制體系。再者，《皇朝禮器圖式》並不僅是收錄在四庫全書，而是公諸於世。因此，新服飾的款式、材質、流傳必然造成變革，下一節將討論其影響。

---

166 中國第一歷史檔案館藏，《乾隆朝內務府銀庫用項月摺檔》，乾隆三十年十一月一日起至三十日；乾隆三十年十二月一日起至二十九日；乾隆三十一年五月一日起至三十日；乾隆三十一年七月一日起至二十九日。

167 《清宮內務府造辦處檔案總匯》，冊31，乾隆三十二年二月初八日〈記事錄〉，頁702。

168 《清宮內務府造辦處檔案總匯》，冊31，乾隆三十二年六月十八日〈記事錄〉，頁709。

169 《清宮內務府造辦處檔案總匯》，冊34，乾隆三十六年六月二十六日〈如意館〉，頁495。

170 郭福祥著，〈《皇朝禮器圖式》編纂與乾隆朝科學儀器的禮制化〉，《故宮學術季刊》，卷37期3，頁1-44。

二、冠服圖的文化史

　　上述繪製冠服圖中使用一百多兩的飛金，帝后的服飾閃亮耀眼，實因製作服飾使用金線、銀線、片金等。其次，工匠仔細繪製珍貴海龍皮帽等，海龍皮、貂皮、黑狐皮本身價格不斐。再者，來自荷蘭生產的羽緞也成為皇帝、官員等的雨衣。透過貿易俄羅斯商人從荷蘭販賣到中國。其他，青金石、珊瑚、貓眼石等玉石也有很長的商貿路線。《皇朝禮器圖式》用來規範帝國的禮制，探討清朝冠服的製作價格、貿易，乃至技術是有趣的議題。以下分三小節來討論：

（一）製作冠服新材質

1、西洋金銀線

　　唐代以後，中國產金線，以杭州地區製作的最著名，稱為「杭金」，然其品質仍不如歐洲進口的。據粵海關的報價：金線每重 1 兩價格為銀 1.76 兩，銀線每重 1 兩為銀 0.88 兩。恰克圖商人購買的金線每重 1 兩價格為銀 1.53 兩，銀線每重 1 兩為銀 1.29 兩。[171] 清代后妃有固定宮分，在金線方面，皇太后金線 20 絡、皇貴太妃金線 14 絡、皇貴妃金線 14 絡、貴妃金線 12 絡、妃 6 位、每位金線 10 絡，嬪 2 位，每位金線 6 絡、貴人 5 位，每位金線 3 絡、福晉 6 位、每位金線 3 絡、八阿哥福晉金線 6 絡，以上共金線 171 絡。[172]

　　這些金線用來縫製朝服。乾隆十三年，太監胡世傑傳旨：著南邊做二色金龍袍一件。太監胡世傑交龍袍紙樣一張，傳旨：「著照樣用三藍色寧紬繡做金銀線穿花九龍袍一件，其花要銀線龍身枝葉要金線靠色先畫樣呈覽，准時交南邊繡做。」於十月十三日七品首領薩木哈持出西洋銀線 6 把（絡）外有零的 14 支，共重 48 兩。西洋金線 12 把（絡）外有零的 10 支，共重 86.5 兩。奉旨：「龍袍照樣准做，將銀線挑頭等的二把做龍袍花頭用，次等的 25 支做石青面

171　《清宮內務府奏銷檔》，冊61，乾隆二十六年六月初四日，頁320-321。金花邊每重1兩，合價銀1.37兩。

172　《清宮內務府奏銷檔》，冊81，乾隆三十一年十二月二十七日，頁491-495。

圖 2-6：乾隆朝藍色江綢平金銀龍夾龍袍
資料來源：嚴勇、房宏俊、殷安妮主編，《清宮服飾圖典》，頁 83。

圖 2-7：賈全畫二十七老圖

資料來源：馮明珠主編，《乾隆皇帝的文化大業》（臺北：故宮博物院，2002），頁 92。

甲上花頭用。金線內挑次等 19 支，做月白面甲上明葉用，再袍甲上所用靠色之金線著伊本地添做。其下剩之金銀線俱各送進。」十四年二月三十日蘇州織造圖拉送到三藍地寧紬金線穿花九龍袍一件持進，交太監胡世傑呈進訖。乾隆三十二年，蘇州織造薩載做緙絲龍袍 4 件、繡洋金龍掛 4 件，共核銀 1,001.82 兩。[173] 李侍堯在乾隆四十三年進貢，派人到蘇州採辦貢品。顧廷煊承辦繡袍褂數目單：洋金龍袍褂 3 套，計銀 1,080 兩。顧繡龍袍褂 3 套，計銀 480 兩、緙絲龍袍褂 3 套計銀 450 兩，共銀 2,010 兩。[174] 洋金龍袍掛就是用西洋金銀線做的龍袍，每套要 360 兩，比顧繡和緙絲貴一、兩倍以上。圖 2-6 即為金銀線交互換色的裝飾方式。顧繡是皇帝和貴族喜歡的龍袍出產鋪子，很多官員選用顧繡龍袍進貢，卻常被駁回。在《清宮內務府造辦處檔案總匯》的雜錄檔有許多實例，此說明顧繡加西洋金線才是皇帝的最愛，缺一不可。

　　金銀線織的緞定價格貴，恰克圖郎中伊克坦布呈稱：「查得俄羅斯等雖拿出金銀線織緞，給我商人看過，並無人詢問要買，先前金線織緞，以俄羅斯尺每尺曾索價銀 20 兩，今定價 12 兩；銀線織緞每尺曾索銀 10 兩，今定價 7 兩。」[175] 除此之外，織造龍袍的工匠費用也不便宜，根據《清宮內務府奏銷檔》記載，龍緞每疋織價銀 25.6 兩，粧緞每疋織價銀 31.1 兩，蟒緞每疋織價銀 33.7 兩。[176]

2、毛皮

　　《皇朝禮器圖式》記載：「皇帝御冬朝冠薰貂為之，十一月朔至上元用黑狐」，以及「皇帝御冬朝服色用明黃，惟南郊祈穀用藍披領，及裳俱表以紫貂，袖端薰貂繡文」，又，皇帝冬朝服以「片金加海龍緣」皇帝的冬吉服冠「海龍為之，立冬後易薰貂或紫貂，各為其時」。[177] 皇太子、皇子等的朝冠、朝服也

---

173 《清宮內務府造辦處檔案總匯》，冊16，乾隆十三年十月十二日〈蘇州織造〉，頁193；冊32，乾隆三十二年三月〈行文房〉，頁606-607。

174 中國第一歷史檔案館編，《乾隆朝懲辦貪汙檔案選編》（北京：中華書局，1994），冊1，頁995、1061-1063。

175 《軍機處滿文錄副奏摺》，檔案編號03-2403-016，頁0407-0408，乾隆二十八年七月初一日。

176 《清宮內務府奏銷檔》，冊45，乾隆二十年十二月十七日，頁468-472。

177 〔清〕允祿等纂，牧東點校，《皇朝禮器圖式》，卷4，頁101、104、105、108。

用薰貂皮。薰貂係用烏梁海進貢的毛皮，乾隆朝每年須向唐努烏梁海徵收貂皮3,000 張。貂皮不足，可用其他毛皮代替。此地產的貂皮色黃稱為黃貂皮，價格便宜大概 1 兩左右，經過薰染之後就成為薰貂。「每年烏里洋海進到皮張變價時，其中貂皮有可燻染應用者，亦准其挑選備用。」[178] 通稱為染貂皮，在北京的店鋪即有販售。

　　端罩是皇帝與文武百官的冬裘服外罩，在舉行嘉禮慶典和吉禮祭祀以及平常朝會所穿服飾。《皇朝禮器圖式》規定，皇帝的端罩以黑狐、紫貂為之。皇太子端罩黑狐為之、皇太子端罩紫貂為之、親王端罩以青狐為之、鎮國公端罩紫貂為之。民公端罩貂皮為之、一等侍衛端罩猞猁猻為之，間以貂皮。二等侍衛端罩紅豹皮為之、三等侍衛黃狐皮為之。[179] 端罩整件都是毛皮縫製，耗材大，所以黑狐皮價格高。北京元狐皮價格高，2 張約估銀 90 兩。[180] 貂皮價格高，在《總管內務府現行條例（廣儲司）》載：「頭等侍衛鑲貂皮、猞猁猻端罩，蟒襴緞面羊皮裏染貂皮朝衣。二等侍衛紅豹皮端罩補緞面羊皮裏，有腰襴剪絨朝衣。三等侍衛藍翎侍衛黃狐皮端罩補緞面羊皮裏，無腰襴剪絨朝衣。」[181] 所以頭等侍衛鑲貂皮端罩和染貂皮的朝衣，也不是真的貂皮（參見圖 2-7）。

　　《北徼方物考》載：「西北域記曰俄羅斯產毻黑，而毫白曰元狐。張玉書外國記曰，康熙十五年俄羅斯貢黑狐。總記曰悉比釐阿產黑狐，慕維廉曰黑狐居於西卑利」。[182] 悉比釐阿、西卑利都指西伯利亞，俄羅斯在十八世紀每年向中國輸出的 3 萬張狐皮。[183] 而《當譜集》則載，「玄狐皮出在洋海東，紫黑色，毛靈軟微，代針尖灰白根。」[184] 所謂的「洋海東」和海龍皮產於「西洋海」一

---

178 〔清〕佚名輯，《總管內務府現行條例（廣儲司）》，卷3，頁74-1。

179 〔清〕允祿等纂，牧東點校，《皇朝禮器圖式》，卷4，頁102-103、114、123、127、145；卷5，頁154、175、183、190。

180 中國第一歷史檔案館編，《乾隆朝懲辦貪汙檔案選編》，冊1，頁33。

181 〔清〕佚名輯，《總管內務府現行條例（廣儲司）》，卷3，頁59-1。

182 〔清〕何秋濤著，《北徼方物考》，收入〔清〕李宗昉，《小方壺齋輿地叢鈔正編》〔清光緒丁丑（三）年（1877）至丁酉（二十三）年（1897）上海著易堂排印本〕，頁219-2。

183 〔俄〕米・約・斯拉德科夫斯基著，宿豐林譯，《俄國各民族與中國貿易經濟關係史（1917年以前）》，頁231。

184 《當譜集・乾隆二十四年抄本》，收入國家圖書館分館編，《中國古代當鋪鑒定秘籍》，頁3。

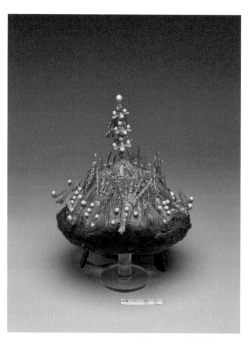

圖 2-8：清皇貴妃的冬朝冠（及局部圖）
資料來源：故 - 雜 -001931-N000000000 https://digitalarchive.npm.gov.tw/Antique/
Content?uid=63768&Dept=U（檢索日期：2022 年 4 月 15 日）。

圖 2-9：金鑲青金石金約、領約
資料來源：〈清·金鑲青金石金約〉、〈清·金鑲青金石領約〉，收入嚴勇、房宏俊、殷安妮主編，
《清宮服飾圖典》，頁 66。

樣，不太確定產地。可見在朝廷能掌握的毛皮產地，到民間則十分模糊，毛皮的知識尚未普及。

在冠服圖中，皇帝至天壇祭祀穿著天馬皮。天馬皮為沙狐皮的價格便宜，每張約 1.2 兩。而且，清朝高級的毛皮服飾選擇動物的下頦（俗稱膝）、腋下（俗稱㫼）、腹部兩側（俗稱膁）等部位，切割成條狀販售。黑狐膝每條 0.8 兩，也稱烏雲豹每條 1 兩、黑狐膁每條 1 兩，沙狐皮的每條僅 0.23 至 0.3 兩。[185] 沙狐皮可以權充黑狐皮，據《當譜集》載：「西沙狐其色倉，身上出的是烏雲豹乃是下額之皮，蔴紫子乃是烏雲豹兩旁之皮，西天馬乃是胸膛之皮，又名曰天馬廷子。下手截為天馬囊子，其天馬代囊子的，方問長也。七寸，寬四寸。」[186] 本書第一章曾討論俄國商人出售狐皮背部、腿部、尾巴、腹部和頸部分開來賣，以賺取更高價格。崇文門稅關亦按照「副」、「條」計稅，工匠再一條條組裝起來，顯示其精湛的縫製技術。

《皇朝禮器圖式》規範自皇帝、公侯、文武百官穿戴各種毛皮，使得野獸捕獵過多，數量減少，就有其他動物毛皮取而代之。薰染貂皮是烏梁海進貢的貂皮加工。乾隆十六年（1751），廣儲司總管六庫事務郎中寶善等據衣庫員外郎歪三等文開，給三阿哥做染貂皮帽 1 頂、四阿哥染貂皮帽 1 頂、五阿哥染貂皮帽 2 頂，用染貂皮 4 張，每張銀 4 兩，用銀 16 兩。[187] 染貂皮 1 張需要 4 兩銀子，並不便宜。《當鋪集》載：「色道要紫，大凡俱是染的，紅色要用胭脂土粉，黑色油霉子。」[188]

3、珠寶

《皇朝禮器圖式》中，詳細規定了上至皇帝，下至文武百官和命婦的各項

185 賴惠敏著，〈清乾隆朝內務府皮貨買賣與京城時尚〉，收入胡曉真、王鴻泰主編，《日常生活的論述與實踐》（臺北：允晨文化，2011），頁103-144。

186 《當譜集‧乾隆二十四年抄本》，收入國家圖書館分館編，《中國古代當鋪鑒定秘籍》，頁94。

187 《乾隆朝內務府銀庫用項月摺檔》，乾隆十六年十二月一日起至三十日。

188 《當譜集‧乾隆二十四年抄本》，收入國家圖書館分館編，《中國古代當鋪鑒定秘籍》，頁91。

服制形制。可以看出其中使用了大量的珠玉雜寶，特別是皇帝的朝珠和冬朝冠是其中最有特色且使用珍寶最為繁雜的品項。這些皇室的冠服，依據等級有明顯的種類和數量區分，正是藉由服飾表達身分地位的最好象徵。

　　在皇室冠服中，最常用的珠寶即是東珠，上至皇帝、下至一品命婦，都廣泛的使用東珠，只是在使用數量上當然就有明顯的不同。東珠使用的範圍包括皇帝的朝冠、朝珠、朝帶；皇太子的朝冠、朝帶；皇子的朝冠、朝帶；世子、郡王、貝勒朝冠、朝帶；固倫、固倫額駙朝帶；鎮國公朝冠；民公、侯、伯、文一品朝冠。到文武二品、文武三品以下就沒有使用東珠了。后妃方面，皇太后和皇后冠服當然也大量使用東珠，像是朝冠、金約、耳飾、領約、朝珠、吉服冠等等；皇貴妃、皇太子妃、皇子福晉的冬朝冠、金約、領約；妃、嬪、世子福晉、郡王福晉、貝勒夫人、貝子夫人、鎮國公夫人、輔國公夫人、鎮國公女鄉君的冬朝冠、金約；民公夫人、侯夫人、伯夫人、一品命婦的冬朝冠；以及皇貴妃、貴妃、妃、嬪的耳飾皆用到東珠。從使用的品項範圍可看出，隨著等級下降，使用東珠的機率越低，使用的數量也遞減。

　　東珠使用的範圍雖廣，但是唯獨皇帝和皇太后、皇后可以在朝珠上使用東珠，而且使用的數量也有定制：「皇帝朝珠，用東珠一百有八。」[189]（參見圖2-8）《大清會典事例》中規定：「正珠朝珠。定例惟御用。至皇子及親王郡王。不但不准用正珠。即東珠朝珠。亦不准用。」[190]《皇朝禮器圖式》也特別規定「皇子朝珠，不得用東珠，餘隨所用……親王、世子、郡王皆同。」[191]再搭配縧帶的顏色，包括帝后用的明黃，皇子、親王等用金黃，以及貝勒以下用石青，皆可看出對應身分的等級。[192]另一例證則是，在《乾隆朝懲辦貪汙檔案選編》中被抄家的臣子們擁有的珍寶嘆為觀止，但唯獨缺東珠，可見東珠在使用上的

189　〔清〕允祿等纂，牧東點校，《皇朝禮器圖式》，卷4，頁101。
190　〔清〕崑岡等奉敕撰，《大清會典事例（光緒朝）》，卷3，〈宗人府三‧儀制一‧服用〉，頁17-1。
191　〔清〕允祿等纂，牧東點校，《皇朝禮器圖式》，卷4，頁125。
192　陳慧霞著，〈清代朝珠研究的再省思〉，《故宮學術季刊》，卷37期4（2020年9月），頁173-220。

珍稀和特殊性，證明東珠表示身分的高貴。

有趣的是，在部分特定冠服定制上會特別標明「大東珠」，當然能使用「大東珠」的只有少數人，像是皇太子和皇太后、皇后的冬朝冠，「皇太子冬朝冠，薰貂為之，十一月朔至上元用黑狐。上綴朱緯，頂金龍三層，飾東珠十三，上銜大東珠一」。「皇太后、皇后冬朝冠，薰貂為之，上綴朱緯。頂三層，貫東珠各一，皆承以金鳳，飾東珠各三，珍珠各十七，上銜大東珠一」。[193]

至於珍珠，雖然在皇室冠服中也是頻繁的使用，但「大珍珠」也只有出現於皇帝的冬朝冠、皇帝冬吉服冠、皇太后皇后冬朝冠、皇太后皇后金約以及皇貴妃冬朝冠。看得出來也是皇室珠寶珍品之一。

冬朝冠是一個相當有代表性的禮器，尤其是皇太后與皇后的，就像是一個琳瑯滿目的藝術品一般，上面綴滿各式珠寶。根據《皇朝禮器圖式》的記載：「皇太后、皇后冬朝冠，……頂三層，貫東珠各一，皆承以金鳳，飾東珠各三，珍珠各十七，上銜大東珠一。朱緯上周綴金鳳七，飾東珠各七，貓睛石各一，珍珠各二十一。後金翟一，飾貓睛石一，小珍珠十六。翟尾垂珠，五行二就，共珍珠三百有二，每行大珍珠一。中間金銜青金石結一，飾東珠、珍珠各六，末綴珊瑚。冠後護領垂明黃縧二，末綴寶石，青緞為帶。」[194] 其中光珠寶類就提到了東珠、金鳳、珍珠、大東珠、貓睛石、金翟、翟尾垂珠、青金石、珊瑚等等。之後的皇貴妃、妃、嬪的冬朝冠也都有琳瑯滿目的綴飾，形制上大致相同，但可以看得出來依等級減少部分寶石及數量。

寶石類也是皇室冠服常見的裝飾品，青金石、綠松石、貓睛石等都出現在冠服之中。《中國古代當鋪鑒定秘籍》中對青金石有很有趣的敘述：「青金石此石色青而呆，雖名青金不要透金，亦分新舊之論。」[195] 並對其顏色和價錢也有介紹，「其色藍高如雨過天晴，內有金色高元者為美。洋青是翠色，有水青是白色。乾隆三十年間，如佛頭上好的值價銀七八十換；嘉慶三十年間不過值

193　〔清〕允祿等纂，牧東點校，《皇朝禮器圖式》，卷4，頁113；卷6，頁245。

194　〔清〕允祿等纂，牧東點校，《皇朝禮器圖式》，卷6，頁245。

195　《當譜集‧乾隆二十四年抄本》，收入國家圖書館分館編，《中國古代當鋪鑒定秘籍》，頁313。

幾換而已。」[196]

　　皇太子的朝珠也也使用青金石和綠松石來裝飾，但就不像皇帝的那麼講究，依據每種場合而變化，「皇太子朝珠，珊瑚、綠松石、青金石隨所用」。皇太子的朝帶則是「飾青金石，每具銜東珠五」。[197]文武四品冬朝冠、冬吉服冠冠頂也會用青金石裝飾；[198]另外像是皇太后、皇后冬朝冠、皇太后、皇后金約；皇貴妃、妃、嬪的冬朝冠、金約等等都使用到青金石。

　　綠松石則使用在皇帝的朝珠「夕月用綠松石」；皇帝朝帶，「飾紅寶石或藍寶石及綠松石」。皇太子朝珠，「珊瑚、綠松石、青金石隨所用」。鎮國公夏朝冠，「後綴金花，飾綠松石」；侯朝帶，「每具飾綠松石一」；皇太后、皇后金約，「後繫金銜綠松石結」；皇太后、皇后領約，「末綴綠松石各二」；皇貴妃金約，「後繫金銜綠松石結，……貴妃、皇太子妃皆同」；妃金約，「後繫金銜綠松石結」；嬪金約，「後繫金銜綠松石結」。[199]（參見圖2-9）

　　有個生動名字的貓睛石，《中國古代當鋪鑒定秘籍》中對其有活靈活現的描述：「貓睛此石何謂之貓睛，其形不大其色如清酒，中有一線神光淨滿中間之線，其光能動就如家貓之眼睛相同，故約貓睛。」顧名思義，貓睛石就像是貓的眼睛一般澄澈。《中國古代當鋪鑒定秘籍》中對貓睛石著墨甚多，把等級和價值都規範的很清楚：「有三種，名上種清酒地、次種茨菇色、下種白菓色，此必要清淨有靈光，其光如綿一樣不散為美。有一說能定時刻，如真貓睛隨時而變，如此二分重值銀四兩五錢，一分重值銀一兩五錢。下的二分半重值銀二兩五錢，五分重值銀八兩；散八分重的值銀五兩。」[200]定時刻或許只是形容詞，但可以表示「高者要有腰線光隨人轉著好」[201]，中間那條像是貓眼睛一樣的光

196　《當譜集・乾隆二十四年抄本》，收入國家圖書館分館編，《中國古代當鋪鑒定秘籍》，頁52。

197　〔清〕允祿等纂，牧東點校，《皇朝禮器圖式》，卷4，頁118、119。

198　〔清〕允祿等纂，牧東點校，《皇朝禮器圖式》，卷5，頁177、179。

199　〔清〕允祿等纂，牧東點校，《皇朝禮器圖式》，卷4，頁107、108、144；卷5，頁160、247；卷6，頁256、265、281、284。

200　《當譜集・乾隆二十四年抄本》，收入國家圖書館分館編，《中國古代當鋪鑒定秘籍》，頁51。

201　《當譜集・乾隆二十四年抄本》，收入國家圖書館分館編，《中國古代當鋪鑒定秘籍》，頁

線，看來是貓睛石畫龍點睛之處。不過在乾隆朝的懲貪檔案中的抄家檔案中雖出現了絕大多數常見的珠寶玉石，但倒是沒有出現貓睛石。

貓睛石很常用來跟朝帶搭配，例如皇子朝帶「每具飾東珠四，中飾貓睛石一」、郡王朝帶「每具飾東珠二，貓睛石一」、鎮國公朝帶「每具飾貓睛石。一輔國公同」、和碩額駙朝帶「每具飾貓睛石一」、民公朝帶「每具飾貓睛石一」。[202] 此外，皇太后皇后冬朝冠、皇貴妃冬朝冠、妃冬朝冠等也都有用貓睛石裝飾。

水晶也有使用在冠服之上，但主要用在五品以下，乾隆朝的懲貪檔案中的抄家紀錄中也大量出現水晶，可見並非皇室專用的高級珍寶。《中國古代當鋪鑒定秘籍》中介紹水晶「此石總名水晶，亦有分別，但分顏色而論之。………清白色而透者乃水晶也」。[203] 文五品、五品命婦冬朝冠「中飾小藍寶石一，上銜水晶」。文五品、五品命婦冬吉服冠「頂用水晶」；文七品、七品命婦冬朝冠「中飾小水晶一，上銜素金」。[204]

紀昀（1724-1805），《閱微草堂筆記》載：「蓋物之輕重，各以其時之好，尚無定準也。記余幼時，人參、珊瑚、青金石，價皆不貴，今則日昂；綠松石、碧鴉犀（碧矽璽），價皆至貴，今則日減；雲南翡翠玉，當時不以玉視之，不過如藍田乾黃，強名以玉耳，今則以為珍玩，價遠出真玉上矣。又灰鼠舊貴白，今貴黑；貂裘舊貴長毳，故曰豐貂，今貴短毳；銀鼠舊比灰鼠價略貴，遠不及天馬，今則貴幾如貂；珊瑚舊貴鮮紅如榴花，今則貴淡如櫻桃，且有以白類車渠為至貴者。蓋相去五六十年，物價不同已如此，況隔越數百年乎？」[205] 從紀昀年幼到年老五、六十年間，毛皮、玉石價格不斷上漲，而清朝官俸卻都維持

209。

202 〔清〕允祿等纂，牧東點校，《皇朝禮器圖式》，卷4，頁125、133、146、148；卷5，頁157。

203 《當譜集·乾隆二十四年抄本》，收入國家圖書館分館編，《中國古代當鋪鑒定秘籍》，頁391-392。

204 〔清〕允祿等纂，牧東點校，《皇朝禮器圖式》，卷5，頁185、187、197；卷7，頁343、344、346。

205 〔清〕紀昀著，《閱微草堂筆記》，收入《筆記小說大觀》（臺北：新興書局，1988），28篇6冊，卷15，頁3571-3572。

不變，如何維持冠服禮制也是個問題。

三、北京的鋪子

清初買賣人最初的活動是替內務府辦買皇室所需諸項什物，並查訪時價，及外藩進貢折賞等事，授為領催之職每月給銀二兩。[206] 後來還兼營各種糧食、銅礦、食鹽運銷，資本雄厚超過百萬兩銀。內務府買賣人替皇室採買被認為是一項肥缺，清末時還流傳一句諺語：「樹小房新當不古，住家必是內務府」顯然內務府的買辦，生活富裕。[207] 買賣人採購的物品相當多，除了供應宮廷日用物資外，比較大宗的物品是人參、皮貨、銅礦、木植等。關於范家及其他經營鹽業、銅業的買賣人，筆者在《乾隆皇帝的荷包》一書已經討論過，本章討論是採辦宮廷物資的買賣人。

清初期買賣人的數量有數百人，康熙十五年（1676）十二月間，總管內務府大臣衙門奏：原有新舊買賣人八百餘名，除將不能交息買賣人革退外，所餘買賣人 285 名。其中列為頭等之買賣人給貿易官房 3 間，本銀 300 兩，銀 1 兩交息銀 6 分；二等買賣人給貿易官房 2 間，本銀 200 兩，銀 1 兩交息銀 5 分；三等買賣人給本銀 100 兩，銀 1 兩交息銀 3 分等情，具奏施行在案。康熙四十三年（1704）正月，總管內務府大臣衙門奏：「今圖桑阿係親王府交息預備祭祀物品之買賣人，再營造司等處當差買賣人外，廣儲司現有買賣人三百九十七名，議再添加三名，共足四百名之數。等情。奉旨：依議。」[208] 內務府有七司三院，廣儲司即設有 400 位買賣人，其他各單位人數應有數百人。

---

206 內務府買賣人是因「盛京每年均有出賣三旗製作所餘棉、鹽等物，並購買所需諸項什物，以議價等事務，故應設置商人。」關嘉錄、王佩環譯，《黑圖檔中有關莊頭問題的滿文檔案文件匯編》，收入中國社會科學院歷史研究所清史研究室編，《清史資料》（北京：中華書局，1984），輯5，頁65-66。又見〔清〕佚名輯，《總管內務府現行條例（廣儲司）》，卷1，頁20。

207 《北京滿族調查報告》，收入中國社會科學院民族研究所、遼寧少數民族社會歷史調查組編，《滿族社會歷史調查報告》（出版地不詳：出版者不詳，1963），輯5，頁11。

208 《清宮內務府奏銷檔》，冊12，雍正十三年十二月初九日，頁368-372。

圖 2-10：清・乾隆「金鑲東珠貓睛石嬪妃朝冠頂」
資料來源：故 - 雜 -004837-N000000000，故宮博物院藏。圖版取自《器物典藏資料檢索系統》：
https://digitalarchive.npm.gov.tw/Antique/Content?uid=66483&Dept=U（檢索日期：2022
年 4 月 15 日）。

（一）、買賣人開設帽鋪

乾隆時由廣儲司所有買賣人內挑選買賣人王廷璽、王廷亮辦理帽鋪生理。乾隆十七年（1752）五月內因買賣人承辦與舖戶不同，時價不齊，每有賠累。總管內務府大臣三和奏准，向崇文門稅務餘銀內，借領銀3,500兩交買賣人王廷獻、劉長慶二人作本，開設帽鋪，藉此購買帽沿。選其上好者預備內庭傳用，每頂照例領價銀5.5兩，次等者賣給各舖戶。因王廷獻借領崇文門銀，分限十年按一分起息。至三十一年，王廷獻還銀5,132.05兩，仍欠銀677.95兩。

王廷獻退出，內務府改派衣庫員外郎文德「為人小心辦事穩妥」，再廣儲司八品司匠兼買辦催長四德「人亦謹飭，向來買辦六庫一應物件俱無貽誤」，故內借領銀三千兩交給文德率同四德開設帽鋪，分限六年歸還原款。[209]《總管內務府現行條例（廣儲司）》買辦染皮冠沿事宜載：「上用染貂冠沿每頂價銀五兩五錢，阿哥貂皮帽沿每頂價銀四兩，染海龍皮帽沿每頂價銀三兩，令衣庫辦買。如每年烏里洋海進到皮張變價時，其中貂皮有可燻染應用者，亦准其挑選備用。」[210] 可見烏梁海的皮張品質欠佳，需要燻染加工。

乾隆三十一年（1766），發生內務府司庫德全承包三織造成做皮包之事，說明內務府人經營皮革生意。原先，江南三處織造成造錠釘棉甲17,528副，應辦隨甲皮包17,528個，「因南方並無熟皮，俱是燻皮不堪成作。且地方潮濕，作來皮包一遇風燥，必致臘裂。」蘇州織造普福等交坐京家人彩住等在京如式辦造。乾隆二十九年、三十年，兩次辦過甲包18,028個，每個按定價銀1.4兩，共發給銀25,239.2兩。彩住等因錢糧重大，舖家難以憑信，且所要價值昂貴，彩住因向來在緞庫交差，隨找尋認識的緞庫委署司庫德全，央求他替辦每個甲包講定價銀1.2兩，管保照式成造。其餘每個利銀2錢，彩住等用於租房、打架子，堆放皮包，併來往運費。只有蘇州織造普福家人汪林是每個甲包按1.4兩交給王德全辦理，後王德全因汪林租賃房間搭架運費，曾給回汪林銀50兩。

---

209 《清宮內務府奏銷檔》，冊80，乾隆三十一年十一月十二日，頁52-60。
210 〔清〕佚名輯，《總管內務府現行條例（廣儲司）》，卷3，頁74-1。

總管內務府大臣等認為牛皮馬皮質既厚薄不同，則其價亦必有懸殊。隨派員照式成造牛皮、馬皮甲包各一份。據委員製辦牛皮甲包一個，實用銀 1.27 兩製，辦馬皮甲包一個，實用銀 1.07 兩。織造處每甲包一分開銷銀 1.4 兩，即使買辦牛皮甲包價尚有餘，乃以馬皮成造其浮冒明白易見。應令該織造將前項皮包照舊領回按每個銀 1.07 兩實價變價歸還原項。其有變不足數者，即著落該織造等賠補，以為辦公不慎之戒此外。家人彩住等三人，每包一個侵銀 2 錢，計銀 1,765.6 兩。攬辦之德全每個浮冒彩住等銀 1.35 錢，並每個浮冒汪林銀 3.35 錢，共計浮冒銀 1,861.78 兩。[211]

（二）、北京鋪子與時尚

潘榮陛撰《帝京歲時紀勝》記載乾隆年間帝京品物，「貂裘狐腋，江米街頭；珊瑚珍珠，廊房巷口。靛青梭布，陳慶長細密寬機；羽緞氆氌，伍少西大洋青水。」[212] 買賣人辦買貂裘狐腋，在江米街頭（東交民巷）。[213]《都門雜記》載，鍍金頂（鏨銅鍍金貨物一概俱全）啟盛齋在三府菜園路東；內式荷包聚和號在廊房二條胡同西口路北等；內式暖帽永增局在前門外打磨廠西口路北。[214] 顯示北京的荷包、暖帽都是宮廷「內式」。

根據李華研究帽行商人早在乾隆年間，在東曉市藥王廟成立了行會，並懸掛「冠裳肇式」、「冕服開天」、「冠冕百王」等匾額為證。[215] 宮廷衣服之細，飲食之微，必曰宮樣，轉相倣效。最明顯的例子是官員由北京到地方任官，需攜帶各種時尚的京帽、京靴等。延昌撰，《事宜須知》應用衣服備送禮物必須在京購買開列細單於後：「朝冠（一羅一皮足矣）、披肩一件、朝衣一件（朝

211 《乾隆朝內務府奏銷檔》，冊286，乾隆三十一年十二月二十日，頁151-158。

212 〔清〕潘榮陛撰，《帝京歲時紀勝》，頁41-42。

213 孫健主編，《北京經濟史資料：近代北京商業部分》（北京：燕山出版社，1990），頁237。

214 徐永年增輯，《都門紀略》，上冊，頁285-291、299、310。

215 李華著，〈明清以來北京的工商業行會〉，收入李華編，《明清以來北京工商會館碑刻選編》，頁26。

裙亦可）、蟒袍單紗各一件、京帽各一頂、本色貂褂一件、白風毛褂一件、京靴各雙、皮棉夾單紗袍褂各一件、紅呢帽罩一件、大呢荷衫一件、朝珠、各色捲領、補子雨纓荷包手巾拜墊各一分。至於送禮之物另有一單：袍褂料一套（總以綢料為上），宮樣活計（九件、七件均不可少。）連托頭品頂珠、帽纓、皮帽沿、皮袖頭、頭二品補子、京靴等。」[216] 最重要的是這些物品有著「宮樣」活計。

北京竹枝詞對服飾的描繪相當多，如淨香居主人《都門竹枝詞》載：「帽沿貂尾拉三水，最愛羊皮骨種奇。」[217] 所謂三水是用黃色的騷鼠皮染黑，充當貂皮拉三水，可以做衣服、帽沿、領袖等。嘉慶十九年楊米人《都門竹枝詞》載：「金線荷包窄帶懸，紗袍扇絡最鮮妍。領帶海龍尾一條，帽簷個個是熏（燻）貂。止有貂裘不敢當，優伶一樣好衣裳。」「御史巡城氣燄熏，驢車到處讓紛紛。金頂朝珠掛紫貂，羣仙終日任逍遙。」[218]「暖帽黑毛三寸長，縱非四海亦名揚。」「商賈近來新學得，石青馬褂出風毛。」[219] 時興、京式為乾嘉道年間備受士人稱頌，連優伶、商賈都穿著毛皮，說明皇帝的品味影響了北京城市消費。

清代俗曲《祿壽堂》載：「武備院內造尖靴繡挈軟底」[220] 武備院樣兒的靴子成為內興隆字號所仿效，北京七家十一戶鞋店是：天成齋鞋店、大成鞋店、集升齋鞋店、長福齋鞋店、大豐帽店、興隆齋鞋店、步瀛齋鞋店以及天成齋鞋店的四個分號（天成分號、天華馨、天源、天利齋），每天來往的顧客熙熙攘攘，非常熱鬧。九家帽店中，最引人注目的是「黑猴兒」帽店，不僅買賣興隆，

---

216 〔清〕延昌撰，《事宜須知》（臺北；中研院史語所傅斯年圖書館藏清光緒十三年（1887）桂林楊鴻文堂刊本），卷1，頁11-12。

217 〔清〕淨香居主人著，《都門竹枝詞》，收入〔清〕楊米人等著，路工編選，《清代北京竹枝詞（十三種）》，頁20。

218 〔清〕楊米人著，《都門竹枝詞》，收入〔清〕楊米人等著，路工編選，《清代北京竹枝詞（十三種）》，頁39、42。

219 〔清〕學秋氏著，《續都門竹枝詞》，收入〔清〕楊米人等著，路工編選，《清代北京竹枝詞（十三種）》，頁64、78。

220 《祿壽堂》，收入首都圖書館編，《清蒙古車王府藏曲本》（北京：北京古籍出版社，1991），第304函，冊4。

而且譽傳京城內外，商品遠銷到附近各省，是舊北京著名商店之一。[221]

（三）、北京工匠

　　過去清宮稱讚縫製毛皮的工藝「針腳細若蚊睫，工藝精妙絕倫」，[222]宮廷製作服飾取動物毛皮之精華，如烏雲豹皮長褂、草狐腿長褂、青狐下頦長褂、金銀下頦長褂、海龍皮長褂等。衣、褲的製作過程是將小塊毛皮拼裝加工，只取毛皮最珍貴的部位狐腋、下頦做成長褂，宮廷匠役縫製手工細緻。清宮皮庫熟皮匠 118 名、刷毛匠 2 名、氈毺匠 9 名，衣庫裁縫匠 125 名、毛毛（皮）匠 118 名。[223]又規定：「本項匠役不敷應用，仍添外僱民匠」，這些外僱工匠成為北京毛皮業的重要成員，甚至有組織行會。[224]這些外僱工匠成為北京毛皮業的重要成員，甚至有組織行會，如「合美會」為靴鞋行業工人的組織，還有靴鞋行財神會，為商號組織。據說有 120 餘家商號，參加行會組織有二十幾家。皮箱行於康熙二十八年組織皮箱公所。[225]帽行公會創於乾隆年間，以東曉市藥王廟為會所。庚子事起，受時局影響，行會遂行瓦解。民國十七年同業凡一百八十餘家，恢復帽行同業公會。[226]

　　北京的狐膆、狐肷、狐腋是按條論價，縫製的工匠再一條條組裝起來。乾隆十六年，宮殿監副侍馬國用文開，做上用添皮換面白狐腋皮袍 4 件、褂 2 件，用白狐腋 61 條，每條銀 6 錢，用銀 36.6 兩、白狐下頦（狐膆）21 個，每個銀 2.5 錢，用銀 5.25 兩，共銀 41.85 兩。[227]《舊京瑣記》載：「外褂之制，五品

---

221 孫健主編，《北京經濟史資料：近代北京商業部分》，頁147。

222 嚴勇、房宏俊、殷安妮主編，《清宮服飾圖典》，頁258。

223 〔清〕佚名輯，《總管內務府現行條例（廣儲司）》，卷1，頁22。

224 李華著，〈明清以來北京的工商業行會〉，收入李華編，《明清以來北京工商會館碑刻選編》，頁1-46。

225 李華著，〈明清以來北京的工商業行會〉，收入李華編，《明清以來北京工商會館碑刻選編》，頁1-46。

226 李華著，〈明清以來北京的工商業行會〉，收入李華編，《明清以來北京工商會館碑刻選編》，頁181。

227 《乾隆朝內務府銀庫用項月摺檔》，乾隆十六年十二月一日起至三十日。

以上始得用貂及猞猁猻。自後唯貂有制，猞猁猻則聽人用之。五品下唯編檢軍機章京准穿貂。翰林多清貧不能製，則有一種染貂，俗所謂翰林貂也。又有帶膝貂褂者以賞親貴，每褂之貂膝凡七十二，甚可罕貴。」[228]

內務府武備院和廣儲司皮庫毛皮需要清洗，首先將毛皮浸泡在小米水數月，《乾隆朝內務府銀庫用項月摺檔》每月採辦的小米數十兩，譬如乾隆三十四年四月，皮庫員外郎額爾登布等文開熟庫存貂皮 9,121 張、青狐皮 81 張、黑狐皮 377 張、猞猁猻皮 2 張、海龍皮 388 張、豹皮 5 張、黃狐皮 937 張、狼皮 8 張、虎皮 17 張，領小米折價銀 42.33 兩。[229] 其次，內務府皮作匠役有熟皮匠，專司熟洗皮張等。生皮用皂角洗淨，曬乾後即入缸。每缸用小米 40 斤、硝 25 斤，合熬成水傾入，將皮浸以合度之時日，取出曬乾，則板柔而毛固、即為熟皮。另一配方是：明礬 5 斤，硫酸 20 斤，兩者兌一百斤水。北京有硝皮局、刷皮局、洗染局等分布宮廷附近的東河沿、王府井、裱褙胡同、小報房胡同、東交民巷、手帕胡同、官馬圈、梯子胡同等。[230] 各種皮局靠近宮廷或許是為承攬了活計之故。

北京作為清帝國的首都，冠蓋雲集，從皇帝、王公、官員冬天的都需要穿著毛皮服飾，為毛皮消費重鎮。毛皮的加工手續繁瑣，北京有各種皮局來整理毛皮，縫製毛皮的工匠將毛皮切割大小齊一的材料，兼備「針腳細若蚊睫」的手藝。並且，由行會組織可見製作冠帽、靴鞋等行業，毛皮分工細密、專業，至民國時期北京仍網羅全國各處的毛皮，製作外銷高級毛皮服飾。

民國時期北京有十七家皮革廠，當時有對皮革廠進行調查。用藍礬、硫酸、石灰、蘇達各種溶解後，將生皮置於（石灰）池內，俟皮柔軟，使毛剝落而曬之。浸泡的時間以生皮浸入灰池十餘日即可退毛。用刀將皮之厚處割薄使其平滑，再用清水洗淨。做紅皮時將皮下紅池或紅缸，做藍色者下藍缸或池，轉鼓紅皮在缸中，月餘即可取出，用人力或機器壓窄曬乾之，即成藍皮，約三、四

---

228 〔清〕夏仁虎，《舊京瑣記》（北京：北京古籍出版社，1986），卷5，頁46。

229 《乾隆朝內務府銀庫用項月摺檔》，乾隆三十四年四月一日起至二十九日。

230 正風經濟社主編，《北京市工商指南》，收入張研等主編，《民國史料叢刊》（鄭州：大象出版社，2009），冊572，頁214。

日即可取出，以鐵釘釘於木板曬乾即可。[231] 紅底皮、油皮原料是牛皮，係以植物鞣法製得，以各種樹皮之浸出液浸泡而成；法藍皮原料牛皮、芝麻皮原料小牛皮，均以礦物鞣法製得，用藍矾液浸泡而成；兩色皮原料牛皮，係以礦物、植物兩種鞣法材料合鞣而成；各色羊皮因用途不同，或以植物鞣或以礦物鞣或以兩法合鞣而成。[232] 北京的皮革和景泰藍在民國時期還有廣大市場，應該是承繼了清代以來的京城風尚。

四、小結

清朝入關後，為展現滿洲人的自信與本位，皇太極即位之初便已針對服裝的樣式作出規範，乾隆皇帝遵循祖宗的成規，以毛皮的種類界定皇室、王公與官員之間等級的差異。乾隆十三年（1748），乾隆皇帝啟動宮廷編輯圖書計畫，其中通過編纂冠服圖，用以規定如祭器、冠服與定鹵簿五輅之制。冠服圖是以皇帝祭天、雩、日、月等冠服及階級等第、性別繪製而成，之後武英殿版《皇朝禮器圖式》整合了乾隆十三年（1748）的冠服圖。無論是在冠服圖還是《皇朝禮器圖式》，其制定的服飾、飾物，不僅是東北與烏梁海貢物的結果，也與清朝對外貿易相關連。本文有幾點發現：

第一，在冠服製作的材料運用方面，中國的金線以杭州地區製作的「杭金」最為著名，但其品質仍不如歐洲進口。歐洲進口的金線進口主要是用以朝服的縫製，價格並不便宜，如洋金龍袍褂就是用西洋金銀線所做的龍袍，每套要價比皇帝與貴族喜歡的顧繡龍袍貴上一、兩倍以上。冠服圖中有各種珍貴的毛皮，不僅產於中國東北，同時也是雍正五年（1727）中俄恰克圖貿易後的新興商品。但由於需求與獵捕過多，以致數量減少，如1735年的紫貂數量占了整體商隊商品的25.6%，而向中國大量銷售紫貂皮的行為不久使得西伯利亞紫貂

---

231 中央研究院近代史研究所檔案館藏，《實業部檔》，檔案編號17-27-183-01，民國二十年一月～民國二十六年五月。

232 中央研究院近代史研究所檔案館藏，《實業部檔》，檔案編號17-27-183-01，民國二十年一月～民國二十六年五月。

獵取量減少,以致需要從國外進口紫貂皮;另一方面,因西伯利亞貂數量稀少,至 1778 年後就中斷向中國出口,後改以其他毛皮代替用以製作端罩等服飾,比如「洋貂皮」的貓皮以及由烏梁海進貢貂皮加工而成的「燻染貂皮」。

第二,清代北京西城,即現今地安門至天安門、西單至西四一帶,是皇宮的所在地,也是達官顯貴盤踞的地方。由於特定的歷史和地理環境原因,使西城的金銀製品行業較為發達,工藝尤為精細。在崇文門外、前門外珠寶市集開設首飾業經營金銀首飾、廊房二條開設玉器鋪,也有製作銷售金銀器皿、裝飾擺件等鋪子。由於器物類製品個頭大、分量重,通常以銀製品為主。自康熙年以來,皆召募開設帽舖民人承辦;乾隆時不交給舖戶,而是在廣儲司買賣人內挑選二人專司承辦,專門向北京舖子辦買宮廷所需。

第三、乾隆朝和嘉慶朝北京的竹枝詞對於城市服飾變化有了深刻描寫,《俗言雜字》載:「細毛皮皮貂鼠銀針,狐皮灰鼠又暖又輕。水獺領袖海騮撥針,如今衣服俱要時行。鉸綯尺寸飛線走針,包工作活坐夜點燈。」[233] 穿著貂皮、狐皮、灰鼠皮、水獺皮、海騮皮都是時尚的象徵。

---

233 引自史若民、牛白琳編,《平、祁、太經濟社會史資料與研究》(太原:山西古籍出版社,2002),頁635。

附錄 1：皇帝祭天服飾

項目		工時（天）	工價（兩）
祭天壇所御	珠頂黑狐朝冠	8	2.04
	青金石裝飾東珠朝珠	7	1.79
	鑲青金石嵌珠朝帶	12	3.06
	貂皮披領	7	1.79
	黑狐皮端罩	18	4.59
	貂皮端罩	18	4.59
	貂皮邊藍緞朝服正面	25	6.38
	貂皮邊藍緞朝服背面	25	6.38
祭雩壇所御	珠頂籐胎朝冠正面	8	2.04
	珠頂籐胎朝冠背面	8	2.04
	青金石裝飾東珠朝珠	7	1.79
	鑲青金石嵌珠朝帶	12	3.06
	描金邊藍紗披領	7	1.79
	四團金龍袷紗補掛	13	3.32
	描金邊藍紗朝服正面	25	6.38
	描金邊藍紗朝服背面	25	6.38
祭地壇所御	珠頂輕涼朝冠正面	8	2.04
	珠頂輕涼朝冠背面	8	2.04
	蜜蠟裝飾東珠朝珠	7	1.79
	鑲蜜蠟嵌珠朝帶	12	3.06
	描金邊披領	7	1.79
	四團金龍單紗補褂	13	3.32
	描金邊黃紗朝服正面	25	6.38
	描金邊黃紗朝服背面	25	6.38
祭日壇所御	珠頂薰貂朝冠	8	2.04
	珊瑚裝飾東珠朝珠	7	1.79
	鑲珊瑚嵌珠朝帶	12	3.06
	海龍邊披領	7	1.79
	四團金龍銀鼠補掛	13	3.32
	海龍邊紅緞朝服正面	25	6.38
	海龍邊紅緞朝服背面	25	6.38

項目		工時（天）	工價（兩）
祭月壇所御	珠頂籐胎朝冠正面	8	2.04
	珠頂籐胎朝冠背面	8	2.04
	松石裝飾東珠朝珠	7	1.79
	鑲玉嵌珠朝帶	12	3.06
	片金邊披領	7	1.79
	四團金龍錦緞補掛	13	3.32
	片金邊月白緞朝服正面	25	6.38
	片金邊月白緞朝服背面	25	6.38
設朝所御	珠頂黑狐朝冠	8	2.04
	珠頂薰貂朝冠	8	2.04
	珠頂籐胎朝冠正面	8	2.04
	珠頂籐胎朝冠背面	8	2.04
	珠頂輕涼朝冠正面	8	2.04
	珠頂輕涼朝冠背面	8	2.04
	東珠朝珠	7	1.79
	貂皮披領	7	1.79
	海龍邊披領	7	1.79
	片金邊披領	7	1.79
	描金邊披領	7	1.79
	貂皮端罩	18	4.59
	四團金龍銀鼠補掛	13	3.32
	四團金龍錦緞補掛	13	3.32
	四團金龍袷紗補掛	13	3.32
	鑲松石嵌珠朝帶	12	3.06
	貂皮邊黃緞朝服正面	25	6.38
	貂皮邊黃緞朝服背面	25	6.38
	海龍邊黃緞朝服正面	25	6.38
	海龍邊黃緞朝服背面	25	6.38
	片金邊黃緞朝服正面	25	6.38
	片金邊黃緞朝服背面	25	6.38
	描金邊黃紗朝服正面	25	6.38
	描金邊黃紗朝服背面	25	6.38

附錄 2：吉服等之工價

項目		工時（天）	工價（兩）
吉服	薰貂冠	5	1.28
	海龍冠	5	1.28
	籐胎涼冠	5	1.28
	輕涼冠	5	1.28
	紅寶石數珠	7	1.79
	碧砑（石厶）數珠	7	1.79
	藍寶石數珠	7	1.79
	松石數珠	7	1.79
	四團金龍貂皮補掛	13	3.32
	四團金龍銀鼠補掛	13	3.32
	四團金龍錦緞補掛	13	3.32
	四團金龍袷紗補掛	13	3.32
	嵌紅寶石帶	12	3.06
	鑲松石嵌珠帶	12	3.06
	鑲藍寶石嵌珠帶	12	3.06
	鑲珊瑚嵌珠帶	12	3.06
	黑狐臁金龍袍正面	25	6.38
	黑狐臁金龍袍背面	25	6.38
	銀鼠金龍袍正面	25	6.38
	銀鼠金龍袍背面	25	6.38
	錦緞金龍袍正面	25	6.38
	錦緞金龍袍背面	25	6.38
	袷紗金龍袍正面	25	6.38
	袷紗金龍袍背面	25	6.38
常服	薰貂冠	5	1.28
	海龍冠	5	1.28
	籐胎涼冠	5	1.28
	輕涼冠	5	1.28
	菩提數珠	7	1.79
	珊瑚數珠	7	1.79

項目		工時（天）	工價（兩）
	青金石數珠	7	1.79
	蜜蠟數珠	7	1.79
	石青緞面黑狐臁掛	8	2.04
	石青緞面銀鼠掛	8	2.04
	石青緞錦掛	8	2.04
	石青紗袷掛	8	2.04
	嵌貓睛松石帶	12	3.06
	嵌松石帶	12	3.06
	白玉帶	12	3.06
	嵌枷楠香帶	12	3.06
	寶藍緞面黑狐臁袍	11	2.81
	醬色緞面銀鼠袍	11	2.81
	古銅色緞錦袍	11	2.81
	沈香色袷紗袍	11	2.81
東宮冠服圖式	黑狐朝冠	8	2.04
	薰貂朝冠	8	2.04
	涼朝冠正面	8	2.04
	涼朝冠背面	8	2.04
	裝飾珊瑚朝珠	7	1.79
	黑狐皮端罩	18	4.59
	貂皮邊朝袍正面	25	6.38
	貂皮邊朝袍背面	25	6.38
	四團五爪龍銀鼠補掛	13	3.32
	海龍邊綿朝袍正面	25	6.38
	海龍邊綿朝袍背面	25	6.38
	四團五爪龍綿緞補掛	13	3.32
	片金邊袷緞朝袍正面	25	6.38
	片金邊袷緞朝袍背面	25	6.38
	四團五爪龍袷紗補掛	13	3.31
	片金邊袷紗朝袍正面	25	6.38
	片金邊袷紗朝袍背面	25	6.38

項目		工時（天）	工價（兩）
	鑲青金石嵌珠朝帶	12	3.06
	薰貂吉冠	5	1.28
	涼吉冠	5	1.28
	貂皮四團五爪龍補掛	13	3.32
	貂皮龍袍	25	6.38
	銀鼠龍袍	25	6.38
	綿緞龍袍	25	6.38
	袷紗龍袍	25	6.38
	嵌珊瑚吉帶	12	3.06
親王朝帽 朝衣圖式	黑狐皮朝帽	8	2.04
	涼朝帽正面	8	2.04
	涼朝帽背面	8	2.04
	裝飾珊瑚朝珠	6	1.53
	黑狐皮端罩	18	4.59
	貂皮邊朝衣	25	6.38
	四團五爪龍綿補掛	13	3.32
	海龍邊朝衣	25	6.38
	片金邊朝衣	25	6.38
	鑲玉嵌珠朝帶	10	2.55
	薰貂常帽	5	1.28
	涼朝帽	5	1.28
	蟒袍	25	6.38
世子朝帽 朝衣圖式	黑狐皮朝帽	8	2.04
	涼朝帽正面	8	2.04
	涼朝帽背面	8	2.04
	鑲玉嵌珠朝帶	10	2.55
郡王朝帽 朝衣圖式	黑狐皮朝帽	8	2.04
	涼朝帽正面	8	2.04
	涼朝帽背面	8	2.04
	四團五爪龍補掛	13	3.32
	鑲玉嵌珠松石朝帶	10	2.55

項目		工時（天）	工價（兩）
貝勒朝帽 朝衣圖式	青狐皮朝帽	8	2.04
	涼朝帽正面	8	2.04
	涼朝帽背面	8	2.04
	鑲玉嵌珠朝帶	10	2.55
	兩團四爪龍補掛	11	2.81
貝子朝帽 朝衣圖式	青狐皮朝帽（隨三眼孔雀翎）	10	2.55
	涼朝帽正面	8	2.04
	涼朝帽背面（隨三眼孔雀翎）	10	2.55
	鑲玉嵌珠朝帶	10	2.55
	薰貂常帽（隨三眼孔雀翎）	7	1.79
	涼常帽（隨三眼孔雀翎）	7	1.79
	兩團四爪龍補掛	11	2.81
鎮國公朝帽 朝衣圖式	青狐皮朝帽（隨兩眼孔雀翎）	10	2.55
	涼朝帽正面	8	2.04
	涼朝帽背面（隨兩眼孔雀翎）	10	2.55
	四爪蟒方補掛	11	2.81
	鑲玉嵌貓睛朝帶	10	2.55
	薰貂常帽（隨兩眼孔雀翎）	7	1.79
	涼常帽（隨兩眼孔雀翎）	7	1.79
輔國公朝帽 朝衣圖式	青狐皮朝帽（隨孔雀翎）	10	2.55
	涼朝帽正面	8	2.04
	涼朝帽背面（隨孔雀翎）	10	2.55

資料來源：《清宮內務府奏案》，冊 57，乾隆十三年十二月初五日，頁 228-233。

第三章

清宮的西洋紡織品

一、前言

　　乾隆皇帝平定準噶爾之後，設滿蒙庫倫辦事大臣，中俄監督貿易活動。乾隆三十三年（1768），清朝訂恰克圖章程，對商人的管制更有系統。俄國進口的哦噔紬、金花緞、倭緞、回子絨、回子布數量相當多，此因十九世紀上半葉，俄羅斯狩獵業年復一年地衰弱，毛皮變得更加稀珍。中國人尋找其他的服飾衣料，轉而使用呢子和棉布。莫斯科的商人用相當低廉的價格把呢子賣給中國人，使中國人喜歡上呢子。呢子比毛皮便宜，而且市場上價格低廉是很重要的因素。[234] 恰克圖貿易的研究主要利用俄文《俄中通商歷史統計概覽》，出版的書籍有〔俄〕米・約・斯拉德科夫斯基著，宿豐林譯，《俄國各民族與中國貿易經濟關係史（1917年以前）》；〔俄〕阿・科爾薩克著，米鎮波譯，《俄中商貿關係史述》。[235] 米鎮波，《清代中俄恰克圖邊境貿易》等。[236] 這些書針對俄國輸出的毛織品、棉製品等已有分析，然商民的檔案則提供數量和價格詳細資料，與英國東印度公司紡織品比較，可以知道俄羅斯紡織品價廉物美。

　　本章首先利用《清宮粵港澳商貿檔案全集》以及 Earl H. Pritchard, *Britain and the China trade 1635-1842*，探討英國進口的毛織品。[237] 從東印度公司對華貿易資料可以看出，自英國輸往廣州的毛織品大量增加，1788 年毛織品的銷售超過一百萬兩，1804 年增至 346 萬兩。中俄貿易方面，十九世紀初貿易量超過一千萬盧布，1847-1851 年左右俄國每年輸往中國的呢子達到 130 萬俄尺。[238] 阿・科爾薩克說中國人有能力把像米澤里茨基呢這樣的商品，在距離其產地 9,000 俄里之外的地方，賣得比在莫斯科便宜 17%。但茶葉在離產地幾乎

234　〔俄〕阿・科爾薩克著，米鎮波譯，《俄中商貿關係史述》，頁174。

235　〔俄〕米・約・斯拉德科夫斯基著，宿豐林譯，《俄國各民族與中國貿易經濟關係史（1917年以前）》；〔俄〕阿・科爾薩克著，米鎮波譯，《俄中商貿關係史述》。

236　米鎮波著，《清代中俄恰克圖邊境貿易》（天津：南開大學出版社，2003）；同作者，《清代西北邊境地區中俄貿易》（天津：天津社會科學院出版社，2005）。

237　中國第一歷史檔案館編，《清宮粵港澳商貿檔案全集》（北京：中國書店，2002）；Earl H. Pritchard, *Britain and the China trade 1635-1842* (London and New York: Routledge, 2000).

238　〔俄〕阿・科爾薩克著，米鎮波譯，《俄中商貿關係史述》，頁144。

同樣距離之上，在我們這價格卻是原產地價的四倍。[239] 俄國商人只要把紡織商品換到茶葉，立刻把茶運回國搶占市場，所以不考慮自己的商品是否獲利。俄羅斯的紡織品在中國價格低廉，甚至打垮歐美其他國家進口的紡織品，成為中國官宦、庶民喜愛的服飾。

　　近年來，學界整合文化史、經濟史、藝術史等研究《皇朝禮器圖式》，發現該書出現許多進口物資，並不是皇帝偶然獵奇之物，而是宮廷生活儀典中不可或缺的的一環。[240] 本書的毛皮一章中探討冠服中使用各種毛皮、珠寶來自西洋，而本章討論的西洋紡織品在《皇朝禮器圖式》之雨冠、雨衣「以羽緞為之」，羽緞係來自荷蘭。其次，近年來有學者討論西洋錦常被用於裝飾蒙古包內牆或蒙古包內設置的屏風，此外，武備儀式大閱鹵簿的鞍韂和櫜鞬亦常用西洋錦製成。[241] 章新也發現宮廷遺存毛織品成衣中比羽緞羽紗品種數量更多的是各色呢的行服袍、行裳、常服袍褂、馬褂、坎肩、斗篷等，約四百件。從清中期雍正、乾隆朝一直到清晚期，洋呢製作的成衣也在宮廷常服、行服中扮演了重要的角色。妝花緞機頭織有工廠的商標圖案及款識「фабрика А. и В. Сапожниковыхъ. Москва」，背面有帶有俄羅斯雙頭鷹國徽的藍色戳記，以及「72298」數位藍戳。此織金銀妝花緞出自當時莫斯科一家非常有聲望的工廠，其經常承接來自僧侶、貴族以及宮廷的訂單。[242] 由目前故宮藏的紡織品，更證實中俄貿易的蓬勃發展。

　　清人筆記提到英國土產，有大小絨、嗶嘰、羽紗、紫檀、火石，及所製時辰鐘表等物，精巧絕倫。乾隆年間北京崇文門稅關就開始增訂課徵西洋紡織品的稅則，亦即代表紡織品數量之多，成為稅收的新項目。再者，民間的當鋪書籍如《中國古代當鋪鑒定秘籍》亦提供辨識紡織品的方法，說明民間對西

---

239 〔俄〕阿・科爾薩克著，米鎮波譯，《俄中商貿關係史述》，頁229。

240 賴毓芝著，〈「圖」與禮：《皇朝禮器圖式》的成立及其影響〉，《故宮學術季刊》，卷37期2，頁1-56。

241 梅玫著，〈清宮西洋錦——以乾隆二十三年大閱圖中所繪鞍韂與櫜鞬為中心〉，《故宮文物月刊》，期367（2013年10月），頁110-120。

242 章新著，〈清代宮廷外國織物的來源與用途述略〉，收入任萬平、郭福祥、韓秉臣主編，《宮廷與異域：17、18世紀的中外物質文化交流》（廈門：廈門大學出版社，2017），頁166-188。

洋紡織品知識之普及。[243] 另外，從一些英國和俄國的日記中，找到許多中國人習慣消費西洋紡織品，特別是俄國阿‧馬‧波茲德涅耶夫（Aleksei Matveevich Pozdneev）考察日記，他到過華北、蒙古各地，發現俄羅斯紡織品相當流行。[244] 本章利用檔案資料，首先討論氊呢類，其次討論布匹，最後討論西洋紡織品成為朝廷廣泛使用的物品，並且在中國流行情況。

二、英國進口的氊呢

乾隆朝洋貨的來源不外西洋國家進貢、中西貿易兩種方式。雖然清人的文集常提到西洋進貢一事，但進貢洋貨數量非常少，而以貿易為大宗。至於洋貨傳到北京則透過粵海關稅關監督採辦與商人貿易等，由粵海關監督每年報告可了解採辦洋貨所需銀兩。以下分別討論：

（一）英國毛織品的貿易

1635 年以來，英國東印度公司由英國輸入到中國的物品有：毛織品、鉛、錫和少量的銅。並由孟買進口棉花，由馬德拉斯和孟買進口檀香木和少量的紅木，由蘇門達臘的 Benkulen（萌菇蓮）進口胡椒，且一度由孟加拉進口鴉片。不過，英國東印度公司在廣州貿易的十八世紀中期檔案殘缺不全，如 1743-1753 年時期的紀錄零碎，而存放在印度的 1754-1774 年的檔案則完全散失。由 1775 至 1795 年這二十年間輸入的貨物總值為 20,011,850 兩白銀，其中九成來自英國，而一成來自印度和蘇門達臘的萌菇蓮。英國毛織品占總值之 75.8％，英國金屬占 14％，英國東印度公司進口毛織品、金屬比印度農產品之數

---

243 《當譜集‧乾隆二十四年抄本》，收入國家圖書館分館編，《中國古代當鋪鑒定秘籍》，頁112-117。

244 〔俄〕阿‧馬‧波茲德涅耶夫著，劉漢明等譯，《蒙古及蒙古人》（呼和浩特：內蒙古人民出版社，1983），卷1，頁706。

量多且重要。[245]

1769 年，英國東印度公司與廣州行商簽訂合約，交換茶與毛織品的買賣，以免毛織品大量的貨存。由每位行商購買一定比例的毛織品。1782 年簽訂合約，英國方面認為「毛織品這種重要商品的輸入是可以增加的；公司所要求的主要是數量，而不是利潤。大量輸入是壓制私商和外國公司的唯一有效辦法」。[246]1775 至 1795 年這二十年間毛織品輸入額達 15,224,639 兩白銀。由英國進口的所有商品中毛織品幾乎占了 84.5％，金屬只占 15.5％。毛織品分三種：長厄爾絨（Long ells）、寬幅絨（Broadcloth）和羽紗（Camlet）；英國東印度公司不時想要引進其他品種的毛織品，但都沒有成功。

英國東印度公司進口的三種主要毛織品中，羽紗只占毛織品總值將近 5％，其餘剩下的毛織品類僅占 0.1％。一般品級的羽紗每匹賣 36 兩，由此價格推斷其材質介於長厄爾絨和寬幅絨之間。英國東印度公司進口較差品級的羽紗需與荷蘭進口的高級品競爭，然而它卻是唯一有獲利的毛織品。其利潤為 165,424 兩，占全部獲利之 29％。1789 年英國運來仿效荷蘭織染的羽紗，賺得很高的利潤，一匹售價介於 40-44 兩之間。在 1794-95 年它為安哥拉羊毛羽紗取代，後者每匹售價 33 兩。在 1783 年之前平均每年進口約 300 匹；其後三季每年增為 1,250 匹，而到了 1794-95 年達到 5,020 匹。羽紗是清代官定的雨服，在《皇朝禮器圖式》中規範了王公到文武百官都必須穿戴雨冠、雨裳，有固定的銷售市場，因此價格不斐。

1775 至 1795 年二十年間自英國輸入的長厄爾絨總值為 9,897,584 兩白銀，占進口毛織品總值的 65％。[247]英國東印度公司進口的毛織品中，居次要地位的是出色、平滑、細織的寬幅絨。在此二十年間寬幅絨進口總值 4,558,321 兩，

---

245 Earl H. Pritchard, *Britain and the China trade 1635-1842,* pp. 154-162. 來自英國之各種農產品才占0.2％。來自印度和萌菇蓮之10％中，胡椒占了4.7％，棉花占了3.5％，鴉片占了1.2％，而檀香木和紅木占了0.6％。

246 當時英國毛織品的精細度極為低下，而且尺碼不足。而其他國家運來的貨品，卻都保持良好的水準。〔美〕馬士著，中國海關史研究中心、區宗華譯，《東印度公司對華貿易編年史（1635-1834）》，卷2，頁362。

247 Earl H. Pritchard, *Britain and the China trade 1635-1842,* pp. 154-155.

占進口毛織品總值的 30％。自英國進口到廣州的寬幅絨有三種品級：較差的一碼賣一兩；次好的平均一碼賣 1.45 兩；最好的平均一碼賣 2.50 兩。長厄爾絨應屬較差的毛織品，由其名稱來判斷，它們是一厄爾（ells，等於 48 吋）寬，可能有 24 碼長，因為在 1792 每塊布長 24 碼。每疋約 6 至 7 兩。在 1793 至 94 期間長厄爾絨的銷售損失了 3.2％，尤其 1794 至 95 這一季由於市場存貨太多，故中國方面將價格降至每匹 6.7 兩。[248] 根據陳國棟的研究，根據英國法律規定，東印度公司每年必須運往中國一定數量的毛料，但英國毛料在中國銷售的情況不佳，廣州行商販賣毛料大多有所虧損。[249] 英國以毛織品換取中國的茶葉，以物易物交易避免毛織品大量存貨，但是毛織品銷售成績不佳。[250]（參見圖 3-1）

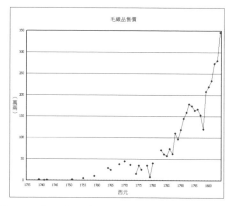

圖 3-1：英國東印度公司輸入中國毛織品的銀兩
資料來源：統計資料來自《東印度公司對華貿易編年史（1635-1834）》各章資料整理而成。

---

248 一匹布長約35碼，三匹布打包成一捆。在1783之前平均每年進口約2,000匹布；在1783至1790間升至每年約4,000匹，然後在1793-94遽升至7,151匹布。在這段期間寬幅絨亦以虧本在賣，總損失為465,013兩，占總成本之9.33％。若以最基本的材料及人工成本來算，則有小賺。Earl H. Pritchard, *Britain and the China trade 1635-1842,* pp. 154-162.

249 陳國棟著，〈清代中葉廣東行商經營不善的原因〉，收入陳國棟著，《東亞海域一千年：歷史上的海洋中國與對外貿易》（濟南：山東畫報出版社，2006），頁267-277。

250 〔美〕馬士著，中國海關史研究中心、區宗華譯，《東印度公司對華貿易編年史（1635-1834）》，卷4，頁74。

（二）粵海關監督辦貢

內務府所需的西洋商品，都透過粵海關監督負責採買。粵海關監督在稅收盈餘支銷「備貢銀」，始於乾隆三年，每年約計開銷銀 55,000 兩。[251] 英國東印度公司檔案載：「按例，粵省每年向皇帝進貢珍奇物品三次。購買此項物品的價款，由皇帝按年撥付銀 50,000 兩，後來減為 30,000 兩。此項價款一半用於到北京的長途運輸費用，剩下的一半是不足以購買各種珍奇物品的。這件頭痛的差事，總督固然不願負擔，而海關監督也不願自己拿錢補上，因此，就把負擔轉嫁到被承保的商船上。[252]」

粵海關監督採購的貢品包括玻璃燈屏、紫檀木器、金銀絲線、鼻煙、女兒香、琺瑯器、洋鐘以及各種珍珠飾物等。英國東印度公司進口的錫，在廣東製造錫器，有「廣錫」之稱。紫檀木全部由外國進口，而且進口量也很大，在廣東由「廣匠」打造成各種木器。乾隆四十八年（1783）年底，停止「例貢」各種木器，改進西洋鐘表。

除了粵海關監督進貢洋貨之外，監督的奴僕也因洋貨暴利而參與買賣。乾隆二十四年（1759），發生粵海關監督李永標縱容家人貪瀆案。據李侍堯奏，李永標在監督任內，每遇洋船進口，家人置買絨呢羽紗等項，順帶至京售賣，以圖重利。[253] 李永標的家人七十三供稱：「在泰和、義豐、達豐三行內前後共賒取大絨、羽緞、嗶嘰等物。所該價銀除完過外尚欠五百三、四十兩。賒的物件主兒實在不知道的。小的從前在八條胡同買有房屋一所十三間價銀三百兩。又在六條胡同買有房屋一所共十二間半價銀三百五十兩，都是二十二年買的。」[254] 李永標的家人分別向泰和行、義豐行、達豐行等賒取大絨、羽緞、嗶

251 戴和著，〈清代粵海關稅收述論〉，《中國社會經濟史研究》，1988年1期，頁61-68。

252 〔美〕馬士著，中國海關史研究中心、區宗華譯，《東印度公司對華貿易編年史（1635-1834）》，卷5，頁427。

253 中國第一歷史檔案館編，《清宮粵港澳商貿檔案全集》，冊4，頁1755-62；《兩廣總督李侍堯將會同根查英商呈訴粵海關監督李永標摺》，乾隆二十四年閏六月二十二日。

254 中國第一歷史檔案館編，《清宮粵港澳商貿檔案全集》，冊4，頁1795-1900；《欽差大臣新柱等奏報審理英吉利商人控告李永標各款事摺 附件：欽差大臣新柱奏呈會審過番商洪任輝控告李

嘰等物，帶回北京出售，賺取豐厚利潤，在北京胡同置房產數十間。

三、俄國進口的氊呢

　　從乾隆十九年（1754）開始，皇帝派內務府官員到恰克圖貿易。乾隆皇帝關注俄羅斯貿易商品價格，傳諭：「俄羅斯所帶之金絲緞、銀絲緞、金殼問鐘、磁面問鐘是否有購買者？若有，購買者係何等之人？出價多少？著詢問清楚。」[255] 看守俄羅斯貿易郎中伊克坦布呈稱：「查得俄羅斯等雖拿出金銀線織緞、問鐘，給我商人看過，並無人詢問要買，先前金線織緞，以俄羅斯尺每尺曾索價銀二十兩，今定價十二兩；銀線織緞每尺曾索銀十兩，今定價七兩。」[256] 至乾隆四十三年（1778）都有官員採辦各種金花緞、俄羅斯緞、金線等（參見表 3-1、圖 3-2）。金花緞的價格高，每尺為 5.8 兩，俄羅斯緞每尺 2.47 兩，金線每重一兩價銀 1.33 兩。

	1761	1762	1763	1770	1771	1772	1774
官員及買賣人	范清注、留保住	員外郎秦保	主事法富里	郎中法福里	郎中班達爾沙	郎中班達爾沙	郎中海紹員外郎隆興
金花緞				132.4 尺	196.5 尺	1,428 尺	176 尺
各色氊	1,138 尺	3	31 塊				
俄羅斯緞	82 尺		20 塊				
金線	70 枝						

表 3-1：乾隆時期派官商在恰克圖採購緞疋數量

資料來源：《清宮內務府奏銷檔》、《軍機處滿文錄副奏摺》，檔案編號 03-2772-014，頁 868，乾隆三十七年。

　　永標等案犯供單》，乾隆24年7月22日。

255 中國第一歷史檔案館編，《乾隆朝滿文寄信檔譯編》，冊4，頁530-531。

256 《軍機處滿文錄副奏摺》，檔案編號03-2403-016，頁0407-0408，乾隆二十八年七月初一日。

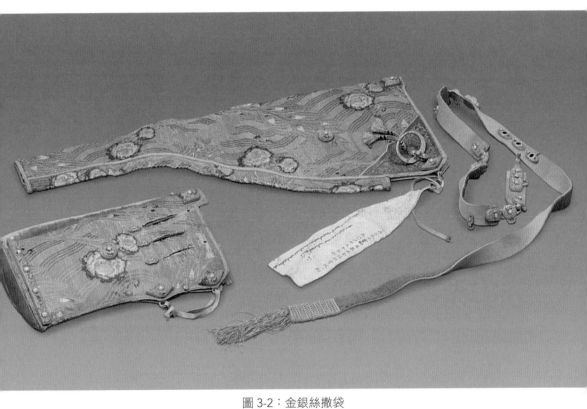

圖 3-2：金銀絲撒袋

資料來源：徐啟憲主編，《宮廷珍寶：故宮博物院藏文物珍品全集》（香港：商務印書館，
2004），頁 173。

十八世紀中國對呢絨、毛皮的大量需求，促成俄國商人向普魯士、荷蘭[257]和英國進口呢絨，轉運到恰克圖貿易。至十九世紀，普魯士於 1817 年與俄國簽訂關於過境運輸權和經俄國商人在恰克圖銷售西里西亞呢絨的專約，普魯士呢絨過境俄羅斯輸往中國，普魯士名牌呢子包括特利德查多呢、賓廓夫呢、卡爾諾夫呢、馬斯洛夫呢、米澤里茨基呢，也稱三塊呢、四塊呢、五塊呢。[258]馬斯洛夫呢又稱卡爾諾夫呢，名稱源自普魯士的一個小鎮，該小鎮一直生產這種呢子。米澤里茨基呢來自波蘭的小鎮——米澤里奇，這小鎮很久以來以生產大量的呢子且以質量上乘著稱。米澤里茨基呢常織成 1 俄尺 10 俄寸幅寬，長 25俄尺，重 35 至 36 磅，每俄尺約 1.7 磅。馬斯洛夫呢織成 1 俄尺 12-14 俄寸，長 40 俄尺、重 50 磅，每俄尺約 1.25 磅。1850 年左右兩種呢都製成一樣尺寸有三種：2.2 俄尺寬幅；2.2 至 2.4 俄尺寬幅；2.6 至 2.8 俄尺寬幅。[259]

當普魯士、波蘭的呢子減少時，俄國生產的呢子仿製波蘭呢或普魯士呢的樣子織成，並且在銷售時採用原來的名稱馬斯洛呢、米澤里茨基呢。[260]馬斯洛夫呢和米澤里茨基呢主要在莫斯科及其近郊織造的，與英國毛呢中的所謂小呢（Blankets）或制服呢（Habit Cloths）相近。[261]在外國商品中，占重要價值。十八世紀末起，出口量增加，1799 年約 6,000 件，至 1807 至 1809 年出口總和達到 2 萬件。

米澤里茨基呢在恰克圖檔案之稱呼為哦噔紬，價格不斐，每板（長 44尺、寬 2.2 尺）在 1838 年以前大概在 20 兩以下，1838 至 1855 年約在 30 兩以下。1858 年以後約 30-40 兩。輸入最多的年代為 1862 年，其次是 1843 年，總數超過 100 萬兩。1840 至 1842 年中英鴉片戰爭；1856 至 1860 年為中英法

---

257 由俄羅斯輸往中國的羽紗（Dutch camlets）主要是荷蘭產品。姚賢鎬，《中國近代對外貿易史資料（1840-1895）》（北京：中華書局，1962），冊1，頁112。

258 〔俄〕阿·科爾薩克著，米鎮波譯，《俄中商貿關係史述》，頁75；加利佩林著，〈18世紀至19世紀上半葉的俄中貿易〉，《東方學問題》，1959年5期，頁223，轉引自孟憲章主編，《中蘇貿易史資料》，頁176。

259 〔俄〕阿·科爾薩克著，米鎮波譯，《俄中商貿關係史述》，頁140-141。

260 〔俄〕阿·科爾薩克著，米鎮波譯，《俄中商貿關係史述》，頁140-141。

261 姚賢鎬著，《中國近代對外貿易史資料（1840-1895）》，冊1，頁111。

戰爭，促使俄國進口的哦噔紬數量增加。哦噔紬的滿文是「odonceo jangci」（哦噔紬毯）。《中國古代當鋪鑑定秘籍》記載頭等名曰喀拉明鏡（滿文「karmingjing」），直經絲粗而堅，絨緊而貼緯，有骨而綿者是也。[262] 次一等名曰哦噔紬較比喀拉毯緯鬆洩堆絨，而成珠微厚，而絨稀者是也。又次一等絲粗絨洩發散，而不寔緯不能緊，絨不能固地。此等即是口毯也。[263] 顏色方面，原來以黑色約占 50 至 60％、藍色為 15％，其他為紅色或其他流行色。1850年以後黑色約占 20％、藍色 30％、寶藍色 15％、深紅色等占 21％，其他為金色或灰色等。恰克圖的商號清冊記載：「元青哦噔紬」、「青哦噔紬」、「色哦噔紬」等名目，1860 年以後各色哦噔紬有增加趨勢。清人提到價格昂貴的俄國毛料，滿足富有階層的需求，穿得衣冠楚楚、神氣十足，即使這種毛料既費錢又不經穿。[264] 自 1816 至 1871 年輸入的數量和價格（參見圖 3-3）。

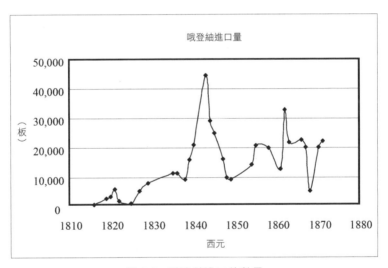

圖 3-3：哦登紬進口的數量

資料來源： 《恰克圖商民買賣貨物清冊》，收入《蒙古國家檔案局檔案》（臺北：行政院文化部蒙藏文化中心藏）。

---

262 乾隆三十年恰克圖賣的喀喇明鏡一塊價值8兩銀，珍珠狐皮一張6兩、黃狐皮2兩銀。《軍機處滿文錄副奏摺》，檔案編號03-2153-001，頁3282-3296，乾隆三十年七月二十九日。

263 《當譜‧清抄本》，收入國家圖書館分館編，《中國古代當鋪鑑定秘籍》，頁331-332。

264 姚賢鎬著，《中國近代對外貿易史資料（1840-1895）》，冊2，頁1287。

恰克圖商民貿易清冊上稱為大哈喇、二哈喇。亦寫做「大哈洛」、「二哈洛」或者「大合洛」、「二合洛」，都是音譯名詞。《中國古代當鋪鑒定秘籍》稱哈喇指寬幅呢子，一板長44尺、寬4尺。「二哈拉」或「二喀喇」，一板長48尺、寬4尺。[265] 恰克圖貿易清冊記載，大合洛每尺為1.2至2.5兩，二合洛每尺為1至1.6兩。圖3-4之大合洛進口量最多一年為1821年，超過六萬尺，其餘年代都不到二萬尺。圖3-5之二合洛數量多的年代超過二十萬尺，中英鴉片戰爭時由俄國輸入的數量也較多，價格相對來說也較為便宜。

如同馬斯洛呢、米澤里茨基呢一樣，俄國也仿造英國的哈喇，並且在銷售時採用原來哈喇的名稱。1887年有報導說在牛莊的哈喇有兩種，「口哈拉」和「洋哈拉」，洋哈拉字義上看起來很可能不是俄國的產品，但實際上兩種毛料上都印有俄文字母和俄國商標。洋哈拉是一種次級的毛料，賣價比較便宜，是用輪船從上海運來，或是從俄國的東方各港或海參崴等處運來。口哈喇是來自張家口，從陸路經過西伯利亞運來的，這種價格很高，每疋價格是22到23兩，高昂的價格是由於路途遙遠所造成的。[266]

圖3-4左邊的Y軸為數量和金額，右邊的Y軸為單價。大合洛每尺在1兩至2.5兩之間，只有1821年進口數量最多，達60,900尺，其餘都在1萬尺以下。這年的單價較低，每尺只有1.28兩。

圖3-5左邊的Y軸為數量和金額，右邊的Y軸為單價。二合洛每尺在1兩至1.5兩之間，進口數量較大合洛多，大約在10萬至20萬尺間。

俄國呢絨於1733年始於西伯利亞設立第一家製呢廠捷利緬斯卡亞工廠，1790年代中國對俄國呢絨需求擴大，產量大增。1790至1797年間，生產32,200俄尺（arshin）的呢絨，一俄尺等於71公分，大部分運銷恰克圖。[267] 1815年俄國呢絨出口達到533,930俄尺，1820年為916,618俄尺。同一年分從英國、

265 《當譜集‧乾隆二十四年抄本》，收入國家圖書館分館編，《中國古代當鋪鑒定秘籍》，頁116。

266 姚賢鎬著，《中國近代對外貿易史資料（1840-1895）》，冊2，頁1287。

267 〔俄〕米‧約‧斯拉德科夫斯基著，宿豐林譯，《俄國各民族與中國貿易經濟關係史（1917年以前）》，頁190。

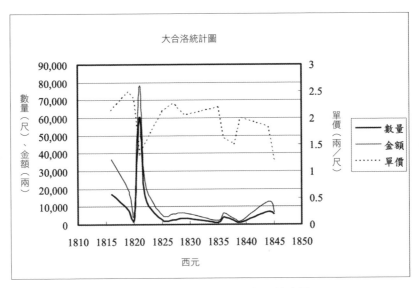

圖 3-4：大合洛的數量、單價、總金額
資料來源：《恰克圖商民買賣貨物清冊》。

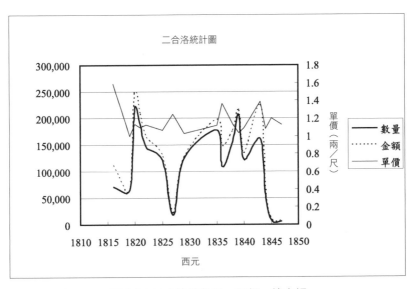

圖 3-5：二合洛的數量、單價、總金額
資料來源：《恰克圖商民買賣貨物清冊》。

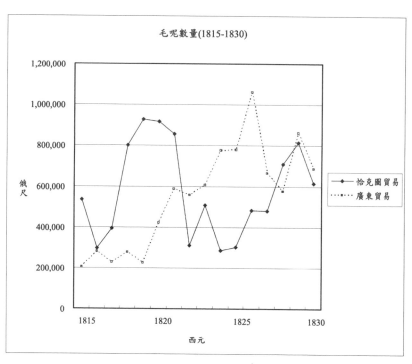

圖 3-6：恰克圖與廣州進口毛呢數量比較
資料來源：《俄中商貿關係史述》，頁 80-81。

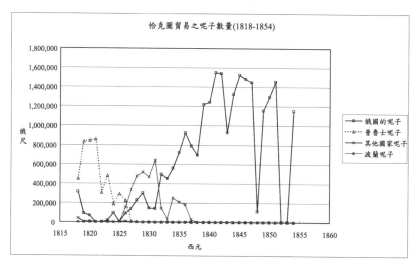

圖 3-7：恰克圖貿易的呢子數量（1818-1854）
資料來源：《俄中商貿關係史述》，頁 143-144。

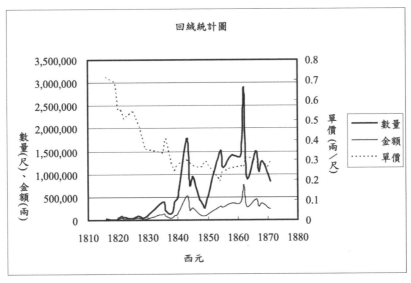

圖 3-8：俄羅斯出口的回絨數量、單價、總價
資料來源：《恰克圖商民買賣貨物清冊》。

美國和其他國家經由廣州輸入中國的呢絨只有 206,325 俄尺和 420,075 俄尺。
俄羅斯製呢工廠的主要產品即科熱夫尼科夫、茹科夫、雷布尼科夫和巴布金
的。在 1827 年出現了亞歷山德羅夫製呢工廠，該廠的呢子在中國成為著名品
牌，直到 1855 年都在恰克圖貿易中占據首位（參見圖 3-6、圖 3-7）。[268]

恰克圖貿易的毛紡織品為適應中國人的品味，特別注意呢子上漿，因為英
國和法國的呢子明顯具有這種特點。[269] 俄國生產棉絨布為棉花和毛呢混紡，又
稱回絨，每疋 25 俄尺。[270] 關於俄國呢子的價格，根據阿·科爾薩克的看法，
俄國商人用一塊呢子可以跟中國商人換取一件或兩件茶葉。[271] 1847 至 1851 年
間俄國向中國出口的毛紡織品平均值為 2,687,623 銀盧布，約占恰克圖貿易
的 43％，俄國呢子輸出亞洲總值的 93％。[272] 在 1840 至 1842 年中英鴉片戰爭

---

268 〔俄〕阿·科爾薩克著，米鎮波譯，《俄中商貿關係史述》，頁78。
269 〔俄〕阿·科爾薩克著，米鎮波譯，《俄中商貿關係史述》，頁145。
270 〔俄〕阿·馬·波茲德涅耶夫著，劉漢明等譯，《蒙古及蒙古人》，卷1，頁706。
271 〔俄〕阿·科爾薩克著，米鎮波譯，《俄中商貿關係史述》，頁206-207。
272 〔俄〕阿·科爾薩克著，米鎮波譯，《俄中商貿關係史述》，頁148。

以及 1856 至 1860 年為中英法戰爭，都促使俄國出口的回絨數量大為增加。
從俄羅斯出口的回絨數量增加了，但價格卻有下跌的趨勢，1816 至 1825 年間
每俄尺約在 0.5 兩以上，1827 至 1836 年每俄尺在 0.3 至 0.4 兩。1838 至 1871
年每俄尺約在 0.2 至 0.3 兩間。此因織造棉絨布的棉花來自西伯利亞草原，在
不很溫暖氣候下生長的短絨棉，質量遠不及英國自印度進口的棉花（參見圖
3-8）。[273]

項目	時間	數量	顏色	銀兩（兩）	備註
大呢	乾隆四十五年	1 身	大紅加倍，桃紅加半倍	0.72	比照小哆囉絨例
哈喇	乾隆四十五年	1 身	大紅加倍，桃紅加半倍	0.36	比照嗶嘰加半倍
哦噔紬	乾隆四十五年	1 身	大紅加倍，桃紅加半倍	0.24	比照嗶嘰例
咯嘰呢	乾隆四十五年	1 身	大紅加倍，桃紅加半倍	0.24	比照嗶嘰例
洋呢	乾隆四十五年	1 身	大紅加倍，桃紅加半倍	0.36	比照嗶嘰加半倍
回絨	乾隆四十五年	1 身		0.18	比照彰絨例
洋絨	乾隆四十五年	1 身	大紅加倍，桃紅加半倍	0.18	比照彰絨例

表 3-2：氈呢絨稅則
資料來源：《督理崇文門商稅鹽法・乾隆三十六年新增稅則》，冊 7，頁 3；《督理崇文門商
　　　　　稅鹽法・乾隆四十五年新增稅則》，冊 7，頁 78-79。

　　《中國古代當鋪鑑定祕籍》記載回子氈寬 4.2 尺，長百尺。花髮邊較比洋
氈，地絲粗絨厚而斂，亦係直經地厚，而不寔絨渾不亮，露橫絲而掩直。此物
係物粗氈之論也。[274] 陰陽氈此氈係洋貨，寬窄不一，長短尺寸與洋氈相同（長
44 尺、寬 2.2 尺）惟兩面不得一樣故名。此原係織造而成非染色沖之。[275]

　　天下物資輸往北京都必須在崇文門稅關繳稅，康熙八年（1669）戶部頒行
崇文門稅課則例，但乾隆年間洋貨進口名目甚繁，因此在乾隆十七年（1752）、
三十六年（1771）、四十五年（1780）增減稅目條款，從這些新增稅則可看出
西洋紡織品增加。呢絨按照「一身」課稅，應該是一件的意思，大呢的稅率比

---

273 姚賢鎬著，《中國近代對外貿易史資料（1840-1895）》，冊2，頁1288。
274 《當譜・清抄本》，收入國家圖書館分館編，《中國古代當鋪鑑定祕籍》，頁330。
275 《當譜・清抄本》，收入國家圖書館分館編，《中國古代當鋪鑑定祕籍》，頁331-332。

哦噔紬高三倍，哈喇也比哦噔紬多 1.5 倍。洋呢的稅率比回絨多一倍，這也看出哦噔紬和回絨的市面價格比英國、德國的毛織品低（參見表 3-2）。

四、俄國進口的布疋

十八世紀俄國大量輸入中國的貨物為毛皮，俄國產的印花布、單面印花布等很少出現在恰克圖市場中。[276] 十九世紀上半葉，俄國生產的棉製品，1825年只占 6％，到 1854 年已上升為 30％。[277] 1847 至 1851 年棉布製品的價值達 1,174,067 盧布，超過恰克圖貿易出口的 18％。占俄羅斯對亞洲貿易輸出總額的 49.5％。[278] 十八世紀 1825 年俄國工廠生產的南京小土布開始賣給中國，1828 年銷售達 4,653 俄尺。[279] 1833 年開始，自俄羅斯的布疋銷售迅速增長。中國人換取俄國的商品，要先到俄國人的鋪子，看他們所需要商品的樣品，中國人將俄商的樣品發往張家口，俄國布大量傾銷中國。

棉織品中主要是棉絨或波里斯絨、粗布；亞麻織品中主要是切舒伊卡布、吉克布、粗麻布。[280] 俄羅斯手工業工廠，質量好的棉織品稱「波瑟令斯基」，其工廠有巴拉諾夫工廠、亞歷山德羅夫的祖博夫工廠、杜爾捷列夫工廠、甘杜林工廠、伊萬諾夫鎮的烏寧工廠；另一類稱為「薩克森」指低質量家庭手工土法製作的。「波瑟令斯基」的印花布在 1849 年，每俄尺 12 戈比至 12.5 戈比。高級的「薩克森」印花布，每俄尺 8 至 9 戈比，低級的每俄尺 5.5 至 6 銀戈比。棉絨需要良好的質量和 16 俄寸（1 俄寸等於 4.44 公分，16 俄寸大約中國尺 2尺）的幅寬，如此才能製成中國外衣的一整袖子，如果成色低，或幅寬只有 13 至 15 俄寸，那麼銷售就會遇到困難，工廠總是儘量滿足這些要求。[281] 根據

---

276 〔俄〕阿・科爾薩克著，米鎮波譯，《俄中商貿關係史述》，頁70-71。

277 孟憲章主編，《中蘇貿易史資料》，頁174-175。

278 〔俄〕阿・科爾薩克著，米鎮波譯，《俄中商貿關係史述》，頁134-137。

279 〔俄〕阿・科爾薩克著，米鎮波譯，《俄中商貿關係史述》，頁94。

280 孟憲章主編，《中蘇貿易史資料》，頁178。

281 〔俄〕阿・科爾薩克著，米鎮波譯，《俄中商貿關係史述》，頁131-132。

恰克圖商號的檔案，自俄羅斯進口的布稱為「回回布」、「回錦布」、「喃坎布」。回回布每尺大約 0.15 至 0.3 兩，回回布又有狗頭國回回布、花兒回回布、碎花回回布、雨過天青回回布、大紅蘭回回布幾種，應是以顏色和圖案來命名。喃坎布較便宜，每尺大約 0.08 至 0.1 兩，寬幅喃坎布則約 0.15 兩。喃坎布是什麼目前還沒找到相關資料。回錦布每尺為 0.2 兩，《中國古代當鋪鑒定秘籍》記載：倭羅綢、倭羅緞、握洛緞，長 44 尺、寬 2.2 尺，一疋 10 兩。[282] 從價格上來看回錦布可能是俄羅綢，但還需考證。

　　從回絨和回布的比較可發現，回布進口數量少，是因俄羅斯產的布疋，從表面看起來結實美麗，但驗貨員認為其質量比不上英國貨和美國貨。它們的長度和寬度都異乎尋常，因此中國人都不買。俄國棉織品在中國市場上的競爭能力尚待考驗。這種棉織品被認為是西伯利亞草原不很溫暖氣候下生長的短絨棉織品。[283] 至 1858 年為止，俄國輸出的製成品中，毛料占 41％，棉織品占 25％。4％至 20％為生皮，10％是毛皮和皮革，2％是穀物，17％是金屬貴重品。[284]

　　因為俄羅斯進口布料多，在乾隆四十五年（1780）崇文門的稅收中添增新增稅則，如表 3-3 所示。回布、回錦布、色布、洋回錦布、洋印花布、印花洋布等，和恰克圖商號貿易的布疋名稱相同。崇文門稅關自乾隆二十一年（1756）關稅為 262,085.7 兩，至乾隆四十一年（1776）增為 316,089.5 兩。[285] 崇文門關稅數量提高，應與俄羅斯貿易增長有關。

---

282 《當譜‧清抄本》，收入國家圖書館分館編，《中國古代當鋪鑒定秘籍》，頁238；《論皮衣粗細毛法‧道光二十三年抄本》，同前書，頁144。

283 姚賢鎬著，《中國近代對外貿易史資料（1840-1895）》，冊2，頁1288。

284 姚賢鎬著，《中國近代對外貿易史資料（1840-1895）》，冊2，頁666。

285 賴惠敏著，〈清乾隆朝的稅關與皇室財政〉，《中央研究院近代史研究所集刊》，期46（2004年12月），頁53-103。

項目	數量	顏色	銀兩（兩）	備注	數量	銀兩（兩）
回布	1 身		0.0204	比照西洋布例	100 碼	0.21
回錦布	1 身	大紅加倍，桃紅加半倍	0.0204			
色布	1 身				10 疋	0.24
番布	1 身				100 碼	0.585
象眼羅	1 身	大紅加倍，桃紅加半倍	0.0408	比照西洋布加倍	100 碼	0.78
洋回錦布	1 身				100 碼	0.39
斜紋羽布	1 身	大紅加倍，桃紅加半倍	0.0204	比照西洋布例	100 碼	0.39
斜紋花洋布	1 身	大紅加倍，桃紅加半倍	0.0408	比照西洋布加倍		
斜紋素條布	1 身		0.0306	比照西洋布加半倍		
洋標布	1 身	大紅加倍，桃紅加半倍	0.0204	比照西洋布例	100 碼	0.39
洋紗布	1 身	大紅加倍，桃紅加半倍	0.0204	比照西洋布例	100 碼	0.39
洋印花布	1 身				100 碼	0.39
洋羅布	1 身	大紅加倍，桃紅加半倍	0.0204	比照西洋布例		
織花洋布	1 身				100 碼	0.78
柳條布	1 身				100 碼	0.585
刷絨布	1 身				10 疋	0.24
褡褳絨	1 身		0.0408	比照西洋布加倍	100 碼	0.78
洋褡褳	1 身		0.0204	比照西洋布例	100 碼	0.39
白褡褳布	100 疋		0.6	比照斜紋布減半		
洋漆布	1 身		0.0408	比照西洋布加倍	100 碼	0.78
洋緞	1 身	大紅加倍，桃紅加半倍	0.0306	比照西洋布加半倍	100 碼	0.78

項目	數量	顏色	銀兩（兩）	備註	數量	銀兩（兩）
各種洋絨布	1 身				100 碼	1.2
洋小褂	1 件		0.0204	比照西洋布例		
織花搭褳絨	1 身				100 碼	1.2
織花洋布	1 身	大紅加倍，桃紅加半倍	0.0306	比照西洋布加半倍		
絨棉布	1 身	大紅加倍，桃紅加半倍	0.0204	比照西洋布例	100 碼	0.39
被面	100 個		1.2	比照苧麻布例		
印花洋布	1 身	大紅加倍，桃紅加半倍	0.0204	比照西洋布例		
冷布	100 疋		0.24	比照白粗布例		
香正	100 疋		0.24	比照白粗布例		

表 3-3：布疋稅則

資料來源：《督理崇文門商稅鹽法・乾隆四十五年新增稅則》，冊7，頁79-81；光緒三十三年《崇文門商稅衙門現行則例》，頁 19-20。

五、西洋紡織品的用途

　　北京市民重視門面、排場，在家飾用品和衣著方面都很講究，朝鮮使臣俞彥述《燕京雜識》記載：「國俗專以誇矜炫耀為能事。市肆間雜貨山積，金碧眩眼，極其富麗。」[286] 家中什物宏麗奇巧自然少不了西洋的器物，以下從文集、旗人子弟書、抄家檔案來看旗人家庭的裝飾。清人生活中，冬天穿著歐洲來的哆囉呢、羽緞、嗶嘰衣裳成為時尚。

　　英國東印度公司記錄中國人喜好毛織：「中國人認為身薄而質優的織物，銷售的比厚身的織物好。總的來說，銷售織物是盈利的。」[287] 有所謂「洋氈勝紫貂」的諺語。乾隆五十七年（1790）馬戛爾尼到中國來，由使團副使喬治・

---

286 〔朝鮮〕俞彥述著，《燕京雜識》，收錄於林基中編，《燕行錄全集》（首爾：東國大學校出版部，2000），卷39，頁286。

287 〔美〕馬士著，中國海關史研究中心、區宗華譯，《東印度公司對華貿易編年史（1635-1834）》，卷5，頁437-438。

斯當東編寫的《英使謁見乾隆紀實》提到：「北京商舖有來自南方各省的茶葉、絲織品和瓷器，有的是來自韃靼的皮貨。我們非常有興趣的看到貨品中居然還有少量的英國布匹。」[288] 官員購買薄的毛織品如哆囉呢、嗶嘰、羽紗、羽緞的數量較多，而氈毯類的厚毛織品數量較少。巴羅估計清朝政府官員的普通服飾一套 10 英鎊（1 英鎊等於 3 兩），禮服約 30 英鎊。一雙鍛子靴 20 先令，一頂帽子也是這價格。如果飾以繡品和金絲銀線，價格在 200 到 300 英鎊之間。[289]

比起英國的紡織品，俄國的紡織品更受歡迎。〔俄〕阿・馬・波茲德涅耶夫（Aleksei Matveevich Pozdneev）《蒙古及蒙古人》一書描述他走過北方城市的店鋪，在烏里雅蘇台看到這裡的店鋪經營的棉布如褡褳布、大布、洋大布及俄國各色印花布等。1880 年，烏里雅蘇台周圍地區的草原上至少有四分之三的居民穿的都是俄國棉布做的衣服。在烏里雅蘇台經營的北京人，在庫倫也有自己的店鋪。[290] 在慶寧寺附近的漢商經營商品主要是俄國貨，例如紡織品中有：士兵呢、棉絨布，各種顏色的厚棉布、各種顏色的羽毛絨和細平布。庫倫的北京店鋪裡的毛、棉織品大多數是歐洲產品。[291] 歸化城出售的布疋也都是外國貨，中國生產的只有絲織品，棉布只有大布一種。[292] 張家口的買賣城可以說是中國對俄貿易的集中點，幾乎全部的俄國呢絨和各種絨布，以及俄國出口的毛皮製品都先運到張家口上堡買賣城的貨棧。然後批發給下堡，再轉運往中國本土。[293] 多倫諾爾販售的歐洲商品，如斜紋布、府綢、印花布和德國呢，不過德國呢往往是在俄國呢的仿冒品。俄國呢子有邱利亞耶夫和巴布金兩家廠商出產的呢子，莫羅佐夫廠出產的粗平布和棉絨布，以及黑白兩種油性軟革稱為香牛

288 喬治・斯當東著，葉篤義譯，《英使謁見乾隆紀實》（上海：上海書店出版社，1997），頁302。
289 約翰・巴羅著，李國慶、歐陽少春譯，《我看乾隆盛世》（北京：北京圖書館出版社，2007），頁409。
290 〔俄〕阿・馬・波茲德涅耶夫著，劉漢明等譯，《蒙古及蒙古人》，卷1，頁283。
291 〔俄〕阿・馬・波茲德涅耶夫著，劉漢明等譯，《蒙古及蒙古人》，卷1，頁47、112。
292 〔俄〕阿・馬・波茲德涅耶夫著，劉漢明等譯，《蒙古及蒙古人》，卷2，頁95。
293 〔俄〕阿・馬・波茲德涅耶夫著，劉漢明等譯，《蒙古及蒙古人》，卷1，頁704。

皮。多倫諾爾的貨物來自恰克圖，主要的商人也都是山西人。[294]

　　俄國呢子越來越普及，特別是中國北方地區，俄國呢子粗劣、厚重，較適合北方寒冷氣候。[295]1850 年間，俄國呢子行銷上海、蘇州、廣東地區，與歐洲產品競爭，更超越英德的呢子。[296]《澳門月報》載來自俄羅斯的產品主要是一種粗糙的哆囉呢，這種呢多半在俄國織的，但也有一定的數量來自比利時和薩克森。它的寬度是 62 到 64 英吋。[297]在十九世紀上半葉，中國北方口岸常見到的是俄國的紡織品，運進上海、寧波的俄國呢子比英國進口的多 12 倍。

　　除此之外，西洋紡織品在宮廷用途還有下列幾項：

（一）賞賜蒙古王公、官員

　　清朝與蒙古關係密切，蒙古王公、喇嘛每年派人到北京朝貢，喀爾喀蒙王公所設立的行館稱為外館，位於安定門外附近偏西的郊區。北京城裡王府井大街東交民巷附近的內館為科爾沁等內蒙古王公朝覲住所。[298]清朝皇帝於紫光閣筵宴蒙古王公、喇嘛，賞給緞、貂皮等（參見圖 3-9）。嘉慶年間，自俄羅斯進口的呢絨多，皇帝下令：「命理藩院通行內外眾扎薩克蒙古王公等，嗣後年班圍班請安時。俱著正穿石青馬褂，不得穿黃馬褂及反穿馬褂。著為例。」[299]石青馬褂為藍色的哦噔綢。根據阿‧馬‧波茲德涅耶夫的觀察，庫倫的店鋪裡

294 〔俄〕阿‧馬‧波茲德涅耶夫著，劉漢明等譯，《蒙古及蒙古人》，卷2，頁342。

295 〔美〕Clifford M. Foust, *Muscovite and Mandarin, Russia's Trade with China and Its Setting 1727-1805,* p. 352.

296 〔俄〕阿‧科爾薩克著，米鎮波譯，《俄中商貿關係史述》，頁148-150、155。俄羅斯呢子廉價和適應中國北方寒冷氣候，是呢子在北方各省市場上居領先地位的擔保，頁156。

297 《澳門月報》，1845年6月號，轉引自孟憲章主編，《中蘇貿易史資料》，頁177。

298 札奇斯欽、海爾保羅撰述，《一位活佛的傳記：末代甘珠爾瓦‧呼圖克圖的自述》（臺北：聯經出版社，1983），頁48。康熙二十六年（1687）題准，科爾沁等十旗令於會同館內安置。三十三年（1694），分內外館。中國社會科學院中國邊疆史地研究中心主編，《清代理藩院資料輯錄》（北京：全國圖書館文獻縮微複製中心，1988），頁71。

299 〔清〕曹振鏞、戴均元、英和、汪廷珍奉敕修，《大清仁宗睿皇帝實錄》，卷172，頁240-1。

圖 3-9：姚文瀚《紫光閣賜宴圖》

資料來源：聶崇正主編，《清代宮廷繪畫》（香港：商務印書館，1996），頁 224-225。

的毛織品和棉紡織品大多數是歐洲產品。[300] 對喀爾喀蒙古王公來說，石青馬褂應取自俄羅斯的毛織品較為便利。

朝鮮使者《皇都雜詠》載：「喇嘛僧滿雍和宮，錦帽貂裘抗貴公。乾隆蓋是英雄主，賺得蒙蕃盡彀中。」[301] 喇嘛穿戴錦帽、貂裘來自皇帝的賞賜，金梁《雍和宮志略》提到喇嘛的法衣必須按照月令季節穿著，皇帝賞給「皮襖銀」。[302]

乾隆四十五年（1780）班禪額爾德尼到北京，皇帝很高興，賞賜他和其他使臣許多東西，絲綢、瓷器之外，還包括許多洋貨，如洋花緞、海龍皮、豹皮、玻璃碗、玻璃盤、玻璃瓶。[303]《律藏》中說：「持守清淨戒條的比丘也可積聚財物。」《諸續部》經典中也說：「持咒師若按燒施的規定享用飲食，也可以積累如須彌山一般的財富。」[304] 信徒奉獻喇嘛精巧珍器、稀世之寶，代表他們的誠心，乾隆皇帝深信藏傳佛教，因此對喇嘛的賞賜也特別多。

石青馬褂，中國稱為燕尾青的深藍色呢絨，宮廷侍衛亦穿著這料子做馬褂。同治十三年（1874），皇帝大閱於南苑命「文案營務翼長委員等穿天青馬褂，佩刀入隊。……侍衛均穿天青馬褂。」[305] 或許俄羅斯的呢子，穿起來衣冠楚楚，展現男性氣概，《兒女英雄傳》、《老殘遊記》也多處提到男性穿著石青馬褂。

（二）《皇朝禮器圖式》的服飾定制

許多學者討論乾隆皇帝認為「本朝定制」為呈顯滿洲特色，實則展示中西

---

300 〔俄〕阿‧馬‧波茲德涅耶夫著，劉漢明等譯，《蒙古及蒙古人》，卷1，頁112。

301 轉引自〔日〕夫馬進著，〈日本現存朝鮮燕行錄解題〉，《京都大學文學部研究紀要》，號42（2003年3月），頁163。

302 金梁編纂，牛力耕校訂，《雍和宮志略》，頁129。

303 六世班禪到中國時，乾隆皇帝賞賜許多禮物，參見嘉木央‧久麥旺波著，許得存等譯，《六世班禪洛桑巴丹益西傳》（拉薩：西藏人民出版社，1990），頁477-529。

304 土觀‧落桑卻吉尼瑪著，陳慶英、馬連龍譯，《章嘉國師若必多吉傳》，頁313。

305 〔清〕崑岡等奉敕撰，《大清會典事例（光緒朝）》，卷1106，頁616-1。

貿易成果。根據張仲禮研究，清代的士紳以上占人口百分之二，以乾隆1億5千萬人口計算，起碼有30萬人以上，要能供應眾多士大夫以上需求，非得興盛貿易不可。乾隆三十二年（1767）增定品官雨帽並將雨服一類，根據《皇朝禮器圖式》記載：「皇帝雨冠二，謹按乾隆十六年欽定皇帝雨冠羽緞為之明黃色。」「皇帝雨衣三，謹按乾隆十六年欽定皇帝雨衣羽緞為之，明黃色如雨衣二之制。」[306] 職官雨冠「按乾隆三十二年欽定職官雨冠，用紅色氈及羽紗、油紬惟其時，藍布帶。民公、侯、伯、子、男，一品至三品文武官，御前侍衛，乾清門侍衛，上書房翰林，南書房翰林，奏事處，批本處行走人員皆用之。」「謹按乾隆八年，欽定職官雨衣，用紅色，制如常服褂而加領，長與坐齊前施掩襠，氈及羽紗、油綢惟其時。民公、侯、伯、子、男，一品至三品文武官，御前侍衛，各省巡撫皆服之。」[307]

官員大量使用羽紗、羽緞，這些進口的紡織品，價格不斐。在《中國古代當鋪鑒定秘籍》收錄乾隆二十四年（1758）抄本《當譜集》就有許多的洋貨。舉例來說，經絲緯毛望日光地起金星有羽毛的為羽毛緲，無羽毛的為緲。其物花素丕袍料二則，重23兩。每尺1.15兩，袍料重17兩，每尺1.3兩。羽緞線道粗發亮無花銀十兩之數也，每尺重1.7兩。[308] 宮廷許多舊的毛皮或綢緞放久了，找內務府買賣人變價。羽緞、羽紗即便是舊些，價格還不低。如乾隆三十二年（1767）李廷榮變價羽緞，每庹（相當於5尺）銀2兩，每尺0.4兩。羽紗每庹銀一兩，每尺0.2兩。[309]

（三）佛教器物

壁畫繪於布縵上，再懸掛在牆壁上。壁畫內容都以宗教故事為題材。壁畫

---

306 〔清〕允祿等纂，牧東點校，《皇朝禮器圖式》，卷5，頁227、234。

307 〔清〕允祿等纂，牧東點校，《皇朝禮器圖式》，卷5，頁238-240。

308 《當譜集・乾隆二十四年抄本》，收入國家圖書館分館編，《中國古代當鋪鑒定秘籍》，頁112。

309 《乾隆朝內務府奏銷檔》，冊287，乾隆三十二年正月二十日，頁39-69。

以黃、紅、藍三種顏色為主色，用對比手法突出主題。《西藏密教研究》提到格魯派在寺廟堂內的柱及兩側的壁上，都掛著布製的幡及稱為唐卡的掛軸式的布製佛畫，以裝飾堂內的莊嚴。[310] 乾隆五十年（1785）員外郎五德庫掌大達色催長舒興來說太監常寧傳旨：「方壺勝境中層樓上明間成做拉古里 1 件、壁衣 1 件。欽此。」挑得內庫石青倭緞 1 塊，做拉古里毘盧帽用。紫綠石青回子紬 3 疋，做拉古里刷子用。大紅緞 1 疋，做拉古里頂面刷子裡。用石青回子紬 1 疋，做壁衣邊用。紫回子紬 1 疋，做壁衣心子用。[311]

（四）蒙古包

　　《清宮內務府造辦處檔案總匯》記載清宮建造蒙古包的事務，最有名的是熱河避暑山莊萬樹園照的蒙古包。據昭槤，《嘯亭雜錄》載：「避暑山莊之萬樹園中，設大黃幄殿，可容千餘人。其入座典禮，咸如保和殿之宴，宗室王公皆與焉。上親賜巵酒，以及新降諸王、貝勒、伯克等，示無外也，俗謂之大蒙古包宴。」[312] 黃幄殿蒙古包 7 丈 2 尺，蒙古包內天花板、圍牆用庫紅地金花回子紬、石青回子紬做成。[313] 其他還有 5 丈 2 尺花頂蒙古包 2 架；2 丈 5 尺備差蒙古包 24 架。蒙古包前有遮陽平頂棚，四周有窗，內設寶座及地毯，使用回子綢當圍帳等（參見圖 3-10）。乾隆曾多次向粵海關訂購西洋紋樣的氈毯，作為蒙古包的主要地毯材料。可見西洋錦在乾隆朝的武備儀式中，特別是行圍和大閱中擁有顯著的地位。[314] 雖然西洋錦在宮廷使用的織物中只占一小部分，其重要性卻不可低估。

　　阿·馬·波茲德涅耶夫描述他經烏里雅蘇臺、科布多時，官員的接待室房

---

310 日本種智院大學密教學會編，世界佛學名著譯叢編委會譯，《西藏密教研究》（臺北：華宇出版社，1988），頁51。

311 《清宮內務府造辦處檔案總匯》，冊48，乾隆五十年十月〈記事錄〉，頁438。

312 〔清〕昭槤著，《嘯亭雜錄》（北京：中華書局，1980），卷1，頁375-376。

313 《清宮內務府造辦處檔案總匯》，冊44，乾隆四十六年九月十五日〈記事錄〉，頁597。

314 《清宮內務府造辦處檔案總匯》，冊30，乾隆三十二年八月一日〈皮裁作〉，頁721。

圖 3-10：佚名《萬樹園賜宴圖》
資料來源：《清代宮廷繪畫》，頁 172-173。

炕上鋪著大紅呢子，同樣的紅呢坐墊，四壁墙下各放著一張窄長的桌子，上面
也鋪著大紅呢子。[315]

（五）包裝器物

　　臺北國立故宮博物院收藏許多玉器用回子布包裝，在檔案中也可以找到相
關檔案。乾隆五十一年（1786）四月十六日太監常寧「將玉有盒圓洗 1 件、玉
壺 1 件，配得回子布套呈進交乾清宮訖。於四月二十二日將玉圓洗 1 件，配得
回子布套呈進。」[316]

　　《皇朝禮器圖式》武備皇帝大閱鹵簿櫜鞬載：「本朝定制：皇帝大閱鹵簿
櫜鞬，鞬以銀絲緞為之，綠革緣，天鵝絨裡，面綴金環，繫明黃緌。櫜以革，
蒙銀絲緞，後頓壺三，以革為之。皆飾金絲花，銜東珠。」[317]櫜鞬用來包裝弓
箭，以銀絲緞製作。現存故宮博物院之織金銀緞面皮櫜鞬，為織金銀卷草文緞
面。[318]（參見圖 3-2）根據梅玫的研究，從清宮檔案中所提到的西洋錦名字上
看，它們有一個顯著的特徵：這些錦緞上幾乎全部織有金線或銀線，或兩者兼
有。這一特徵在北京故宮的舊藏西洋錦中也得到印證。織有金屬線的絲綢是歐
洲絲綢中最為昂貴和精美的品種，其華麗耀眼也許深深吸引乾隆皇帝，使他連
帶亦偏愛作為紡織原材料的西洋金銀線，屢屢傳旨向外洋購買。[319]

（六）車轎帷幔

　　皇室冬天乘坐的車駕使用氈呢。如內務府成造皇太后、皇貴妃成用車幃二

---

315 〔俄〕阿‧馬‧波茲德涅耶夫著，劉漢明等譯，《蒙古及蒙古人》，卷1，頁267、331。
316 《清宮內務府造辦處檔案總匯》，冊49，乾隆五十一年四月〈匣裱作〉，頁396-397。
317 〔清〕允祿等纂，牧東點校，《皇朝禮器圖式》，卷14，頁647。
318 故宮博物院編，《清宮包裝圖典》（北京：紫禁城出版社，2011），頁184-185。
319 梅玫，〈清宮西洋錦——以乾隆二十三年大閱圖中所繪鞍韂與櫜鞬為中心〉，《故宮月刊》，
　　期367，頁110-120。

分需用黃哆囉呢 96.38 尺。[320] 皇太后圓頂車上做哆羅呢圍 1 分、上緞下接哆羅呢圍 1 分、春紬裌裏圍 1 分、紗圍 1 分、狼皮褥 1 箇、衣素褥 1 箇、靠背 1 箇。哆羅呢是寬幅絨適合做轎子圍屏，內務府鑾儀衛成做八人抬的暖轎需用哆羅呢 35.48 尺。[321] 巫仁恕研究明代的轎子說：「明代的暖轎應室外披有厚布料以防寒，而涼轎則是圍以竹簾。」[322]《北平市工商業概況》記載，清乾嘉年間，其時王公貴族以及達官富戶類，皆出入乘坐轎車，需用圍墊較夥。且各蒙古王公於入覲之便，常大批採購此項圍墊，攜歸蒙地，視為極珍貴之禮品。以故治斯業者，先後繼起，並力謀業務之發展，兼製桌圍椅墊、帘帳枕褥。一時出品繁而購者眾、獲利頗厚。車圍墊之材料，以藍白洋布、市布、褡褳布、蒲絨為大宗。還有俄國來的回錦（似薄帆布）、哈喇等。[323]

六、西洋紡織品的普及

羅友枝在《清代宮廷社會史》（*The Last Emperors: A Social History of Qing Imperial Institutions*）一書的第一部分「清朝宮廷之物質文化」中指出，清初頒布有關髮式、服飾、語言和戰術的法令，以界定征服菁英之獨特認同，雖然滿族認同的內涵隨時間而有變異，卻從未消失。[324] 清代首重國語騎射，現今故宮博物院藏雍正醬色羽緞行裳為清代皇帝的行服之一，滿語稱為「都什希」。皇帝在出行和圍獵時，將行裳繫在行服袍外，形式如圍裙。行裳的面料多為耐磨保暖的毛皮、氆、呢及羽緞等。羽緞（Dutch camlets）皇帝常服袍也有用羽緞

---

320 《清宮內務府奏銷檔》，冊76，乾隆三十一年三月十七日，頁378。

321 《乾隆朝內務府奏銷檔》，冊203，乾隆五年十二月，頁617；《清宮內務府奏銷檔》，冊65，乾隆二十七年閏五月二十九日，頁289。

322 巫仁恕著，〈明代士大夫與轎子文化〉，《中央研究院近代史研究所集刊》，期38（2002年12月），頁1-69。

323 池澤匯等編纂，《北平市工商業概況（一）》，頁267-268。

324 Evelyn S. Rawski, *The Last Emperors: A Social History of Qing Imperial Institutions* (Berkeley: University of California Press, 1998), pp. 17-55.

做成。[325]「都什希」亦用鹿皮做的騎射服飾。

　　從皇帝到官員都穿著的馬褂象徵滿洲文化，馬褂亦稱棉甲，滿語為「olbo」。根據《清朝通志》記載：「皇帝行褂色用石青，長與坐齊，袖長及肘，棉袷紗裘惟其時。」親王以下「行褂色用石青，長與坐齊，袖長及肘，棉袷紗裘惟其時。」郡王以下文武品官行褂制同。健銳營前鋒參領行褂色用明黃、藍緣，營兵行褂色用藍、明黃緣。[326] 男性穿著石青馬褂，如《武鄉試》應試武生員「穿一件大藍箭袖缺衿線綯，套一領月白夾襯遮體天青，倭緞廂沿巴圖魯坎，小呢帽鳳尾龍頭紫絲纓，繫一條巧匠結成腰裡硬。」[327] 皇帝、親王至文武品官行褂皆用石青色，因此俄國石青色的呢子特別暢銷。廣東巡撫等高官在慶典場合都鄭重地穿上俄國呢子製作的袍子。中國存在著對俄國呢子的偏好的其他原因是價格低廉、顏色種類齊全、寬幅及包裝花色繁多。恰克圖貿易毛織品可以比出廠價的 20％便宜賣給中國人，所以俄羅斯呢子在長江以南還能占有一席之地。[328] 過去筆者討論過清代政府制定帝后官員朝服、朝冠也包括了西方進口的羽紗、羽緞以及各色毛皮。[329] 俄羅斯進口的元青哦噔紬為清朝服飾規定項目，石青色的呢子在中國能暢銷有其原因。

　　嘉慶四年（1799）庫倫辦事大臣蘊端多爾濟審理恰克圖章京永齡、九十四收取商號大量的餽禮，在衣料類有合洛袍料、哦噔紬、回子布、回子絨、毯氊袍料、寶藍西絨等。[330] 恰克圖商人的衣物清單上有回錦藍布縟子、斜紋布皮襖、

325 嚴勇、房宏俊、殷安妮主編，《清宮服飾圖典》，頁156、176。

326 〔清〕清高宗敕撰，《清朝通志》（臺北：臺灣商務書局，1987），卷58，頁7099-2～1799-3。

327 《武鄉試》，收入首都圖書館編，《清蒙古車王府藏曲本》，第303函，冊4。

328 〔俄〕阿・科爾薩克著，米鎮波譯，《俄中商貿關係史述》，頁150-151。莫斯科的商人把自己工廠生產的呢子推銷給中國人，並且用相當低廉的價格賣給中國人，使中國人喜歡上呢子。呢子比毛皮便宜，而在市場上價格低廉是很重要的。因此，呢子的銷售迅速增長，而毛皮銷售則下降。同書，頁174。

329 賴惠敏著，〈乾嘉時代北京的洋貨與旗人日常生活〉，收入巫仁恕等主編，《從城市看中國的現代性》（臺北：中央研究院近代史研究所，2010），頁1-35。

330 行政院文化部蒙藏文化中心藏，《蒙古國家檔案局檔案》，〈乾隆五十七年起至嘉慶四年止恰克圖商人餽送歷任官員回錢禮物賬冊〉，編號020-011，頁0125-0199。九十四的供詞說：「歷任司員確均如此所為，亦照舊接收餽禮。」該檔案為〈蘊端多爾濟等因未查出商人餽送錢物案

圖 3-11：珊瑚珠朝靴

資料來源：萬依等編，《清宮生活圖典》，頁 164。

斜紋布長袖馬褂、袷袍子、氊襪子、達匼、斜紋布馬褂等。[331] 金黃洋縐腰帶、大羢喇嘛帽子、氊氌紫袷袍等。[332] 這說明恰克圖官員、商人用俄羅斯來的紡織品，製作帽子、馬褂、袷袍、腰帶、氊襪等。

其次，代表旗人「國語騎射」精神的服飾之一為朝靴，北方游牧民族所穿便於乘騎跋涉的靴子。清朝規定文武百官入朝奏事必須穿著朝靴（參見圖3-11），如故宮博物院收藏之石青緞補絨雲頭朝靴、石青緞尖底朝靴，係採用俄羅斯之回絨。北京製靴鞋之質料，有呢、有絨、有緞、有布、有皮。[333] 其中呢、回絨，應產自俄羅斯。清末民初北京有二百四十餘家靴鞋店，以全盛齋、內聯陞、步瀛齋、長福齋、永升齋等家開設為最久、資本亦較厚。[334] 庫倫亦有靴匠作坊，他們製鞋所需的皮革全是俄國皮革，如伊爾庫次克、托木斯克製革廠生產的皮革，恰克圖的製革廠以馬特列寧斯基工廠的銷數最多。[335]

穆齊賢（1801-　）《閒窗錄夢》記載，他家境貧寒，為謀生計，入值惇親王府為管領，也在歷代帝王廟開設學堂。每年俸銀60兩、俸米30石。但是買不起一身的穿戴。道光八年（1828）當差遇王爺召見，「余急借徐二爺之褂、帽、甲裙，蔣爺之袍，什勝保之靴。」次年，安慶大人送他「灰色羊皮襖1件、外表貓皮內裏灰鼠皮之袍褂1件、毛帽子沿兒1套。」[336] 之後，朋友向他借袍褂。「伊昌吾穿余之袍褂入班。」或有「伊隆阿將余之袍服借去。」過幾天把袍服送回，再過幾天伊隆阿又借去，給他父親穿戴。[337] 旗人婚喪紅白事件多，

　　自請治罪摺〉，見《軍機處滿文錄副奏摺》，檔案編號03-3601-024，頁1482-1486，嘉慶四年九月二十五日。

331 行政院文化部蒙藏文化中心藏，《蒙古國家檔案局檔案》，〈己未燒毀張書田甲內存放衣物清單〉，編號005-013，頁242-245。

332 行政院文化部蒙藏文化中心藏，《蒙古國家檔案局檔案》，〈領收衣物貨柜單〉，編號086-095，頁189-190。

333 池澤匯等編纂，《北平市工商業概況（一）》，頁250。

334 池澤匯等編纂，《北平市工商業概況（一）》，頁251。

335 〔俄〕阿・馬・波茲德涅耶夫著，劉漢明等譯，《蒙古及蒙古人》，卷1，頁115。

336 〔清〕松筠（穆齊賢）記，趙令志、關康譯，《閑窗錄夢譯編》（北京：中央民族大學出版社，2010），頁31、159。

337 〔清〕松筠（穆齊賢）記，趙令志、關康譯，《閑窗錄夢譯編》，頁88、172-173。

借衣袍的事情屢見不鮮，可見馬褂服飾對下層旗人來說，算是奢侈品。

　　諾貝特・埃里亞斯（Norbert Elias）提到歐洲文藝復興時期，手帕非常珍貴，價錢很高。十六世紀初，亨利四世也只有五條手帕。用手帕通常被視為財富的象徵，直到路易十四才有較多手帕，在他的帶動下，手帕才普及了起來，至少在法國宮廷社會中是如此。[338] 埃里亞斯研究歐洲社會從中古社會轉變成現代文明社會，經歷了「教養」過程，包括起居交際、言行衣著、用餐禮儀、男女關係、身體自然機能（如吐痰、擤鼻涕）等態度逐步改變，教養的概念油然而生，並進而被內化，成為內在自我控制的一部分，形成現代歐洲文明社會的基礎。又討論十八世紀法國宮廷對社會影響，他認為：「法國社會整個結構和發展，逐步使越來越多的階層渴望效做上流社會的模式。」法國宮廷禮儀、繁文縟節，影響市民階層中的上層人物，使中等階層講究禮貌教養。[339] 筆者發現清朝皇帝也有意推廣宮廷文化，宮廷貴族的制約模式逐漸推動民間社會的文明發展。

　　女性穿著紅色的氈絨，如《鏡花緣》描述：「小山同若花清晨起來，梳洗已畢，將衣履結束，腰間都繫了絲縧，掛一口防身寶劍；外面穿一件大紅猩猩氈箭衣；頭上戴一頂大紅猩猩氈帽兒。」[340] 子弟書《闊大奶奶聽善會戲》描述闊大奶奶「穿一件絳色洋呢廂領袖，氅衣兒裡襯微微透水紅」，可見清代婦女喜歡穿的是紅色的呢絨服。[341] 婦女使用花布傘，其布多用俄國花標或日本印花布，花樣頗美觀。[342]

　　北京內城的護國寺與隆福寺是旗人採辦日常用品的重要市集，鶴侶《逛護國寺》載：「走至紬緞棚子內去打落，德昌號連忙讓坐笑盈腮，他說先與我撕一雙哦噹紬的包腳布，再看看銀紅袍料要大裁，寸寬的欄杆我要用十數多

---

338 〔德〕諾貝特・埃里亞斯著，王佩莉、袁志英譯，《文明的進程：文明社會起源和心理起源的研究》，上冊，頁242。

339 〔德〕諾貝特・埃里亞斯著，王佩莉、袁志英譯，《文明的進程：文明社會起源和心理起源的研究》，上冊，頁99。

340 〔清〕李汝珍著，《鏡花緣》（臺北：世界書局，1974），第47回，頁187。

341 《闊大奶奶聽善會戲》，收入首都圖書館編，《清蒙古車王府藏曲本》，第305函，冊5。

342 池澤匯等編纂，《北平市工商業概況（一）》，頁262。

板。」[343] 這裡提到德昌號賣哦噔紬、銀紅袍料等。

七、小結

　　十九世紀中國處於內憂外患時期，統治階層與文武官員等都倡導簡約，遂使得世人覺得中國人不喜歡洋貨。然而，十八世紀盛清時期，皇帝宮廷生活無不奢靡鋪張，洋貨充斥宮廷，尤其是紡織品。英國自粵海關輸入相當多的紡織品，卻因價格高，以致銷路不佳，但是宮廷使用的哆囉呢、嗶嘰、金銀線係來自粵海關。另一處紡織品來源是俄國轉運了普魯士和波蘭毛織品至中國，十九世紀中葉俄羅斯紡織工業發展，生產大量的毛織品和布疋輸往中國。歐洲商產的呢絨和棉織品逐漸受到俄國生產的紡織品排擠，到 1840 年代經恰克圖貿易的外國紡織品只占 2％。俄國紡織品中，毛織品因價格低廉又渾厚細密，廣受歡迎，甚至比英美產品更具競爭力。俄國學者 H・E・葉季納爾霍娃提到恰克圖貿易促進西伯利亞地區的繁榮以及紡織工業的發展，1857 年莫斯科就有 96 家為恰克圖貿易生產工廠，其中 37 家生產呢絨、45 家生產棉織品、14 家生產亞麻和大麻織品。[344] 阿・科爾薩克說中國人有能力把像米澤里茨基呢這樣的商品，在距離其產地 9,000 俄里之外的地方，賣得比在莫斯科便宜 17％。但茶葉在離產地幾乎同樣距離之上，在我們這價格卻是原產地價的四倍。[345]

　　西洋紡織品在北京在乾隆十七年、三十六年、四十五年增減稅目條款，從這些新增稅則可看出西洋紡織品增加。呢絨按照「一身」課稅，應該是一件的意思，大呢的稅率比哦噔紬高三倍，哈喇也比哦噔紬多 1.5 倍。洋呢的稅率比回絨多一倍，這也看出哦噔紬和回絨的市面價格比英國、德國的毛織品低。在

343　〔清〕鶴侶著，《逛護國寺》，收入首都圖書館編，《清蒙古車王府藏曲本》，第304函，冊3。

344　俄〕H・E・葉季納爾霍娃著，〈十九世紀四十至六十年代的恰克圖貿易及其對俄國、蒙古和中國經濟發展的影響〉（莫斯科：副博士學位論文自選摘要，1979），轉引自孟憲章主編，《中蘇貿易史資料》，頁186。

345　〔俄〕阿・科爾薩克著，米鎮波譯，《俄中商貿關係史述》，頁229。

《督理崇文門商稅鹽法‧乾隆四十五年新增稅則》課稅以「碼」為計算單位，換言之，稅關單位充分掌握了西方的布疋的知識，按照布疋單位來課稅。

西洋錦用於《皇朝禮器圖式》武備皇帝大閱鹵簿之櫜鞬、鞍韉，以及皇帝的行裳等，並使用西洋紡織品製作窗簾、褥子、服飾內裡、鞋襪，或用於車轎及包裝器物等，用途極廣，皆屬清宮日常用品，並非珍藏的物品。十九世紀時，每年由俄羅斯進口的回絨多達數百萬俄尺，回布亦有數十萬俄尺，俄羅斯的紡織品遍及蒙古和中國北方各城市，清朝政府規定蒙古王公年班圍班請安時，穿石青馬褂，連廣東巡撫等高官在慶典場合都鄭重地穿上俄國呢子製作的袍子。中國對俄國呢子的偏好的其他原因是價格低廉、顏色種類齊全、寬幅及包裝花色繁多。俄國進口的回回布。可見十九世紀的俄國紡織品在中國普及亦不下於十八世紀俄國進口的毛皮。

　乾隆的百寶箱

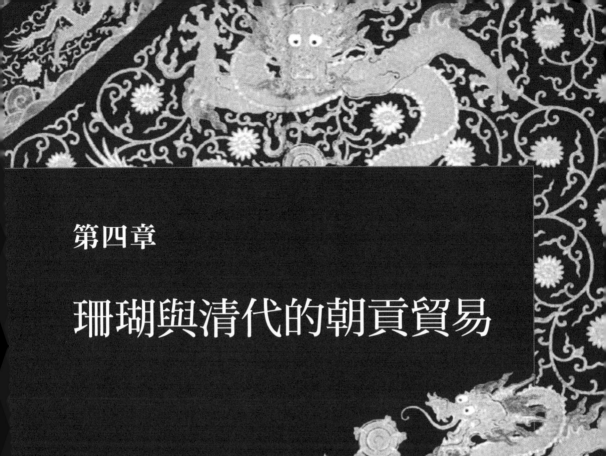

第四章

珊瑚與清代的朝貢貿易

一、前言

近年來，清代的中外交流史逐漸被學界重視，討論清宮西洋器物的來源和風格的論文與日俱增。清乾隆二十年（1755）平定準噶爾之後，帝國領域大為擴張，清朝如何統治不同族群是近年來學界探索的熱門議題。美國費正清認為過去中國的對外關係就是「朝貢」制度，但近十幾年來新清史學者發現這種簡單的模式並不適用。事實上，清朝對近鄰採取各種不同的方法，包括政治婚姻、宗教護持、貿易、外交和戰爭。費正清認為清朝政治的核心就是華夏文化，但目前的研究認為滿族統治菁英與蒙藏回人相處更為親密。本文擬以珊瑚為例，從朝貢和貿易兩層面討論清朝和邊疆地區的交流模式。近年來清宮檔案大量陸續出版，如《清宮內務府奏銷檔》、《乾隆朝內務府廣儲司六庫月摺檔》、《內務府題本》、《清宮內務府造辦處檔案總匯》，得以瞭解邊地貢品的數量和來源。

西藏的貢物按照《大清會典事例》所載有銀曼達、七珍八寶、八吉祥、佛像、金字經、銀塔、杵、瓶、紅花等。（參見圖4-1）然《內務府題本》記載西藏的貢品更為豐富，根據《題為喀爾喀等處蒙古王公台吉派克巴拉呼圖克圖喇嘛等進貢並折賞事》記載喀爾喀蒙古、青海、西藏的進貢和賞銀，這檔案自乾隆九年（1744）至光緒十八年（1892）。如乾隆四十五年（1780）達賴喇嘛等進貢：大手帕、珊瑚數珠料、琥珀數珠料、滿達、塔、瓦齊裡、庫爾敦、壺、七珍、八寶、八吉祥、銅盤、坐褥、靠背、藏細香、番紅花、白芸香、黑芸香、藏棗、核桃、葡萄、糖果、氆氌、札木札雅碗、額納特克帶、氈、洋鎗等。[346] 何新華《清代貢物制度研究》一書，提及清代藩部貢物有達賴、班禪等進獻之貢物。[347] 但該書未詳列進貢物品專案，本文以《內務府題本》的檔案作為補充。

此外，珊瑚透過貿易管道進口到中國，主要從俄羅斯和英國兩地。《清宮粵港澳商貿檔案全集》，以及馬士（H. B. Morse，1855-1934），《東印度公

---

346 參見中國第一歷史檔案館藏，《內務府題本》（北京：中國第一歷史檔案館發行微卷，2002）。

347 何新華著，《清代貢物制度研究》，頁65-71。

圖 4-1：清順治・西藏金嵌松石珊瑚壇城
資料來源：文物統一編號：故 - 雜 -000535-N，〈清順治・西藏金嵌松石珊瑚壇城，附木胎皮盒〉，
國立故宮博物院藏。圖版取自《器物典藏資料檢索系統》：https://digitalarchive.npm.gov.tw/
Antique/Content?uid=2648&Dept=U（檢索日期：2022 年 4 月 11 日）。

司對華貿易編年史（1635-1834）》討論進口的珊瑚。阿・科爾薩克著《俄中商貿關係史述》討論中俄貿易的物品包括珊瑚。[348]哈薩克人作為仲介，將俄羅斯的珊瑚轉賣新疆等地，相關研究有佐口透、潘志平、王熹、厲聲等。[349]

　　中國、印度使用珊瑚的歷史相當悠久，佛教中紅珊瑚具有吉祥、辟邪的特性。所謂「佛門七寶」包括金銀琉璃、瑪瑙、琥珀、珍珠、玳瑁、翡翠以及珊瑚等。清朝時，紅珊瑚朝珠是王公貴族及一、二品以上官員才能配戴的身分標誌，表示其尊貴，戴上珊瑚也象徵宗教庇佑和吉祥意義。本文利用《內務府廣儲司六庫月摺檔》、《清宮內務府奏銷檔》、《清宮內務府造辦處檔案總匯》來討論珊瑚製作衣冠上的配飾和佛教的器具等。

　　Anna Grasskamp 描述宋代文人對珊瑚的收藏品味，引發了道教領域中的仙境意像。更進一步的是，它們揭露了人為雕琢的形態是產生於自然形式。珊瑚作品引起了珍稀植物和想像中幻境的概念，但最重要的是，它富有創造性地展現了藝術和自然的結合。[350]

　　張淑芝提到，清代皇帝在朝會及宮中舉行大典時，穿明黃色朝袍，佩掛東珠朝珠；在天壇祭天時，穿藍色朝袍，佩掛青金石朝珠；在地壇祀地時，穿明黃色朝袍，佩掛蜜蠟朝珠；在日壇祭日時，穿紅夕色朝袍，佩掛紅珊瑚朝珠；在夕月壇祭月時，穿月白色朝袍，佩掛綠松石朝珠。清代皇后穿朝服時，中間佩掛東珠朝珠 1 盤，左右肩斜挎掛珊瑚朝珠各 1 盤；皇貴妃、貴妃和妃身穿朝服時，中間佩戴蜜蠟朝珠 1 盤，左右肩斜挎掛珊瑚朝珠各 1 盤。[351]（參見圖4-2）李芝安認為朝珠源於佛教的數珠。乾隆二十八年（1763）將朝珠正式列

348 〔俄〕阿・科爾薩克著，米鎮波譯，《俄中商貿關係史述》，頁91、128-129、159。

349 〔日〕佐口透著，淩頌純譯，《18-19世紀新疆社會史研究》（烏魯木齊：新疆人民出版社，1984），頁440；潘志平、王熹著，〈清前期喀什噶爾及葉爾羌的對外貿易〉，《歷史檔案》，1992年2期，頁82-91；厲聲著，《新疆對蘇（俄）貿易史》（烏魯木齊：新疆人民出版社，1993），頁30-34；厲聲著，《哈薩克斯坦及其與中國新疆的關係（15世紀-20世紀中期）》（哈爾濱：黑龍江教育出版社，2004），頁154-166。

350 Anna Grasskamp，〈框架自然——從清宮中的三件珊瑚藝術品論起〉，《故宮文物月刊》，期399（2016年6月），頁108-117。

351 張淑芝著，〈清宮朝珠與滿族東珠〉，《滿族研究》，1995年2期，頁39-42。

入《大清會典》。而朝珠與數珠所不同者，朝珠上另增加三串「紀念」。清宮朝珠多選用名貴珠石製作而成，體現出皇家的富貴和奢華。同時，它還含有深刻寓意。如選用與天色相同的青金石，象徵天；選用與土色相同的蜜蠟，象徵地；選用與日色相同的紅珊瑚，象徵日；選用與月色相同的綠松石，象徵月。如此，天地日月的四色齊備，充分體現出皇家天人合一之最高境界，這些無不彰顯其主人尊貴顯赫的身分，以及至高無上的地位。[352] 珊瑚用於佛教器物的研究較少，羅文華《龍袍與袈裟：清宮藏傳佛教文化考察》一書，曾討論乾隆九年（1744），巴勒布六位工匠成做佛像鑲嵌寶石，並將技術傳遞給宮廷的工匠等。[353] 其實，佛教文物用珊瑚的例子相當多，譬如粵海關也承擔製作珊瑚數珠或珊瑚樹的活計。

二、異國奇珍：珊瑚的來源

珊瑚生長在熱帶海洋中，為腸腔動物珊瑚蟲分泌的石灰質堆積而成，主要成分是高鎂碳酸鈣，經多年演化成堅硬密實，外形成樹枝狀。顏色有白、粉紅、深紅、橙、金黃、黑等多種。最昂貴的是黑色珊瑚，其次為紅珊瑚。紅珊瑚生長在海底 200 至 2000 公尺的深海中，紅珊瑚蟲需生長十至十二年才能繁殖後代，珊瑚蟲群體每年生長不超過 1 公分，成活七年以上的群體，其主幹也不足 1 公分。[354] 在清朝宮廷王公貴族中普遍使用，珊瑚的來源以目前所見的資料大概有四大類：

（一）東印度公司

Gedalia Yogev 研究指出十八世紀地中海西部的紅珊瑚產地，最初由英國東

---

352 李芝安著，〈清代朝珠述論〉，《中國國家博物館館刊》，2013年6期，頁102-110。

353 羅文華著，《龍袍與袈裟：清宮藏傳佛教文化考察》，下冊，頁588-597。

354 魏巧坤、丘志力著，〈紅珊瑚的歷史、文化與現代時尚〉，《珠寶科技》，2004年3期，頁57-60。

印度公司販賣，因成效不佳，改為猶太人銷售。猶太人將紅珊瑚賣到印度，並從印度進口鑽石獲取巨利。紅珊瑚的集散與加工地點原在法國馬賽，後來移到義大利利佛諾（Livorno），由此輸往倫敦再運到印度。印度人喜歡身上配戴著紅珊瑚珠，西印度地區的人甚至火葬時也會用紅珊瑚。[355] 印度紅珊瑚分別由海路和陸路運到中國。

衛三畏（S. Wells Williams）的《中國商業指南》（*The Chinese Commercial Guide*）一書提到各式各樣的珊瑚（Coral）產於菲律賓的薩馬島和米沙鄢、蘇門答臘西岸、新加坡、印度等地。紅色的珊瑚依照其密度、顏色、大小決定價值，好的紅珊瑚可加工做為官員的鈕扣或珠子，差一點的做耳環、指環或其他裝飾品。做官員鈕扣的紅珊瑚一擔約 1,500-3,000 美元，108 顆珊瑚數珠要價 800-1,000 美元，顏色好的珊瑚大珠每顆 100 元。印度洋不常發現紅珊瑚，英國主要從地中海進口。[356]

《東印度公司對華貿易編年史（1635-1834）》記載，十八世紀期間，公司對那些占噸位小的貨品，有儘量限制作私人貿易的趨勢。如對外貿易的白銀、珊瑚和琥珀，限制從中國將黃金和麝香運往印度，及將鑽石從印度運回英倫作回程投資。[357]1715 年（1716 年）1 月 6 日，董事部訓令重申限制私人貿易命令，除了運貨回馬德拉斯的「瑪律巴勒號」船上管理會四人之外，准予「分別帶出價值 330 鎊的珊瑚，只能投資購入適合聖喬治要塞的貨品」。[358]

粵海關監督李質穎提到：「珍奇物品，如珍珠、珊瑚、寶石、琥珀等物，皆屬御用物品，鋪戶不得擅自買賣。……鋪戶人等因知其為皇上所需，是以施

355 Gedalia Yogev, *Diamonds and coral: Anglo-Dutch Jews and Eighteenth-Century Trade* (New York: Leicester University Press, 1978).

356 S. Wells Williams, *The Chinese Commercial Guide, Containing Treaties, Tariffs, Regulations, Tables, Etc., Useful in the Trade to China & Eastern Asia: with an Appendix of Sailing Directions for those Seas and Coasts* (Taipei: Ch'eng-Wen Publishing, 1966), p. 87.

357 〔美〕馬士著，中國海關史研究中心、區宗華譯，《東印度公司對華貿易編年史（1635-1834）》，卷1，頁71。

358 〔美〕馬士著，中國海關史研究中心、區宗華譯，《東印度公司對華貿易編年史（1635-1834）》，卷1，頁152。

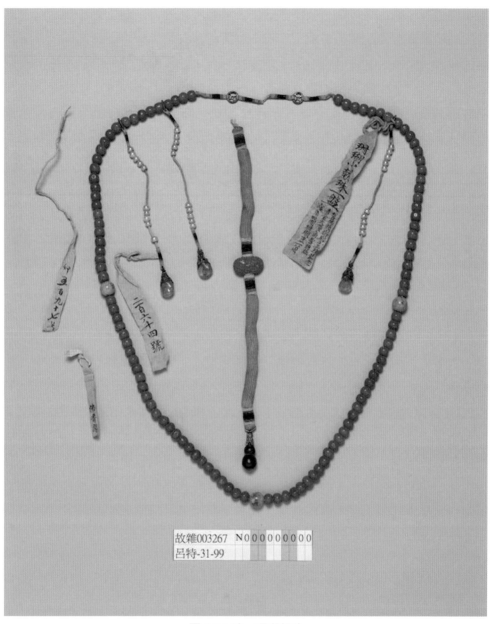

圖 4-2：清・珊瑚朝珠

資料來源：文物統一編號：故 - 雜 -003267-N，〈清・珊瑚朝珠〉，國立故宮博物院
藏。圖版取自《器物典藏資料檢索系統》：https://digitalarchive.npm.gov.tw/Antique/
Content?uid=2648&Dept=U（檢索日期：2022 年 4 月 11 日）。

行種種詭計，如抬高貨價，或將其藏匿，或教唆歐洲人走漏上岸等情。以致本衙門屆時無法搜購此類珍奇物品進貢朝廷。故本監督決計將此等惡行革除。各店鋪只能收購個人之普通貨物，此項貨物細目，已經列入契約內。凡持有准許對外交易執照之店鋪，應知遵守規章。凡珍奇物品，只許保商出價收購。本告示實貼各公共處所，有關人等不得諉為不知。仰一體遵照，如有故違，嚴懲不貸。」珊瑚的價格是按照品質計價，《東印度公司對華貿易編年史（1635-1834）》載，珊瑚珠每擔 8.38 兩，珊瑚小塊 1.76 兩。[359] 這些以擔或塊為單位應該是便宜的珊瑚，宮廷所需的珊瑚是昂貴的紅珊瑚，甚至是櫻桃色的。粵海關在稅收盈餘中支銷備貢銀，始於乾隆三年（1738），每年約計開銷銀 55,000 兩。[360] 至乾隆七年（1742），皇帝朱批：「4、5 萬兩為數已多，此後以 3 萬兩為率。貢物但須用之以實，不必過此而求奇巧。」因此粵海關監督每年辦理貢品限於 30,000 兩以內，若採辦剩餘之節省銀亦解交內務府造辦處等單位。另外的 25,000 兩稱為「裁存銀」，亦解交內務府。[361]

因粵海關承擔辦貢的功能，造辦處所需的珊瑚行文粵海關領取。如乾隆十年（1745），司庫白世秀來說太監胡世傑傳旨：「將做嘛呢數珠的珊瑚珠，著向粵海要上好櫻桃紅珊瑚珠一盤，在京內成做喇嘛字。」粵海關送到櫻桃紅數珠後，奉旨：「著按雍和宮主佛尺寸，用蜜蠟佛頭，配合莊嚴，成做數珠一盤。」於乾隆十二年（1747）十二月二十五日玉匠蘇文學將珊瑚數珠一盤，配得蜜蠟佛頭、青玻璃塔、藍玻璃背雲、紅玻璃墜角持進，交太監胡世傑呈進。[362] 乾隆十三年（1748）三月二十二日七品首領薩木哈來說太監胡世傑傳旨，「向粵海關要上好櫻桃紅珊瑚嗎呢數珠一般，比先傳做的還要好些」。[363]

---

359 〔美〕馬士著，中國海關史研究中心、區宗華譯，《東印度公司對華貿易編年史（1635-1834）》，卷5，頁456、533、537、538。

360 戴和著，〈清代粵海關稅收述論〉，《中國社會經濟史研究》，1988年1期，頁61-68、27。

361 賴惠敏著，《乾隆皇帝的荷包》，頁124。

362 《清宮內務府造辦處檔案總匯》，冊13，乾隆十年三月十二日〈粵海關〉，頁722。乾隆十年十一月三十日太監胡世傑傳旨，「著交粵海關用好櫻桃紅珊瑚，成做六字真言數珠一盤。」《清宮內務府造辦處檔案總匯》，冊13，乾隆十年十一月三十日〈粵海關〉，頁724。

363 《清宮內務府造辦處檔案總匯》，冊16，乾隆十三年三月二十二日〈粵海關〉，頁166。

（二）西藏

前述印度紅珊瑚由陸路運到中國，係透過巴勒布（今尼泊爾）和西藏的貿易而來。乾隆四年（1739）駐藏侍郎杭奕祿奏，西藏西南三千里外，巴勒布部有三汗：一名庫庫木（或稱庫科目）；一名顏布（或稱陽布，今加德滿都）；一名葉楞（或稱易隆），雍正十二年（1734）曾遣使恭請聖安。[364]巴勒布部落的三個「汗」充其量不過是小頭目而已。乾隆五十四年（1789）巴忠奏摺提到巴勒布大小部落三十處，戶口二十二萬七百有零。向來崇信紅教，惟有陽布、庫科目、易隆三處信奉黃教。科爾喀（廓爾喀）原係小部落，侵占陽布三處地方，勢力擴張後又占取二十七處。科爾喀「素無鹽茶並無銀兩、馬匹，所產惟米豆、牛羊、布帛、鋼鐵、珊瑚、瑪瑙、孔雀，其有象者即稱富戶。西藏素產鹽觔，及內地販運銀茶，實為科爾喀必須之物。向來藏屬夷民往來駝運，彼此通商相安已久」。[365]因西藏第巴等通同作弊，倍收稅課，複將鹽內攙和砂土，以致科爾喀侵犯邊界。巴勒布向來有千百人在西藏傭工買賣，而西藏人也在巴勒布販運糧食布疋，西藏與巴勒布的貿易頻繁。[366]周藹聯《西藏紀遊》載：「西藏貿易不設市肆，隨地攤賣。凡食物及珊瑚、珠玉諸物皆然。蓋廓爾喀與紅毛國相近，海物往往航海而至，轉入西藏，如珍珠、珊瑚之屬，皆從彼中來。」[367]

根據陳志剛研究雙方的三個邊境地點：聶拉木、濟嚨、絨峽。乾隆五十六年（1791），《欽定藏內善後章程》規定：巴勒布商人每年只准來藏貿易三次，商人到拉薩後需透過商頭呈明駐藏大臣，發給印照。在江孜、定日兩處接受官

---

364 〔清〕慶桂等奉敕修，《大清高宗純皇帝實錄》，卷91，頁405-1～405-2。近年三汗彼此交惡，數尋戰攻。臣遣貝勒頗羅鼐，宣諭皇上好生之德，中外一視，各宜息兵和好。三汗歡欣聽命，以三部落戶口數目呈報，並各進方物。

365 國立故宮博物院藏，《宮中檔乾隆朝奏摺》，檔案編號403058034，乾隆五十四年八月初十日。

366 國立故宮博物院藏，《宮中檔乾隆朝奏摺》，檔案編號403057224，乾隆五十四年五月二十六日；檔案編號403057863，乾隆五十四年七月十六日。乾隆五十四年巴勒布的貢品十一種：珊瑚、蜜蠟、金絲紗緞、千里鏡、洋鎗、洋刀，並香料藥材等物。

367 〔清〕周藹聯著，《西藏紀遊》（北京：全國圖書館文獻縮微複製中心，1991），卷2，頁20、28。

兵檢查。[368] 由檔案可知，西藏的珊瑚來自邊境廓爾喀國的巴勒布地區。

印度和西藏把紅珊瑚視為如來佛的化身，多用紅珊瑚做佛珠或裝飾佛像，西藏高僧多持紅珊瑚的念珠。西藏喇嘛和王公進貢宮廷的物品清單中，有七珍、八寶、八吉祥。[369] 除七珍、八寶外，珊瑚亦為重要的貢品之一。如乾隆九年（1744）的珊瑚貢單如表 4-1。

乾隆九年（1744）進貢珊瑚數料串成珠子由 101、108、132、137、144、150 顆不等裝成一盤，重量不等，按照珊瑚優劣每串賞銀 1.5 至 3.5 兩不等，大約每 1 兩珊瑚折銀 2 兩，但後來西藏進貢的珊瑚數珠料，以「分」為單位，每分折價銀 20 兩左右。

從《內務府題本》整理西藏貢單，自乾隆九年（1744）至光緒十七年（1891），共有 37 筆進貢的珊瑚資料，如表 4-2 所示：

根據莊吉發研究，乾隆五十七年（1792），清朝彌平第二次廓爾喀戰爭，廓爾喀進貢樂工、馴象、番馬、孔雀、甲噶爾所製番轎、珠佩珊瑚串、金、銀、絲緞、金花緞、氆、呢、象牙、犀角、孔雀尾、鎗刀、藥材等二十九種，隨表進呈。[370] 國立故宮博物院典藏的珊瑚檔案有嘉慶年間廓爾喀額爾德尼王進貢，如金絲緞 1 疋、珊瑚珠 1 串、卡契緞 2 疋、呢片 5 板。[371]（參見圖 4-3）其他檔案為賞賜功臣的珊瑚豆荷包等。嘉慶二十一年（1816），賞賚蟒袍 1 件、海龍馬褂 1 件、朝珠 1 盤、荷包 8 對、黃緞 2 疋、紅緞 2 疋、錦緞 2 疋、閃緞 2 疋，俱已領收。[372]

---

368 陳志剛著，〈清代西藏與南亞貿易及其影響〉，《四川大學學報（哲學社會科學版）》，2012年2期，頁21-27；關於廓爾喀戰爭，參見戴逸著，〈一場未經交鋒的戰爭——乾隆朝第一次廓爾喀之役〉，《清史研究》，1994年3期，頁1-10。

369 「七珍」指象寶、兵寶、女寶、輪寶、男寶、摩尼、馬寶。「八寶」指法輪、法螺、寶傘、白蓋、蓮花、寶瓶、金魚、盤長結。

370 莊吉發著，《清高宗十全武功研究》（臺北：國立故宮博物院，1982），頁469。

371 國立故宮博物院藏，《軍機處檔摺件》，檔案編號035517，嘉慶朝。

372 國立故宮博物院藏，《軍機處檔摺件》，檔案編號035520，無日期。

		重量	折銀（兩）	共銀（兩）
達賴喇嘛進	一百八珠珊瑚數珠料一盤（兩）	9.5	3	28.5
郡王頗羅奈進	一百三珠珊瑚數珠料一盤（兩）	12	3.5	42
郡王頗羅奈進	一百一珠珊瑚數珠料一盤（兩）	10	3	30
郡王頗羅奈進	一百二十一珠珊瑚數珠料一盤	10	2.5	25
郡王頗羅奈進	一百二珠珊瑚數珠料一盤	12	3.5	42
公索諾木達爾箚進	一百八珠珊瑚數珠料一盤（兩）	9.2	2.5	23
公班迪達進	一百四十四珠珊瑚數珠料一盤（兩）	5	1.5	7.5
公珠爾瑪特冊蔔登進	一百一珠珊瑚數珠料一盤（兩）	10	3	30
箚薩克台吉珠爾米特納木箚爾進	一百三十二珠珊瑚數珠料一盤（兩）	6.5	2	13
箚薩克台吉齊旺多爾濟進	一百三十七珠珊瑚數珠料一盤（兩）	5	1.5	7.5
布魯克巴額爾得尼第巴阿旺箚木產進	一百八珠珊瑚數珠料一盤（兩）	5.5	2	11
格隆塞禹特色蔔騰、冊淩旺箚爾、迪巴布隆燦三人進	一百五十珠珊瑚數珠料一盤（兩）	7	2	14

表 4-1：乾隆九年（1744）西藏喇嘛和王公進貢珊瑚數量
資料來源：《內務府題本》。

年代	重量（兩）	平均單價銀（兩）	共銀兩（兩）	備注
1744	102.2	2.69	275.25	珊瑚數珠料一盤
1757	19	3.67	44	珊瑚數珠料一盤
1780	11	—	133	珊瑚數珠料，每分 10 兩至 16 兩不等
1821	21	2	42	
1826	124.2	2	248.2	
1828	107	2	214	
1829	16.5	2	33	
1830	111.3	2	222.6	
1831	19.7	2	39.4	
1832	117	2	234	
1833	116.3	2	232.6	
1837	17	2	34	
1838	99.2	2	198.4	
1839	19.5	2	39	
1840	117.1	2	234.2	
1842	17	2	34	
1845	192.2	2	384.4	
1848	35.4	2	70.8	
1851	81.8	2	163.6	
1853	102.8	2	205.6	
1855	24.4	2	48.8	
1856	67.1	2	134.2	
1858	109.7	2	219.4	
1860	20	2	40	
1861	25.7	2	51.4	
1862	48.8	2	97.6	
1866	6	—	112.3	珊瑚數珠料，每分 10.3 兩至 22 兩不等
1870	8.32	2	16.64	
1872	1	20	20	珊瑚數珠料，每分 20 兩
1874	3	20	60	珊瑚數珠料，每分 20 兩

年代	重量（兩）	平均單價銀（兩）	共銀兩（兩）	備注
1875	18	20	360	珊瑚數珠料，每分 20 兩
1876	18	20	360	珊瑚數珠料，每分 20 兩
1880	5	—	50.3	珊瑚數珠料，每分 10.3 兩至 20 兩不等
1881	18	20	360	珊瑚數珠料，每分 20 兩
1883	11	20	220	珊瑚數珠料，每分 20 兩
1888	4	20	80	珊瑚數珠料，每分 20 兩
1891	18	20	360	珊瑚數珠料，每分 20 兩
總計			5672.69	

表 4-2：西藏進貢珊瑚數量

資料來源：《內務府題本》。

（三）俄羅斯

俄羅斯進口的珊瑚分成兩處來源，一者是恰克圖；另一者是由哈薩克轉運至新疆。首先討論恰克圖的珊瑚貿易。俄人阿·科爾薩克於 1857 年出版《俄中商貿關係史述》一書記載，1824-1830 年間在恰克圖的貿易商品有珊瑚飾品、珊瑚項鍊、寶石等。珊瑚石和珊瑚珠子是從義大利利佛諾（Livorno）訂購，經過奧德薩和布洛德運到了下諾夫哥羅德集市和莫斯科。它們主要分成兩類：一是價格比較貴的科波列斯托；二是價格較便宜的格洛澤察。在下諾夫哥羅德集市上它們每磅（450 公克）能賣到 12、30、50 甚至 120 銀盧布，好的珊瑚石和珊瑚珠子顏色應該不是太過於紅或黃，而珠子要大而勻稱。中國官員常把它們放在戴的帽子上來代替瓔珞。珠子的外型越小且重量越輕，也就越便宜。[373]從 1827 至 1830 三個年度，各為 7,349,184 盧布、7,803,553 盧布、6,398,597盧布，每年貿易總值約 700 餘萬盧布，珊瑚從每年總值 4 萬多盧布增加至 16萬甚至 20 萬盧布，在貿易中的比例大約 1-2%。1841 至 1854 年間每年總值反而降到 10 萬盧布以下，珊瑚石和珊瑚珠子原先列為雜項，後來改列為輕工業

---

373 〔俄〕阿·科爾薩克著，米鎮波譯，《俄中商貿關係史述》，頁91、128-129、159。

生產的商品或原料。[374]

　　過去筆者討論葉爾羌辦事大臣高樸貪瀆案，發現高樸被抄家時存有珊瑚手串一掛、珊瑚帽頂等。高樸向商伯克伊比雅裡木要求給金子珠子、珊瑚、玉器、裘皮等物件，共拖欠價值普兒5,326滕格。通事果普爾送過高樸小珊瑚珠子一串。高樸向商人趙鈞瑞要珊瑚朝珠一串，趙鈞瑞沒送，給了6個元寶。高樸又向趙鈞瑞要珊瑚頂子、大玉碗，趙鈞瑞沒給，只送了碎拼的珊瑚頂子等。還有葉爾羌附近大小村落的眾伯克們也送高樸玉碟、玉碗、玉劍、珊瑚、寶石等物。[375]新疆不產珊瑚，應是由哈薩克轉賣俄羅斯的珊瑚至新疆等地。

　　潘志平、王熹根據清代滿文檔案記載，討論喀什噶爾、葉爾羌市場上的貨物有牲畜、布疋及小商品類，如碎小珊瑚等。瓦森（W. H. Wathen.）報導：「浩罕商人和布拉哈商人一起組成商隊，從塔什干出發，經土耳其斯坦市，前去鄂木斯克、奧倫堡，把中國商品生絲……等帶到俄羅斯地區；回來時攜帶毛皮……和俄羅斯的手工業品。」[376]據厲聲的研究，乾隆二十二年（1757）清軍在平定阿睦爾撒納之後進入中玉茲，阿布賚汗上表臣服清朝。次年，在額林哈畢爾噶（今烏蘇縣、瑪納斯縣以南）和烏魯木齊等處貿易。哈薩克西部與北部和俄國接壤，俄國在與哈薩克交易地奧爾河口建立奧倫堡城，很快成為俄國與哈薩克通商貿易的主要集市。清朝在中亞的藩屬布魯特部商人及中亞浩罕等國商人與哈薩克商人一起從事著俄國與中國西部之間的仲介貿易。[377]

（四）其他

　　珊瑚由鹽商或官員進貢的數量也不少。總商洪充實自乾隆二十四年

374　〔俄〕阿・科爾薩克著，米鎮波譯，《俄中商貿關係史述》，頁91、128-129、159。

375　賴惠敏著，〈從高樸案看乾隆朝的內務府與商人〉，《新史學》，卷13期1（2002年3月），頁71-134。

376　〔日〕佐口透著，凌頌純譯，《18-19世紀新疆社會史研究》，頁440；潘志平、王熹著，〈清前期喀什噶爾及葉爾羌的對外貿易〉，《歷史檔案》，1992年2期，頁82-91。

377　厲聲著，《新疆對蘇（俄）貿易史》，頁30-34；厲聲著，《哈薩克斯坦及其與中國新疆的關係（15世紀-20世紀中期）》，頁154-166。

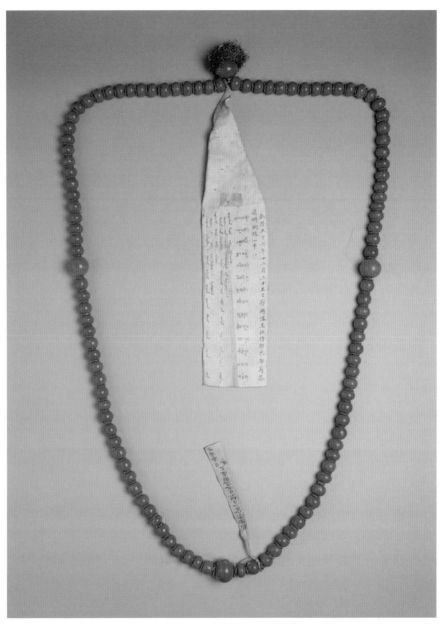

圖 4-3：珊瑚數珠，清乾隆五十六年十二月二十五日廓爾喀王進

資料來源：文物統一編號：故 - 雜 -001008-N，〈清‧十八世紀珊瑚數珠（附羊皮籤），乾
隆五十七年廓爾喀進〉，國立故宮博物院藏。圖版取自《器物典藏資料檢索系統》：https://
digitalarchive.npm.gov.tw/Antique/Content?uid=2648&Dept=U（檢索日期：2022 年 4 月 11 日）。

（1759）至二十六年（1761）採辦物件珊瑚樹 2 盒，銀 690 兩。[378] 乾隆四十一年（1776），總管內務府謹奏經刑部奏准俘酋索諾木兄弟四人隨帶金銀、珊瑚、素珠衣物等件，交與內務府分別呈覽變價。俘酋索諾木等金銀物件內，除銀 757.2 兩交廣儲司銀庫外，揀選得應留備賞者五十項，擬交崇文門變價者一百項，一併謹繕清單恭呈御覽謹此奏聞等因。堪留備賞什物清單，金條、金片、金鐲、金末共重 49.8 兩、大珊瑚珠 2 盤。[379]

三、成做珊瑚器物

本節討論內務府的工匠成做器物，亦有外雇工匠。此外，內務府檔案記載買賣人辦買珊瑚背雲、墜角。當鋪還有一套辨別珊瑚真假的辦法。宮廷所需的珊瑚珠或珊瑚樹發往粵海關稅關監督成做。

（一）內務府的工匠與外雇工匠

清宮的各種金銀珠寶，金、銀、珊瑚、松石屬於廣儲司銀庫庋藏。成做器物的單位為造辦處銀作，此專司成造金銀首飾、器皿、裝修數珠、小刀等事。職官設八品司匠 2 員，領催 5 名。匠役有玉匠 21 名、數珠匠 5 名等，本項匠役不敷應用乃添外雇民匠。[380] 金作後來改為金玉作，內務數珠匠不敷應用則添外雇工匠。

內務府三旗人丁戶口冊中，記載管領下人丁有許多當工匠，即為食口糧人丁，其他外聘的工匠稱為外雇民匠。《乾隆朝內務府奏銷檔》之《發給各行匠役工價製錢單》記錄外雇各行匠役的開銷，珊瑚飾品也有外雇工匠參與。如乾隆七年（1742），銀庫郎中阿克棟阿等據掌儀司郎中四十八等文開，賠給淳郡王之妹多羅格格裝飾，珊瑚數珠 1 盤、琥珀數珠 2 盤、做朝帽項圈金箍、朝衣

---

378 中國第一歷史檔案館藏，《軍機處漢文錄副奏摺》，檔案編號03-1102-015。

379 《乾隆朝內務府奏銷檔》，冊340，乾隆四十一年五月初十日，頁99。

380 〔清〕佚名輯，《總管內務府現行條例（廣儲司）》，卷1，頁12。

上珊瑚墜角 19 個。給貝勒僧袞箚樸之子額駙胡圖靈阿做朝帶 1 分、上玉鈿 4 塊朝衣，並荷包上珊瑚墜角 16 個、裝飾菩提數珠 1 盤。除食糧玉匠做過 32 工外，需用外雇玉匠做長工 54.5 工，每工錢 154 文，領去大製錢 8,393 文。[381]

（二）北京的商鋪

北京為百貨雲集之地，在崇文門外、前門外珠寶市集開設首飾業經營金銀首飾。廊房二條開設玉器鋪，經營珠玉、翠鑽、珊瑚之屬，其中蒙藏莊經營瑪瑙、珊瑚等，鋪號有恆盛興、全興盛等字型大小。[382] 清宮所需的珊瑚串亦有從商鋪購得，乾隆七年（1742），買辦得青金石每兩 6 換、孔雀石每斤價銀 3 兩 5 錢、珊瑚大頂子一件價銀 19 兩。[383] 乾隆十年（1745），太監胡世傑傳旨：「著海望將年例進太后扣珠珊瑚珠，是買辦或係庫貯查明具奏。」司庫白世秀將查得乾隆八年皇太后萬壽，進大小扣珠 600 串重 10 兩，每兩 8 換，計銀 80 兩。庫貯大小珊瑚碎珊瑚 600 串，重 17 兩。乾隆九年皇太后萬壽進大小扣珠 600 串重 10 兩，每兩 8 換，計銀 80 兩。庫貯大小碎珊瑚 600 串，重 24 兩。[384] 由此可知，崇慶皇太后生日進珊瑚有買辦或庫貯，辦買珊瑚 1 兩價銀 8 兩。乾隆元年（1736）《九卿議定物料價值》載：「頭等赤金每兩銀 9.15 兩，今核定銀 10 兩。二等赤金每兩銀 8.85 兩，今核定銀 9 兩。」[385] 照工部核定的價格頭等赤金每兩銀 10 兩、二等赤金每兩銀 9 兩。而圓明園、萬壽山、內庭例葉子金每兩價銀 13 兩。[386]1 兩珊瑚銀 8 兩，只比黃金便宜一點，可見當時珊瑚屬於貴重的物品。

內務府官員每月奏銷辦買宮中所需物品，乾隆早期未列珊瑚項目，乾隆

381 《乾隆朝內務府奏銷檔》，冊208，乾隆七年五月，頁17-48。

382 孫健主編，《北京經濟史資料：近代北京商業部分》，頁237。

383 《清宮內務府造辦處檔案總匯》，冊11，乾隆七年十一月二十四日〈鍍金作〉，頁86-88。

384 《清宮內務府造辦處檔案總匯》，冊13，乾隆十年四月十三日〈記事錄〉，頁540。

385 〔清〕工部編，《九卿議定物料價值》（臺北：中央研究院傅斯年圖書館藏清乾隆元年（1736）刊本），卷1，頁10-1。

386 姜亞沙等主編，《清代宮苑則例匯編》，冊5，頁138-139。

年代	買賣人辦買珊瑚等物	用銀（兩）
乾隆二十一年	銀庫、皮庫、衣庫、茶庫買賣人辦買珊瑚帽頂、驏鼠帽沿、紙箚、顏料等物	431.96
乾隆三十年	銀庫、衣庫、茶庫買賣人辦買珊瑚背雲、墜角、羊皮袍料、香供、紙張、顏料等項	369.49
乾隆三十三年	銀庫、皮庫、茶庫買賣人辦買珊瑚背雲、墜角、香供、紙張、顏料等項	191.2
乾隆四十一年	銀庫、皮庫、衣庫、茶庫，買辦催總辦買香供紙張、顏料、珊瑚背雲等項	552.71
乾隆四十三年	銀庫、皮庫、緞庫、茶庫，買辦催總辦買珊瑚、墜角、染貂皮、冠沿、冷布、香供紙張、顏料等項	583.56
乾隆四十四年	銀庫、皮庫、茶庫買辦催總辦買珊瑚背雲、墜角、染海龍皮帽沿、香供紙張、顏料等物	2,283.77
乾隆四十五年	銀庫、皮庫、衣庫、茶庫，買辦催總辦買珊瑚背雲、羊角喇嘛帽、香供紙張、顏料等項	607.2
乾隆四十六年	銀庫、皮庫、衣庫、茶庫買辦催總辦買珊瑚背雲、帽沿、羊皮袍料、香供、紙張等物	572.09
乾隆四十七年	銀庫、皮庫、衣庫、茶庫買辦催總辦買珊瑚背雲、染貂皮帽沿、羊皮袍褂料、香供、紙張料等項	399.72
乾隆四十八年	銀庫、皮庫、衣庫、茶庫買辦催長辦買珊瑚背雲、羊角、染貂皮帽、香供、紙張、顏料等項	489.21
乾隆五十年	銀庫、皮庫、衣庫、茶庫辦買珊瑚背雲、羊皮袍料、靴帽、香供、紙張、顏料等項	426.3
乾隆五十一年	銀庫、皮庫、緞庫、茶庫辦買珊瑚背雲、染貂皮帽沿、棉花、香供、紙張、顏料等物共領銀	1,509
乾隆五十四年	銀庫、皮庫、衣庫、茶庫辦買香供紙張、珊瑚背雲、白狼皮等項	1,716.18
乾隆五十六年	銀庫、衣庫、茶庫辦買香供、顏料、珊瑚背雲、墜角、荷包等物	1,432.57
乾隆五十九年	銀庫、衣庫、茶庫辦買香供、紙張、顏料、珊瑚背雲、褡褳布等物	1,717.08
乾隆六十年	銀庫、茶庫辦買香供、紙張、顏料、珊瑚背雲、墜角、玻璃帽頂等物領銀	258.32

表 4-3：買賣人辦買的珊瑚等用銀

資料來源：中國第一歷史檔案館藏，《乾隆朝內務府銀庫用項月摺檔》。

二十一年（1756）以後增加辦買珊瑚帽頂、背雲墜角等物，可見這類的物品需求變多。參見表 4-3。

　　乾隆三十年（1765）以前買賣人辦買珊瑚等物的數量較少，自三十年（1765）至六十年（1795）有十五次辦買珊瑚等，從這些資料可知道珊瑚背雲、墜角、帽頂、染貂皮帽、白狼皮、玻璃帽頂、羊皮袍料等物係來自北京的市集。《乾隆朝內務府銀庫用項月摺檔》中，總管內務府大臣金簡奏銀庫貯存珊瑚數量，乾隆四十四年總管內務府大臣金簡查，庫存珊瑚數珠料 227 盤，計 38,133 珠，重 1,609.93 兩。琥珀數珠料 65 盤，計 9,791 珠，重 1,104.2 兩呈覽。奉旨：交造辦處。四十六年，總管內務府大臣金簡遵旨將庫存珊瑚數珠料 276 串、琥珀數珠料 68 串呈覽。奉旨：將珊瑚數珠料交王成 23 串，計 3,560 珠，重 131.6 兩，琥珀數珠料交造辦處 18 串計 1,778 珠，重 82 兩。[387] 這些數字說明珊瑚應是從市面採購。

　　崇文門關稅的珊瑚課稅可與內務府辦買珊瑚相互參照，崇文門關稅的稅則中，乾隆三十六年新增珊瑚器「原無則例，擬照青金石例一觔征銀 1.2 錢」，到光緒年間變成 2.4 錢，漲了一倍。蜜蠟、瑪瑙、琥珀、鶴頂紅一斤乾隆時銀 6 分，光緒年間一斤 2.4 錢。可見珊瑚在乾隆年間屬珍貴的寶石，和青金石一樣每斤課稅銀 1.2 錢。[388]

　　北京市面上賣的珊瑚，如《中國古代當鋪鑒定秘籍》之鑒定：「珊瑚石生於海中，形似枯樹，其色紅的有種櫻桃紅為上色，棗紅為下色，名曰藏紅。為有補不齊的，名曰廣子；做的細膩子，名曰過管，是本地加一方做手。如此全美的朝珠一掛重 8 兩 5 錢，當價十，換賣價十五，換全每佛頭每個重 5 錢，每個當銀 25 兩。一說天子用做印色取其日久更紅，其色轉鮮藥中用。但其物有

---

387 《乾隆朝內務府銀庫用項月摺檔》，乾隆四十四年十二月一日起至二十九日；乾隆四十六年十二月一日起至二十九日。

388 《督理崇文門商稅鹽法・乾隆三十六年新增稅則》，收入陳湛綺編，《國家圖書館藏清代稅收稅務檔案史料彙編》，冊7，頁3022；不著編人，《崇文門商稅衙門現行稅則》（臺北：中央研究院傅斯年圖書館藏光緒三十四年（1908）刊本），頁48-49。

紋象牙，亦有紋如象牙柒的一種，甚是難辨，切宜記之。」[389] 珊瑚的顏色以櫻桃紅者為佳，棗紅或淡血紅者次之。當鋪提供辨別珊瑚真偽的辦法：「象牙染的，假沖珊瑚，用刀削即現白地。」[390]

《當譜·清抄本》提到珊瑚石，其形如小樹之熊淡紅色，通身有紋，如人之手掌。其枝粗細不等，至粗者不能經過 1 寸，至長者不能過尺餘，粗者甚少。能做出整頂帽子可為至罕矣，幾做帽頂分量七八錢至一兩重者，多有三拼兩拼之湊做。及至佛頭計念亦有拼做，惟取其色淡以褂笭霜之顏色者高。其假者以身本面子為珠，或以象牙染色沖之，當細察之。[391] 珊瑚可以做珊瑚朝珠，越重的越值錢。珊瑚子身過管子項高，每 3 兩重銀 15 兩，每 4 兩重銀 20 兩，每 5 兩重銀 30 兩，每 6 兩重銀 40 兩，每 7 兩重銀 55 兩，每 8 兩重銀 70 兩，每 9 兩重 90 兩，每 10 兩重銀 120 兩。珊瑚佛頭更貴，4 錢的銀 6 兩，6 錢的銀 12 兩，……6 兩的銀 360 兩。[392]

清人筆記對珊瑚有許多記載，如趙翼（1729-1814）《簷曝雜記》述及，廣東數珠一百八粒，或用碧霞洗，或用珊瑚及青金石、伽南香之類，價不過 3、4 千金。其旁有紀念三掛，掛各 10 顆，以珠為之，每顆重 4、5 分，欲取其形體光彩一樣相同者，須於數百顆中選配始成。大約重 4 分者，以 4、5 千金為率；重 5 分者，以 6、7 千金為率。此紀念也。紀念之末，又有小垂角（墜角），須體長而上銳下圓者。每顆重 6、7 分，則價 7、8 百金；重 8 分以上，則千金矣。三垂角又以 3 千金為率。而數珠之後，又有一絲條懸於背者，中為背雲，下為大垂角。又有佛頭 4 顆，間於百八珠之間，則以碧霞洗及珊瑚之類為之，大者亦須 2 千金。總計數珠一掛，必 3 萬餘金始完善。[393] 由此可見一串珊瑚數珠價格昂貴。

---

389 《當譜集·清乾隆二十四年抄本》，收入國家圖書館分館編，《中國古代當鋪定秘籍》，頁52-53。
390 史若民、牛白琳編，《平、祁、太經濟社會史資料與研究》，頁551。
391 《當譜·清抄本》，收入國家圖書館分館編，《中國古代當鋪鑒定秘籍》，頁314。
392 《成家寶書·清抄本》，收入國家圖書館分館編，《中國古代當鋪鑒定秘籍》，頁434-435。
393 〔清〕趙翼著，《簷曝雜記》（北京：中華書局，1982），卷4，頁61-62。

紀昀《閱微草堂筆記》云：「記余幼時，人參、珊瑚、青金石，價皆不貴，今則日昂；綠松石、碧鴉犀，價皆至貴，今則日減。珊瑚舊貴鮮紅如榴花，今則貴淡如櫻桃。蓋相去五六十年，物價不同已如此。」[394]《廣東新語》載，大抵以樹身高大，枝柯叢多，紋細縱而色殷紅，如銀朱而有光澤者為貴。色淡有髓眼者次之。[395]

（三）粵海關

乾隆十年（1745）五月初三日司庫白世秀來說：「太監胡世傑傳旨與粵海，將現做珊瑚佛，趕八月十五日以先送來。」[396]乾隆十二年（1747），司庫白世秀催總達子來說：「太監胡世傑傳旨，粵海關進的如意上穗子，著照樣再打做五十副，要五色。隨珊瑚珠送來，欽此。」於十二月十七日七品首領薩木哈將粵海關送到如意上五色穗 50 件，各隨珊瑚珠 1 件，並原樣 1 件持進交太監胡世傑呈進訖。[397]

乾隆十三年（1748），七品首領薩木哈來說：「太監胡世傑傳旨，向粵海關要上好櫻桃紅珊瑚嗎呢數珠一般，比先傳做的還要好些，欽此。」於十四年四月二十六日，司庫白世秀達子將劉山久送到珊瑚嗎呢數珠一盤持進。[398]

乾隆五十年（1785），八月二十一日接得熱河寄來信帖內開七月十五日太監常甯交：別做珊瑚珠大小五個，別粘處不嚴，係內庫現收。傳旨著交粵海關監督穆騰額將珊瑚珠別縫處收拾送來。[399]

乾隆十年（1745），「司庫白世秀將量得清淨地二層殿各龕內佛數珠尺寸

---

394 〔清〕紀昀著，《閱微草堂筆記》，28篇6冊，卷15，頁3571-3572。
395 〔清〕屈大均著，《廣東新語》（北京：中華書局，1985，據清刻本影印），卷15，〈貨語〉，頁417。
396 《清宮內務府造辦處檔案總匯》，冊13，乾隆十年五月初三日〈記事錄〉，頁547。
397 《清宮內務府造辦處檔案總匯》，冊15，乾隆十二年七月十八日〈粵海關〉，頁101。
398 《清宮內務府造辦處檔案總匯》，冊16，乾隆十三年三月二十二日〈粵海關〉，頁166。
399 《清宮內務府造辦處檔案總匯》，冊48，乾隆五十年八月二十一日〈隨圍信帖〉，頁397-398。
　　此於五十年十二月二十八日粵海關送到，收拾別縫珊瑚珠大小五個呈進，交內庫訖。

清單一件持進交太監胡世傑轉奏：奉旨著交粵海關按尺寸成造珊瑚數珠 12 盤、
綠苗石數珠 56 盤送來，欽此。」十月十五日司庫白世秀副催總達子來說：「太
監胡世傑傳旨問：粵海傳做的珊瑚蜜蠟朝帶上，著照樣各隨荷包豆 8 個送來，
其京內成做白玉朝帶上，亦要隨荷包豆 8 個，欽此。」[400] 十一月三十日司庫白
世秀、七品首領薩木哈來說：「太監胡世傑傳旨，著交粵海關用好櫻桃紅珊瑚，
成做六字真言數珠 1 盤，欽此」。[401] 乾隆十三年（1748），六月初二日司庫白
世秀來說：「太監胡世傑傳旨：著海望寄信與粵海所做金塔上珊瑚墊子，務趕
閏七月內送到，欽此。」[402]

乾隆四十二年（1777），六月初八日員外郎四德來說太監：「如意交珊瑚
芩芝如意十五柄，俱黃總內六柄單珊瑚珠隨黑漆罩蓋盒 1 件、一面玻璃錫胎盒
2 件、五面玻璃罩蓋匣 2 件、一面玻璃罩蓋匣 1 件、糊錦玻璃匣 1 件、珊瑚芩
芝如意十四柄，內十二柄、黃總二柄單珊瑚。養心殿傳旨，將如意交粵海關監
督德魁拆開，別做珊瑚樹，或 1 支或 1 對，欽此。於本月將珊瑚如意二十九柄
上拆下線總 27 付隨珊瑚珠 8 個呈覽，奉旨珊瑚珠交王成，線總做材料用，欽此。
於初九日將珊瑚珠 8 個交總管，王成訖。於四十三年五月二十五日將粵海關送
到珊瑚樹 1 對呈進訖。」[403]

（四）西藏的工匠

羅文華曾討論乾隆九年（1744）巴勒布六位工匠進京，他們是鑄銅佛像工
匠和玉匠等。他注意尼泊爾使用銅片鏨打成型造像技術，降低造像成本，工匠
將此技術帶到北京，影響到清宮造像技術。[404] 本文較著重巴勒布工匠在成做寶
石的技術。乾隆九年，內大臣海望：「隨問伊等蒙古話、漢話俱各不會，因傳

---

400 《清宮內務府造辦處檔案總匯》，冊13，乾隆十年十月十五日〈粵海關〉，頁723。
401 《清宮內務府造辦處檔案總匯》，冊13，乾隆十年十一月三十日〈粵海關〉，頁724。
402 《清宮內務府造辦處檔案總匯》，冊16，乾隆十三年六月初二日〈粵海關〉，頁166。
403 《清宮內務府造辦處檔案總匯》，冊40，乾隆四十二年六月初八日〈行文〉，頁205-206。
404 羅文華著，《龍袍與袈裟：清宮藏傳佛教文化考察》，下冊，頁588-597。

張家胡土克圖之徒阿旺准丹爾格籠前來，將青金佛樣與伊等逐一看視。據嘉那嘎拉等六人稱：雕珊瑚、松石、青金等與鑄銅成做，不敢應滿會做，但有樣皆能造做。」[405]乾隆十年，七品首領薩木哈為「藏裡做金佛匠役，因玉性硬做不來。」進內交太監胡世傑轉奏：「奉旨准用琫琪做。」[406]乾隆十年，司庫白世秀「將查得藏裡佛匠現做數珠箱內，五方救度佛母未做的，係鑲嵌松石腰圓盒佛龕上松石歡門寶石唗上喇嘛字。朝帶上松石開其裡繕寫折片二件持進。」交太監張玉轉奏奉旨「將鑲嵌松石腰圓盒不必成做，著伊等趕工趕做五方救度佛母，並歡門寶石唗開其裡。伊等已到京這幾年，俟此項活計成做完時，令伊等家去。欽此。」[407]在寶石上唗上喇嘛字，即寶石上刻字，前述粵海關用好櫻桃紅珊瑚，成做六字真言數珠，或許得自巴勒布匠人的技術。

具體用珠寶裝飾佛像的例子是乾隆十年（1745）正月十三日太監張玉傳旨：「藏裡中殿現供羅哈西裡佛一尊，著問藏裡造佛匠役知道不知道，做的來做不來。如知道，做的來，速將實在佛像畫一樣呈覽。欽此。」於本月十六日司庫白世秀將畫得藏裡中殿佛樣一張持進，交太監胡世傑呈覽。奉旨：「著先撥蠟，撥完蠟做金的。欽此。」於正月三十日司庫白世秀、副催總達子將撥得羅雜湊裡佛蠟樣一張持進，奉旨：「將佛項圈用珊瑚瓖做，數珠用珠子穿做，座子束腰用珊瑚瓖做，八達馬上用珠子瓖嵌，肩上羊皮做銀的。其披羚羊的意思與兩條腿長、兩條腿短，著問張家胡土克圖是何道理，其餘瓖嵌著用珊瑚、青金、松石做。先領金成造，後染色呈覽。欽此。」

乾隆皇帝還派人到西藏學畫樣。乾隆十三年（1748）四月初五日，內大臣傅恆傳旨：「著造辦處派畫樣人，往藏裡去畫樣子。欽此。」[408]西藏的工匠也提供粘藥的配方。乾隆三十九年（1774）三月二十日奉額駙福交藏裡送到粘鑲嵌用粘藥四塊，每塊重十二兩，隨制方並用方摺片一件持進，交太監胡世傑呈覽。粘藥制方計開：芸香 4 斤、清油 1.5 斤、冰糖 4 兩、銀硃 5 兩，共合一處

---

405 《清宮內務府造辦處檔案總匯》，冊12，乾隆九年八月三十日〈記事錄〉，頁303-304。
406 《清宮內務府造辦處檔案總匯》，冊14，乾隆十年正月初六日〈雜活作〉，頁65。
407 《清宮內務府造辦處檔案總匯》，冊13，乾隆十年十二月初一日〈記事錄〉，頁576。
408 《清宮內務府造辦處檔案總匯》，冊16，乾隆十三年四月初五日〈記事錄〉，頁205。

熬成膏收貯備用。用時量其所用，將藥盛入小銅鐘內鎔化，俟化開點於嵌松石處，再用微火將點上之藥烤熱，即將松石安上。此即西藏匠工用法。[409]

四、珊瑚的用途

劉潞提到禮器圖譜完成於乾隆二十四年（1759），由莊親王允祿領銜繪製。乾隆三十一年（1766），由武英殿修書處刻板印刷《皇朝禮器圖式》，三十八年（1773）收入《四庫全書》史部。[410]《皇朝禮器圖式》規範皇親王公貴族的服飾，與珊瑚有關的服飾及配飾相當多。皇帝朝珠、朝帶上有用東珠一百有八、佛頭、紀念、背雲、大小墜珍寶雜飾，各惟其宜大典禮御之。惟祀天以青金石為飾；祀地珠用蜜珀；朝日用珊瑚；夕月用綠松石。吉服朝珠珍寶隨所禦絛皆明黃色。皇太后皇后領約，鏤金為之飾東珠十一，間以珊瑚。（參見圖4-4）兩端垂明黃絛二，中各貫珊瑚，末綴綠松石各二。朝服禦朝珠三盤東珠一、珊瑚二。皇貴妃金約鏤金雲十二，飾東珠各一，間以珊瑚紅片。金裡後係金銜綠松石結貫珠下垂三行三，就共珍珠二百有四。中間金銜青金石結二，每具飾東珠珍珠各六，末綴珊瑚。貴妃皇太子妃皆同。鎮國公冬吉服冠，入八分公頂用紅寶石，未入八分公用珊瑚，俱戴雙眼孔雀翎。輔國公同。和碩額駙冬吉服冠頂用珊瑚，戴雙眼孔雀翎。[411]（參見圖4-5）

（一）賞賜

1、崇慶皇太后萬壽節賞賜珊瑚

崇慶皇太后萬壽節，每年照例進皇太后大量的金銀珠寶。根據《乾隆朝

409 《清宮內務府造辦處檔案總匯》，冊36，乾隆三十八年十二月初三日〈記事錄〉，頁645。

410 劉潞著，〈一部規範清代社會成員行為的圖譜——有關《皇朝禮器圖式》的幾個問題〉，《故宮博物院院刊》，2004年4期，頁130-144、160-161。

411 〔清〕允祿等纂，牧東點校，《皇朝禮器圖式》，卷4，頁107、118；卷5，頁156；卷6，頁247、256、266、290、305；卷7，頁331。

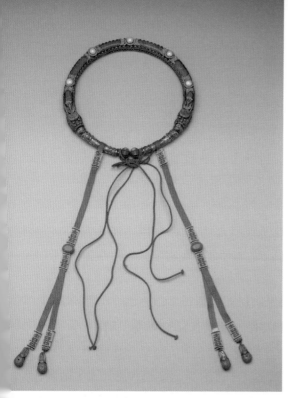

圖 4-4：清・金點翠嵌珊瑚米珠領約
資料來源：文物統一編號：故 - 雜 -006724-N，〈清・金點翠嵌珊瑚米珠領約〉，國立故宮博物院藏。圖版取自《器物典藏資料檢索系統》：https://digitalarchive.npm.gov.tw/Antique/Content?uid=2648&Dept=U（檢索日期：2022 年 4 月 11 日）。

圖 4-5：珊瑚帽頂
資料來源：文物統一編號：故 - 雜 -004575-N，〈清・珊瑚帽頂〉，國立故宮博物院藏。圖版取自《器物典藏資料檢索系統》：https://digitalarchive.npm.gov.tw/Antique/Content?uid=2648&Dept=U（檢索日期：2022 年 4 月 11 日）。

內務府銀庫用項月摺檔》記載，宮分頭等赤金 20 兩、銀 1 萬餘兩、二號銀鈕 200 個、三號銀鈕 200 個用銀 11 兩。[412] 又大珍珠 300 串、小珍珠 300 串、大號珊瑚珠 300 串、小號珊瑚珠 300 串。[413]

庫貯的珊瑚是從舊有的物品拆下，如「乾隆十年（1745）七月初一日司庫白世秀將繡球吊掛上拆下珠子重 31 兩 6 錢、繡球吊掛上拆下珠子 2,212 個重 8 兩 2 錢、旛上拆下珠子重 80 兩 2 錢、旛上拆下珠子重 12 兩 1 錢、旛上拆下珠子重 20 兩 2 錢、繡球吊掛並旛上拆下珊瑚珠重 36 兩 1 錢持進，交太監胡世傑呈覽。奉旨將珊瑚珠穿上一併珠子俱交三和進太后用，如不足再買用。欽此。」[414]

乾隆三十一年（1766）十二月內由內交出堪用頭號米珠 7 兩 9 錢、二號米珠 7 兩 1 錢、三號米珠 48 兩 1 錢 2 分、無眼色暗不堪穿用三號米珠 85 兩、扣珊瑚珠 632 兩 4 錢 4 釐，查前項堪用頭號至三號米珠 63 兩 1 錢 2 分、扣珊瑚珠 632 兩 4 錢 4 釐內，每年恭逢皇太后萬壽聖節呈進米珠 600 串，約用 8、9 兩不等，扣珊瑚珠 600 串約用 15、16 兩不等，自三十二年起至三十九年共用過扣珊瑚珠 223.9 兩，仍存扣珊瑚珠 408.5 兩，足敷應用。[415]

2、賞給戰勝之功臣

雍正七年（1733），寧遠大將軍岳鍾琪奏謝欽賜涼帽 1 頂、紗袍 2 件、紗馬掛 2 件、大衫 2 件、珊瑚帶扣 1 副、火鐮包 1 個。雍正皇帝朱批：「賜來時用微物，皆朕一一指授工匠製造，在外必需之物，卿可件件佩帶使用，不必愛惜收藏。所領賜官員，皆將此旨傳與伊等，皆吉利之物佩之、帶之，使為在朕之左右也。卿等仰仗上天慈懸佑力、功成凱旋時，朕自另賜珍奇之物，令卿傳之後世也。」[416] 按照雍正皇帝的看法，珊瑚帶扣一副、火鐮包一個都是出門在

---

412 《乾隆朝內務府銀庫用項月摺檔》，乾隆十年十月一至二十九日。
413 〔清〕內務府輯，《內務府現行則例》（臺北：故宮博物院藏抄本），〈廣儲司〉。
414 《清宮內務府造辦處檔案總匯》，冊13，乾隆十年七月初一日〈記事錄〉，頁555。
415 《乾隆朝內務府奏銷檔》，冊337，乾隆四十年十月二十日，頁58。
416 國立故宮博物院藏，《宮中檔雍正朝奏摺》，文獻編號4020000421，雍正七年七月十六日。

外必須配戴的東西，有吉利和保平安的作用。清代武備用的馬鞍、盔甲、橐鞬也往往鑲嵌珊瑚，求其戰無不克。

乾隆五十三年（1788），軍機處傳賞中堂福康安金黃帶珊瑚朝珠荷包等項，侍衛大臣海蘭察珊瑚朝珠 1 匣。[417]

3、賞賜宗教人物

清朝每年都賞給達賴喇嘛和班禪額爾德尼的禮物，珊瑚工藝品是重要一項。乾隆四十九年（1784）七月初一日奉上諭：「據章嘉呼圖克圖奏稱，伊哹誦雅滿達喀佛（yamandaka fucihi）大咒十萬次後，又集普羅苑六十餘僧侶，哹誦消弭惡事之多克錫特（doksit）咒七日。等語。章嘉呼圖克圖如此虔誠誦經，甚善。今阿桂已抵甘肅，會同福康安領兵包圍賊穴石峰堡，賊力已竭，不久即可剪除。著將此寄信章嘉呼圖克圖，使其愉悅，放心。再，賞呼圖克圖鮮荔枝二、珊瑚頭伽南香念珠一串，著一併送往。其普羅苑誦經僧侶等，著賞銀三百兩。該賞銀，寄信農起，就近動撥，送交章嘉呼圖克圖，〔轉〕（酌量）賞賫。」[418]

乾隆五十七年閏四月二十三日賞垂布藏呼圖克圖琥珀念珠一串、琥珀背雲金杵珊瑚豆各 1、松子石結子珍珠珊瑚墜腳各 2、紅瑪瑙石佛頭 4 個、紀念 7 掛、珊瑚豆 6 顆、珍珠 2 顆、松石豆 7 顆、金杵斧珊瑚青金寶石瑪瑙玉結子 10 件。賞章嘉呼圖克圖琥珀念珠 1 串、玉杵珍珠背雲各 1、珍珠 2 顆、珊瑚佛頭 4 個、綠碧霞紀念 3 掛、紅藍寶石 4 塊。[419]

乾隆十六年（1751）十二月，賞達賴喇嘛東珠朝珠 1 盤，計 108 顆內一顆光亮有丁，給那大人看過，珊瑚佛頭青金塔加間青金珠 6 個、珊瑚背雲、紀念碧牙西大小墜角 4 個。[420]

清政府賞給哲布尊丹巴胡圖克圖不是經常性的，只是偶爾賞給。乾隆

---

417 《清宮內務府造辦處檔案總匯》，冊50，乾隆五十三年三月二十一日〈記事錄〉，頁627。

418 中國第一歷史檔案館編，《乾隆朝滿文寄信檔譯編》，冊17，頁618。

419 中國第一歷史檔案館編，《乾隆朝滿文寄信檔譯編》，冊23，頁380-381。

420 《清宮內務府造辦處檔案總匯》，冊18，乾隆十六年十二月二十八日〈木作〉，頁308-309。

圖 4-6：清‧銀鍍金累絲長方盆穿珠梅花珊瑚盆景
資料來源：徐啟憲主編，《宮廷珍寶》（香港：商務印書館，2004），頁 39。

圖 4-7：清·黃銅嵌花香爐

資料來源：文物統一編號：贈銅 000032N，〈黃銅嵌花香爐〉，國立故宮博物院藏。

圖版取自《器物典藏資料檢索系統》：https://digitalarchive.npm.gov.tw/Antique/

Content?uid=2648&Dept=U（檢索日期：2022 年 4 月 11 日）。

二十一年（1756），賞哲布尊丹巴胡圖克圖妝緞 5 疋、紅緞 10 疋、蟒緞 5 疋、黃緞 10 疋、西洋琺瑯瓶 1 對、套紅玻璃瓶 1 對、呆黃玻璃碗 1 對、呆黃玻璃碟 1 對、亮藍玻璃碗 1 對、亮藍玻璃盤 1 對、碧玉鼇魚花插 1 件、白玉鳴鳳在竹花插 1 件、青玉如意 1 柄、琺瑯鼻煙壺 1 個、珊瑚數珠 1 盤、白哈達 1 個、大荷包 1 對、小荷包 4 對、迎手靠背坐褥 1 份。[421]

乾隆三十四年（1769）正月十三日，賞正一真人張存義繡法衣 1 件、玉道冠 1 個、珊瑚道冠 1 個。賞法官汪克誠玉道冠 1 個。直交張存義領去訖。[422]

（二）佛寺供奉珊瑚

1、珊瑚樹

清宮信奉藏傳佛教，於各寺廟中安置珊瑚樹。如乾隆十一年（1746）十二月初八日司庫白世秀來說，太監胡世傑交珊瑚鳳金星玻璃盆景一對，隨紫木木座楠木匣。傳旨將匣門子糊紙得時，送往雍和宮陳設。欽此。於本月二十三日，將珊瑚鳳盆景一對，隨匣糊得紙門交栢唐阿班達送赴雍和宮。[423]洪大容《湛軒燕記》提到：「雍和宮有珊瑚兩枝高數尺，晶瑩扶踈，觀者歎其珍異。守者曰：假也！就叩之果木，造而彩之也！以天下之力，極珍玩於此，乃有此假造，可見珊瑚之絕貴也。」[424]（參見圖 4-6、圖 4-7）

乾隆十四年（1749）九月二十六日司庫白世秀、達子來說，太監胡世傑傳旨：中正殿都剛內珊瑚樹 4 顆，上染五色哈達 20 個。欽此。於本月二十九日栢唐阿四格將五色哈達 20 個，持趕中正殿珊瑚樹上掛訖。[425]此外，銀庫郎中明山等呈開據中正殿來文，遵旨成造無量壽佛 1 萬尊，用寶石末 200 兩，因庫

421　《清宮內務府造辦處檔案總匯》，冊22，乾隆二十一年十二月初九日〈木作〉，頁277。

422　《清宮內務府造辦處檔案總匯》，冊33，乾隆三十四年正月十三日〈雜錄檔〉，頁163。

423　《清宮內務府造辦處檔案總匯》，冊14，乾隆十一年十二月初八日〈裱作〉，頁59。

424　〔朝鮮〕洪大容著，《湛軒燕記・湛軒燕行雜記三》，收入成均館大學校大東文化研究院編，《燕行錄選集》（首爾：成均館大學校大東文化研究院，1962），卷上，頁313-314。

425　《清宮內務府造辦處檔案總匯》，冊17，乾隆十四年九月二十六日〈皮作〉，頁169。

貯寶石末不敷應用，動用庫貯碎小珊瑚 67 兩 1 錢、松石 67 兩 9 錢、碼瑙 4 斤 6 兩。

　　乾隆三十四年（1769），慈寧宮改造重簷大殿，安置佛龕等，擺設靈芝 18 瓶值銀 31.16 兩、珊瑚樹 2 棵值銀 3.5 兩。[426] 乾隆三十五年（1770），建萬佛樓殿宇房座工程，通共用銀 289,849 兩。其中神台佛座供案珊瑚樹，工料銀 5,155.55 兩。[427]

2、《內府泥金寫本藏文龍藏經》之金歡門

　　《內府泥金寫本藏文龍藏經》又稱藏文《甘珠爾》，根據楊玉良研究寫本的藏文《甘珠爾》有三種：一為明景泰間寫本，一為清康熙八年（1669）寫本，一為乾隆三十五年（1770）寫本。乾隆時的內府泥金寫本，以康熙寫本騰錄而成，全部 108 函。乾隆三十五年（1770），乾隆皇帝為慶祝崇慶皇太后八旬萬壽，特頒禦製金書《甘珠爾》。每函都有經板、包袱、絲帶等捆紮保護（參見圖 4-8）。[428] 因為寫本《甘珠爾》用了許多金銀珠寶，在此將《清宮內務府造辦處檔案總匯》相關的檔案進行討論。

　　乾隆年間慈寧宮、中正殿念經處西配殿、東配殿各存一部《甘珠爾》，據催長四德等稱慈寧宮佛堂「現供甘珠爾經一部，隨紅漆外經板磁青紙，裡經板頭本係金台撒歡門上嵌東珠鑲嵌。餘者 107 本，係金台撒歡門上嵌飯塊正珠、松石、青金、珊瑚鑲嵌。織金五彩五色經簾。」中正殿西配殿「現供甘珠爾經一部，隨紅漆外經板磁青紙，裡經板金台撒歡門上嵌珠子、紅藍寶石、松石、青金、珊瑚子鑲嵌。五色片金經簾。」東配殿「現供甘珠爾經一部，隨紅漆外經板磁青紙，裡經板金台撒歡門。織金五彩經簾。」奉旨：「新造經一部准照西配殿現供經之尺寸成造。經序目錄，寫滿、漢、蒙古、西番四樣字，其經板歡門鑲嵌俱照慈寧宮現供之經一樣成造。」慈寧宮經上首頁係聖祖仁皇帝清字西番字序文，要改成滿、漢、蒙古、西番四樣字。

---

426 《乾隆朝內務府奏銷檔》，冊294，乾隆三十四年八月三十日，頁3-21。
427 《乾隆朝內務府奏銷檔》，冊296，乾隆三十五年四月初四日，頁282-293。
428 楊玉良著，〈乾隆內府寫本《甘珠爾經》〉，《紫禁城》，1988年4期，頁22-23。

4-8

4-9

珊琥樹金錢

4-10

圖 4-8：藏文甘朱爾經——密聚演說無二尊勝緣由本續（cha 函）
資料來源：馮明珠主編，《乾隆皇帝的文化大業》，頁 157。

圖 4-9：金鑲珊瑚松石救度佛母
資料來源：文物統一編號：故 - 雜 -001950-N，〈清‧黃度母（五方救度佛母數珠箱）〉，國
立故宮博物院藏。圖版取自《器物典藏資料檢索系統》：https://digitalarchive.npm.gov.tw/
Antique/Content?uid=2648&Dept=U（檢索日期：2022 年 4 月 11 日）。

圖 4-10：珊瑚樹金錢
資料來源：楊玉君主編，《俄羅斯典藏晚清木板年畫》（台中：豐饒文化社，2016），頁 43。

於乾隆三十三年三月十九日造辦處謹奏，查看得甘珠爾經一部計 108 套。隨派員詳細約估得，經每套高 8.9 寸、寬 23.4 寸，共計 37,170 頁。每頁心淨高 6.1 寸、寬 19.6 寸。紙上壓羊腦光墨，按造辦處做過之例，每見方一尺用墨 1.1 錢、煙子 3.6 錢。番經匠一工，每 2.6 尺用雞子一個，每 9 尺用羊腦子 1 個。每四十頁裁齊上榨搭色用書匠一工，共用 89,809 工，約用工料銀 14,448.638 兩。磁青紙畫泥金八吉祥經頁二面邊欄畫泥金番草花卉，此三項除空地畫金七成共折見方尺 20,171.7 尺，每尺照例用金 243 張，共用飛金 4,901,698 張，仍行取宮殿工程處南來飛金應用。每尺用畫匠 3.7 工，共約用畫匠 74,802 工，並買辦廣膠等約用工料銀 11,616.582 兩。[429]

經板上做金砑撒歡門 108 分，約用八成金 2,970 兩，請向廣儲司銀庫領用。每金活重一兩，用砑撒匠 3.51 工，共工 10,424.5 工。並買辦酸梅等約用工料銀 1,638.5 兩零，以上通共用工 175,035.5，計銀 26,955.4 兩零。買辦物料用銀 748.3 兩零。[430]

胡進杉研究康熙八年（1669）《內府泥金寫本藏文龍藏經》圖像述及，《龍藏經》每函上下護經板繪有佛、菩薩尊像，計上護經板 2 尊，下護經板 5 尊，每函 7 尊，全部共 756 尊。[431]

五、小結

紅珊瑚是珍貴物品，十八世紀透過朝貢或貿易，從遙遠的地中海運往北京。有趣的是西藏朝貢的每兩珊瑚估價大約銀 2 兩，北京市售的每兩珊瑚銀 8

---

429 《清宮內務府造辦處檔案總匯》，冊30，乾隆三十二年十一月二十一日〈造經處〉，頁581-591。

430 《清宮內務府造辦處檔案總匯》，冊30，乾隆三十二年十一月二十一日〈造經處〉，頁581-591。甘珠爾經一部計35,800餘頁，現裁得磁青紙經頁2,324頁，內壓得羊腦經頁180頁，畫得邊線經頁58頁，畫得番草經頁20頁，所用飛金4,901,698張。

431 〈法界聖眾‧藝海瑰寶：院藏康熙八年《內府泥金寫本藏文龍藏經》圖像介述〉，收入馮明珠、盧雪燕主編，《殊勝因緣：內府泥金寫本藏文龍藏經探索》（臺北：國立故宮博物院，2015），頁250。

兩。過去說朝貢制度是「薄來厚往」，即賞賜的物品高於朝貢的，看起來也不是那回事。就朝貢和貿易做比較，西藏進貢珊瑚有數千兩，而川藏茶葉貿易達一千萬餘斤，從西藏運往中國的珊瑚數量超過貢品數量，說明邊疆以朝貢之名，行貿易之實。

珊瑚從恰克圖和粵海關進口到中國，宮廷所需的珊瑚透過買賣人採購，宮廷流行以櫻桃紅為上色，棗紅為下色，名曰藏紅。在北京的廊房二條有特定的玉器鋪，經營珠玉、珊瑚等。宮廷喜愛珊瑚成為時尚，百官紛紛仿效。隆福寺開市之日，富貴的官員戴著珊瑚、藍玉頂者，皆乘錦帳寶車，選購寶物。[432]

珍貴的珊瑚屬於佛教的七寶，廣泛地用於皇帝和皇后們的金約、領約、朝珠上，消災祈福。北京和熱河的寺廟陳設著珊瑚樹和以珊瑚點綴的佛像（參見圖4-9），尤其製作珍貴的《內府泥金寫本藏文龍藏經》之金歡門，這些都說明清代朝貢貿易將新的物品帶到宮廷，並被充分利用。珊瑚象徵富貴，為年畫繪製的題材（參見圖4-10），這將是我未來繼續探討的課題。

---

432 〔朝鮮〕李基憲著，《燕行錄・燕行日記》，收入成均館大學校大東文化研究院編，《燕行錄選集》（首爾：成均館大學校大東文化研究院，1962），卷下，頁776。

第五章

清宮的金銀器

一、前言

中國社會向來重視階級貴賤等差，在佩飾方面金玉銀犀各朝皆禁止人民使用。唐代玉及金銀等為品官之飾，庶人只能用銅鐵。宋品官帶魚以玉金銀及犀飾之，胥吏工商庶人許以銅鐵角石黑玉為帶飾。婦女的首飾和衣服都決定於夫或子的官階，金珠翠玉一直都是命婦的專用品。[433] 筆者發現清代宮廷以金成色高低來區分貴族階級，符合身分。譬如「皇太后皇后金寶，均用三等赤金。皇貴妃金寶，用六成金。妃金印，用五成金。親王金寶用五成金，世子金寶用四成金。」[434] 至於后妃的儀仗、膳具亦皆等第有差。本文所謂金銀器係因清代的金器大都是金銀合金，按照含金的比例有各種成色金的區別。

宮廷成做皇帝的鹵簿，在《皇朝禮器圖式》鹵簿類規定皇帝的大駕鹵簿有提爐、香盒、盥盆、唾壺、水瓶、馬杌、交椅，合稱金八件。皇太后儀駕、后妃儀仗。后妃有也金八件，但皇子王公並沒有這陣仗。[435] 此外，象徵后妃身分的膳具、金冊、金寶，在《清宮內務府奏銷檔》記載相當詳細。[436] 本文則以社會流動觀點來探討后妃等級，其地位變化對應到物質上的多寡，后妃使用金子成色器物即是明顯的例子。貴人晉封嬪，嬪封妃、貴妃、皇貴妃、皇后，其金的成色逐漸提高，重量隨之增加。所以宮廷的妃子如同官僚制度之品級，往上晉升才能獲得金銀器。然而，金銀器成色亦顯現國勢興衰，盛清製作金銀器，金子成色高，到咸同光朝後國勢衰微，后妃之器皿則以鍍金居多。

郭福祥探討清代帝后印璽的製作牽涉部院極多，如內務府造辦處、禮部、

---

433 參見瞿同祖著，《中國法律與中國社會》，頁183-184。

434 〔清〕托津等奉敕纂修，《大清會典事例（嘉慶朝）》（臺北：文海出版社，1991，清嘉慶年間刻本），卷257，頁6-1。

435 〔清〕允祿等纂；牧東點校，《皇朝禮器圖式》，鹵簿類在卷10-12，頁445-602；《乘輿儀仗做法》詳細記載器物金子的成色、數量、尺寸等，參見《乘輿儀仗做法》，收入編者不詳，《清代各部院則例》（香港：蝠池書院出版有限公司，2004），冊37。

436 相關研究參見關雪玲著，〈清代后妃的寶印〉，《紫禁城》，1994年5期，頁22-23；同作者，〈金寶印〉，《紫禁城》，2001年1期，頁15-17；王佩環著，《清代后妃宮廷生活》（北京：故宮出版社，2014）。

工部、戶部、內閣、翰林院、光祿寺、欽天監等。[437] 有趣的是各衙門間的砝碼不一致，譬如戶部和廣儲司、工部製造庫的砝碼輕重不一，廣儲司平比戶部庫平每百兩重一錢有零。而製造庫平則較戶部庫平每百兩輕至四兩。所以，製造的匠役和官員分用「平餘金」金子的事情相當多。金銀器製造過程中官員和工匠挪用或虧短分兩。黃金為貴重金屬，極易被替換、成色不足。清宮發展出一套鑑識金銀成色的辦法，有對牌、彈兌、試金石等，有關鑑別技術將此在本章中討論。

本文最後討論的議題是清盛世時代由許多單位共同製造金器，到咸同光朝金器外包給北京的銀樓。由兩岸故宮博物院藏首飾和金八件戳記，可見銀樓的名稱。更有趣的是，晚清銀樓兼金融匯兌資金雄厚，內務府常向銀樓借錢。《都門竹枝詞》：「帽上玻璃豁遠眸，皂靴一樣著方頭，問君何處當差使？銀號還兼首飾樓。」[438] 陳志高《中國銀樓與銀號》留意北京銀樓替宮廷成做器物，尤其寶華樓的工藝超群，結交了權貴閹人，直至宮廷大臣和慈禧太后。本書也徵引各種文獻、檔案，列出北京銀樓的店鋪名稱、住址、經理、資料來源、開業時間、款識等。[439]

宮廷和城市銀樓相互依存，呈現財勢此消彼長的發展。製造金質器物，所涉及的技術層面，除了《天工開物》外，本文匯整清宮檔案、《中國古代金屬技術：銅和鐵造就的文明》、《中國工藝美術大辭典》，及英文文獻等資料。[440] 探討清宮撥蠟鑄型、鑄造的製作程序。

437 郭福祥著，〈清代帝后印璽的製作〉，《紫禁城》，1993年3期，頁26-27。

438 李家瑞編，《北平風俗類徵》，〈服飾〉，頁236。

439 陳志高著，《中國銀樓與銀號‧華北、東北》（北京：清華大學出版社，2015），頁17。

440 華覺明著，《中國古代金屬技術：銅和鐵造就的文明》（鄭州：大象出版社，1999），頁536-550；吳山主編，《中國工藝美術大辭典》（南京：江蘇美術出版社，1989），頁240；W.R. Zhou, W. Huang, "Lost-Wax Casting in Ancient China: New Discussion on Old Debates," *JOM 67*(7) (July 2015), pp. 1629-1636.; D.R. Tan, H.P. Lian, "The Ancient Chinese aCsting eTchniques," *China Foundry* 8(1) (February 2011), pp. 127-136.

二、后妃的金銀器

（一）、后妃的儀仗

　　乾隆十四年，大學士傅恆奏定皇太后、皇后儀仗改名儀駕，皇貴妃、貴妃儀仗仍名儀仗，妃、嬪儀仗改名綵仗。[441] 定例內封貴妃給儀仗金黃翟轎 1 乘、金黃緞回柄傘 1 把、拂塵 1 對、金香爐 1 個、金香盒 1 個、金盆 1 面、金唾盂 1 個、金瓶 1 對、金交椅 1 張、金馬杌 1 張、金節 1 對、金黃緞寶相花傘 1 對、紅緞寶相花傘 1 對、黑緞寶相花傘 1 對、紅緞瑞草傘 1 對、黑緞瑞草傘 1 對、紅緞雉尾扇 1 對、黑緞雉尾扇 1 對、紅緞金鳳旗 1 對、黑緞金鳳旗 1 對、臥瓜 1 對、立瓜 1 對、吾伏 1 對、金黃八人轎一乘車 1 輛。[442]

　　從檔案可以看到妃和嬪配置的金銀差別。乾隆二十五年，上諭：「奉皇太后懿旨純貴妃……晉封為皇貴妃以昭令範。所有應行典禮各該衙門照例舉行。欽此。」封皇貴妃給金冊蹲龍鈕金寶，儀仗明黃翟轎 1 乘、明黃緞曲柄傘 1 把、拂塵 1 對、金香爐 1 個、金香盒 1 個、金盆 1 面、金唾盂 1 個、金瓶 1 對、金交椅 1 張、金馬杌 1 張、金節 1 對等。[443] 乾隆三十六年，上諭：「奉皇太后懿旨永貴人汪氏著晉封為嬪。……所有應行典禮各該衙門照例舉行。」禮部官員等議得冊封嬪應照例給金冊，綵仗金黃行人翟輿 1 乘、紅緞曲柄傘 1 把、銀香爐 1 個、銀香盒 1 個、銀盆 1 面、銀唾盂 1 個、銀瓶 1 對、金交椅 1 張、金馬杌 1 張、金節 1 對等（參見表 5-1）。[444]

441　《中央研究院歷史語言研究所現存清代內閣大庫原藏明清檔案》，登錄號101929，乾隆十四年九月初一日。

442　《清宮內務府造辦處檔案總匯》，冊24，乾隆二十四年十二月初七日〈記事錄〉，頁606。

443　《清宮內務府造辦處檔案總匯》，冊25，乾隆二十五年三月二十九日〈記事錄〉，頁408。

444　《清宮內務府造辦處檔案總匯》，冊34，乾隆三十六年十月十三日〈記事錄〉，頁322。

皇太后	皇后	貴妃	妃	嬪
金黃翟轎 1 乘				金黃八人轎 1 乘
金黃緞回柄傘 1 把			金黃緞曲柄傘 1 把	紅緞曲柄傘 1 把
拂塵 1 對				
金香爐 1 個			銀香爐 1 個	
金香盒 1 個			銀香盒 1 個	
金盆 1 面			銀盆 1 面	
金唾盂 1 個			銀唾盂 1 個	
金瓶 1 對			銀瓶 1 對	
金交椅 1 張				
金馬杌 1 張				
金節 1 對				

表 5-1：清代后妃之儀仗

資料來源：《清宮內務府造辦處檔案總匯》，冊 24，乾隆二十四年十二月初七日〈記事錄〉，頁 606。

（二）后妃的膳具

根據《清宮內務府奏銷檔》載，崇慶皇太后、乾隆皇帝、乾隆的皇后、嘉慶皇帝所使用的金銀器數量如表 5-2 所示：

金銀器	成色	金器量（兩）	銀器量（兩）
崇慶皇太后	八成金	3,359.4	1,953.3
乾隆皇帝	三等赤金	6,948.23	12,645.1
乾隆皇后	八成金	2,613.9	544.5
嘉慶皇帝	八成金	882.46	11,257.82

表 5-2：帝后金銀器數量

資料來源：《清宮內務府奏銷檔》，冊 19，乾隆三年十一月初七日，頁 225。

《國朝宮史》載：「有明之季，脂粉錢歲至四十萬兩，內用薪炭，巧立名色，糜費更甚。我聖祖仁皇帝鑒往規來，禁浮返樸，垂為誡諭，家法昭然。皇上儉德永圖，親加釐定，上自后妃嬪御，下暨左右灑掃之役，限之以等威，析之以

日月。上下稱其位，豐約適其宜。謹小慎微，斟酌至善。」[445] 清朝宮廷經費較為節制，約不到有晚明十分之一，據《清宮內務府奏銷檔》載，康熙四十六年（1707），一年宮分分例等項約計共需銀 30,798.16 兩，雍正十三年（1735），一年宮分分例等項約計共需銀 20,292.97 兩，乾隆二十年（1755），一年宮分分例等項約計共需銀 31,607.75 兩，乾隆五十三年（1788），一年宮分分例等項約計共需銀 9,170.95 兩。[446] 按照《國朝宮史》記載，皇太后年例金 20 兩、銀 2,000 兩。皇后銀 1,000 兩、皇貴妃銀 800 兩、貴妃銀 600 兩、妃銀 300 兩、嬪銀 200 兩、貴人銀 100 兩、常在銀 50 兩、答應銀 30 兩。不過，這些宮分沒包括節慶賞賜，譬如皇太后萬壽聖節宮分金 20 兩、銀 1 萬兩。皇后千秋恩賜金 90 兩、銀 900 兩。[447] 康熙時期皇太后誕辰僅千兩，乾隆皇帝大手筆給到萬兩，增加宮廷用度。[448] 其次，這些年例沒包括「鋪宮」即宮廷陳設和膳具、用具之經費。

◎乾隆時期的后妃膳具

乾隆二年（1737），內務府製作皇太后、皇帝、皇后金銀器皿，據《清宮內務府奏銷檔》記載，膳具有金方、金盤、金碟、金碗（參見圖 5-3）、金匙、金三鑲牙箸、銀折盂、銀蓋碗、銀馬杓、金茶桶、銀罐、金瓶、刀子等。[449]

乾隆十五年（1750），冊立烏拉納喇氏為皇后，其膳具用八成金 2,488.4

---

445 〔清〕鄂爾泰、張廷玉等編纂，左步青點校，《國朝宮史》（北京：北京古籍出版社，1987），卷17，頁389。

446 《清宮內務府奏銷檔》，冊154，乾隆五十四年正月初三日，頁15-19。

447 〔清〕鄂爾泰、張廷玉等編纂，左步青點校，《國朝宮史》，卷17，頁394-397；卷19，頁427。皇太后萬壽聖節的宮分金銀，參見賴惠敏著，〈崇慶皇太后的萬壽盛典〉，《近代中國婦女史研究》，期28（2016年12月），頁1-50。

448 康熙二十年十月初三日，以皇太后誕辰之禮進貢銀一千兩。遼寧社會科學院歷史研究所、大連市圖書館文獻研究室、遼寧民族研究所歷史研究室譯編，《大連市圖書館藏清代內閣大庫散佚滿文檔案選編：職司銓選・獎懲・宮廷用度・進貢》（天津：天津古籍出版社，1991），頁160。

449 《清宮內務府奏銷檔》，冊19，乾隆三年十一月初七日，頁213-224。

兩。又做皇后所用大小銀盤 9 箇、碗 1 箇、背壺 3 箇用銀 210 兩。[450] 清朝只有皇太后和皇后享用金光耀眼的器皿，未普及到各階層的妃子們。

　　皇貴妃以下准用銀器之壺、盅、銚等用銀器，亦有銅錫等器，以及瓷器碗盤等。至貴人、常在、答應等不能用銀器，只能用銅器、錫器、瓷器和漆器等。[451] 舉例來說，乾隆十年，宮殿監督領侍蘇培盛等傳，令嬪（1727-1775）分例做 20 兩重銀蓮子壺 1 把，2 兩重鍾盞一個，8 兩重滷鍋一個，1.5 兩重匙一張，5 錢重牙箸筒 1 分，小刀束 1 分共銀 32 兩。[452] 宮廷器皿材質和身分地位井然有序。相對於《紅樓夢》105 回記載，查抄賈府家產時有番役呈稟有禁用之物：赤金首飾共 123 件，珠寶俱全。珍珠 12 掛、淡金盤 2 件、金碗 2 對、金搶碗 2 個、金匙 40 把、三鑲金象牙筯 2 把、鍍金執壺 4 把、鍍金折盂 3 對。王爺解釋：「這禁用之物原辦進貴妃用的，我們聲明，也無礙。」[453] 但，按照清代鋪宮制度妃不得使用金器，這抄家單顯然是小說杜撰的。

◎嘉道時期的后妃膳具

　　嘉慶道光皇帝向來以節儉著稱，嘉慶皇帝本身使用的金器不多，后妃金器可能也就是舊的器皿「修理見新」、「梅洗見新」，因此再新製的少。譬如嘉慶六年（1801），莊敬和碩公主下嫁，總管內務府大臣奏請以銀兩取代打造金銀器。公主下嫁按例應行打造金器八項計重 296 兩，銀器 22 項計重 1,023 兩。經由內務府交出改造，自七成至九成不等金器八項，計重 294.55 兩，銀器 22 項，計重 1,066.1 兩。總管內務府大臣奏稱：「奴才伏查銀器 22 項雖不合款式，俱係有用之物，莫若將原物擬留備用外，金器八項合銀 2,887 兩 3 錢 7 分，請由廣儲司銀庫照數領出發交管理家務官員辦理滋生備用。其原交出金器既按數

450 《乾隆朝內務府銀庫用項月摺檔》，乾隆十五年十二月初一日起至二十九日。

451 王佩環，《清代后妃宮廷生活》，頁114-115。

452 《乾隆朝內務府銀庫用項月摺檔》，乾隆十年六月一日起至二十九日。

453 〔清〕曹雪芹、高鶚原著，馮其庸等校注，《紅樓夢校注》（臺北：里仁書局，1984），頁1600。

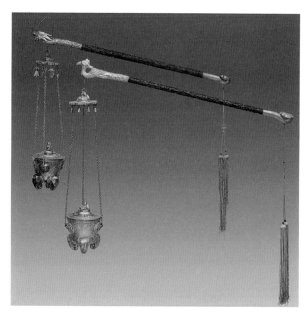

圖 5-1：金提爐（香爐）
資料來源：徐啟憲主編，《宮廷珍寶》，頁 11。

圖 5-2：金盆
資料來源：徐啟憲主編，《宮廷珍寶》，頁 12。

圖 5-3：乾隆皇帝的金碗

資料來源：故 - 雜 -001241-N000000000，故宮博物院藏。圖版取自《器物典藏資料檢索系統》：
https://digitalarchive.npm.gov.tw/Antique/Content?uid=1831&Dept=U（檢索日期：2022 年
4 月 8 日）。

摺給銀兩，應仍交內庫收貯。」[454] 這檔案說明內務府官員認為與其給公主做無用的金器，不如折給銀兩生息實在。這檔案也提到當時候的金價，九成金器（九成金一成銀），市價每兩值銀 11.7 兩。八成金器，每兩值銀 10.4 兩；七成金器，每兩值銀 9.1 兩。

　　道光皇帝亦宣稱節儉，他在位時，毀了金器，而改做銀器、銅器。道光二年總管內務府大臣奏報，茶膳房備差應用查毀造金器 6 件，計重 29.21 兩。成造案例每兩傷折 8 釐共傷折 0.23 兩。[455]「傷折」是耗損的意思。內膳房毀造金器 2 件內八成金盌蓋 1 個，重 5.51 兩；七成金盌蓋 1 個，重 5.5 兩。清茶房毀造金器四件內金盌蓋 1 個，重 3.7 兩；金盌蓋 1 個，重 3.4 兩；金盌蓋 2 個，重 5.5 兩。先成造 262 件銀器計重 4,968.65 兩，又換下舊銀器鎔化傾淨成造銀器 199 件，計重 4,509.15 兩，二共重 9,477.8 兩。新造器皿皆以銀器為主，或有銅鍍金器。

◎咸豐以後製作的后妃膳具

　　晚清時期，皇太后的金質膳具減少許多。咸豐十一年（1861），上諭：「朕奉母后皇太后聖母皇太后懿旨諭：此項金銀器皿除典禮攸關必應添製外，其餘各項並著該管大臣詳核辦理，日後遇有此等事件，該管大臣等宜各仰體此意以力崇節儉為要。」造辦膳具共嵌珊瑚松石金茶桶 1 個、嵌珊瑚松石金杓 1 件、金碗 2 件、鍍金銀箍銀茶桶 7 件、銀碗蓋 3 件、銀火鍋 1 件、銀壺 1 件、銀大小盤 28 件、銀大小碗 6 件。[456] 在奏銷檔一件沒有年月的檔案記載：皇太后應用銀火壺 2 把、銀水壺 2 把、銀柿子壺 10 把、銀滷鍋 8 個、銀執壺 1 把、銀馱壺 1 分、銀寶瓶 1 個、銀蓋盤 2 分、銀座壺 20 把、錫柿子壺 30 把、錫蓮子壺 30 把、錫面湯壺 10 把、錫雙陸馬壺 10 把、錫滷鍋 18 把、錫盆 10 個、錫水缸 2 口等。皇后應用銀柿子壺 6 把、銀滷鍋 6 把、銀執壺 1 把、銀蓋盤 1 分、

454　《清宮內務府奏銷檔》，冊173，嘉慶六年九月二十九日，頁255-257。
455　《清宮內務府奏銷檔》，冊194，道光二年十二月二十五日，頁269-283。
456　《清宮內務府奏銷檔》，冊244，咸豐十一年十月二十日，頁452-456。

傳用金銀器皿數目及現存抵用	件數	抵用	金（兩）	銀（兩）	金共重（兩）
玉盃金台盤（按辦過分兩盤重）	1		6.9		6.9
金方（按辦過分兩重）	1		100		100
金碟六件（按辦過分兩每件重 8 兩），冊存現有四件抵用	6	4	8		16
金茶盅蓋（按辦過分兩重 3 兩）	1		3		3
金執壺（按辦過分兩每重 60 兩）	2		60		120
金盤（按辦過分兩每重 15 兩），冊存現有四件抵用	16	4	15		180
金盌（按辦過分兩每重 10 兩），冊存現有二件抵用	4	2	10		20
金匙（按辦過分兩每重 3 兩），冊存現有一件抵用	2	1	3		3
金雲包角桌（按辦過分兩金雲每重 42 兩）	2		42		84
金三鑲牙筯（雙），冊存現有抵用	1	1			
嵌松石金匙，冊存現有抵用	1	1			
共金器 37 件，除冊存現有勘用以抵用 13 件補打 24 件共用金 532.9 兩	37	13			532.9

表 5-3：同治大婚之金銀器

資料來源：《清宮內務府奏銷檔》，冊 254，同治九年十二月十六日，頁 368-374。

銀馱壺 1 分、銀折盂 1 個、銀座壺 12 把、錫柿子壺 16 把、錫蓮子壺 20 把、錫面湯壺 10 把、錫雙陸馬壺 3 把、錫滷錦 6 把、錫盆 4 個、錫水缸 2 口等。[457]
這應該是清末皇太后、皇后所用，以銀、錫器居多。

　　同治九年（1870）總管內務府大臣籌辦十一年（1872）皇帝的大婚典禮，皇后鋪宮應用金銀器皿等件。由內交出應製金器 37 件、銀器 95 件清單。然銀庫黃藍冊內所存金器，按照傳單核計，現有堪用者 13 件即以原色分兩抵用外，

---

457 《清宮內務府奏銷檔》，冊216，無年月，頁361-375。

圖 5-4：同治金碗

資料來源：故 - 雜 -001843-N000000000，故宮博物院藏。圖版取自《器物典藏資料檢索系統》：
https://digitalarchive.npm.gov.tw/Antique/Content?uid=63693&Dept=U（檢索日期：2022
年 4 月 8 日）。

其不敷金器 24 件，核用足金 532.9 兩。銀器 95 件，除冊存現有堪以抵用 5 件，補打 90 件，共用銀 1,332 兩。乾隆時期皇后的膳具金器多，銀器少，而同治大婚的皇后金器少。此係因清宮庋藏金子數量減少，而聲稱崇尚節儉。這件奏摺另提到：「請鎔化庫存無用金器數目」金盌蓋金台盤（八成金連鑲嵌）1 件，重 42.3 兩。金大罐（八成金連鑲嵌）1 件，重 936.7 兩。金折盂（八成金連鑲嵌）1 件，重 307.4 兩。金鑲松石壺 （八成金連鑲嵌）2 件，各重 95.3 兩，共重 190.6。金杓（八成金連鑲嵌）2 件，各重 30.65 兩，共重 61.3 兩。金爵盤（八成金連鑲嵌）1 件，重 39 兩。金胎掐絲爵盤（九成金）1 件重 21 兩、金盌蓋台盤 （七成金連鑲嵌）1 件，重 33.2 兩。珊瑚頂天圓地方金素（八成金連鑲嵌）2 件，各重 90 兩，共重 180 兩。以上金器 12 件連鑲嵌，共重 1,811.5 兩（參見表 5-3、圖 5-4）。[458]

三、后妃的金冊金寶

關雪玲提到皇后居中宮，主內治，鑄印所用為純度最高的赤金。皇貴妃、貴妃、妃，依次遞減為六成金、五成金。皇后金寶耗用黃金 550 兩，皇貴妃、貴妃、妃的寶印則分別用 400 兩、300 兩。盛放寶印的寶（印）蓋、寶（印）池也體現著各自的差別，皇后寶蓋、寶池均金制，皇貴妃、貴妃、妃的只能部分金制或銀鍍金。[459] 根據《欽定大清會典（嘉慶朝）》載：「皇后金寶，用三等赤金 550 兩。皇貴妃、貴妃金寶，用六成金 400 兩。妃金印，用五成金 300 兩。親王親王世子金寶，用五成金 300 兩。」[460] 表 5-4 為《清宮內務府奏銷檔》記載成造令貴妃、慶貴妃的金寶金冊等，其成色與重量未必符合《欽定大清會典（嘉慶朝）》的規定。況且，令貴妃、慶貴妃兩者都封貴妃，用六成金，但令貴妃的金子重量多於慶貴妃。

458 《清宮內務府奏銷檔》，冊254，同治九年十二月十六日，頁368-374。

459 關雪玲著，〈清代后妃的寶印〉，《紫禁城》，1994年5期，頁22-23；同作者，〈金寶印〉，《紫禁城》，2001年1期，頁15-17。

460 〔清〕托津等奉敕纂修，《欽定大清會典（嘉慶朝）》，卷27，頁8-1。

	金冊	金錢	金寶	金印	金鸞
令懿皇貴妃	10 頁／八成色金 150 兩	八成色金 1.5 兩	六成連鍊條 316 兩		
令貴妃	10 頁／七成色金 147 兩	七成色金 1.4 兩	六成色金連鍊條 317 兩		
令妃	10 頁／六成色金 145 兩	七成色金 1.4 兩	四成色金連鍊條 317 兩		
令嬪	4 頁／七成色金 56 兩				七成色金 6 錢
慶貴妃	10 頁／六成色金 150 兩	六成色金 1.32 兩	六成色金連鍊條 287.6 兩		
慶妃	10 頁／六成色金 143 兩	六成色金 2.2 兩	六成色金連鍊條 250 兩		
慶嬪	4 頁／六成色金 58 兩				六成色金 6 錢

表 5-4：清宮后妃金冊、金寶等的金成色

資料來源：《清宮內務府奏銷檔》，冊 111，乾隆四十年閏十月十三日，頁 382-386。

又《欽定大清會典（嘉慶朝）》載：「皇后金冊 10 頁，每頁重 18 兩。金錢每個重 1 兩 5 錢，以八五成金為之。皇貴妃金冊 10 頁，每頁重 15 兩。金錢每個重 1 兩 5 錢，以八成金為之。貴妃金冊 10 頁，每頁重 15 兩。金錢每個重 1 兩 5 錢，以七成金為之。妃金冊 10 頁，每頁重 14 兩 5 錢 2 分。金錢每個重 1 兩 5 錢，亦以七成金為之。嬪金冊 4 頁，每頁重 14 兩 6 錢 2 分 5 釐。金錢每個重 1 兩 5 錢。以六成金為之。公主金冊如之。親王親王世子親王福晉金冊 4 頁。每頁重 15 兩。以六成金為之。郡王郡王福晉銀鍍金冊 4 頁。每頁用銀 14 兩。鍍用赤金 7 錢 9 分。」[461] 根據《清宮內務府造辦處檔案總匯》載，乾隆二十六年（1761），皇太后徽號工部應辦金冊 1 分，並盛冊寶箱，及鍍金什件等項。照例核算需用頭等赤金 18.81 兩，三等赤金 182.77 兩，六成色金

---

461 〔清〕托津等奉敕纂修，《大清會典（嘉慶朝）》（臺北：文海出版社，1991，清嘉慶年間刻本），卷48，頁12-2。

231.61 兩。[462]

以令懿皇貴妃為例，說明不同身分與賞金成色的差異。令皇貴妃，魏佳氏，內管領魏清泰之女。乾隆十年（1745）魏貴人晉封嬪，該年工部製造庫奏稱：「恭查嫻妃、純妃，晉封貴妃，愉嬪晉封妃。魏貴人晉封嬪所有儀仗內應繡傘扇節套應交何處辦理。」魏貴人晉封嬪，儀仗內應成造紅緞繡曲柄傘 1 把、紅緞繡寶相花傘 1 對、紅素紗繡鳳凰節 1 對，係製造庫行文戶部移取物料成造。[463] 乾隆十年，工部文開嫻貴妃、純貴妃、愉妃、令嬪添做金冊、大六件傘頂頭等赤金 164.05 兩。[464] 三位妃子與一位嬪的金冊、大六件傘頂僅用赤金 164.05 兩，和皇后的用度差很多。[465]

乾隆二十四年，奉旨諭：「來年為朕五十誕辰，又來年即恭值聖母皇太后七旬萬壽。令妃、慶嬪、穎嬪、貴人博爾齊錦氏，俱淑慎敬恭克勤內職，宜加冊禮，以宏嘉禧。令妃著晉封貴妃。慶嬪、穎嬪著封為妃。貴人博爾濟錦氏著晉封為嬪。」[466] 禮部文開恭辦令貴妃金寶一顆取六成色淡金 400 兩。[467] 該年十二月初二日，工部製造庫會同造辦處成造查冊封貴妃應給金冊一分、妃應給金冊一分、嬪應給金冊一分，並盛冊寶印之匣袱褥例係臣部會同造辦處成造。其貴妃、妃、嬪儀仗，會同鑾儀衛成造。所有頭等赤金 190.77 兩零、七成色金 454 兩零、六五色金 864 兩零、六成色金 60.4 兩零。謹將需用各色金兩細數另繕清單恭呈御覽。[468]

乾隆二十四年，晉冊令皇貴妃應給金冊金寶並儀仗等項除金寶由禮部鑄造，所有金冊一分計 10 頁，每頁用八成色金 15 兩，計 150 兩。金錢一個用八

---

462 《清宮內務府造辦處檔案總匯》，冊26，乾隆二十六年十月十四日〈記事錄〉，頁630。

463 《清宮內務府造辦處檔案總匯》，冊13，乾隆十年三月十九日〈記事錄〉，頁529。

464 《乾隆朝內務府銀庫用項月摺檔》，乾隆十年四月一日起至二十九日。

465 禮部文開奏准恭造皇貴妃寶一顆、貴妃金寶一顆、令妃金印一顆、舒妃金印一顆取六成色淡金800兩。《乾隆朝內務府銀庫用項月摺檔》，乾隆十三年十二月一日起至二十九日。

466 《清宮內務府造辦處檔案總匯》，冊29，乾隆二十四年十二月初七日〈記事錄〉，頁606。

467 《乾隆朝內務府銀庫用項月摺檔》，乾隆二十四年十二月一日起至三十日。

468 《清宮內務府造辦處檔案總匯》，冊29，乾隆二十四年十二月初七日〈記事錄〉，頁608。乾隆二十四年，工部文開恭辦令貴妃、慶妃、穎妃、豫嬪金冊儀仗等項取頭等赤金190.77兩。《乾隆朝內務府銀庫用項月摺檔》，乾隆二十四年十二月一日起至三十日。

成色金 1.5 兩。又每金 1 兩，加耗金 7 釐，用八成色耗金 1.07 兩，共用八成色金 152.57 兩。再銀鍍金寶箱、寶池，並各箱架什件及鍍金鎖匙等項，共用頭等赤金 11.33 兩。[469]

乾隆四十年，令懿皇貴妃去世，其生前的金冊等被鎔化。總管內務府大臣等除派兼攝六庫事務戶部郎中福克進、吏部郎中本忠郎中福英、員外郎舒德會同該庫官員眼同彈兌，俱與原冊數目相符。將令懿皇貴妃八成色金冊十頁重 150 兩、八成色金錢一個重 1.5 兩、六成色金寶一顆連條總重 216 兩，並銀鎔金寶池寶箱鎖鑰等項，照例供奉體仁閣外。其餘金冊 6 分、金寶 2 顆、金印 2 顆、金錢 4 個、金幣 2 個，除拆卸條總重 2.6 兩，淨七成色金 206 兩、六成色金 1,352.72 兩、四成色金 217.4 兩，請照例鎔化歸類。[470] 清宮后妃或者親王等金冊金寶被鎔化的情況相當多，譬如乾隆十三年鎔化金冊 26 分重 3,096 兩、金寶 4 顆重 1,289 兩、金印 9 顆重 2,237 兩、金箱 26 個重 5,364 兩、金印色盒 24 個重 1,875 兩、金錢 13 個重 20.5 兩、金幣子 9 個重 4.1 兩，共重 13,867.6 兩。[471] 現在留下來可能只有皇帝和皇后的金寶金冊。

四、製作金寶金冊

根據郭福祥研究，成造后妃金寶、金冊的單位很多，如內務府造辦處、禮部、工部、戶部、內閣、翰林院、光祿寺、欽天監等。由禮部依據成例，奏報所要製作的寶印，以徵得皇帝批示。然後由造辦處用紙、木、絹或蠟製成印樣，手寫寶文，呈請皇帝御覽。皇帝欽定後，再由禮部主辦者發印樣於鑄造機關，依照印樣鑄造或鐫刻。寶印鑄造一般由造辦處完成，包括鈕製、整形、磨光、兌驗等程序。之後，將鑄造好的印體存入廣儲司銀庫以待鐫字。由欽天監依照黃曆選擇鐫字吉時。[472] 根據郭福祥研究故宮存光緒皇帝璽印木樣，還有寶璽蠟

---

469 《清宮內務府造辦處檔案總匯》，冊29，乾隆三十年五月二十日〈記事錄〉，頁452。
470 《清宮內務府奏銷檔》，冊111，乾隆四十年閏十月十三日，頁382-386。
471 《清宮內務府造辦處檔案總匯》，冊16，乾隆十三年四月〈鎔金作〉，頁59-62。
472 《清宮內務府造辦處檔案總匯》，冊18，乾隆十六年十月十一日〈記事錄〉，頁398。

圖 5-5：皇后的印璽

資料來源：郭福祥，《明清帝后璽印》（北京：國際文化出版公司，2002），頁 180。

圖 5-6：寶璽蠟樣

資料來源：故宮博物院、柏林馬普學會科學史所合編，《宮廷與地方：十七至十八世紀的技
術交流》，頁 207。

樣（參見圖 5-5、圖 5-6）。

（一）、辨識金子成色

　　金子是貴重金屬，自古以來就有許多辨識金子成色的方法。用試金石辨別金子的成色，宮廷有專有名詞稱為「磨驗」。如乾隆四十一年（1776），總管內務府謹奏准：「禮部奏准將朝鮮國王舊金印 1 顆，委員交送照例辦理等因前來。臣等隨令該庫官員眼同禮部所委郎中施朝幹等將送到之金印，彈兌重 205兩，磨驗係八成色金。理合奏明照例，交該庫鎔化歸類可也。」[473]此內容提到要磨驗之前有「彈兌」重量的步驟，宋應星《天工開物》載：「凡金質至重，每銅方寸重 1 兩者，銀照依其則，寸增重 3 錢。銀方寸重 1 兩者，金照依其則，寸增重 2 錢。」一寸見方的銅重量為 1 兩，一寸見方的金要增重 3 錢；一寸見方的銀重量為 1 兩，一寸見方的金要增重 2 錢，這是依照重量來區分金、銀、銅。[474]

　　磨驗則由專門的金匠來辦理。《軍機處錄副奏摺》載：「具結金匠張福安，今結得署理陝甘總督林委員解到馬蓮井、沙洲二金廠，道光二十五年分收獲正課金 144 兩、撒散金 14.4 兩。磨驗得係七成金，所結事實。道光二十六年三月 具結金匠張福安，簽名」[475]張福安究竟是宮廷的金匠或是工部的金匠並不太清楚。根據檔案記載，乾隆年間辨識金子的工匠通常是內務府，嘉道以後常由工部的工匠來辨識。根據楊丙雨探討中國歷史試金石鑒定金銀方法，將物料放在試金石上磨道，在條痕一端滴上硝酸，片刻後揩去硝酸，若是金顏色不變；含金低者顏色變淺；顏色消失表示無金的成分。[476]西方磨驗法也有類似方法：第一步將待測物品磨至堅硬、抗酸蝕以及輕度上油的試金石，刻痕為長度 2 至

---

473 《清宮內務府奏銷檔》，冊116，乾隆四十一年十二月二十七日，頁474。

474 〔明〕宋應星著，《天工開物》（上海：上海古籍出版社，1988，據明崇禎十年（1637）初刻本影印），下卷，頁964。

475 《軍機處錄副奏摺》，檔案編號03-0747-002，道光二十六年三月。

476 楊丙雨著，〈試金石及其對貴金屬的磨試〉，《貴金屬》，卷6期2（1985），頁39-43、49。

3 公分、寬度 3 至 5 毫米的均勻分布。接下來拿與待測物品成分類似的標準色金（通常為觸針），用同樣的力氣磨至試金石，而刻痕大小應盡量近似於先前磨待測物所產生的刻痕。之後就用適當的酸液（依需求使用硝酸或王水）沾濕試金石表面，此酸液會選擇性攻擊卑金屬（base metal）以及銀，待金屬刻痕與酸液化學反應完全，再使用過濾紙擦拭刻痕。此時就有可能利用肉眼就分辨其純度的差別，因酸液攻擊情形與色金純度相關，被沖洗後刻痕的顏色就能直接對應到色金純度。愈純的色金與不受酸液影響，而低純度色金則傾向大量溶解於酸液。[477]

再者，已經做成器物的物品則是利用對牌的方法來檢驗。楊丙雨提到，金對牌也稱金針，是一系列已知含金屬的小金條，金對牌是用金和銀按比例製造的，對牌上注明金和銀的不同含量。金對牌就是檢驗黃金純度的標準。[478] 乾隆三十五年（1770）四月，庫掌四德、五德將查得現交朝珠上金纍絲背雲捵寶蓋四件，係乾隆十三年（1748）至二十二年（1757）陸續配做九成金背雲捵寶蓋三件，重 5.8 錢、八成金背雲捵一件，重 2.2 錢。以庫貯對牌考驗成色原領之九成金，只足八五色。八成金只足七五色。隨詢緣由，據該作人員稟稱，凡做纍絲活計必用焊藥成做，重加鎔化，金色不免稍低等語。乾隆皇帝諭旨：「纍絲活計雖用焊藥金成色如何低了，原監視之人不小心被匠役偷去。嗣後凡做金活計之時將原領何色金做成活計之後，務用對牌按原領金色查對，相符再行呈進。」此事責罰原監視之員漫不經心被匠役從中蒙混竊取，以致成色稍低。該監造催長寶廣、副催長憲德照數賠補。過了一個月後，庫掌四德五德將金背雲捵三件寶蓋一個鎔化得九成金 8 錢持進。[479] 上述案件說明皇帝對成做器物的成

477 Walo Wälchli, "Touching Precious Metals," Gold Bull, 14(4) (December 1981), pp. 154-158.

478 楊丙雨著，〈試金石及其對貴金屬的磨試〉，《貴金屬》，卷6期2，頁39-43、49。

479 乾隆十三年發生匠役在金子中偷攙鉛土的案例，總管內務府大臣三和調查雍正十三年製作的金八件，將傘頂龍頭等項用庫平逐件彈兌，共重1,151.74兩，較之原領數目少差50.26兩。又經造辦處鎔化時傾銷出金釉17.8兩，折耗金2.64兩。傘頂龍頭內傾銷出沙土7.4兩，以上共短少金78.1兩。大臣查從前承辦金八件時，該司員等曾繳過餘金8.20兩，准其抵銷外，仍短少九成金35.91兩。六五色金33.99兩。三和查得短少金兩數目係匠役在金子中偷攙鉛土，請將該匠役查明交部從重治罪，而承辦司員並不細心料理，各該堂官亦未經查出應將短少金兩照數著落該堂

色嚴格把關，一旦不符合規定，即處分管事的催長和副催長，以避免匠役偷斤減兩。[480]

（二）、平餘金

清朝各行政單位度量衡不一致，譬如戶部和廣儲司、工部製造庫的砝碼輕重不一，廣儲司平比戶部庫平每百兩重一錢有零。而工部製造庫平則較戶部庫平每百兩輕至四兩。所以，製造的匠役和官員分用金子的事情相當多，譬如乾隆三十年，太常寺查出配位的香爐短少 65 兩，據當時承辦祭器製造庫工部員外郎德爾格供稱：「從前由戶部領出金子原本比製造庫平每兩有三分盈餘，匠役們說向來承辦金器平出餘金，除去打造折耗並匠役飲食，及太常寺交收使費外，都是本衙門承辦官役大家分用。彼時領金 500 餘兩，所餘之金約有 16、17 兩，除了打造折耗並匠役飲食，及太常寺交收使費，蘇瞻、哈山分了 3 兩多金子給我，說是我應分的平餘。蘇瞻還說：『這是匠人包造包交的，若是數目不足，被太常寺駁了回來，匠人們還要從新另造。那時我就聽著匠役們拏到太常寺交收，太常寺點明件數，並未指駁就給回文。』」

德爾格誤信匠役「包造包交」，以致虧短 65 兩。司庫博和里供稱：「從前乾隆十二年本部派我同成寧承辦補造爐蓋香靠，由內務府領金 130 餘兩，用製造庫平子平兌多出金 4 兩 9 錢，除去匠役們分用飯食，太常寺書役使費，剩的金子，我同成寧各分用了 1 兩 3 錢是實。」[481] 乾隆二年由德爾格負責承造，十二年博和里補造爐蓋，均有虧短分兩。又太常寺贊禮郎伽藍保接收虧短分兩祭器，並不彈兌分兩，遽行接收，顯係瞻徇情面，罰俸九個月。[482] 金子為貴重

司各官按三七分賠，仍交造辦處查收。《清宮內務府造辦處檔案總匯》，冊33，乾隆三十五年正月〈金玉作〉，頁384-385。

480 《中央研究院歷史語言研究所現存清代內閣大庫原藏明清檔案》，登錄號025897，乾隆十三年二月初五日。

481 《中央研究院歷史語言研究所現存清代內閣大庫原藏明清檔案》，登錄號020833，乾隆三十年二月。

482 《中央研究院歷史語言研究所現存清代內閣大庫原藏明清檔案》，登錄號203380，乾隆三十年

金屬，為避免匠役成做時偷斤減兩情況，乾隆皇帝特別要求彈兌重量和用試金石磨驗成分的步驟。

（三）、令貴妃的案例

平餘金的案件並不僅太常寺，乾隆二十九年戶部尚書阿里袞查出製造令貴妃儀器案件，鑾儀衛官員匠役分取銀兩。這案件引起皇帝重視，派大學士阿桂調查，除了得知成造此次儀仗的金銀短少，還查出過去鑾儀衛所造儀器短少事件。事因乾隆二十四年冊封令貴妃，二十九年儀仗鑾儀衛辦理令貴妃儀器重貼金葉，該衙門從內務府銀庫領金891.3兩零，在工部製造庫卻只彈兌出金875.3兩，計短少金16.08兩零。又，製造庫貯金兩原應存四成色金301.25兩零，竟然分釐無存。[483] 製造庫匠頭佟廷傑供稱：「二十五年製造金器餘剩之金，寔係製造庫鑾儀衛官員易銀均分，其補釘金葉係因現在補造令貴妃儀器尚未竣工，暫將所領之金挪移補釘。」據鑾儀衛冠軍使祖學功供認，乾隆二十五年鑾儀衛衙門派伊等會同監造儀器原有平餘金27兩，鑾儀衛官役分金13.5兩，易銀108兩，官役分用屬寔。溫哲渾、達啟善亦俱供認寔有分用銀兩之事。因為舊存的金被分用，以致匠頭佟廷傑重貼金葉時，得到祖學功許可挪用新領的金子。

佟廷傑是領催也是匠頭，重貼令貴妃儀仗，他供稱：「本年製造金器所領之金亦有平餘29兩6錢，鑾儀衛監造官馬寔、劉淳分去13兩。又因外雇匠役需費，用去金6兩6錢。餘金易換銀兩係工部監造官四人分用。內因葛忠額曾借伊銀15兩，德祿曾托伊代買首飾，該價銀19兩零，伊即將此項坐扣。永柱、那爾布俱各收受銀17兩5錢。」監造儀器之鑾儀衛冠軍使馬寔口供說：「伊家人佛保等曾分收過旗頭交送銀30兩，經伊查出退還劉淳供認收過旗頭銀30兩，旋因畏懼退出。」旗頭大概也是匠役，旗頭張元偉等七人口供說：「各分

二月。

483 《中央研究院歷史語言研究所現存清代內閣大庫原藏明清檔案》，登錄號079960，乾隆二十九年十二月十九日。

用銀5兩。」[484] 旗頭七人分用銀35兩，田貴、張彭年、蘇兆俊、木逢春亦曾向佟廷傑等借銀。工部郎中葛忠額供稱：「並未借過佟廷傑銀兩。」但質訊伊經手家人楊五，供認伊主曾令他向佟廷傑借銀屬實。司庫德祿供稱：「雖有令佟廷傑代買首飾之事，價銀業已償還。」筆帖式永柱、庫使那爾布俱供並未分受銀兩。乾隆二十九年官役平餘金，都取得口供。[485]

此案除領催佟廷傑業經交送刑部嚴審外，工部司員與鑾儀衛官員相互通融，在阿桂查辦官員侵用金，將庫貯之金竊出填補，以備盤查。[486] 工部咨行內務府估計其應賠之數，除各員家產抵變之外，按照市價每金1兩，賠交銀10兩，共計銀1,960兩如數繳存即慎庫入於新收項下具摺奏報。至製造庫庫貯金兩實短少四成色金18.25兩，按市價每金1兩作銀8兩，計算銀146兩，業經工部等先行賠補清項。在制度上的改革係「嗣後凡有應辦儀器一切金銀器皿，先行揀派妥員會同監造之員，將所需金兩赴內務府彈兌，明確歸入製造庫庫內收貯。其辦造之時查明應辦金銀器皿件數分兩逐件陸續發交分造，早發晚收不得存貯匠作廠內，致生弊竇，並於成造之後將每件成色分兩鏨入各金銀器皿底面，以備稽考，以昭慎重」。[487]

因為佟廷傑口供提到乾隆二十五年官員分平餘銀，冠軍使祖學功供稱平餘金27兩，鑾儀衛官役分金13.5兩。其餘的13.5兩。據李景韶、圖克善供稱，伊等俱於乾隆二十五年同案會造儀仗金器原有平餘金27兩零，伊等鑾儀衛會官二員共分金13兩零屬實。[488] 除將審明分受平餘金兩之李景韶、圖克善、王

484 《中央研究院歷史語言研究所現存清代內閣大庫原藏明清檔案》，登錄號147602，乾隆二十九年十二月二十二日。

485 鑾儀衛冠軍使馬實、雲麾使劉淳、工部郎中葛忠額、筆帖式永柱、司庫德祿、庫使那爾布革職，以便徹底究審。《中央研究院歷史語言研究所現存清代內閣大庫原藏明清檔案》，登錄號079959，乾隆二十九年十二月十九日。

486 《中央研究院歷史語言研究所現存清代內閣大庫原藏明清檔案》，登錄號147602，乾隆二十九年十二月二十二日。

487 《中央研究院歷史語言研究所現存清代內閣大庫原藏明清檔案》，登錄號185501，乾隆二十九年十二月。

488 《中央研究院歷史語言研究所現存清代內閣大庫原藏明清檔案》，登錄號082018，乾隆三十年三月。

啟恕，遵照原奏依律擬以准徒五年。圖克善係滿洲，照例枷號鞭責。李景韶、王啟恕係漢軍俱箚發順天府定驛充徒。並將各案所短金兩在於李景韶、圖克善、王啟恕，及與伊等同時承辦已故各員家屬名下照數追賠還。[489] 雖然宮廷有準確的檢測金子的方法，製造過程的陋規還是讓各部院的官員和工匠們上下其手，偷竊金子。

五、北京的銀樓

　　養心殿造辦處匠役等所食錢糧例有四等，頭等每月給食錢糧 12 兩；二等給食錢糧 6 兩；三等給錢糧 5 兩；四等給食錢糧 3 兩。但有大量活計，需外僱工匠成做。乾隆三十八年（1773），總管內務府大臣奏稱，衙門所屬七司三院各庫各作茶膳房，並各等處以及太監他坦共 273 處。據各該處初送到應給腰牌人 11,152 名。大臣擬定必需配帶腰牌書吏、蘇拉、匠役、廚役等項人役共 3,765 名。令臣等分別衙門處所注寫花名、年歲，彙總造冊二本鈐用封印信，一本存留臣衙門；一本咨送景運門，該班護軍統領以備查封。內務府所有做活外僱匠役，每日出入禁門各按作廠，除派帶匠栢唐阿、領催赴門各遞報單查明數目帶進。至散工時仍令帶出將報單，挈向相應移咨景運門查照辦理。[490]

　　管理工匠進出宮門的是栢唐阿、領催等，現今中國第一歷史檔案館還藏有造辦處應領腰牌人名冊。其中一件沒年分記載領催 13 名、匠役 242 名、效力匠役 113 名、蘇拉 17 名、占用披甲 1 名、外占匠役 17 名、南匠 25 名、招募匠 13 名、書役 5 名、廚役 24 名、水夫 1 名。每位名單下有旗籍或籍貫、年歲、相貌等。[491] 這份檔案匠役約 453 名數量不少，故建立一套匠役管理系統有其必要性。

---

489 《中央研究院歷史語言研究所現存清代內閣大庫原藏明清檔案》，登錄號082018，乾隆三十年三日。

490 《清宮內務府造辦處檔案總匯》，冊36，乾隆三十八年〈行文〉，頁820-821。

491 中國第一歷史檔案館輯，《清代譜牒檔案》（北京：中國第一歷史檔案館發行微捲，1984），微捲A字號，第56卷，第194冊，案卷冊號：人2708／腰508。

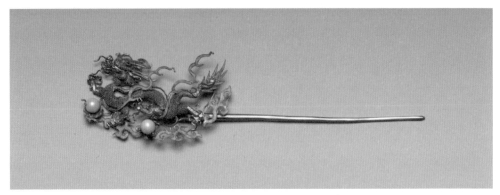

圖 5-7：敦華樓製作之銀鍍金行龍簪

資料來源：故 - 雜 -006235N000000000，故宮博物院藏。圖版取自《器物典藏資料檢索系統》：
https://digitalarchive.npm.gov.tw/Antique/Content?uid=67870&Dept=U（檢索日期：2022
年 4 月 8 日）。

圖 5-8：乾隆朝元吉樓製作之金鑲玉菊花頂簪

資料來源：故 - 雜 -008493-N000000000，故宮博物院藏。圖版取自《器物典藏資料檢索系統》：
https://digitalarchive.npm.gov.tw/Antique/Content?uid=70110&Dept=U（檢索日期：2022
年 4 月 8 日）。

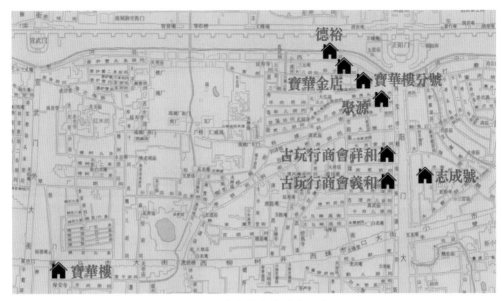

圖 5-9：寶華樓在外城的分布

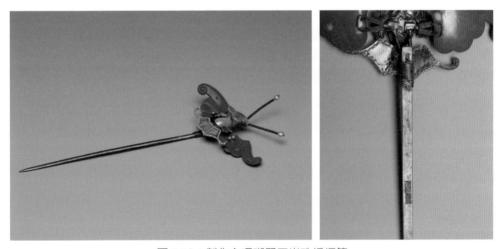

圖 5-10：製作之珊瑚翠玉嵌珠蝙蝠簪

資料來源：故 - 雜 -008592-N000000000。國立故宮博物院藏。圖版取自《器物典藏資料檢索系統》：https://digitalarchive.npm.gov.tw/Antique/Content?uid=70209&Dept=U（檢索日期：2022 年 4 月 8 日）。

又根據《總管內務府現行條例（廣儲司）》載：「宮內遇有大項工程，不得不傳用民匠者。臣等擬令承辦監督等，多委可靠工頭，令該工頭等於素日熟悉之民匠內，擇其安靜本分者傳用，並擬於承辦監督監修外另委司員於過門日，將民匠等按名發給腰牌，先令該監督監修等在外搜查。復令派出之司員等在內點驗仍按十名一起，派官一員帶領進內。由殷實之家擔任夫頭，招募的工匠取具甘結，進入宮廷給腰牌以便稽查。」[492] 由「殷實之家」擔任夫頭來招募的工匠，若有失竊案件夫頭必須連帶處分。殷實的夫頭也可能是開金店或銀樓的老闆，清代實施鋪保制度，凡是用人必須有鋪保出具甘結。根據周錦章研究，從北京的史料看，早在明朝年間的行業碑刻中，就檔案資料中，也有多種商業鋪保的說法，如鋪保、廟保、中保和具保人等。北京的商號或者作坊，為了降低經營或生產的成本，大量招收學徒。學徒都是由可靠的熟人舉薦，多數的情況下，舉薦人即是鋪保，對學徒的一切行為乃至人身向雇主負責。[493] 在恰克圖貿易的晉商，商號所雇用學徒亦需店鋪作保。[494]

潘榮陛撰《帝京歲時紀勝》記載乾隆年間金銀寶飾，有敦華樓、元吉樓。[495]清宮廷藏有商號製作的首飾，如故宮博物院館藏的首飾有元吉樓商號戳記，可能是宮廷向商號採買或者訂做。「故-雜-006235」清銀鍍金行龍簪解說：「金纍絲製成五爪蟠龍，爪下嵌珍珠兩顆，龍飛翔於點翠流雲紋上，精巧生動，銀鋌上有戳印『敦華』」。金銀為貴重金屬，商家必須標明成色、重量，烙上商號戳記代表其品質純正、信用可靠。[496] 鶴侶《逛護國寺》：「有個首飾棚子我歇歇再走，鋪坐褥掌櫃的如同見了財神，他說我要可著院子定打一分天棚架，

492 〔清〕佚名輯，《總管內務府現行條例（廣儲司）》卷3，頁58-1。乾隆元年規定：「管工官分飭各屬，擇樸實有身家者，點為夫頭。各將召募之夫，取具甘結存案。其夫役每人各給火烙腰牌一面，稽查出入。」〔清〕崑岡等奉敕纂，《大清會典事例（光緒朝）》，卷952，頁881-2。
493 周錦章著，〈論民國時期的北京商業鋪保〉，《北京社會科學》，2011年3期，頁92-97。
494 賴惠敏著，〈山西常氏在恰克圖的茶葉貿易〉，《史學集刊》，2012年6期（2012年11月），頁33-47。
495 〔清〕潘榮陛撰，《帝京歲時紀勝》，頁41-42。
496 參見故-雜-006235-N000000000-故-雜-006236-N000000000。臺北國立故宮博物院網址：http://antiquities.npm.gov.tw/Utensils_Page.aspx?ItemId=631210（檢索日期：2020年9月22日）

栓柱口檁俱要鍍金，蓆片子上面點軟翠，你快打算通共該用多少紋銀，元吉樓明知是打落微冷笑。」[497] 乾隆年間的元吉樓至道光年間仍存在，位於護國寺內。護國寺與隆福寺為北京兩處著名東西廟市所在，《都門雜詠》載：「東西兩廟最繁華，不數琳瑯翡翠家。」（參見圖 5-7、圖 5-8）[498]

　　另一家位於護國寺著名的寶華樓，在光緒三十二年（1906）清廷農工商部奉旨箚辦創辦京師商務總會，金銀號商會董事王福清、李永荃捐經費京足銀 400 兩。首飾行商會董事楊茂枝、安厚齋、高口、姚子厚、翟心亭、李子清、郭世五、李玉波、徐程九，捐經費京足銀 100 兩。安厚齋為寶華銀樓的董事。[499]

　　安厚齋（1861-1946），原名安會，字迪生。京兆香河縣梁家務鄉嶺子村人。1876 年，安到北京學做金銀首飾，後入護國寺西廊寶華樓當夥友。安迪生手藝超群，更兼精明練達，因而在寶華樓的地位日高，並結交了權貴闊人，直至宮廷大臣和慈禧太后。1898 年寶華樓大掌櫃故去後，慈禧做主把寶華樓給了安迪生，從此安迪生富比王侯。1904 年任京兆候補同知，1910 年南京召開國內博覽會任執行委員，1911 年至 1912 年參加工業考察團赴日本參觀，回國後以京師總商會代表身分參加北京政府召開的全國會議。1914 年任京師總商會會長，順直省議會議員。卸任總商會會長之後，擔任北京金銀首飾業同業公會主席 20 餘年。寶華樓長期製造宮廷首飾，在清朝滅亡後，仍秉持首席皇家製造商的招牌，在北京大肆擴展，根據北京城市指南所載，1914《新北京指南》寶華樓在勸業場二層樓北首。1920《實用北京指南》分布於正陽門外排子胡同、廊房頭條胡同、護國寺街路北、大柵欄（參見圖 5-9）。[500]

　　安迪生所製首飾，式樣新穎，工藝精湛，深受慈禧太后的喜愛。現北京故宮金銀器藏品中，亦可見到寶華樓的作品（參見圖 5-10、圖 5-11）。安迪生在景泰藍工藝基礎上，創出新燒製法，名為寶華藍。製作各種勳章、獎章及爐、

---

497 鶴侶著，《逛護國寺》，收入首都圖書館編，《清蒙古車王府藏曲本》，第304函，冊3。

498 徐永年增輯，《都門雜詠》，下冊，頁555。

499 李華著，〈明清以來北京的工商業行會〉，收入李華編，《明清以來北京工商會館碑刻選編》，頁11-14。

500 擷華編輯社，《新北京指南》，頁154；〔清〕徐珂編，《實用北京指南》，頁243。

瓶、鐘、鼎，精美絕倫，暢銷世界許多國家。民國五年，寶華樓安迪生送八件製品給農商部鑒定，該部給予褒獎狀：「發明新式寶華藍製造品檢同說明書，及製品請考驗等情。查所製寶華藍各種物品經本部詳細審查其雕工及配色頗為精緻。應按照暫行工藝品獎章給予褒狀，以示鼓勵。」[501]

再者，製作內務府首飾的銀樓許多商鋪來自浙江，北京的崇文區青雲胡同有西金行會館，是金業的行業會館，館內原存康熙三十六年（1697）《金行公會碑》，此證明康熙時期，金業已經規模化。更為著名的康熙六年（1667）北京正陽門外西河沿成立正乙公祠為銀號會館，由紹興旅京商人開辦的。後來是北京銀號和金店業的行業會館，祠內有康熙五十一年（1712）的《正乙祠碑》、同治四年（1865）的《重修正乙祠碑》。[502] 宣統二年（1910）《都門會館》載正乙公祠「銀號公立，在西河沿中間路南」。[503] 其中收錄乾隆五十七年（1792）興修、監修各號姓氏，有天吉號馮大亨、周鳳岐等。同治四年重修、監修各號姓氏，有元成號徐寶忠、祥和號劉延齡，應該製作宮廷首飾的銀號有關。

北京著名的錢莊四大恆，始於乾嘉之際，皆浙東商人（甯紹人居多）集股開設者。四恆號皆設於東四牌樓左右，恆和號在牌樓北路西，恆興號居其北、隆福胡同東口，恆利號在路東，恆源號在牌樓東路北。[504] 咸豐三年（1853），清廷要向北京賬局借款，福建道監察御史宋延春奏陳京師行帳局各字號繕具清單片：「臣訪聞得京師行帳局共計百十餘家，各商本銀約有一千數百萬兩。茲謹將成本較多各字號，另繕清單恭呈御覽。現在各商雖有收銀，回籍者聞亦不過十之二三，其餘大半仍留京城，應請飭交戶部一併查明傳集勸諭。至該商等向來放銀交易盈千累萬，皆由領本商夥經理無庸知會鋪東。此次籌借要需該商等既有現銀，在京不得以遠詢鋪東為詞致滋延宕，而部臣等值此籌餉孔亟之

---

501 〈文牘·批文：批寶華樓安迪生所製寶華藍准給予褒狀由〉（第五六二號三月二日），《農商公報》，卷2期9（1916年4月），頁17。

502 李華著，〈明清以來北京的工商業行會〉，收入李華編，《明清以來北京工商會館碑刻選編》，頁11-14。

503 徐永年增輯，《都門紀略》，下冊，頁374。

504 北京市檔案館編，《那桐日記（1890-1925）》（北京：新華出版社，2006），頁134。

圖 5-11：製作之笙形墜飾

資料來源：故 - 雜 -004153-N000000000 國立故宮博物院藏。圖版取自《器物典藏資料檢索系統》：https://digitalarchive.npm.gov.tw/Antique/Content?uid=65803&Dept=U（檢索日期：2022 年 4 月 8 日）。

圖 5-12：恆利銀號製作的銀鍍金盆

資料來源：故 - 雜 -005105-N000000000 https://digitalarchive.npm.gov.tw/Antique/Content?uid=66751&Dept=U（檢索日期：2022 年 4 月 8 日）。

際，諒不致以窒礙難行藉詞推諉。」[505] 這檔案附件共 202 家山西賬局名稱，但到了同光時期，浙江的銀號取而代之，丁寶銓（1866-1919）光緒十四年（1889年）中舉人，次年聯捷進士，在吏部文選司行走，他的書信提到「弟前在京師十餘年，初入都時，京中巨室大家銀款均存西號，嗣漸為四恆號所奪。自四恆虧折，一切生意自應復於我晉號。」[506] 京師著名錢莊首推四恆，四恆者恆興、恆和、恆利、恆源也，皆開張於東四牌樓，成本之鉅，往來之多向為九城各錢莊之冠，勢力超過晉商。但因胡雪巖的阜康銀號倒閉，受到波及《申報》載光緒九年（1883）：「京師自本月初四日後，因阜康銀號關閉，人心搖惑，市井譁然。始則東四牌樓「四恆」字型大小錢舖被人擁擠，幸而各該舖素稱殷實，又經順天府等衙門出示曉諭，始稍平靜。」[507]

恆利金店前身是北京「四大恆」之首。有趣的是清光緒年間，恆利銀號成做的金盆，藏於故宮博物院共有八件，解說文字載：「盤口，豎邊，淺壁，平底。銀胎鍍金，光素無紋。器底鏨刻直向「光緒癸卯（二十九年，1903）年製」二行六字楷款及楷書「恆利銀號造京平足紋」。金盆各重 90.2 兩，鍍金 7.21兩；重 90 兩，鍍金 7.2 兩；重 90.2 兩，鍍金 7.2 兩；重 88.5 兩，鍍金 7.8 兩；重 90.7 兩，鍍金 7.25 兩；重 92.7 兩，鍍金 7.41 兩；重 84.3 兩，鍍金 6.74 兩；重 89.2 兩，鍍金 7.13 兩。[508] 《皇朝禮器圖式》規定折盂的尺寸、金的成色，到清末也只能用鍍金（參見圖 5-12）。

恆利銀號不僅幫內務府製作金銀器，還大量貸款給內務府。光緒二十年（1894），恰值慈禧太后六旬萬壽，內務府需款甚多，向銀號借貸。該年分欠恆利號商銀 254,095.84 兩，欠泰元號商銀 5,405.6 兩。光緒二十一年（1895）又向恆利號商借墊銀 729,194.6 兩、向泰元號商借墊銀 97,604.04 兩。二十一年

---

505 《宮中硃批奏摺・財政類》，檔案編號1386-028，咸豐三年六月二十九日。

506 中國人民銀行山西省分行、山西財經學院《山西票號史料》編寫組編，《山西票號史料》（太原：山西經濟出版社，1990），頁451。

507 《山西票號史料》，頁252-253。

508 恆利銀號成做的金盆，參見故-雜-001735-N000000000～故-雜-001742-N000000000。臺北國立故宮博物院網址：http://antiquities.npm.gov.tw/Utensils_Page.aspx?ItemId=631210（檢索日期：2020年9月22日）

歸還恆利號商銀 942,850.84 兩，歸還泰元號商銀 102,232.62 兩。[509] 光緒三十年時，原欠恆利號商銀 349,121.92 兩，歸還銀兩 75,000 兩，尚欠銀 274,121.92 兩。三十年結欠恆利號商銀 210,000 兩。三十一年借恆利號商銀 910,715.35 兩，歸還恆利號商銀 880,417.98 兩，欠銀 30,297.37 兩。除還共欠銀 514,419.29 兩。原欠泰元號商銀 86,454.92 兩，三十一年提用另存歸還泰元號商銀 9,600 兩。三十年借用欠交內帑代還恆和號商銀 75,600 兩（參見表 5-5）。[510]

時間	借欠銀（兩）	還銀（兩）	尚欠銀（兩）
光緒二十年	885,015	630,919	254,095.84
光緒二十一年	729,194.6	942,850.84	
光緒二十二年	112,599	848,770	
光緒二十三年	1,370,918	1,229,516	
光緒二十六年	599,121		
光緒二十七年		250,000	
光緒三十年			210,000
光緒三十一年	910,715.35	880,417.98	30,297.37
光緒三十二年	973,417	901,709	
光緒三十四年	1,103,592	1,145,107	
宣統元年	1,197,490	1,089,057	

表 5-5：內務府向恆利借款

資料來源：《清宮內務府奏銷檔》；滕德永，〈清季內務府與北京銀號借貸關係淺探〉，《北京社會科學》，2013 年 5 期，頁 52-58。

　　內務府借貸銀號不僅日趨頻繁，幾乎每年都有借貸，而且款項數額居高不下。至光緒二十三年（1897），內務府借款更是達到了 170 餘萬兩，而該年內務府的總支出為 190 餘萬兩。換言之，約 90% 的經費來源於借貸。

　　官員向恆利銀號借錢的資料也不少，那桐在《那桐日記（1890-1925）》

509 《清宮內務府奏銷檔》，冊284，光緒二十一年二月十二日，頁198-222。
510 滕德永著，〈清季內務府與北京銀號借貸關係淺探〉，《北京社會科學》，2013年5期，頁52-58；《清宮內務府奏銷檔》，冊292，光緒三十一年十二月二十四日，頁249-251。

中記載借錢和利息的情況。光緒二十年：「今日代興隆在恆利錢鋪借京松三千金，代祥茂借七千金，餘與魏代耕畫押作中，一分行息」。[511]「今日托廣興借恆利京松一千兩為點景事，交正齋、玉如，交泉湧興五百兩為定銀，本日所借恆利已於五月初一交代耕還訖。」[512] 此處提到點景慈禧太后仿效乾隆時期崇慶皇太后慶生活動，從西華門至頤和園點設景物共分六十段，內城二十七段，自西華門至西直門；外城三十三段，自西直門至頤和園東宮門，每段需銀四萬兩，共需銀二百四十萬兩。內城點景經費來自中外臣工報效養廉銀和俸餉；外城由宗室王公併在京各衙門及地方督撫報效。[513] 清末鹽商財力衰微，無法承擔點景布設工程，而王公官員儘管在咸豐年間實施俸餉減半，仍須由俸廉銀中按二成五釐扣繳，真是「一人慶壽，舉國遭殃」。

　　光緒二十六年八國聯軍之後，北京失陷，商家受到嚴重波及。光緒二十七年，德國參贊葛爾士照會於本月初八日，接准照稱准順天府文稱，查義和永、德和永商號前借四恆銀號共計 30,000 兩，庫存券據遺失，應發給諭單，出示曉諭咨部立案，並請通行照會各等因，並附送鈔單一件前來，當將抄單交駐華德國領事官收閱，除飭該領事將此意轉示德國商民一體知悉外，相應備文照覆貴大臣等查照可也。[514] 光緒二十八年，「四恆銀號及各錢店突盡關閉，因而內外城當舖數百家一時停止過半。百物昂貴，市面蕭索，貧民執一紙之票，無處易錢；持一襲之衣難以易粟。」[515] 然而，在民初的北京城市指南仍有恆利銀樓的資料，1914 年《新北京指南》指恆利金店在東四牌樓頭條，1923 年的《北京便覽》中，恆利金店在東四牌樓北大街。[516] 這兩處是否同一家金店並不清楚，

511　北京市檔案館編，《那桐日記（1890-1925）》，頁143-144。

512　北京市檔案館編，《那桐日記（1890-1925）》，頁144。

513　李鵬年著，〈一人慶壽——舉國遭殃——略述慈禧「六旬慶典」〉，《故宮博物院院刊》，1984年3期，頁32-40。根據檔案記載，宗室王公、京內各衙門、各省督撫將軍等文武官員，報效慶典需銀1,214,100餘兩，報效點景需銀1,767,400餘兩，兩款共計2,981,500餘兩。

514　中央研究院近代史研究所檔案館藏，《總理各國事務衙門》，檔案編號01-14-029-05-008 光緒二十七年十月十一日。其中德和永借到恆利銀號銀15,000兩，義和永借到恆利銀號銀15,000兩。檔案編號01-14-029-05-007，光緒二十七年十月初九日。

515　《山西票號史料》，頁282。

516　擷華編輯社，《新北京指南》，頁124。

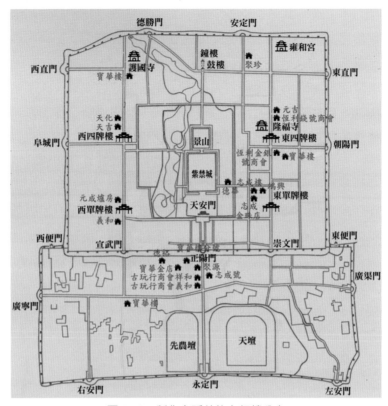

圖 5-13：製作宮廷首飾之銀樓分布

可看出恆利金店擴張不如寶華樓來得快。

　　成做宮廷首飾的還有志成樓、天吉樓、義和樓、聚珍樓、聚華樓、聚源樓、德華樓、德裕樓、鴻興樓等（參見圖 5-13），日後有機會還可繼續研究。

六、小結

　　北京紫禁城高聳的宮牆、戒備深嚴，讓人看起來帝王和百姓距離遙遠，從宮廷的金銀器可以發現高牆內外互通的頻繁。每逢皇帝祭天、祈穀、常雩時，他的大駕鹵簿，及后妃的儀仗光彩奪目。鹵簿中的金爐飄出陣陣沉香，人們都感受到宮廷奇特的香味。再者，清宮后妃等級階級分明，她們得像士人參加科

舉考試一樣力爭上游，其頭銜上加「貴」妃、「皇貴」妃才能享用金銀器，否則成天與銅錫器為伍。不過，咸豐年間光景不再，凡事力崇節儉，后妃也只能用銅鍍金、銀器等。

在技術層面來說，金子屬於貴重金屬，鑒定成分很要緊，除了依循傳統的試金石技術外，還有對牌的方法。但儘管如此，製作金寶金冊需經過工部製造庫、鑾儀衛等，各單位砝碼不一，廣儲司平比戶部庫平每百兩重一錢有零。而製造庫平則較戶部庫平每百兩輕至四兩。所以，製造的匠役和官員常分用平餘金，形成一種陋規。乾隆三十年查出官員和匠役成做金銀器的漏卮。這陋習至晚清時期在西河沿設北京首飾行會館，立首飾行規約以確保金銀成色。[517]

乾隆年間大量製作金銀器，內務府工匠不敷使用，從外頭招來工匠，這些工匠把式樣帶到城市的珠寶店中，仿製出宮廷時興的珠寶。滿籍貴族婦女之首飾，鑲嵌金玉珠翠，備極精巧。乾隆年間出現金銀寶飾的敦華樓、元吉樓，道光時期銀樓分布在護國寺、東西四牌樓、大柵欄、珠寶市、西河沿、琉璃廠等地，銀樓隨之擴展不少分店。最重要的是銀樓不儘做首飾，還經營錢莊、銀號，如恆利借貸內務府大量銀兩。

民初徐珂編，《實用北京指南》載：「器物則金銀製造，為護國寺街之寶華樓。嵌銀絲鐵製造，為草廠頭條之奇古堂。古銅仿造，為打磨廠板井胡同之義泰永。景泰藍為王府井大街之老天利、燈市口之德昌號、打磨廠之德興成。珍珠碧犀首飾，為燈市口之德昌號。翡翠雕製，為護國寺街之寶華樓。白玉雕製，為琉璃廠之德寶齋。鐫刻晶石印章。為廣安門內教子胡同之裕源厚。套色料器。為廊房三條胡同之德興湧。」[518]可見民國時期的首飾銀樓承繼朝宮廷技藝，在北京仍生意興隆。

517 方裕謹著，〈宣統二年京師外城巡警總廳抄送各商行規史料〉，《歷史檔案》，1995年4期，頁55-68、44。

518 〔清〕徐珂編，《實用北京指南》，篇6，頁1。

第六章

清宮的鍍金器

一、前言

近年來清帝國如何統治廣大疆域上不同的民族受到歷史學界的重視。熱河普陀宗乘之廟複製西藏拉薩布達拉宮的構造，以及熱河成為蒙古新的宗教中心就是一個很好的文化統治案例。本章藉由乾隆朝宮廷鍍金工藝，探討內務府如何管控科技、宗教、資源以及知識，使清帝國與周邊民族有密切的文化連結。

建造藏傳佛教寺廟需要大量的銅佛像以及銅屋瓦，讓銅器鍍金以使寺廟更顯莊嚴尊貴就變得至關重要。鍍金舊稱鎏金，大約始於戰國時代，是中國兩千多年來一直沿用的傳統鍍金方法，留存至今的鎏金器物以清代最多，如故宮御花園、乾清宮的鎏金銅獸、銅缸、雍和宮的銅佛像等。[519] 過去對鎏金工藝的研究相當多，如溫廷寬、梁旭東、劉萬航、吳元康等。[520] 其中北京鋼鐵學院冶金史組《鎏金》一文，提到從西漢時期到清朝各個鎏金器物，測得顯著的金、汞鍍覆於銅器之上，以及鎏金的工序。[521] 本章進一步釐清清宮系統化取得金、汞、銅的方式，以滿足清宮對於製作大量銅鍍金器物以及建材的需求。

金作為鍍金的最重要材料，主要透過「任土作貢」而來，此制度在中國歷史上有悠久的歷史。漢代土貢從賦稅中分離出來，此後各朝皆有土貢制度，至清代土貢制度更加完備。何新華在《清代貢物制度研究》中提到：各行省土貢係向戶部、工部交納貢物。[522] 該書並無討論貢物繳交內務府的部分，本章利用《內務府銀庫進項月摺檔》、《內務府奏案》探討雍正元年（1723）至乾隆

---

519 溫廷寬著，〈幾種有關金屬工藝的傳統技術方法〉，《文物參考資料》，1958年3期，頁62-63。

520 溫廷寬著，〈幾種有關金屬工藝的傳統技術方法〉，《文物參考資料》，1958年3期，頁62-63；梁旭東，〈中國傳統的鎏金技術〉，《材料保護》，卷3期1～2（1990年2月），頁83-86。類似的研究有劉萬航著，《金銀裝飾藝術》（臺北：行政院文化建設委員會，1989），頁26-28；吳元康、儲榮邦著，〈鎏鍍──中國古代發明的一種在材料表面上鍍金屬的技術〉，《塗裝與電鍍》，2011年1期，頁3-9；〈鎏鍍──中國古代發明的一種在材料表面上鍍金屬的技術（續完）〉，《塗裝與電鍍》，2011年3期，頁25-28。

521 吳坤儀著，〈鎏金〉，《中國科技史料》，1981年1期，頁90-94。

522 何新華著，《清代貢物制度研究》，頁23-39。

六十年（1795）間各地貢金，以及金子貯藏數量。[523]

　　其次，清代宮廷用銅鍍金的銅大量從日本進口。清朝開放海禁後，日本紅銅輸出至中國的數量急遽增加。本章統計《內務府廣儲司銀庫用項月摺檔》中，每月銅的進出數量，可知宮廷製作銅鍍金用銅數量不少。另外，文獻得知鍍金所需的水銀為廣州進口的商品之一，本章利用《東印度公司對華貿易編年史（1635-1834）》一書討論水銀進口數量。

　　歷史學者研究中國金屬工藝，常引用明代宋應星《天工開物》一書，但是清代造辦處所見的材料認知和製作方式都比《天工開物》更為詳細、複雜。例如宮苑則例記載鍍金中顯示水銀為金重量之 7 倍，與吳元康研究金與水銀是 1 比 7 相一致。金子的純度、銅板焊接使用的焊藥、以及器物表面拋光液配方等都有明文規範。

　　檔案常用「紅銅鉊鈒鍍金」、「紅銅台撒鍍金」或「紅銅胎鈒鍍金」，這工藝顯然不是鑄造銅器，而是從銅板（皮）背面敲打成形，做出凸浮雕的效果（the repoussage technique），是西藏和尼泊爾地區特有的工藝。[524]溫廷寬曾討論胎鈒技術稱為「收拋活」，就是在銅板鏨好圖樣，經過燒鍛後即開使錘打，錘打銅板即是收拋活最重要的技術。[525]清代在北京建造雨花閣、宗鏡大昭之廟，及熱河建造普陀宗乘之廟、須彌福壽之廟，也承襲了胎鈒等西藏技術。再者，根據 1950 年代景德全老師傅口述，乾隆時代普遍使用胎鈒法製作大型佛像，現存作品是雍和宮的大佛像等。[526]

　　西藏十六世紀以後製作大型佛像多採用鍛打銅板製作，然後拼接組合而成。乾隆九年（1744）尼泊爾工匠進京以後將這工藝帶進宮廷。鍛打銅模板製作佛像節省銅料，不過鍛打難以做出手足立體而生動的效果，所以這些部位

---

523 中國第一歷史檔案館藏，《內務府銀庫進項月摺檔》、《內務府奏案》。

524 維基百科：https://en.wikipedia.org/wiki/Repouss%C3%A9_and_chasing（查詢日期：2018年3月5日）。

525 應兆金著，〈藏族建築中的金屬材料及其鎦金工藝〉，《古建園林技術》，1991年2期，頁21-23。

526 溫廷寬著，〈幾種有關金屬工藝的傳統技術方法（續）〉，《文物參考資料》，1958年9期，頁62-64。

單獨鑄造再與佛像連接。[527] 袁凱錚考察藏族銅匠使用模具錘打成形的工藝，應該是溫廷寬一文所說的「收拋活」，在清宮檔案有收攄匠、胎鈹匠是處理銅板錘打工作。除了探討內務府製作鍍金銅器物相關工匠的專業分工以外，內務府的工匠來自那些地區也值得研究。嵇若昕討論清宮來自江南、粵海關的南匠薪資、藝術類型等。[528] 本章將討論來自新疆、西藏、尼泊爾等地的工匠，他們的技術和薪資、賞銀等。

　　本章章節安排首先探討鍍金材料金和紅銅的來源，其次討論工匠的組織，再者討論清宮鍍金繁複的技術，並探討寺廟金頂、佛像之實例。並且強調清朝透過駐京喇嘛傳授鍍金技術，備受西藏影響。

二、清宮鍍金材料的來源

　　本節將討論乾隆年間金子、紅銅、和水銀的來源。金子的部分，康熙年間只有安南進貢。乾隆征服新疆之後，貢金的地區包括新疆、甘肅、雲貴地區的貢金以及外國進貢等。又，過去朝代採用銀鍍金，清朝則大量用銅鍍金。為了讓鍍金的品質更佳，採用純度較高的日本洋銅，以下分別討論鍍金的材料：

（一）關於宮廷的金子

　　根據《內務府奏案》記載，康熙六十一年（1722）內務府銀庫所存赤金3,041.47 兩，淡金 20,161.49 兩。雍正元年（1723）至乾隆九年（1744），安南國進貢金兩，再鎔化器皿金兩，以及蘇爾吉等奏請入官金兩並鎔化首飾等項共得赤金 53,693.4 兩，淡金 50,987.14 兩。雍正元年（1723）至乾隆九年

---

527 袁凱錚著，〈西藏傳統銅佛像製作工藝的另面觀察——基於清宮活計檔案記錄的討論〉，《西藏研究》，2013年1期，頁62-75。

528 嵇若昕著，〈從《活計檔》看雍乾兩朝的內廷器物藝術顧問〉，《東吳歷史學報》，期16（2006年12月），頁53-105；同作者，〈清中後期（1821-1911）內務府造辦處南匠及其相關問題〉，《故宮學術季刊》，卷32期3，頁63-89。

（1744），用過赤金 43,168.26 兩，淡金 41,601.42 兩。乾隆九年（1744）存赤金 13,566.62 兩，淡金 29,547.21 兩。[529] 由此可知，雍正至乾隆初年每年金子的收支平均約 2,000 餘兩。乾隆九年（1744）的金子分赤金：頭等、二等、三等，淡金分九成、八成、七成、六成、五成、四成等，參見圖 6-1。

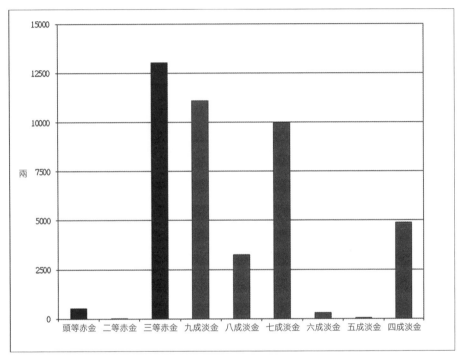

圖 6-1：乾隆九年（1744）庫存赤金、淡金統計
資料來源：作者製圖。

內務府銀庫貯藏金子數量增加始於乾隆朝，尤其平定準噶爾之後，新疆等地進金成為常例。其次，藩屬和外國之貢金數量增加，以下將宮廷金子的來源分為國內和國外兩種：

---

529 《內務府奏案》，文獻編號05-0065-021，乾隆九年九月二十六日。

◎第一種：來自國內各地的貢金

　　首先討論數量最多的是由鹽務而來。兩淮鹽政將鹽商的贖罪金、鹽引案之罰款繳交金子入內務府。乾隆三十三年（1768）兩淮鹽政尤拔世交商人洪箴遠等贖罪金2,988兩。次年，尤拔世又進造辦處所需金葉10匣計5,000片重490兩。[530] 兩淮鹽引案之後鹽政用欠項購買金子繳交內務府。乾隆三十五年（1770）十月載：「巡視長蘆鹽政李質穎應解提引欠項銀100萬兩內，購辦金5000兩。」[531] 至乾隆五十一年（1786），兩淮鹽政進金約50,000兩。[532]

　　依照清政府規定各省金廠所產的金子需繳戶部，戶部雜賦下有金銀礦課一項。[533] 實際上，金廠亦以進貢名義送交內務府。乾隆二十四（1759）年以後，內務府收到雲南、貴州、陝甘地區的金廠貢金，雲南巡撫劉藻送到金廠抽獲金131.4兩、貴州巡撫周人驥解到金111.36兩。[534] 此後這兩省的巡撫每年大約解送內務府的金子約100餘兩。[535] 乾隆皇帝也曾命雲南巡撫在當地購買金子，譬如乾隆十八年（1753）愛必達欽奉諭旨，購買得八成金子200兩、七五成金子200兩、七成金子600兩，共買獲金子1,000兩。雲南為產金之地，在當地購買的金價比在京城買的便宜銀2,000餘兩。[536]

　　甘肅省敦煌縣沙洲南北兩山出產金砂，乾隆四十六年（1781），銀庫郎中班達爾沙等呈報由內交出陝甘總督勒爾謹恭進金廠抽獲正課金19錠，每錠重10兩、尾金1錠重2.5兩、撒散金1錠重5.78兩。[537]

　　乾隆平定準噶爾之後，新疆也開始貢金。乾隆三十一年（1766），由軍機

---

530 國立故宮博物院藏，《軍機處檔摺件》，文獻編號010831，乾隆三十四年十月。

531 《內務府銀庫進項月摺檔》，乾隆三十五年十月。

532 賴惠敏著，《乾隆皇帝的荷包》，頁366-367。

533 〔清〕崑岡等奉敕撰，《大清會典事例（光緒朝）》，卷243，〈戶部九二・雜賦・金銀礦課〉，頁871-879。

534 《清宮內務府奏銷檔》，冊55，乾隆二十四年十一月十九日，頁391-392。

535 《清宮內務府奏銷檔》，冊95，乾隆三十七年三月初二日，頁444。

536 《清宮內務府奏銷檔》，冊43，乾隆十八年十二月二十日，頁145-147。

537 《乾隆朝內務府銀庫進項月摺檔》，乾隆四十六年一月。

處抄出葉爾、和闐、沙爾胡爾、喀什噶爾等地貢金 137.5 兩。[538] 此後，每年有約略數量的貢金。清乾隆朝規定金、銀、玉石屬於國有，禁止民間私賣。乾隆四十九年（1784）至六十年（1795），烏魯木齊等地拿獲私金共 1,595.24 兩，繳交內務府。[539]

◎第二種：清代屬國或外邦朝覲貢金

何新華在《清代貢物制度研究》中提到，朝鮮曾貢金 100 兩，但朝鮮國王以「黃金非本國所產」為由請求免貢。康熙三十二年（1693），清廷免除朝鮮進貢黃金。[540] 清朝屬國中以安南國貢金數量最多，安南國三年一貢、六年遣使來朝一次，如康熙四十二年（1703）貢金香爐花瓶 4 副，重 209 兩，此為清前期之定例。[541] 乾隆八年（1743）進金 533 兩；乾隆十三年（1748）進金 418 兩；乾隆十九年（1754）進金 475.5 兩；乾隆二十五年（1760）進金 418 兩；乾隆二十七年（1762）及三十年（1765）兩貢，共貢金 42 錠、重 418 兩，儀物共金 12 錠、重 115 兩；乾隆三十一年（1766）進金 533 兩。[542] 由此可見安南三年一貢成為定例。

乾隆五十七年（1792），禮部定例安南國三年一貢、六年遣使，合兩貢並進。大學士阿桂奏：「安南國王奏請酌定安南國貢期方物，應量從所請酌定二年一貢、四年遣使來朝一次，至該國方物任土作貢，舊有常經應照例備進，即該國不能備物亦不妨稍從節減。」[543] 嘉慶元年（1796），大學士管禮部王杰題

---

538 《清宮內務府奏銷檔》，冊79，乾隆三十一年十月初六日，頁183-214。

539 《乾隆朝內務府銀庫進項月摺檔》，乾隆四十六年一月至六十年十二月。

540 何新華著，《清代貢物制度研究》，頁231。

541 《中央研究院歷史語言研究所現存清代內閣大庫原藏明清檔案》，登錄號108162，康熙四十二年二月十五日。除了貢金外，有銀盆12口，該重691兩、沉香960兩、速香2,368兩、犀角20座，該重27斤8兩、象牙20枝，該重380斤。

542 《清宮內務府奏銷檔》，冊79，乾隆三十一年十月初六日，頁214-219。

543 《中央研究院歷史語言研究所現存清代內閣大庫原藏明清檔案》，登錄號252628，乾隆五十七年五月。

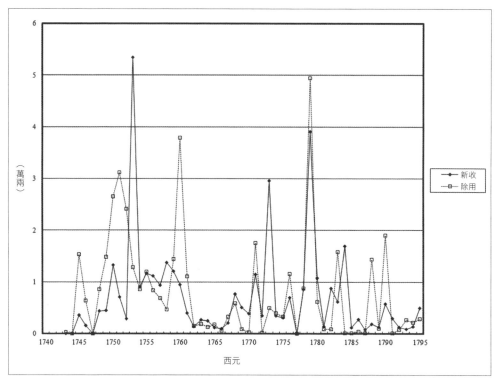

圖 6-2：乾隆年間內務府銀庫新收、除用之純金
資料來源：根據《內務府銀庫進項月摺檔》各年資料統計。

報：「安南國王阮光纘遣陪臣杜文功等恭賫謝恩方物慶賀方物，並甲寅（1794）
丙辰（1796）兩次例貢方物前來理合分晰繕寫清單恭呈御覽」，此次貢單之謝
恩儀物金子 10 鎰、銀 100 鎰等。[544] 暹羅亦為三年一貢，貢物以速香、安息香、
胡椒、藤黃、象牙、犀角、布疋等為主，金子很少。[545] 如乾隆五十年（1785），

---

544 《中央研究院歷史語言研究所現存清代內閣大庫原藏明清檔案》，登錄號056545，嘉慶元年元
    月二十四日。其他物品有象牙2枝、犀角4座、土紬600疋、土絹200疋、土布200疋、沉香1,000
    兩、速香2,000兩。謝恩儀：花犀角4座、象牙2枝、土紬100疋、土絹100疋。慶賀儀：象牙
    2枝、犀角6座、土紬100疋、土絹100疋、土布100疋。
545 參見何新華輯，「暹羅進獻貢物編年表」，收入何新華著，《清代貢物制度研究》，頁266-
    276。

暹羅國進金葉表文，計開金葉表文 1 頁、小金圈 16 個等等。[546]

　　以上林林總總的貢金都放在內務府的銀庫，《內務府銀庫月摺檔》是內務府堂官每月對金銀等物所做的庫藏報告，分為舊存、新收、除用、實在四項，稱為四柱清摺。乾隆十年（1745）奏准，「養心殿造辦處，每月向庫支領之物，分別實用暫用。各庫於月終開列給過物數清冊，送廣儲司，由司彙齊六庫清冊，覈對該處來文。將某庫某物，實用若干，暫用若干，移文該處覆覈，仍咨覆本司」。[547] 按照《內務府銀庫進項月摺檔》將庋藏各成色的合金轉換為純金，自 1740 年到 1795 年新收共 373,824 兩，用過 428,909.7 兩（參見圖 6-2）。

　　如圖 6-2 所示，乾隆十八年（1753）、乾隆四十四年（1779）兩年新收和除用的金子特別多。乾隆十八年（1753）金子的增加，因大學士領侍衛內大臣忠勇公傅恆奏准，將庫貯冊寶鎔化得八六色金 10,919 兩。乾隆三十八年（1773）總管內務府具奏具郎中福克精額等呈稱，東陵西陵換回金器共金 28,992.75 兩。又，和親王、定親王金寶及各色成金共 29,303.42 兩歸內務府。[548] 乾隆四十四年（1779），成造宗鏡大昭之廟都罡殿 1 座、五方佛殿 5 座，頭停脊料瓦片鍍飾，用頭等赤金 13,300.69 兩，因頭等赤金不敷，將銀庫存二等赤金、三等赤金、九成色金、八成色金、七成色金，共 13,176.55 兩，燒煉得頭等赤金 11,820.86 兩。除此之外，總管內務府奏收雲南巡撫裴宗錫恭進金廠抽獲，又貴州巡撫圖思德、四川總督文綬、山東巡撫國泰、廣西巡撫姚成烈、直隸布政使黃檢、兩廣總督巴彥三等恭進金子共 4,266.94 兩。[549]

　　乾隆四十五年（1780），六世班禪到熱河參與乾隆皇帝萬壽慶典，乾隆皇帝遂於四十四年（1779）在熱河新建須彌福壽之廟都罡殿，此殿屋頂為銅魚鱗瓦片等用金葉 15,315.35 兩，又第二次鍍金用金 15,315.35 兩。該年，在香山成造宗鏡大昭之廟，第一次鍍鈔用頭等赤金 13,300.69 兩，第二次鍍鈔也用了

---

546 《清宮內務府造辦處檔案總匯》，冊48，乾隆五十年二月〈記事錄〉，頁286-287。

547 〔清〕崑岡等奉敕撰，《大清會典事例（光緒朝）》，卷1190，〈內務府二一‧庫藏‧支發〉，頁851-852。

548 《乾隆朝內務府銀庫進項月摺檔》，乾隆十八年七月；乾隆三十八年六月。

549 《乾隆朝內務府銀庫進項月摺檔》，乾隆四十四年十一月至十二月。

頭等赤金 13,300.69 兩。[550] 此兩座寺廟共用頭等赤金 57,232.08 兩

《清稗類鈔》載：「我國之在漢時，黃金甚多，賜予臣下，動以斤計。自後或塗佛像，或製首飾，或造金箔，遂有種種之銷耗。明洪武乙卯，每赤金 2 兩，當銀 4 兩；乙丑，當銀 5 兩。萬曆時，漲至 7、8 兩。崇禎時，漲至 10 兩。」[551] 乾隆元年（1736）《九卿議定物料價值》載，頭等赤金每兩銀 9.15 兩，今核定銀 10 兩。二等赤金每兩銀 8.85 兩，今核定銀 9 兩。[552] 照工部核定的價格頭等赤金每兩銀 10 兩、二等赤金每兩銀 9 兩。而圓明園、萬壽山、內庭例葉子金每兩價銀 13 兩。[553] 內務府定的金價較接近市場價格，上述皇帝命雲南巡撫在當地買金子的道理也在此。

法國傳教士利國安神父（Laureati）說：「中國的金子純度不如巴西的高，不過比較而言價格也低得多，運到歐洲可賺 70％的利潤。」中國人很善於辨識是純的金銀，還是混雜了其他金屬。他們購物時有時也使用金子，但金子被當成了商品而不是貨幣。[554] 因為金銀兌換比率低，許多外國商人到中國採購黃金。《東印度公司對華貿易編年史（1635-1834）》記載，金的價格，中國比歐洲的價格低，約在 1700 年時，只值歐洲鑄造價格的三分之二。金元寶，名義上每個 10 兩重，售出基數按九三成色算；金的銀兩定價則很多在成色以上或以下。如 10 兩金，九四成色，按成色兌換等於 94 兩銀，許多船長或船員在中國採購黃金。[555] 西方商人在十八世紀的前四分之三世紀仍有利可圖，可見清代製作金的成色技術穩定。

乾隆內務府的庋藏金子多用於成做器物，到嘉慶皇帝則將各種成色的金子交由兩淮鹽政、蘇州織造等變價。如嘉慶四年（1799），皇帝諭旨：「現在廣

550 《乾隆朝內務府銀庫進項月摺檔》，乾隆四十四年十一月。造辦處文開奏准，成造宗鏡大昭之廟、都罡殿1座、五方佛殿5座、頭停脊料瓦片等項，辦買物料工價，領銀25,714.12兩。

551 〔清〕徐珂著，《清稗類鈔》，頁2315。

552 〔清〕工部編，《九卿議定物料價值》，卷1，頁5。

553 姜亞沙等主編，《清代宮苑則例匯編》，冊5，頁138-139。

554 〔法〕杜赫德編，鄭德弟、呂一民等譯，《耶穌會士中國書簡集：中國回憶錄》，卷2，頁117-118。

555 Hosea Ballou Morse, *The Chronicles of the East India Company Trading to China, 1635-1834*, vol. 30, p. 6.

儲司銀庫存貯各色金甚多，除擬留備用頭等金 3,000 兩、八成金 1,000 兩、七成金 1,000 兩外。著交兩淮鹽政徵瑞 2 萬兩、蘇州織造全德 1 萬 6 千 4 百 62 兩 4 錢 1 分，據實變價。」兩淮鹽政管轄下的鹽商財力雄厚，2 萬兩黃金變價很快售完，但蘇州織造全德說該地「鋪商等資本微薄，不能預行墊買，約計三年後方可銷完。」蘇州酌留二、三等金 3,386.52 兩，其餘色金 13,075.89 兩解交兩淮鹽政售變，按 1 兩金子換銀 17 兩，應交內務府銀 222,290.13 兩。[556]

至同光朝，內務府銀庫庋藏金子不足，宮廷要求粵海關每年進金。根據粵海關稅關監督奏摺稱，粵海關於同治七年（1868）間承准內務府箚行，每季解交庫平足金 1,000 兩以供應用。光緒十四年（1888）兩廣總督張之洞與粵海關稅關監督長有的奏摺說，光緒元年的金價每兩約銀 18.5 兩，戶部駁稱京城足金市價每金一兩銀 15 至 16 兩，應實開支價銀 16 兩，不得任意加增。長有於光緒十三年（1887）到任，實金價一兩值銀 23.6 兩。十四年需價銀 24.8 兩。因「洋人通商以來販運各項洋貨，各商均用足金，較用洋銀為便。又洋商赴各省貿易，多買足金出洋，往返圖利，以致各省金價一律騰貴」。[557] 粵海關購買黃金以一季 1,000 兩來說，一年 4,000 兩，同治七年（1868）到光緒三十四年（1908）約四十年時間，內務府獲得金子約 16 萬兩，尚不及乾隆朝的一半。

以上討論為解釋乾隆朝和清中後期製作鍍金器物之差異，乾隆朝金子庋藏量多，成做器物至今仍光彩奪目，而清中後期金量變少，鍍金器物屢有脫落、黯淡無光。

（二）清宮使用的銅

中國歷史上的鍍金器物，大都以銀鍍金。銀器鍍金的成本高，康熙時代從日本進口洋銅，乾隆時代中國在雲南發現大量的紅銅，因此清朝銅鍍金的器物

---

556 《內務府奏案》，文獻編號05-0476-044，嘉慶四年七月二十三日；文獻編號05-0482-011～012，嘉慶五年閏四月二十二日。

557 《宮中硃批奏摺‧財政》，檔案編號0402-001，光緒十四年十月十九日。

比明代多。[558] 不過，中國煉銅技術比不上日本，內務府所用的「紅銅條」是由日本進口的洋銅。乾隆九年（1744）八月〈記事錄〉載，太監胡世傑傳旨，「鄧八格成做之活計甚屬粗糙，亦不堅固，交怡親王海望申飭。概銅不淨之故，嗣後著用淨銅」。[559] 造辦處大臣舒文奏摺說：「杵頭銅斤俱係雜項銅斤渣釉淘澄，鉛性過重，難以鍍金。」[560] 雜色銅若含鉛過多，不能鍍金。[561]《當譜集》提到：「有種小者其條細小，色紅如火，形如爐一樣，名洋條是自高的。又一種海青片其相有大小如錫蓋一樣，比上、二等又次。又有一種大的，比洋條壯而長形，色不得如洋條美，其成色次了。」[562] 這說明洋銅較為純淨。享保十年（1725）大坂（今大阪）設置銅吹所，即銅提煉廠稱為銅座，將大阪出產的粗銅提煉為棹銅，棹銅直徑 2 公分，長 70 公分，重量 300 公克。每箱 200 根，重 60 公斤，箱子上寫「御用棹銅」字樣。劉萬航也認為鍍品胎體最好用純銅，如改用青銅或黃銅製，其含錫或鋅量不可超過 20％，因超過此比例，在鍍金時不易將所用水銀完全除去，會影響鍍金均勻的色彩。[563] 日本棹銅的純度較高，所以內務府選擇洋銅鍍金。

乾隆年間中國提煉紅銅的成色較日本銅低，根據內閣大學士阿桂（1717-1797）、李侍堯（？-1788）奏稱，各省鼓鑄銅斤俱用紫板，為京局專用蟹殼，並提及板銅成色如蟹殼均在八四、八五成以上（84-85％）。[564] 運往北京的銅稱為蟹殼銅，造辦處檔案有時將蟹殼銅稱為海殼銅，雲南話將蟹發音成海，海

558 中央研究院漢籍資料庫查詢明代「銅鍍金」僅有《明實錄》一則，《七修類稿》一則。資料庫網站：http://hanchi.ihp.sinica.edu.tw/ihpc/hanji?@@1435988837（檢索日期：2015年3月11日）。

559 《清宮內務府造辦處檔案總匯》，冊12，乾隆九年八月〈行文〉，頁301。

560 《清宮內務府造辦處檔案總匯》，冊42，乾隆四十四年十月〈鑄爐處〉，頁738-739。

561 路迪民、王大業編著，《中國古代冶金與金屬文物》（西安：陝西科學技術出版社，1998），頁78。

562 《當譜集・清乾隆二十四年抄本》，收入國家圖書館分館編，《中國古代當鋪鑑定秘籍》，頁121-122。

563 劉萬航著，《金銀裝飾藝術》，頁26。

564 《中央研究院歷史語言研究所現存清代內閣大庫原藏明清檔案》，登錄號058785，乾隆四十二年七月七日。另一則檔案記載雲南省寧台銅廠每年辦蟹殼銅200萬斤、紫板銅90萬斤。該廠銅質較低，煎煉後方成紫板，又將紫板煎成蟹殼方可配搭鼓鑄。登錄號188806，嘉慶十年七月二十五日。

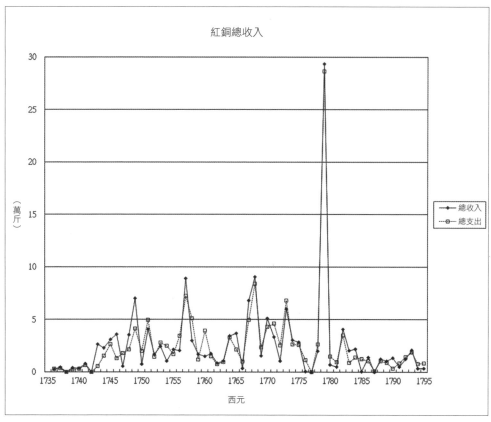

圖 6-3：乾隆年間內務府瓷器庫貯藏紅銅數量
資料來源：《乾隆朝內務府廣儲司瓷庫用項月摺檔》。

殼銅應該就是蟹殼銅。[565] 北京當鋪秘籍稱：「雲南出銅礦，有雲銅餅發白色，每個重 2 斤 6 兩，大者不過 3 斤。貴州亦出銅礦。四川亦出銅礦，銅餅重 3 斤半，發紅色。川銅、雲銅出山時，俱係小銅餅。至漢口改槽。雲銅高、川銅低，價亦不同。」[566]《當譜集》稱之為「銅餅子」：「餅子面上要有圪塔，有芝葉

---

565 據《永憲錄》載：「雲南礦銅名曰蟹殼銅。」〔清〕蕭奭，《永憲錄》（北京：中華書局，1959），卷2，頁142。

566 《論皮衣粗細毛法・清道光二十三年抄本》，收入國家圖書館分館編，《中國古代當鋪鑒定秘籍》，頁157。

花，其塔邊花至邊打紛紅色即是頂高一種。如面上沒有圪塔，打開是草黃色，是次的一種。」[567]

　　廣儲司瓷庫貯藏紅銅，自乾隆八年（1743）到六十年（1795），除了乾隆四十二年（1777）缺資料外，其餘年分紅銅的總收入為 1,263,718 斤，支用的紅銅為 1,274,725 斤。[568] 養心殿每年編列《養心殿造辦處收貯清冊》，分舊存、新進、實用、下存四柱清冊，新進紅銅、紅銅葉自乾隆元年（1736）到六十年（1795）間有二十四年分缺資料，其餘年分的紅銅總收量為 265,978 斤；實用紅銅有二十年分缺資料，其餘年分總支出為 233,705 斤。以上兩單位的紅銅總收入為 1,529,696 斤，支出紅銅為 1,508,430 斤。圓明園銀庫因英法聯軍燒毀而沒有資料存留。目前以廣儲司瓷庫和養心殿造辦處的收支，繪成圖 6-3。

　　乾隆年間初期和晚期用的紅銅數量較少，從乾隆九年（1744）開始興建藏傳佛寺，使用紅銅鍍金的屋瓦，紅銅的使用量大為增加。其中以乾隆四十四年（1779）為多，該年新建須彌福壽之廟都罡殿，此殿屋頂為銅魚麟瓦片等共用紅銅 120,163 斤。[569] 如前述，同年在香山建宗鏡大昭之廟，亦採銅瓦鍍金，其紅銅使用應在 10 餘萬斤以上。圖 6-3 所示之 1779 年紅銅消耗 20 餘萬斤，應當是製作銅瓦的結果。

　　過去，筆者已發表兩篇論文探討宮廷製作的銅佛像和各種器物。[570] 根據內務府庫掌四德奏稱：「查得銅佛三尊係黃銅鑄造比較紅銅鍍出，顏色微淡且有浮光。」皇帝諭旨：「傳作鍍金佛時，著用紅銅鑄造。」[571] 所以黃銅鍍金較少，不在本章討論範圍。

---

567 《當譜集・清乾隆二十四年抄本》，收入國家圖書館分館編，《中國古代當鋪鑒定秘籍》，頁121。

568 《內務府廣儲司瓷庫月摺檔》，瓷庫資料自乾隆八年到六十年。

569 國立故宮博物院藏，《軍機處檔摺件》，文獻編號028524，乾隆四十五年十月十六日。

570 賴惠敏、蘇德徵著，〈清朝宮廷製作黃銅技術與流傳〉，《吉林師範大學學報（人文社會科學版）》，2015年1期，頁43-53。

571 《清宮內務府造辦處檔案總匯》，冊31，乾隆三十三年十二月初二日〈金玉作〉，頁490。

（三）水銀

鍍金用的金汞齊是金葉放在水銀中加熱烘烤形成金泥。關於水銀的產量，據《吳承洛調查礦冶誌略》一文載，清代水銀礦總產量每年約 1,000 噸，其中 400 噸出自貴州之白馬洞，除應國內要需外，由廣州出口者不在少數。後來貴州亂事頻仍，礦業一蹶不振。[572] 據丁格蘭之觀察，將最重要之礦約計每年所出汞，及硃砂所含汞兩者之總數列於表 6-1。

礦場	擔數（每擔 100 斤）
貴州萬山場	1,440
貴州八寨	300
貴州大峒喇	140
湖南猴子坪	134
貴州婺川印江黃平	100
四川溪口龍門廠硃砂溪	25

表 6-1：貴州、湖南、四川產水銀的數量
資料來源：《吳承洛調查礦冶誌略》，收入〔清〕劉錦藻撰，《清朝續文獻通考》，卷 390，頁 11389-1～11389-2。

因境內水銀產量不敷需求，十八世紀中國從廣州進口水銀。《東印度公司對華貿易編年史（1635-1834）》一書記載水銀為廣州進口的商品之一，1700 年進口水銀 64 擔，共銀 2,864 兩，每擔約 44.8 兩，此後逐年增加至數百擔。除了東印度公司的船隻，丹麥、荷蘭、美國的船隻也進口水銀。但十九世紀上半葉以美國船隻進口水銀數量最多，如 1823 年，水銀 8,210 擔、492,600 元；1824 年水銀 6,452 擔、374,216 元；1827 年水銀 8,934 擔、696,852 元；1828 年水銀 6,374 擔、446,180 元；1829 年水銀 5,643 擔、395,010 元；1830 年水銀 5,644 擔、395,080 元；1831 年水銀 10,295 擔、720,650 元；1832 年水銀

572　《吳承洛調查礦冶誌略》，收入〔清〕劉錦藻撰，《清朝續文獻通考》（臺北：臺灣商務印書館，1987），卷390，頁11389-1～11389-2。

10,154 擔、629,548 元。[573]

三、鍍金工匠的來源與管理

內務府廣儲司有六庫，其中瓷庫銅作專司鑄造各樣銅錫器皿，拔絲、胎鈑、鏨花、燒古及樂器等事，設有司匠、領催和各種匠役。另有外僱工匠，以及來自尼泊爾、新疆的工匠等，說明宮廷的工藝技術來自各地，展現多元文化的色彩。

（一）內府工匠

銅作設八品司匠 2 員、領催 5 名、化銅匠 5 名、銅匠 7 名、錫匠 25 名、拔絲匠 12 名、擰索匠 6 名、鑄銅匠 1 名、撥蠟匠 3 名、上泥匠 1 名、燒古匠 3 名、洗鏡匠 3 名、琵琶匠 2 名。[574] 另外，廣儲司銀庫成做金銀器皿的工匠，有化銀匠 14 名、煉金匠 7 名、纍絲匠 25 名、鏨花匠 22 名。[575] 各項匠役，由內務府三旗左右兩翼挑選，所食錢糧，由各該旗自行關領。[576] 除了每月領取俸餉、糧米外，康熙年間工匠有官飯分例，每名日給羊肉 2 兩、老米 9 合、豆腐、豆芽菜、青菜各 4 兩、麵醬 1 兩、清醬 5 錢，煤、木柴各 1 斤、黑炭 1 兩。[577] 乾隆年間食糧匠折銀每日給銀 3.75 分。[578] 官員挑取匠役，第一年為學生，不叫他成造活計，第二年為半工，三年者為整工。若三年後仍不能成做活計，即行革退。

---

573 Hosea Ballou Morse, *The Chronicles of the East India Company Trading to China, 1635-1834.*, vol. 6, p. 69; vol. 8, pp. 90, 97; vol. 11, p. 124; vol. 12, pp. 129-133; vol. 13, p. 144; vol. 80, p. 84; vol. 82, p. 99; vol. 84, p. 158; vol. 85, p. 181; vol. 86, p. 195; vol. 88, p. 248; vol. 89, p. 271; vol. 91, p. 339.

574 〔清〕佚名輯，《總管內務府現行條例（廣儲司）》，卷1，頁22。

575 〔清〕佚名輯，《總管內務府現行條例（廣儲司）》，卷1，頁22。

576 〔清〕崑岡等奉敕撰，《大清會典事例（光緒朝）》，冊12，卷1214，〈內務府四五·工作·造辦處職掌〉，頁1079-1～1079-2。

577 吳兆清著，〈清代造辦處的機構和匠役〉，《歷史檔案》，1991年4期，頁79-86、89。

578 姜亞沙等主編，《清代宮苑則例匯編》，冊5，頁215。

若有技藝特等精巧的匠役給食二兩錢糧，頭等精巧的匠役給食一兩錢糧。[579]

從乾隆三十八年（1773）鍍金作遭竊盜案件可了解鍍金作的匠役和管理的催長、庫長等。事因該年三月十四日夜間，造辦處鍍金作遺失撒袋上紅銅小什件 12 件、黃銅小螺螄釘子 79 件、經板上重二錢金獸面 1 件。內務府衙門嚴審該作匠役梁三達子、呂明德等五人，他們說三月十四日晚間庫掌五德等，帶同匠役將各作房門及院門封鎖後，方始散出。十五日早工匠進院內，見鍍金作門鎖未動，窗戶撬開。因失竊物品，懲處鍍金作匠役梁三達子、呂明德等，既知有承做未完活計，當留人在內看守，乃怠惰偷安並不值宿。請照倉庫曠班例，各鞭六十。鍍金作副催長憲德等自當派人看守，乃並不在內值宿，又不妥協收貯，以致遺失罪實難逭。副催長憲德金江請照倉庫曠班例，各鞭六十。至於庫掌五德係專管鍍金作之人，乃平素疏於防範。催長邵德及值班之雲騎尉福山，均係是日在內值宿之人，並未嚴加巡查以致官物遺失，請將庫掌五德、催長邵德、雲騎尉福山均照失查例各罰俸一年。[580] 由此可知，鍍金作組織有庫長、催長、副催長、匠役等。

（二）外僱工匠

此外，內務府還有外僱匠役。如乾隆三十八年（1773），內務府所有做活外僱匠役，每日出入禁門各按作廠，除派帶匠栢唐阿、領催赴門各遞報單查明數目帶進。至散工時仍令帶出將報單，掣向相應移咨景運門查照辦理。[581] 造辦處向例外僱匠長工每日給銀 1.8 錢，短工每日給銀 1.4 錢。長短工之分是以晝長夜短或晝短夜長來計工價。[582] 成造鼎爐所用匠工除外僱匠工照例給發工價外，每日按工給發飯銀 3.6 分，以為匠役等每日飯食之資。每日所進匠工照數

---

579 〔清〕佚名輯，《總管內務府現行條例（廣儲司）》，卷1，頁23。

580 《清宮內務府奏銷檔》，冊103，乾隆三十八年十二月二十日，頁460-471。

581 《清宮內務府造辦處檔案總匯》，冊36，乾隆三十八年〈行文〉，頁820-821。

582 〔清〕佚名輯，《總管內務府現行條例（廣儲司）》，卷1，頁18。

登記，十日一次給發工價。[583] 外僱工匠中若有技術超群者，有可能延攬為內務府工匠。乾隆二年（1737）定，其技藝精巧者，當差應照養心殿造辦之例。將畫樣人照二等例給食 6 兩錢糧。[584]

宮廷外僱工匠是有組織的，乾隆元年（1736）規定：「管工官分飭各屬，擇樸實有身家者，點為夫頭。各將召募之夫，取具甘結存案。其夫役每人各給火烙腰牌一面，稽查出入。」[585] 清朝規定殷實之家擔任夫頭，招募的工匠取具甘結，進入宮廷給腰牌以便稽查。

（三）尼泊爾工匠

稽若昕提到乾隆朝內廷匠役甚多，南來工匠如蘇州或粵海關與北匠加在一起遠超過 100 人。[586] 然而，鍍金匠還有來自尼泊爾，他們有等第之分。羅文華《龍袍與袈裟：清宮藏傳佛教文化考察》一書，曾討論乾隆九年（1744），巴勒布（現在的尼泊爾）六位工匠成做佛像鑲嵌寶石，並將技術傳遞給宮廷的工匠等。[587] 乾隆十年（1745）十一月二十六日，七品首領薩木哈來說太監胡世傑傳旨：「著怡親王海望議藏裡人三等，賞議准奏明再賞。欽此。」於十二月初一日，內大臣海望議得賞丹丟頭等銀 10 兩、嘉那嘎拉二等銀 8 兩、巴羅興等三人三等每人銀 7 兩、跟役嘛錦四等銀 5 兩，共銀 44 兩，動用造辦處錢糧。[588]

---

583 《清宮內務府造辦處檔案總匯》，冊9，乾隆四年三月〈爐作〉，頁66-69。

584 《清宮內務府奏銷檔》，冊20，乾隆三年十一月三十日，頁162-166。

585 〔清〕崑岡等奉敕撰，《大清會典事例（光緒朝）》，卷952，〈工部九一·匠役·雇覓〉，頁881-2。

586 稽若昕著，〈從《活計檔》看雍乾兩朝的內廷器物藝術顧問〉，《東吳歷史學報》，期16，頁53-105。

587 羅文華著，《龍袍與袈裟：清宮藏傳佛教文化考察》，下冊，頁588-597。有關巴勒布的描述，參見乾隆四年（1739）駐藏侍郎杭奕祿奏，西藏西南三千里外，巴勒布部有三汗：一名庫庫木（或稱庫科目）；一名顏布（或稱陽布，今加德滿都）；一名葉楞（或稱易隆），雍正十二年曾遣使恭請聖安。參見〔清〕慶桂等奉敕修，《大清高宗純皇帝實錄》，卷-1，頁405-2。

588 《清宮內務府造辦處檔案總匯》，冊13，乾隆十年〈記事錄〉，頁575。另一則西藏金匠賞銀檔案為乾隆九年（1744）十二月二十六日，七品首領薩木哈來說太監胡世傑傳旨：賞做金佛藏裡匠役每名銀十兩，跟役賞銀五兩。雍和宮鑄佛匠每名五兩，俱動用造辦處銀兩。《清宮內務

這些巴勒布來的工匠和養心殿造辦處匠役等所食錢糧有點不同，養心殿頭等每月給食錢糧 12 兩；二等給食錢糧 6 兩；三等給錢糧 5 兩；四等給食錢糧 3 兩。[589]不過這些工匠到北京水土不符，乾隆十一年（1746）便回去了，獲得乾隆皇帝賞銀。丹丟頭等賞銀 21 兩、甲那噶拉二等賞銀 18 兩、巴羅興等三人三等賞銀17 兩、跟役嘛錦賞銀 10 兩。[590]乾隆四十六年（1781），仲巴胡土克圖說西藏鍍金係巴爾布（即巴勒布）匠役成造，其鍍金係用十足高金鍍飾，如不妥，再為再度，仍用茜草水提炸則金水即能較紅。每寸用金 4 釐鍍飾一次。[591]

乾隆五十四年（1789），成都將軍鄂輝奏稱，巴勒布向來有千百人在西藏備工買賣，而西藏人也在巴勒布販運糧食布疋，西藏與巴勒布的貿易頻繁。[592]周藹聯在乾隆五十六年（1791）到過西藏，其《西藏紀遊》描述巴勒布之人在藏貿易者被稱為嘩咈子，在藏地置售氆氌、細迭等物，亦能製造金銀諸器，不用模範工巧勝於內地。[593]巴勒布人技藝高超，其工藝不但影響了西藏，也影響清宮。

（四）新疆工匠

乾隆二十五年（1760），新疆巴里坤幫辦大臣同德等奏報：「厄魯特歸附人內，查有特莫爾沁鄂托克鐵匠藍翎策伯克、圖蔔珠爾；兵丁上行走察海、察罕布林古特、丹巴、額濟斯、霍卓依等 7 人，均來軍營請求歸附效力行走；又有阿勒塔沁鄂托克金匠尼瑪現在巴里坤。臣等請於解送此等匠役，在回地令其乘騎己馬，抵達巴里坤再支予驛車前往京城。等因具諮前來。」筆帖式穆成額帶領鐵匠藍翎策伯克等男丁、妻子共 16 口，預備厄魯特人車輛、盤糧，著筆

府造辦處檔案總匯》，冊12，乾隆九年〈記事錄〉，頁323。

589 《清宮內務府奏銷檔》，冊20，乾隆三年十一月三十日，頁162-166。

590 《清宮內務府造辦處檔案總匯》，冊14，乾隆十一年〈記事錄〉，頁365。

591 《清宮內務府造辦處檔案總匯》，冊45，乾隆四十六年正月〈鑄爐處〉，頁109-113。

592 國立故宮博物院藏，《宮中檔乾隆朝奏摺》，文獻編號403057224，乾隆五十四年五月二十六日；文獻編號403057863，乾隆五十四年七月十六日。

593 〔清〕周藹聯著，《西藏紀遊》（北京：全國圖書館文獻縮微複製中心，1991），卷1，頁4。

帖式穆成額騎乘營馬，沿途好生收管解送。[594]

　　這些匠役到造辦處成做活計，該年三月十六日，郎中白世秀員外郎金輝來說太監胡世傑傳旨：新到厄勒忒（厄魯特）10人內，阿哈查珂等9名，交造辦處做活計。於二十七日郎中白世秀、員外郎金輝將達子尼馬做得銅盤1件，阿克查哥做得銀鈕子5個持進，交太監胡世傑呈覽。奉旨：「伊學者做活計胎鈒，欽此。」於四月初七日郎中白世秀員外郎金輝將尼馬做得紅銅台撒蓮花1件持進。於四月十六日奉王公大人諭厄爾特匠役尼馬做活甚屬巴結，賞給布衣1套、銀2兩，其日用茶水之費每月賞給銀9錢。[595] 鉛鈒、胎鈒、台撒都指西藏工藝，新疆的工匠本來不會這種工藝，到內務府才學習這技術。關於胎鈒工藝，詳於後述。

四、清宮鍍金的技術和實例

　　據袁凱錚研究用失蠟法鑄造鎏金佛像像座整體鑄造，大約0.34公尺。像座分離、無基座、分部件鑄造約0.65公尺。也就是說西藏、尼泊爾用失蠟法單體鑄造佛像有尺寸的限制。然而，製作較大尺寸的銅佛像時採用分部件鑄造組合。而鍛打銅板「胎鈒」，可製作佛像尺寸從0.3公尺到30公尺。在西藏銅像製作業中鍛打工藝的銅佛像占極高比例，而鑄造工藝主要用來製作小尺寸的佛像（參見圖6-4）。[596] 2013年袁凱錚從清宮活計檔發表西藏傳統銅佛像製作工藝影響宮廷技術，他認為乾隆之前中原地區的銅像多為鑄造，鍛製的幾乎沒有，包含模製錘打成形工藝。[597] 乾隆朝造辦處檔案出現「紅銅鉛鈒鍍金」、「紅銅台撒鍍金」或「紅銅胎鈒鍍金」，可見清宮製作佛像承襲了西藏工藝。

594 《軍機處滿文錄副奏摺》，檔案編號03-1804-018，乾隆二十五年正月初四日。

595 《清宮內務府造辦處檔案總匯》，冊25，乾隆二十五年三月〈記事錄〉，頁634-635。

596 袁凱錚著，〈試論藏傳佛教銅佛像外部特徵與其製作工藝〉，《西北民族大學學報（哲學社會科學版）》，2009年5期，頁82-89。

597 袁凱錚著，〈西藏傳統銅佛像製作工藝的另面觀察——基於清宮活計檔案記錄的討論〉，《西藏研究》，2013年1期，頁62-75。

胎鈒工藝技術複雜，以下利用極樂世界金寶頂和鍍金佛像說明胎鈒程序以及鍍金過程。

（一）極樂世界金寶頂

　　乾隆三十三年（1768），為慶祝皇太后八旬萬壽聖節，總管內務府大臣三和等奏准，領極樂世界工程物料工價 272,778.44 兩。極樂世界面積 1,246 平方公尺，高 26.9 公尺，四隅各有亭，池流環抱。四面跨白石橋，橋外有琉璃坊。[598]殿上安設紅銅鍍金大寶頂，高 8 尺，上徑 7 尺，座徑 5.5 尺。乾隆三十五年（1770）成造極樂世界紅銅胎鈒鍍金寶頂 1 座，水槽紅銅條 2,279 斤，水銀 53斤等。工程銀兩項下動用鍍金葉，向廣儲司行取應用，水槽紅銅條交廣儲司轉行戶部寶泉局領用。[599]材料的計算方式以見方寸為單位，素活是平坦表面的活計每寸用金 4 釐，花活是表面有圖案的活計，每寸用金 5 釐（參見圖 6-5）。

　　根據溫廷寬的研究，製作胎鈒的方法，主要就是燒鍛和錘打的連續反覆過程。第一是燒鍛技術。工匠將紅銅條打成銅葉子取銅板一塊，照所需樣式尺寸剪裁好，在銅板上鏨出圖像後，經爐火燒鍛以增加銅的延展性稱為「熟坯」，銅板被錘打一次後，需加火燒鍛一次以恢復其延展性，才能再錘。[600]袁凱錚引造辦處檔案說銅板由工匠錘打成薄片，「將紅銅條五百斤化土槽打葉子」，用鍛打工藝製作佛像節省材料。[601]表 6-2 中的化銅匠和打銅匠應是胎鈒的前置作業。

598 〔清〕慶桂等編纂，左步青點校，《國朝宮史續編》（北京：北京古籍出版社，1994），卷68，頁623-627。

599 《清宮內務府奏銷檔》，冊86，乾隆三十四年七月初三日，頁39-47。

600 溫廷寬著，〈幾種有關金屬工藝的傳統技術方法（續）〉，《文物參考資料》，1958年9期，頁62-64。

601 袁凱錚著，〈西藏傳統銅佛像製作工藝的另面觀察——基於清宮活計檔案記錄的討論〉，《西藏研究》，2013年1期，頁62-75。

圖 6-4：鍍金佛像
資料來源：蒙古冬宮藏。

圖 6-5：極樂世界金寶頂
資料來源：作者拍攝。

圖 6-6：收集松脂
資料來源：作者拍攝。

工匠名稱	人數	工資銀（錢）	出處
化銅匠	72	1.54	
打銅匠	2,258	1.54	
收攄匠	13.5	1.54	
胎鈒匠	1,924.5	1.54	〈奏為詳估造寶頂用銀料事〉，冊 294，乾隆三十四年七月三日，頁 240-248。
攢焊匠	192	1.54	
銼刮匠	136	1.54	
磨匠	65	1.54	
化金匠	20	1.54	
鍍金匠	371	1.54	
炸黃匠	59	1.54	
共用外僱匠 5,111 工，共銀 787.09 兩			
壯夫	78	0.8	同上
共用外僱匠 78 工，共銀 5.68 兩			

表 6-2：工匠人數與工資

　　第二為錘打技術，首先是「拋」的方法，銅板被搋的部分置於方鐵砧上，用拋錘在背面錘打，使銅板延展凸起。其次是「借」，銅板某部分需要凸起，如鼻部，用四周的銅壓擠推移，這方法稱為借。再來是「鏨」，銅板打好，表面不夠齊整，使用鏨子進行錘打。襯墊銅型必須用烤軟的特種膠以手指緊按，充填在銅型背面。然後根據不同地方樣式和凹凸面，用錘擊鏨子在銅型表面細緻敲打。[602] 袁凱錚提及，應在銅板的背後塗上一層松香、膠泥填充中空部分，讓佛像堅固、不變形，然後再貼上木板並用膠泥固定銅板的邊緣。佛像錘打工作完成後，松香膠泥用鏟子輕敲即可剝落，松香可以反覆熔化使用。[603] 內務府檔案提到胎鈒灌膠「每折見方 1 尺用膠 100 斤，每次化膠折耗 2 兩。對膠每斤

---

602 溫廷寬著，〈幾種有關金屬工藝的傳統技術方法（續）〉，《文物參考資料》，1958年9期，頁62-64。

603 袁凱錚著，〈試析藏族兩種傳統鑄造工藝的存在——由傳統銅佛像製作引發的思考〉，《中國藏學》，2012年3期，頁175-185。

用松香 11 兩、香油 3 兩。」[604] 表 6-2 中的胎鈒匠近 2,000 名，可見這工作是很吃重的。

　　金寶頂是兩塊以上的銅板拼起來，需要焊接。焊接之前，先將兩塊銅型銜接邊緣用銼刀打磨齊平，使兩者接對嚴密，銼刮匠即進行此工作。然後用鐵絲從外面捆牢，再以小勺鏟起焊藥撒在銅型背裡面的接縫處，撒一些焊藥即用火在外烤一下，再撒再烤，直到焊藥黏滿接縫處，再把銅型放在火上加高熱，讓銅鋅合金的焊藥鎔化滲入接放處，將兩塊銅型焊牢，此為攢焊匠工作。[605] 由攢焊匠焊接器物的細縫，攢焊是將製成的紋樣拼在一起，通過焊接組成完整的工藝過程。利用硼砂液熔化易熔的金屬，借以黏在難熔的金屬上。《圓明園內工廣儲司磁器庫銅作則例》載焊縫「每湊長 1 尺用白炭 1 斤、硼砂 2 分、用銀焊藥 2 分。」[606] 內務府用銀焊藥與現代用錫焊藥不同。

　　根據柳澤光治、定力金藏的研究打銅匠打了銅器後，表面需要打磨抛光。特別是凹凸處必須抛光，用鋼銼銼新，再用粗細砂布打磨，然後用細砂紙磨光，最後用椴木磨炭水抛光。一般貴重金屬鍍金品，用松脂為研磨料（參見圖6-6），再用鋼製蒫，發其光澤。[607] 表 6-2 的磨匠即從事打磨抛光工作。

　　上述胎鈒所需材料松香、香油等在內務府買辦物料中也有，參見表 6-3。又，此表中有酸梅、白礬、鹼等物料與鍍金有關，《清宮內務府奏銷檔》記載，鍍金每兩用水銀 7 兩、酸梅 4.8 兩、白礬 4.8 兩、鹼 4.8 兩、鹽 3.2 兩、棉花 5 錢、白布 3 寸、黑炭 15 觔、白炭 7.8 兩、磨金炭 4 兩。[608]

---

604 吳山主編，《中國工藝美術大辭典》，頁1021。

605 溫廷寬著，〈幾種有關金屬工藝的傳統技術方法（續）〉，《文物參考資料》，1958年9期，頁62-64。溫廷寬提到焊藥的製作為銅、鋅各半，再滲入25％的硼砂，即成銲銅藥。《清代宮苑則例匯編》載，攢焊每尺用焊藥8分、硼砂3分、銅匠8分工。姜亞沙等主編，《清代宮苑則例匯編》，冊12，頁262、278-279。溫廷寬的配方是銅40％、鋅40％、硼砂20％；而清代宮苑則例匯編的銅42％、鋅42％、硼砂16％。

606 姜亞沙等主編，《清代宮苑則例匯編》，冊5，頁447。

607 〔日〕柳澤光治、定力金藏著，西生譯，〈電器鍍金工業〉，《河北工商月報》，卷1期9（1929），頁181-190。

608 《清宮內務府奏銷檔》，冊88，乾隆三十五年七月十一日，頁446-457。共用買辦銀64.73兩，焊藥6.96兩。通共用買辦並焊藥工價銀939.39兩。

材料名稱	數量	單價	總價	出處
化銅罐	72 個	1 錢	7.2 兩	
化金罐	20 個	0.05 錢	0.1 兩	
松香	1,149 斤	0.25 錢	28.73 兩	
香油	383 斤	0.6 分	22.98 兩	〈奏為詳估造寶頂用銀料事〉，冊294，乾隆三十四年七月三日，頁240-248。
硼砂	11 兩 5 錢	每斤 2.8 錢	0.2 兩	
酸梅	18 斤 3 兩	0.6 錢	1.09 兩	
白礬	18 斤 3 兩	0.2 錢	0.36 兩	
鹼	18 斤 3 兩	0.28 錢	0.21 兩	
鹽	12 斤	0.12 錢	0.145 兩	
棉花	1 斤 14 兩	1.2 錢	0.125 兩	
磨炭	15 斤 2 兩	0.5 錢	0.756 兩	
共用買辦銀 62.295 兩，焊藥 6.91 兩。通共用買辦並焊藥工價銀 861.98 兩				

表 6-3：內務府製作金寶頂買辦物料

製成的寶頂需鍍金，表 6-2 的化金匠、鍍金匠、炸黃匠都屬於鍍金的工匠。每鍍金長 4 尺寬 1 寸用鍍金匠 1 工，計 742 工。每炸黃長 2.5 丈寬 1 寸用，炸黃匠 1 工計 118 工。每炸黃匠 10 工，外加挑水籠火壯夫 12 名計 142 名。[609] 工匠的工資是按照鍍金物品的尺寸，每鍍金長 4 尺寬 1 寸用鍍金匠 1 工。雖然內務府的工匠中也有鍍金匠，但製作火鍍金燒汞的毒性強，製作鍍金的工匠主要組成為 400 餘位外僱工匠，而不是使用內務府自身的工匠。

鍍金的器物表面適當處理過後即準備鎏金棍，依照鍍器物的大小選取適用的銅棍，將其前端打扁，並略翹起像小鏟子。此銅棍表面需打磨光滑及清潔乾淨，用煮熱的酸梅湯塗抹其前端，並浸入水銀內。如此反覆塗抹、浸入幾次後，銅棍前端黏滿水銀，就製成作業中的主要工具金棍，可用於後續鍍金程序例如攪拌金汞齊、塗抹金泥於器物上等。[610]

---

609 《清宮內務府奏銷檔》，冊88，乾隆三十五年七月十一日，頁446-457。共用買辦銀64.73兩，焊藥6.96兩。通共用買辦並焊藥工價銀939.39兩。

610 溫廷寬著，〈幾種有關金屬工藝的傳統技術方法〉，《文物參考資料》，1958年3期，頁62-63；劉萬航，《金銀裝飾藝術》，頁26-28。

接下來將金絲放在乾淨的耐熱不銹鋼坩鍋中加熱至坩鍋與金絲同時燒紅（約 700℃ 至 800℃ 之間），再穩重又快速地將水銀和金葉倒入坩鍋中，用堅硬的木炭棒攪拌。內務府檔案載，每化金三兩用化金匠 1 工、傾銀罐 1 個。[611] 而攪拌與冷卻期間會產生大量的 Au_2Hg 金汞合金顆粒形成金泥。[612] 劉萬航認為黃金與水銀重量比大約為 3 比 8，不過內務府材料水銀按金的重量之 7 倍。以內務府配方為例，122℃ 金汞齊中 Au_2Hg 占 24.69％ 重量百分比，汞占 75.31％ 重量百分比。

製備出均勻分布的金汞合金膠體，即可用金棍將此膠體塗抹到待鍍金屬器物上以讓液態汞開始揮發。但在常溫下水銀蒸發極慢，必須進行烘烤加熱去汞。[613] 劉萬航提到烘烤器物使用木炭烘烤，而吳元康提到烘烤可用優質木炭或焦炭；內務府則是使用黑炭、白炭和焦煤。

加熱過程中金泥鍍覆表面所含的水銀開始蒸發，等冒白煙時就暫停烘烤，執硬鬃刷在鍍品表面拍打使金附貼。加熱溫度愈高，金層中含汞量愈低，鍍金層愈趨近於純金。但如果將器物加熱至超過 350℃，會使黑色的氧化銅層在金底下形成，氧化層會因為時間和溫度的提高而加厚，最後使金汞合金鍍覆剝落。[614] 另外工匠還需用棉花按擦其表面，因為金泥加熱至較高溫度時，部分汞蒸氣仍然會凝結在鍍品上需要擦掉。這樣邊烤邊擦，黃金就更加緊貼鍍品。等到水銀被烘烤氣化至盡，黃金鍍層就會全部露出。當金汞合金顏色由灰變成暗黃色，代表此物已經燒得完全並且可以接受之後的抛光。由於汞的揮發，鍍覆層失去了三分之二的重量，表面外觀看起來較霧面，呈現孔狀結構，需用瑪瑙或鋼來抛光，使得表面平整以及燦爛。傳統上抛光後的表面會再經過少許地用

611 姜亞沙等主編，《清代宮苑則例匯編》，冊5，頁417。

612 吳元康、儲榮邦著，〈鎏鍍──中國古代發明的一種在材料表面上鍍金屬的技術〉，《塗裝與電鍍》，2011年1期，頁7。

613 Kilian Anheuser, "Cold and Hot Mercury Gilding of Metalwork in Antiquity," *The Bulletin of the Metals Museum 26* (2) (January 1996), pp. 48-52.

614 Kilian Anheuser, "The Practice and Characterization of Historic Fire Gilding Techniques," *JOM-Journal of the Minerals Metals & Materials Society* 49 (November 1997), pp. 58-62.

含氯化物、硝酸或是硫酸的膠腐蝕來改善。[615]

十六世紀，義大利工匠與雕刻家本韋努托・切利尼（Benvenuto Cellini）建議腐蝕液使用稀硝酸；[616]中國則是用烏梅水、鹼水及清水沖洗，清潔鍍品。[617]「佛像銅胎滲金梅洗見新法」提到，每尺用鹼 2 錢、烏梅 2.5 錢，每 3 尺梅洗匠 1 工。[618]乾隆四十六年（1781）的造辦處檔案記載銀鍍金壺 2 把加鍍金 1 次呈覽。奉旨：再加鍍金 1 次，用茜草水炸色。又，宗喀巴佛背光，加鍍金 1 次，亦用茜草水炸色。[619]西藏茜草水提炸，鍍金表面較紅。

（二）製作鍍金佛像

羅文華研究紫金琍瑪從尼泊爾引進後，清宮按照配方製作紫金琍瑪銅像，從乾隆四十六年（1781）到乾隆六十年（1795）止。清宮的紫金琍瑪是在西藏傳統配方基礎上加以改進後做出來新的合金。[620]這研究已相當完備，在此擬討論銅台撒（胎鈒）鍍金佛像。

乾隆二十一年（1756），郎中白世秀員外郎金輝來說太監胡世傑交佛像紙樣 54 張，傳旨：「照樣做銅台撒鍍金佛 54 尊先畫樣色呈覽，欽此。」於本月二十四日郎中白世秀員外郎金輝將畫得色鍍金鑲嵌佛像紙樣一張持進，交太監胡世傑呈覽。奉旨：「照樣准做，欽此。」於二十二年（1757）正月初七日造辦處謹奏，為成造紅銅臺撒鍍金佛 54 尊，內單身佛 21 尊、雙身佛 21 尊、護法 12 尊，共約用工匠 9,342 工，用銀 1,438.67 兩，買辦物料用銀 109.14 兩，

615 Martin Chapman, "Techniques of Mercury Gilding in the Eighteenth Century," in Ancient and Historic Metals: Conservation and Scientific Research, ed. D. A. Scott, J. Podany, and B. B. Considine (Marina del Rey, Ca.: Getty Conservation Institute, 1994), pp. 229-238.

616 Benvenuto Cellini, in Dell' Oreficeria Ch. 26 (1568).

617 劉萬航著，《金銀裝飾藝術》，頁27。

618 姜亞沙等主編，《清代宮苑則例匯編》，冊18，頁239-240。

619 《清宮內務府造辦處檔案總匯》，冊45，乾隆四十六年正月〈金玉作〉，頁2-3；冊45，乾隆四十六年正月〈鑄爐處〉，頁109-113。

620 羅文華著，《龍袍與袈裟：清宮藏傳佛教文化考察》，下冊，頁399-411。

共銀 1,547.81 兩。再需用鍍金葉 61.19 兩，請向廣儲司領用。[621] 這檔案沒有詳細的工匠分類，但此 54 尊佛像，用了 9,342 工，可見台撒（胎鈒）的技術耗費人力。

　　乾隆三十一年（1766），清朝在熱河建造普陀宗乘之廟，其中四方亭、六方亭、八方亭都是魚鱗銅瓦鍍金，又建造都罡殿 1 座也是銅瓦鍍金，此項建築共用銀 1,936,798 兩。[622] 乾隆興修普陀宗乘之廟的經費超過北京附近的藏傳佛寺，此寺規模宏大、金碧輝煌，媲美西藏的布達拉宮，吸引蒙古王公到承德朝聖。周藹聯說，行至德慶距藏尚百餘里，遙見布達拉高出雲際，金瓦如魚鱗照耀霞日。[623] 普陀宗乘之廟都罡殿仿造布達拉宮銅瓦鍍金屋頂，應有令人震撼的視覺效果（參見圖 6-7）。

　　普陀宗乘之廟內供奉銅胎鈒鍍金的佛像，乾隆四十一年（1776），熱河普陀宗乘之廟南樓新造紫檀木塔內，供奉銅胎鈒鍍金無量壽佛 2,160 尊、各通高 3.76 寸、面寬 2.3 寸、進深 1.3 寸（參見圖 6-8）。鍍飾領頭等赤金 133 兩、紅銅條 1,869 斤 12 兩、工料銀 4,844.11 兩。次年，又鍍金 2 次，仍需頭等鍍金葉 133.6 兩。[624] 普陀宗乘之廟有許多壇城、大寶塔、供品以及西洋器物，世間珍奇寶物聚集一處，極為壯觀，乾隆五十四年（1789）內務府登錄寺廟陳設共有 1,214 項。[625]

　　到了乾隆晚期，西藏多層次鍍金法以及用茜草水炸色在宮廷已有經驗；宮廷中也大量使用茜草來染色（參見圖 6-9）。《內務府銀庫用項月摺檔》記載乾隆年間，武備院每年花五百兩購買茜草，至清末仍有持續。宣統年間武備院奏明：「由廣儲司銀庫領銀四百兩，採每得茜草五千觔。截至本年十一月三十

---

621 《清宮內務府造辦處檔案總匯》，冊22，乾隆二十一年十二月〈鍍金作〉，頁107-108。

622 賴惠敏著，《乾隆皇帝的荷包》，頁381-384。

623 〔清〕周藹聯著，《西藏紀遊》，卷1，頁11。周藹聯行至德慶距藏尚百餘里，遙見布達拉高出雲際，金瓦如魚鱗照耀霞日，《西藏紀遊》，卷2，頁45。

624 《乾隆朝內務府銀庫用項月摺檔》，乾隆四十一年九月、十二月；《清宮內務府奏銷檔》，冊117，乾隆四十二年六月十五日，頁24-25。

625 中國第一歷史檔案館、承德市文物局合編，《清宮熱河檔案》（北京：中國檔案出版社，2003），冊6，頁337-372。

圖 6-7：普陀宗乘之廟都罡殿金頂
資料來源：作者拍攝。

圖 6-8：無量壽佛
資料來源：國立故宮博物院編輯委員會編，《皇權與佛法：藏傳佛教法器特展圖錄》（臺北：
國立故宮博物院，1999），頁 93。

圖 6-9：銅鍍金嵌料法輪

資料來源：中銅 002106N000000000，故宮博物院藏。圖版取自《器物典藏資料檢索系統》：https://digitalarchive.npm.gov.tw/Antique/Content?uid=2648&Dept=U（檢索日期：2022 年 4 月 8 日）。

日止陸續已用完。」茜草每觔價格銀 8 分，買 5,000 觔為銀 400 兩。[626]

以上討論清宮製作極樂世界金寶頂和普陀宗乘之廟內供奉銅胎鍍鍍金的佛像，嘗試還原清宮鍍金的工藝技術，這些技術傳承了西藏的工藝經驗。

五、小結

乾隆皇帝在位六十年中，共花費了 40 餘萬兩黃金、8 千萬兩白銀、150 萬多斤銅，以及無數的珊瑚、珠寶等成做藝術品味非凡的器物。然而，我們閱讀《養心殿鍍金作則例》、《圓明園內工廣儲司磁器庫銅作則例》、《圓明園鍍金作則例》等資料，又覺得像是碎片化的知識。本章結合則例和活計檔，以及工藝技術人員口述和西方檢測，發現乾隆皇帝製作器物有一套完備的規範和制度，才能一再地複製大規模的器物。目前學界認為清朝是由多元族群與多元文化構成的帝國，從清宮鍍金的材料，確實發現清朝多元文化的色彩。清代康雍乾盛世，各地珍品紛至沓來，安南屬國於康熙朝開始貢金，至乾隆時邊疆的新疆、陝甘、雲貴地區及藩屬等進貢黃金更多，從雍正元年到乾隆六十年銀庫貯藏黃金超過 40 萬兩，嘉慶以後陸續變賣宮廷的黃金，以致同治年間反而要從粵海關進口。另外，康熙時向日本購買紅銅最高時曾達 7 百萬斤，但因日本銅產減少，乾隆時期降至 1 百萬斤左右，朝廷遂開發雲南滇銅，最高達 1 千 4 百萬斤，銅礦除了鑄幣之外，如陳宏謀所說：「每年打造銅器，需銅無算。」乾隆朝宮廷製作大量的銅胎鍍金佛像是因黃金和銅材料增加有關。銅鍍金相當耗費水銀，中國產的水銀不足，需從廣州進口水銀，一年達數千擔。十八世紀的全球化貿易，促進鍍金工藝在乾隆朝達到頂峰。

其次，製作鍍金工藝的匠役有內務府的三旗人丁承充工匠，稱為「家內匠役」，又稱為「食糧匠」，父子技藝傳承。此外，內務府使用大量外僱工匠，他們由有身家的夫頭具甘結，夫頭來自北京行會組織。鍍金匠亦有來自新疆和

---

626 國立故宮博物院藏，《軍機處檔摺件》，文獻編號184905，宣統年間。茜草染做厚紅氆見方尺4,996.84尺，重1,665.61觔，每觔用茜草2.5觔，計用茜草4,164.5觔。薄紅氆126個，重504觔，每觔用茜草1.5觔，計用茜草756觔。花氆2塊重26.97觔，每觔用茜草3觔，計用茜草79.97觔。

巴爾布地區，可說明清宮技術的多元文化。工匠執行胎鈑和鍍金時，有細緻的分工，製作過程中以打銅匠和胎鈑匠人數最多，代表這活計比鑄造更花人力。

內務府職官多達 3,000 人，比事務最繁的戶部人數多十倍以上，為清朝規模最大的機關。目前中國第一歷史檔案館出版了龐大的檔案，如《清宮內務府奏銷檔》、《清宮內務府奏案》提供我們對內務府官僚體制的了解。譬如，辦理鍍金匠之上設有副催長、催長、庫使、雲騎尉等。匠役體制之外，有更高層的郎中、員外郎等官員督辦工程，遇有鍍金成色不符即罰俸，這種層層的品質管控是工藝技術提升的重要機制。內務府奏銷檔和奏案應是造辦處檔案之外，研究宮廷藝術的重要檔案。

傳統中國鑄造銅器歷史悠久，但清朝另發展出鍛造來打造大型銅器，稱為胎鈑技術。胎鈑和鍍金後的染色皆與西藏工藝有關，仲巴胡土克圖說西藏鍍金係巴爾布匠役成造，其鍍金係用十足高金鍍飾，如不妥，再為再度，仍用茜草水提炸則金水即能較紅。清朝利用西藏技術製作佛像、法器、供器，應有盡有，廣泛影響了清朝工藝。

第七章

清宮的黃銅

一、前言

自古以來，中國的道家煉丹術就包括各種冶金技術。冶煉黃銅（brass）即是一例，它是一種銅鋅合金的金屬，經常被作為鑄錢的原料。周衛榮《中國古代錢幣合金成分研究》提到，嘉靖年間開始用黃銅和錫鑄錢，黃銅與錫的比例約為 10：1，銅 71.4%、鋅 16%、錫 6.23%、鉛 5.3%，因鋅含量不足，鉛和錫含量過高，使得錢幣的品質很差。天啟年間，倭鉛用於鑄錢，天啟通寶的成分是銅七、倭鉛三。[627] 馬越、李秀輝討論中國古代黃銅冶煉技術的發展分為三個階段：（一）銅鋅共生礦冶煉，此階段黃銅的出現是偶然性；（二）菱鋅礦與純銅合煉；（三）使用純銅與單質鋅冶煉。明清時期黃銅用於鑄錢，同時黃銅製品也大量出現，屬於第三階段用單質鋅冶煉黃銅。[628]

針對古代中國的冶金技術，前人研究多聚焦於貨幣，對於清朝的冶金技術討論也不多見。本章使用的《清宮內務府造辦處檔案總匯》記載各類成作各種器物的配方和技術，可以看出中國工藝技術傳承的狀況。其次，以銅作為材料的器物相當多，銅胎琺瑯成分相當複雜，在此先略過。本章以討論佛像和法器為主，其中包含了章嘉國師和西洋傳教士蔣友仁（Michel Benoist，1715-1774）提供的配方。

另外，本章首先釐清製作黃銅所需要的「鋅」在中國有各種稱呼：倭鉛、倭元、委元、沃緣、白鉛等，西方稱為 Tutenague，日本則稱之為亞鉛、白鍮。本文除引用檔案按照原來名稱，其餘皆用鋅一詞。總之，清代宮廷製作銅器，銅鋅合金配方來自傳統工匠，使得十八世紀中國製的黃銅合金居領先地位。

---

627 周衛榮著，《中國古代錢幣合金成分研究》（北京：中華書局，2004），頁455。

628 馬越、李秀輝著，〈中國古代黃銅製品與冶煉技術的研究狀況分析〉，《中國科技史雜誌》，卷31期1（2010），頁1-8。

二、鋅的來源與使用

（一）清代鋅的產量與輸出

明代天啟年間製作的銅錢，加入了鋅，但對它的稱呼很不一致，有稱為倭鉛、倭元、白鉛等。《天工開物》記載：「凡倭鉛古書本無之，乃近世所立名色。其質用爐甘石熬煉而成。繁產山西太行山一帶，而荊（湖北）衡（湖南）為次之。」[629]「鋅」的原料是甘石，提煉過程中耗損兩成，因容易揮發。鋅產自湖南、廣西、貴州、雲南和四川等地。

清朝鑄錢需用大量的鋅，寶泉局鑄造的銅錢中，鋅的比例占 30-40％，順治朝「每文重一錢，以紅銅七成，白鉛三成」，乾隆朝「以紅銅六成，白鉛四成」。[630] 乾隆二十六年（1761），貴州巡撫周人驥奏稱：「黔省白鉛，原議每年酌撥 200 萬觔，運赴漢口，售供各省鼓鑄之用，自後遞加至 340 萬觔。現今漢局鉛觔充裕，請將加運之 140 萬觔停止，仍照原議，每年撥運 200 萬觔。或有不敷，即於新開河道所辦樂助、福集二廠運漢鉛內分銷。」乾隆五十三年（1788），貴州巡撫李慶棻奏：「黔省福集蓮花、二廠，歲供京楚兩運白鉛600 餘萬觔。每年所產，有 100 餘萬觔缺額。自乾隆四十五年（1780）始，俱以舊存餘鉛湊撥，日形支絀。」[631] 白鉛，自乾隆初年 200 多萬觔，至乾隆末年運北京與漢口數量達 600 萬觔，產量增加三倍。北京當鋪稱倭元、委元、沃緣為「點紅銅用」。[632]

十八世紀中國大量出口的 Tutenague（Chinese spelter 中國的粗鋅），許多字典都將它翻譯為「白銅」。[633] 根據 Watson Richard 的研究，印度很早以前就

---

629 潘吉星著，《天工開物校注及研究》（成都：巴蜀書社，1989），頁364。

630 〔清〕崑岡等奉敕撰，《大清會典事例（光緒朝）》，卷214，頁494-2～495-2。

631 〔清〕慶桂等奉敕修，《大清高宗純皇帝實錄》，卷635，頁99-2；卷1311，頁691-1。

632 《當譜・清抄本》，收入國家圖書館分館編，《中國古代當鋪鑒定秘籍》，頁230。

633 Hosea Ballou Morse, *The Chronicles of the East India Company Trading to China, 1635-1834.*

知道從礦石中提煉鋅，1647 年印度出口的鋅就叫 Tutenague。[634] 更確切地說，十八世紀從中國出口的 Tutenague，其實不是純鋅，而是銅鋅鎳的合金。衛三畏（S. Wells Williams）的《中國商業指南》（*The Chinese Commercial Guide*）一書稱 Tutenague 為「山銅」，英文解釋「Chinese spelter」是中國銅鋅合金，然記載其成分則稱「80％的銅和 20％的錫」，可以做成樂器等。[635] 凱斯・平恩（Keith Pinn）在《同心鎳合金：歐洲的中國合金，1680-1820（暫譯）》（*Paktong: The Chinese Alloy in Europe, 1680-1820*）一書認為，Tutenague 原意是遠東進口的鋅，這個名詞是誤用，應用 Paktong 一詞，才是指銅鋅鎳合金。該書分析中國進口白銅成分，銅占 40-55％、鎳約占 5-15％、鋅的成分為 35-45％，另有其他少量的鐵、鉛、砷、鈷、銀等。歐洲製造「德國銀」（German silver）的成分，銅約占 55-65％、鎳約占 15-20％、鋅約占 20-25％。[636] 沃特・倫頓・英格斯（Walter Renton Ingalls）提到 1721 年英國有三萬工人生產黃銅，但開始煉鋅的方法來自中國；身兼醫生與礦物學家身分的艾薩克・勞森（Isaac Lawson）亦曾到中國學習提煉鋅的技術。[637]

中國的「白銅」，也就是「鋅」，透過英國、荷蘭東印度公司輸出歐洲，數量不斷增加，1792 年高達三萬餘擔，總價二十餘萬兩。1817 年白銅出口數量仍達 907,500 元。[638] 另外，根據《粵海關志》記載，嘉慶年間白鉛（鋅）的

634 Watson Richard, *Chemical Essays* (London: printed for J. Johnson, F. and C. Rivington; R. Faulder; J. Walker; J. Scatcherd; J. Nunn; Longman and Rees; Cadell, jun. and Davies; and T. Hurst. 1800. G. Woodfall, printer,1800), p. 28.

635 S. Wells Williams, *The Chinese Commercial Guide, Containing Treaties, Tariffs, Regulations, Tables, etc., Useful in the Trade to China & Eastern Asia: With an Appendix of Sailing Directions for Those Seas and Coasts,* pp. 116-117.

636 Keith Pinn, *Paktong: the Chinese alloy in Europe, 1680-1820* (Woodbridge, Suffolk; [Wappingers Falls, NY]: Antique Collectors' Club, 1999), pp. 182-184.

637 Walter Renton Ingalls, *Production and Properties of Zinc: A Treatise on the Occurrence and Distribution of Zinc Ore, the Commercial and Technical Conditions Affecting the Production of the Spelter, Its Chemical and Physical Properties and Uses in the Arts, together with a Historical and Statistical Review of the Industry* (New York and London: The Engineering and Mining Journal, 1902), p. 3.

638 〔美〕馬士著，中國海關史研究中心、區宗華譯，《東印度公司對華貿易編年史（1635-1834）》，卷1，頁326。

出口數量，至少年分為 70 萬斤，至多年分為 330 萬斤；每百斤白鉛收正稅銀 3 錢，加以耗擔歸公等款，共收銀 5.67 錢，每年收稅銀約 4、5 千兩至一萬數千兩不等。[639]北京崇文門商稅衙門則例記載，白鉛（倭元），每百斤銀 2.4 錢。[640]嘉慶十二年（1807）皇帝傳諭：「白鉛一項因不能製造彈丸，無關軍火支用，向未立出洋明禁。但係鼓鑄必須之物，近年各直省錢局鉛斤日形短少，自係販運出洋日多一日之故，不可不定以限制，以防流弊。」[641]於是規定每年白鉛限以 70 萬斤出洋為率。嘉慶皇帝顯然將出口的「白銅」視為「白鉛」，限制 70 萬斤，其實中國出口的是銅鋅鎳合金「白銅」。

除了輸往歐洲之外，當時中國的鋅還出口日本，日本利用鋅製為銅鋅合金器物後，再度銷回中國。據永積洋子《唐船輸出入品數量一覽，1637-1833 年》記載，乾隆年間日本輸往中國的銅器，以銅盥、銅鍋、銅火鉢、銅風爐、銅茶道具、銅藥罐居多，稱為「真鍮」器物，有別明人所謂的「倭銅」。[642]而根據山脇悌二郎的研究，日本製作真鍮材料的亞鉛（鋅），即從中國進口。山脇悌二郎《長崎的唐人貿易》提到，日本幕府末年輸入大量的亞鉛（鋅）、明礬，亞鉛為製作真鍮的材料。明和四年（1767）銀座鑄造真鍮錢。真鍮錢一文中，銅成分占 68％、亞鉛占 24％、白鑞（錫和鉛的合金）占 8％。當時輸入的亞鉛價格一斤為 2.56 匁（錢），安永元年（1772）輸入 35 萬斤，翌年三年減半。天明七年（1787）剩 36,400 斤。[643]另外，劉序楓研究清代乍浦港的中日貿易，也提到亞鉛，說明日本製作銅錢的鋅來自中國，且鑄造銅鋅合金的銅錢時間較中國晚。

639 〔清〕梁廷楠等修，《粵海關志》（臺北：文海出版社，1975），卷17，頁1255-1256。
640 不著編人，《崇文門商稅衙門現行則例》，頁40。
641 〔清〕梁廷楠等修，《粵海關志》，卷17，頁1254。
642 〔日〕永積洋子編，《唐船輸出入品数量一　，1637-1833年：復元唐船貨物改帳・帰帆荷物買渡帳》，頁259。
643 〔日〕山脇悌二郎著，《長崎の唐人貿易》（東京：吉川弘文館，1995），頁239-240。

（二）銅和鋅的比例

　　製作黃銅器物，依照器物大小，銅和鋅的比例不同。現代人可以利用精密的科學儀器測量，得知銅與鋅比例影響到物質的伸展、硬度、抗壓強度等；雖然清朝的工匠不知科學原理，但憑藉經驗也理解這些合金特性。從造辦處檔案可知，清廷工匠製作器物的經驗，可見其科學性。如今屹立於頤和園的銅殿，更加證明當時中國的黃銅製造技術是領先世界各國的。

　　廣儲司瓷庫詳實記錄了乾隆八年至六十年（1743-1795）倭元收支，除了缺少乾隆四十二年（1777）的資料外，其餘年分倭元的總收入為 1,729,174 斤，支出銀兩為 1,726,022 斤。[644] 使用較多的年分為乾隆二十一年至二十四年（1756-1759），及三十二年至三十四年（1767-1769），每年都超過 10 萬斤以上。瓷庫貯藏倭元都來自戶部，乾隆十年（1746）內務府大臣海望奏戶部寶泉局有倭元 80 餘萬斤。[645]

三、黃銅的合成

　　溥儀《我的前半生》描述建福宮大火後，內務府找北京各金店投標，一個金店以 50 萬元的價格買到灰燼處理權，把熔化的金塊、金片揀出了 1 萬 7 千多兩。金店揀完，內務府把餘下的灰燼裝了許多麻袋，分給了內務府的人們。後來有內務府官員告訴溥儀，他叔父施捨雍和宮、柏林寺每廟各兩座黃金壇城，它的直徑和高度均有 1 尺上下，就是用麻袋裡的灰燼中提製出來的。[646] 筆者讀鑄爐處檔案才知道清朝淘澄銅土的工夫其來有自。內務府養心殿造辦處設有鑄爐處位於雍和宮旁，金梁《雍和宮志略》載，雍和宮東牆外邊，東北角上有一條東西向的長巷，名叫「銅廠子」，就是清代煉製這種原料的地方。[647]（參

---

644 《內務府廣儲司瓷庫月摺檔》。

645 《清宮內務府造辦處檔案總匯》，冊14，乾隆十年四月〈砲鎗處〉，頁103-104。

646 愛新覺羅・溥儀著，《我的前半生》（香港：文通書局，1964），頁143-144。

647 金梁編纂，牛力耕校訂，《雍和宮志略》，頁216-217。

見圖 7-1）鑄爐處除鑄造器物外，亦承辦皇帝交代的「刮金毀銅」工作，就是將舊的器物重新熔化，得到純金和廢銅，廢銅經過淘澄再加上鋅才成為黃銅。

圖 7-1：鑄爐處位置圖

資料來源：《清代北京地圖》，收入侯仁之主編，《北京歷史地圖集》（北京：北京出版社，1988），頁 41-42。

（一）廢銅的來源

康熙、雍正年間，紅銅的進口來自日本，原料取得不易，衍生了由回殘銅末鎔化為淨銅的辦法。雍正十二年（1734）定：「成造銅器所得回殘銅末，每斤鎔化得淨銅 5 兩，歸冊入於正項應用。」[648] 雍正皇帝規定每斤 16 兩的廢銅提煉出 5 兩的淨銅，成為定例。從造辦處檔案中可發現舊的銅器來源有四種：

◎第一個來源為民間

清朝以鑄銅錢為由，禁止民間廣泛使用黃銅。[649] 康熙十二年（1673）、十八年（1679）曾禁止鑄造黃銅器皿，雍正四年（1726），因銅錢貴，又禁止

---

648 〔清〕佚名輯，《總管內務府現行條例（廣儲司）》卷3，頁145。

649 《大清會典事例（光緒朝）》規定：「一品官員之家，器皿許用黃銅，其餘概行禁止。如有藏匿私用不肯交官者，以違禁論。」〔清〕崑岡等奉敕撰，《大清會典事例（光緒朝）》，卷757，頁346-1。

鑄造器皿,將民間所用銅器交官給價。雍正六年(1728),寶泉局收現存黃銅器皿 100 餘萬斤,經雍正皇帝上諭「收買黃銅器皿」後,各省通報收購黃銅數量大增。[650] 如雍正七年(1729)山西巡撫石麟奏收買黃銅器皿共 49,777 斤,解有司熟銅 22,476 斤,每斤用銀 1.2 錢共銀 2,695.58 兩;生銅 24,247 斤,每斤用銀 9.6 分,給銀 2,326.39 兩;未解銅 3,054 斤。雍正十年(1732),江西巡撫謝旻奏稱,自雍正五年(1727)奉文收買黃銅器皿起至十年秋季止,收過生熟銅 132,859 斤。該年,河南布政使徐聚倫奏雍正九年收買生銅 1,922 斤用銀 184.42 兩,熟銅 604 斤用銀 72.4 兩。乾隆元年(1736),浙江巡撫嵇曾筠奏雍正十三年共收過生銅 14,269 斤,給銀 1,369.01 兩;共收過熟銅 11,345 斤,給銀 1,365.54 兩。[651] 所謂生銅,是指含雜質多的銅,熟銅則指含雜質較少者。各種黃銅器送到內務府後,須重新提煉,再由工匠「認看」。

乾隆晚期,民間的銅進入宮廷與西洋天主教禮儀用品有關。乾隆五十年(1785),發生大教案,涉及十四省,各督撫查拿教士教友。直隸涿州、篙城等地拿獲教士漢色勒木及中國神父數十名,教友多名。山東接引白、華二西教士之教友五人及四教士被捕。湖北逮捕教士四名,教友多名。江西逮捕教士二名,教友多名。西安發現天主堂多處,中西教士多名。四川馮主教及李,吳、彭三神父同時被捕:眉山和成都數十名教友被捕。[652] 共查抄:銅像十字架 18 件、銅像 1 件、銅鐘 4 件、銅座 3 件、銅船式香爐 1 件、小銅牌 250 個、銅帶 1 條、念珠 43 串、銅壺 1 把、銅小盤 1 件、銅小釵 1 件等,共秤重 6 斤 8 兩,俱銷毀。[653] 這些毀銅亦歸入內務府所有。

---

650 〔清〕崑岡等奉敕撰,《大清會典事例(光緒朝)》,卷220,頁587-2。

651 《中央研究院歷史語言研究所現存清代內閣大庫原藏明清檔案》,登錄號009367,雍正八年四月初三日;登錄號010388,雍正十年十一月十二日;登錄號009243,雍正十年二月二十四日;登錄號055025,乾隆元年三月十三日。

652 吳伯婭著,〈澳門與乾隆朝大教案〉,收入吳志良、林發欽、何志輝主編,《澳門人文社會科學研究文選·歷史卷(含法制史)》(北京:社會科學文獻出版社,2010),下卷,頁1369-1379。

653 《清宮內務府造辦處檔案總匯》,冊48,乾隆五十年四月〈記事錄〉,頁314-315。

◎第二是宮中舊藏銅器

　　例如乾隆四年（1739），內大臣海望交出：鎔化大火盆一件重 660 斤、方火盆一件重 200 斤、中火盆一件重 210 斤。奉旨：「着交佛保鎔化。」廣儲司瓷庫黃銅器皿等件響銅 50 斤、鼎爐 12 件，奉旨：「其銅器交佛保鎔化。」戶部寶泉局存貯不堪用鼓鑄之廢銅器皿等件：銅香几一面重 160 斤。小銅盆 5 件、小銅盤 4 件，二共重 12 斤。小銅獅子一對重 25 斤。奉旨：「俱交佛保將獅子一對、鏡子三面。伺候呈覽，其餘銅器鎔化銅。欽此。」[654]乾隆二十九年（1764），武英殿交來銅瓦 60 塊，重 10,362 斤，由壇廟等處交來銅鍋大小九口銅箱一件銅缸三件等，共重 8,225 斤，合計共重 18,587 斤，依照淘澄銅土例燒毀鎔化。[655]這樣的檔案相當多，為鑄爐處刮金毀銅的主要對象。清宮使用淘澄銅土技術原理類似於《天工開物》記載的「火法煉銅砂」步驟：「凡銅砂……淘洗去土滓，然後入爐煎煉，其薰蒸傍溢者，為自然銅，亦曰石髓鉛。凡銅質有數種。有全體皆銅，不夾鉛、銀者，洪爐單煉而成。有與鉛同體者，其煎煉爐法，傍通高低二孔，鉛質先化從上孔流出，銅質後化從下孔流出。東夷銅又有托體銀礦內者，入爐煉時，銀結於面，銅沉於下。」[656]這說明淘洗及火法煉銅能有效去除銅砂或廢銅土內各種雜質。吳明娣的研究指出，西藏地區銅器留下來的器物比不上陶瓷器，金屬製品容易因式樣陳舊、破損等原因而被熔鑄，重新加工。[657]清朝亦有類似情況，鑄爐處毀銅中，可能包含古代青銅器。

◎第三是軍事火器

　　黃一農認為雍正、乾隆時期的火礮製作量很大，但主要只是對已經破舊殘損的礮位進行大規模的更換，這時期的火礮，在製造技術、威力等方面都不超

654　《清宮內務府造辦處檔案總匯》，冊9，乾隆四年十月〈行文〉，頁70-74。

655　《清宮內務府造辦處檔案總匯》，冊28，乾隆二十九年年六月〈鑄爐處〉，頁843-844。

656　〔明〕宋應星著，《天工開物》，卷下，頁982-983。

657　吳明娣著，《漢藏工藝美術交流史》（北京：中國藏學出版社，2007），頁59。

過康熙朝的水平。明清之際，中國的火器在世界上堪稱數一數二，然而在康熙之後，就沒有大規模地製作火器，以致中國武器越來越落後。[658] 從鑄爐處毀銅的檔案，可看到乾隆年間毀銅砲鑄造其他器物的情形。乾隆十年（1746），海望奉旨交毀銅砲 34 位，共得淨銅約重 55,740 餘斤。按三成加倭元 16,722 斤，足鑄活計。[659] 乾隆四十九年（1784）在中正殿安設銅燒古大鼎爐，官員「查鑄爐處現存淘澄鎔化銅八千餘斤，又領到毀銅大砲二位計重三千餘斤，二共存銅一萬一千餘斤。」[660] 約翰·巴羅在《我看乾隆盛世》記載：「湯若望、南懷仁曾費了極大努力教中國人鑄造火礮的技術，他們卻至今也沒有長進。我注意到，北京一個城門附近丟棄著幾尊形狀醜陋、比例失調的火礮。他們跟那些廣東邊境的同類，以及杭州府那幾尊 12 磅，各自有木棚遮蓋的火礮，就是在這個國家所能見到的所有的大礮了。」[661] 約翰·巴羅之所以看不到中國的火礮，應是乾隆毀銅的結果吧。

◎第四種毀銅材料來自外國進貢的銅器

乾隆十年（1745），造辦處官員呈報庫內毀銅物件，有高麗銅蠟臺 1 件、高麗銅盒子 1 件、高麗銅蓋碗 1 件、高麗銅杓子 1 件、高麗銅匙子 1 件、高麗銅火盆 1 件，這些器物應是朝鮮國進貢。同時毀銅器物中有銅西洋鎖 2 把、銅吊牌西洋玻璃珠吊掛 8 掛、銅水法 1 分、黃銅掐子 12 件、自鳴鐘 10 件等，應該也是西洋進貢物品。清朝稱噴泉為水法，像圓明園著名噴泉即稱為大水法。[662]

乾隆五十年（1785），造辦處將自鳴鐘鐘座刮金毀銅。洋銅鐘架 6 座重 330 斤，計 5,280 兩（1 斤等於 16 兩）。洋銅應紅銅鍍金，用 3,000 斤的黑鉛

658 黃一農著，〈紅夷大砲與皇太極創立的八旗漢軍〉，《歷史研究》，2004年4期，頁74-105。
659 《清宮內務府造辦處檔案總匯》，冊14，乾隆十年四月〈砲鎗處〉，頁103-104。
660 《清宮內務府造辦處檔案總匯》，冊47，乾隆四十九年十一月〈鑄爐處〉，頁477-479。
661 約翰·巴羅著，李國慶、歐陽少春譯，《我看乾隆盛世》，頁216、218。
662 《清宮內務府造辦處檔案總匯》，冊13，乾隆十年十一月〈鑄爐處〉，頁512-514。

圖 7-2：銅鍍金鳥音籠錶

資料來源：故宮博物院、故宮鼓浪嶼外國文物館編，《海國微瀾：故宮鼓浪嶼外國文物館展覽圖錄》（北京：故宮出版社，2017），頁 156-157。

提煉，共得金 17.95 兩。黃銅呀金鐘架 15 座、金鐘架 15 座、銅燒古鐘座 2 座，得銅 1,845 斤。武備院卿舒文稱，查得毀銅各式鐘架座 21 件內，洋銅架座 8 件重 323 斤，黃銅呀金架座 13 件重 715 斤以上，二項共重 1,038 斤。奉旨：「所有毀銅鐘架計得三千餘斤，此內有洋銅六百餘斤，著對化紫金珔瑪銅。」毀銅鐘架成做秘蜜呀嗎達嘎上樂王等佛三尊各通高 2.56 尺、護法佛九尊各高 1.56 尺、獅象吼三大士菩薩各高 1.56 尺，紫金珔瑪銅小法身無量壽佛九尊。[663] 在融化銅鐘架的過程中，五千餘兩的銅，含金量只有 17.95 兩，可見西方來的自鳴鐘大部分是鍍金。圖 7-2 的鳥音籠錶即是歐洲鐘錶製造商向中國輸入的一種西洋鐘錶。

　　乾隆五十年（1785）以後，就不再銷毀自鳴鐘，因為這些鐘錶交給崇文門變價可以得到十倍的黃銅。如乾隆五十一年（1786）應毀變鐘錶 57 件，共秤重 4,604 斤，係交崇文門按十倍紅黃銅各半變過銅 46,040 斤。五十三年（1788）再交崇文門按十倍交銅 30,182 斤，存貯造辦處庫以備辦造活計之用。[664]

（二）成做器物之銅與鋅比例

　　乾隆二十九年（1764），主事金輝舒善呈，二十八年（1763）十月內由武英殿、壇廟等處交來銅鍋等共重 18,587 斤。這些銅鍋經銅匠認看，回稱：「此銅係以黑鉛對海殼而成，名為水銅，只可鑄此瓦缸鍋箱應用。若鑄造磨光出細活計，渾氣太大，孔窩甚多，寔難鏨銼嵌補。如用此銅須得燒毀鎔化，追淨渾性揭成海殼後，加倭元對化成黃銅，方可應用。」鑄爐處工匠提到銅含黑鉛稱為水銅，難以鑄造光滑平整的活計，只能做銅缸之類器物。內務府官員招商鎔化得每水銅 100 斤揭得淨海殼銅 60 斤、黑鉛（鉛）25 斤，折耗銅 15 斤。銅瓦缸鍋等共重 18,587 斤，如此辦理可得海殼銅 11,152 斤，黑鉛 4,646 斤，折耗銅 2,789 斤。[665] 提煉淨銅為杵頭銅，再加 30% 的倭元才能得到黃銅。根據楊

---

663 《清宮內務府造辦處檔案總匯》，冊48，乾隆五十年二月〈鑄爐處〉，頁139-142。

664 《清宮內務府造辦處檔案總匯》，冊50，乾隆五十三年三月〈記事錄〉，頁620-625。

665 《清宮內務府造辦處檔案總匯》，冊28，乾隆二十九年六月〈行文〉，頁843-844。

煜達的研究，滇東北各廠由於以辦京銅為主，主要是煎煉成色高的蟹殼銅。煎煉蟹殼銅，是在已煉成紫板銅或黑銅之後，再下專門的蟹殼爐煎煉。[666] 舊銅器中鋅的含量不高，成做新的器物必須加入鋅。

民間對黃銅的配方也都有清楚的概念，在《中國古代當鋪鑑定秘籍》中有豐富的記載，北京當鋪鑑定古鏡認為黃銅的古鏡最不值錢，1斤才1.5錢，因前代無「委元（倭元）」，黃銅必本朝所製造的假古董。《當譜集》稱之為「銅餅子」，餅子面上要有圪塔，有芝葉花，其塔邊花至邊打紛紅色即是頂高一種。如面上沒有圪塔，打開是草黃色是次的一種，並提到「凡此物成器，必加委元（倭元），無委元不能成」。[667] 北京的當鋪手冊亦有「四斤紅銅對六斤沃緣，化成為料銅，鑄鏡子用。每斤二錢五分。」、「五斤紅銅對五斤沃緣，化成為黃銅，打銅盆等物。每斤三錢五分沃緣。」、「七斤紅銅對三斤沃緣，化成為響銅，打船鑼並響器。每斤五錢六分。」、「白銅對紅銅，名為水紅銅。鑄古鏡、古爐用。」、「白銅對沃緣為青銅，又為鏇料。」[668] 可見民間工匠很清楚黃銅器物之銅鋅的比例，製作鏡子用紅銅40％與鋅60％。做銅盆需要紅銅50％和鋅50％。做鑼響器則用紅銅70％和鋅30％。這個比例與清宮製作器物的記載相當一致，可見宮廷技術對民間之影響。

乾隆三十一年（1766）鑄造重華宮銅缸，內務府大臣三和奏稱：「查向例鑄造好器皿活計，係用紅銅六成、倭元四成對用，今銅缸體勢重大非此花紋小項活計。如各用五成對化，亦可應用。」[669] 乾隆三十六年（1771）寧壽宮內安設銅缸二十八口，係用鐘鍋毀銅30,669斤，領過倭元3萬斤，按五成對化鑄造。[670] 鑄造大型的銅水缸用廢銅，銅經提煉後加等量的鋅，兩種元素的比例各

666 楊煜達著，〈清代中期（1726-1855）滇東北的銅業開發與環境變遷〉，《中國史研究》，2004年3期，頁157-174。

667 《當譜集・乾隆二十四年抄本》，收入國家圖書館分館編，《中國古代當鋪鑑定秘籍》，頁121。

668 《論皮衣粗細毛法・清道光二十三年抄本》，收入國家圖書館分館編，《中國古代當鋪鑑定秘籍》，頁157。

669 《清宮內務府造辦處檔案總匯》，冊29，乾隆三十年〈鑄爐處〉，頁471-472。

670 《乾隆朝內務府奏銷檔》，冊300，乾隆三十六年正月二十三日，頁53-58；冊321，乾隆三十八

半，這樣才能牢固。乾隆二十九年（1764），熱河珠源寺鑄造銅殿一處，也使用生銅和倭鉛各半。咸豐三年（1853）禮部尚書奕湘奏稱：「生銅可以隨錘隨碎，既係銅鉛鎔鑄，斷非錘力所能立破。」可見製作大型的銅缸和銅殿必須銅鋅各半，增加硬度。

四、章嘉國師與清宮佛像技術

《章嘉國師若必多吉傳》提到，乾隆十二年（1747），章嘉若必多吉受乾隆帝之命，將宮中所供的歷代佛像進行鑑別整理，用漢滿蒙藏四種文字標出每尊佛像的名號，編纂成《諸佛菩薩聖像贊》，內收佛像 360 幅，像贊 360 節。乾隆閱後，非常高興，對他嘉獎殊厚。[671] 羅文華在該書的導論提到乾隆十四年（1749），造辦處收到滿文字畫佛像摺子，上面繪有佛像 360 尊，並奉旨立即照此畫像鑄銅佛模。此摺子必是《諸佛菩薩聖像贊》的繪本，為鑄銅佛模之用。[672] 章嘉國師自火牛年（1757）進藏至鐵龍年（1760）返回北京，在西藏居住了四年之久。其間，由噶廈經常供給章嘉師徒的薪俸、柴草、額外補貼、瓜果、四季衣物、日用器具、工匠們新製佛像、佛塔、佛經、書籍、供品和用具等。[673] 章嘉國師學習許多西藏佛學知識，他只要用手觸摸一下，就能查知佛像等物品製作的好壞，區別出是用印度的還是用西藏的新舊銅料製作的。[674] 乾隆皇帝並接受了章嘉國師從西藏帶來的佛像、唐卡（卷軸畫）、香料、毽毷等，章嘉國師對於宮廷畫佛像、做蠟樣、整理佛像系譜都有很多貢獻。章嘉呼圖克圖若必多吉的塑像參見圖 7-3。

年八月二十二日，頁65-66。

671 馬連龍著，〈一代宗師・百世楷模：章嘉若必多吉生平述略〉，《西北民族研究》，1992年2期，頁185-192。

672 國家圖書館版本，《諸佛菩薩聖像贊》（北京：中國藏學出版社，2009），頁15-16。

673 土觀・落桑卻吉尼瑪著，陳慶英、馬連龍譯，《章嘉國師若必多吉傳》，頁208-209。

674 土觀・洛桑却吉尼瑪著，陳慶英、馬連龍譯，《章嘉國師若必多吉傳》，頁186。

圖 7-3：三世章嘉呼圖克圖像
資料來源：故宮博物院主編，《清宮藏傳佛教文物》（香港：兩木出版社；北京：故宮博物院紫禁城出版社，1992），頁64。

（一）繪製佛像與做佛模

乾隆皇帝說：「漢人、蒙諸朝以來，至今宮廷內漸次供養之佛像、佛經、佛塔等不可勝數，造像材料和各像面目無法識別，難以整理。請將這些佛像分別開來，用蒙藏兩種文字標出名號。」於是，由章嘉呼圖克圖為首的赤欽活佛等駐京喇嘛和理藩院的文書謄錄人員，仔細察別，具詳進呈。[675] 整理佛像之後，編纂成《諸佛菩薩聖像贊》。據羅文華等研究，這書作為宮廷做佛像的樣本，進而製作佛模、擦擦佛等。[676] 在造辦處檔案中可以找到製作佛模的用銀。

乾隆十四年（1749）七月員外郎白世秀、司庫達子將做得懸胳膊銅佛模子一件、實板銅佛模子一件，撥得蠟有座子的佛模樣子一尊。懸胳膊佛模子共360尊共約估銀6,500餘兩，實板佛模子共360尊共約估銀8,300餘兩。持進交太監胡世傑呈覽奉旨准照懸胳膊佛模子一樣做，其印佛六面像貞處照實板佛一樣做，其座子照撥得蠟樣須泥座一樣做，其模子束腰上刻乾隆年敬造。係何佛名寺？刻何佛名？其邊線空處添花紋先撥樣呈覽。於十五年（1750）十一月初三日員外郎白世秀、司庫達子將做得銅陰佛模三尊銅陽台撒佛模三尊持進，交太監胡世傑呈覽。奉旨：「陰陽佛模子俱做得甚好，照樣准做。銅陽台撒佛模做得時鍍金。」於十二月十一日員外郎白世秀、司庫達子將做得陰陽佛模子持進。奉旨：「陰佛模子上不必刻佛名，束腰上不必刻乾隆年敬造。背後做四樣字印編千字文字號，其陰陽模子並印子要一個號數。再陽模子蠟樣不准外僱，喇嘛撥蠟樣，賞給飯食。」[677]

於乾隆十六年（1751）十二月初三日七品首領薩木哈，將做得佛模子銅背板上鑿得四樣字持進。奉旨：「俟得時章嘉呼圖克圖看次序，將佛排在文字號內。」於二十年（1755）十一月二十六日員外郎白世秀將做得銅佛模背上貼天字一號至十號樣，並每尊鍍金用金4.85分的估單一件持進，交首領張玉太監胡世傑呈覽。奉旨准其鍍金，俱不必刻字號二字，陰佛模在裡面墻上刻天一至

---

675 土觀・洛桑却吉尼瑪著，陳慶英、馬連龍譯，《章嘉國師若必多吉傳》，頁99。

676 國家圖書館版本，《諸佛菩薩聖像贊》，頁15-16。

677 《清宮內務府造辦處檔案總匯》，冊17，乾隆十四年四月〈雜活作〉，頁135-136。

天十字樣，背板切在背後刻，其餘佛模，俱按此樣刻做。於二十二年（1757）十一月初十日將做得陰陽佛模子720尊呈進訖。[678] 這可能是以《諸佛菩薩聖像贊》360幅做的銅模。據羅文華說慈寧宮咸若館曾使用銅模做4套的擦擦佛像，總數達4,320尊。[679] 做佛模的材料還有銅鐵錫佛模，乾隆二十一年（1756）銅鐵錫佛模九件安在奉三無私呈覽。奉旨著交果親王供奉。[680]

（二）畫佛像

前述清宮製作后妃金寶需做木樣、蠟樣等，做佛像亦需畫樣，做蠟樣，章嘉國師在宮廷擔任「認看」佛像與繪製佛像的紙樣等。乾隆二十一年（1756），奉旨：「章嘉胡圖克圖認看若是中間佛即配左右佛二尊，若是左右佛即配中間佛一尊，傍邊佛一尊造法細緻裡照交出之佛一樣，成造三尊配成一堂。著喇嘛畫樣呈覽欽此。」經章嘉國師認看得騰額里佛一尊，係二臂吉祥天母護法左位，並畫得中右佛樣二張持進。奉旨：「照樣再撥蠟樣呈覽。」又奉旨：「將左邊銅佛挪在左二，其左一空處再造一尊配供。其右二亦照左二騎騾子的佛一樣，配造騎獸的佛供上，共五尊成一堂。著章嘉胡圖克圖認看，先畫樣呈覽。」於五月二十九日員外郎白世秀、金輝將撥得佛蠟樣四尊銅騰額里佛一尊持進。奉旨：「照樣准做。」於閏九月二十三日郎中白世秀、員外郎金輝將做得銅佛四尊，並舊有騰額里佛一尊持進。奉旨：「著鍍金」[681] 這檔案說明章嘉胡圖克圖認看清宮舊藏騰額里佛一尊，再撥樣做四尊，配吉祥天母為一堂佛像。關於清宮佛像的諸神配置章嘉國師貢獻良多。

乾隆三十三年（1768），催長四德五德來說太監胡世傑交掛像佛一軸。傳旨：「著嘉胡圖克圖照掛像佛一樣，按現做青金佛樣款大小畫樣呈覽，准時照樣成造一尊。於本月十三日催長四德五德筆帖式富呢呀漢將羅布藏隆里畫得佛

---

678 《清宮內務府造辦處檔案總匯》，冊17，乾隆十四年四月〈雜活作〉，頁135-136。

679 國家圖書館版本，《諸佛菩薩聖像贊》，頁19。

680 《清宮內務府造辦處檔案總匯》，冊21，乾隆二十一年五月二十六日〈記事錄〉，頁792。

681 《清宮內務府造辦處檔案總匯》，冊22，乾隆二十一年四月初二日〈鍍金作〉，頁92。

像紙樣一張，奉旨：著章嘉呼圖克圖指示撥蠟樣呈覽。於五月初二日催長四德等將撥得金鑲珊瑚等佛背光蠟樣一尊。奉旨：「佛法身不必用金鑲做，按色用珊瑚、青金松石、蜜蠟、硨磲巴結成造。如實在不能再交如意館成造。」於五月二十二日催長四德五德為成造松石佛上金背光一座，約用二等金 20 兩、於六月十八日庫掌四德將為造金背光地藏王菩薩等佛挑得庫貯珊瑚一塊、蜜蠟一塊、青金四塊、硨磲一塊並佛像畫樣呈覽。隨交出松石大小五塊重 4.55 兩。奉旨：俱准用將交出松石成造地藏王菩薩用。[682]

（三）雨花閣壇城

慈寧宮的花園面積不到七千多平方公尺，西南處十多處建築中，有好幾處都是獨立佛堂，包括咸若館、寶相樓、吉雲樓等。王子林提到雨花閣是供奉密宗四部神系，佛堂供奉無量壽佛也具有普遍性和代表性。[683] 雨花閣竣工後，最重要是建造壇城。章嘉國師亦參與法瑯壇城製作。乾隆十八年（1753）法瑯作二月初四日傳旨：「照先做過吉雲樓供的掐絲法瑯壇城做四分，其尺寸大小要往藏裡去的牌樓一樣做」。於本月三十日司庫鄧八格將做得秘蜜掐絲壇城木樣一座。奉旨：「壇城木樣著章家胡圖克圖細細看。」於三月二十六日司庫鄧八格將做得秘蜜壇城准樣持進安在養心殿呈覽。奉旨著交德保專辦先做呀嗎噠噶、上羅王、秘蜜掐絲法瑯壇城三分，其餘一分酌量地方准時再行成造。於八月十二日員外郎白世秀達子為造壇城，共用物料和工匠銀如表 7-1。

其次，金、銅等物料係向內務府銀庫、瓷器庫等行取，數量如表 7-2。這檔案說明章嘉國師指導藏式壇城的木樣，並由工匠成做掐絲法瑯壇城，並提供鍍金的知識：「秋天得暫且不能鍍金，若鍍金之後，陳擱日期，恐有磨擦金色糙舊俟。」

---

682 《清宮內務府造辦處檔案總匯》，冊31，乾隆三十三年三月初八日〈金玉作〉，頁435-436。
683 王子林著，〈雨花閣：乾隆朝宮廷佛堂建設主導思想論〉，《故宮博物院院刊》，2005年4期，頁87-109。

壇城	買辦物料（兩）	外僱工銀（兩）	共銀（兩）
秘蜜佛掐絲法瑯壇城一座	465.11 兩	3,557.17 兩	4,022.28 兩
上羅王佛掐絲法瑯壇城一座	546.06 兩	4,159.39 兩	4,705.45 兩
呀曼達嘎佛掐絲法瑯壇城一座	502.28 兩	3,706.47 兩	4,208.75 兩
共銀			12,936.48 兩

表 7-1：雨花閣壇城買辦物料及工資用銀

鍍金葉	279.71*12=3,356.54 兩
活計銀	2,190 兩
紅銅葉	9,025*0.2=1,805 兩
紅銅條	275*0.22=60.5 兩
白檀香	234.875*0.4=93.95 兩
水銀	104.625*0.6=62.78 兩
黑鉛	52*0.06=3.12 兩
紅銅末	99*0.2=19.8 兩
象牙	15*0.4=6 兩
庫貯材料共合價銀併活計銀	7,597.69 兩

表 7-2：庫貯材料與活計用銀

資料來源：《清宮內務府造辦處檔案總匯》，冊 19，乾隆十八年二月初四日〈琺瑯作〉，頁 505。

（四）鍛造佛像：雅曼達嘎佛像

上述的呀嗎噠嘎或稱雅曼達嘎，即大威德怖畏金剛或威羅瓦金剛，是密宗無上部瑜珈主尊，亦為藏傳佛教重要的護法神，梵文（Yamantaka）。據王家鵬研究清朝在梵宗樓、永安寺善因殿、雍和宮、圓明園清境地、圓明園舍衛城普福宮、熱河安遠廟、普陀宗乘之廟都設有雅曼達嘎壇城。雅曼達嘎為戰神，壇城同時供奉兵器和盔甲。[684]

---

684 王家鵬著，〈清代皇家雅曼達嘎神壇叢考〉，《故宮博物院院刊》，2006年4期，頁98-121、158。

乾隆初期，駐藏辦事大臣索拜的任務之一為蒐集西藏的佛像。乾隆十二年（1747），達賴喇嘛親自一一磨勘揀選，將釋迦牟尼等三世佛與三寶座合為一套，皆印度響銅器物，此內釋迦牟尼佛所用策濟穆響銅、策金響銅係印度響銅內最佳者。將密集金剛、勝樂金剛、大威德金剛三佛寶座合為一套，此內勝樂金剛佛係印度造，密集金剛、大威德金剛此二佛原來印度處不造，宗喀巴時才造。現獲此二佛，皆宗喀巴時期名為劉崇巴之工匠所造，世代由達賴喇嘛等供奉密乘佛像內極具大加持之佛。[685] 次年，駐藏辦事大臣索拜又奉旨尋得雅曼達嘎佛像等，並送至北京。乾隆十三年（1748）五月，駐藏辦事大臣索拜奏：「將欽定延請之雅曼達嘎等佛尊、佛之尺寸由藏馱送至西寧。」需用牛五隻，每隻租銀 3.45 兩，共需銀 17.25 兩，已由藏庫之錢糧動支。[686] 大威德金剛像形象參見圖 7-4。

永安寺善因殿新供呀們達嘎佛像以西藏的佛像為範本，逐漸建立佛像的形象、款式。（永安寺地理位置圖參見圖 7-5）並且由西藏派遣巴勒布（尼泊爾）工匠到北京來製作佛像。乾隆九年（1731）二月初三日奉旨：字寄駐藏辦事副都統索拜，交郡王頗羅鼐，於彼處作佛匠役內，揀選擅鑄造銅佛工匠三名及打磨、鑲嵌珊瑚、綠松石、青金石、玉石等佛甚為精細之巴勒布工匠等亦揀選三名，各攜所用器械，由索拜處酌情優厚給與，選派妥員照管，即速起程，乘驛送京。頗羅鼐呈稱：「臣遵照大人所交，由我處鑄造銅鐘，工匠內揀選良匠巴勒布查達瑪、巴魯興、剛嘎達。又於打磨、鑲嵌珊瑚、綠松石、青金石、玉石等佛之工匠內，揀選良匠巴勒布雅納噶喇、達納迪布、巴魯。將伊等攜至大昭、布達拉等廟，記住有大福之佛等形制。伊等所用工具皆已各自修理完畢，給予伊等每人需騎馱烏拉差馬三匹。」[687]

乾隆十四年（1749）六月初四日總管內務府大臣三和呈稱：「遵旨誠造呀嘎達嘎佛一尊，法身高大，係初次誠造所用物料工價預難估計。今暫請工料銀一千二百兩陸續領用撙節謹慎辦造。如不敷用再行請領，俟告竣之時將實

685 趙令志等主編，《雍和宮滿文檔案譯編》，上卷，頁253。
686 趙令志等主編，《雍和宮滿文檔案譯編》，上卷，頁282-283。
687 趙令志等主編，《雍和宮滿文檔案譯編》，上卷，頁169。

用銀兩細數造冊呈報外，其需用鑿鏨匠役行文武備院揀選精藝者 15 名，所需黃蠟煤炭木柴向各該處行取應用。」[688] 郎中二達塞等，向圓明園庫銀陸續領銀 1,200 兩，造佛像選得是武備院精藝者 15 名。這還不包括善因殿的寶頂、槅扇、供案、佛臺等。乾隆十六年（1751），海望等奏約估永安寺白塔前新建呀們達噶佛壇，所用赤金銀兩。呀們達噶佛壇一座，上簷鑄造銅鍍金寶頂瓦片，前簷鑄造鍍金銅，槅扇四扇，券內漆飾，並安設供案佛臺等。鑄造鍍金銅寶頂瓦片，槅扇每平面見方一尺，照例用金 4.5 錢，共約估赤金 311 兩，請向廣儲司支領。應用約估紅銅 7,496 斤、黃銅 4,487 斤，請向鑄爐處收貯銅斤內支領。繪畫呀們達噶壇城交中正殿繪畫佛像喇嘛等繪畫，所供鎗戟、腰刀，交武備院辦造。隨墻粧緞、圓子，併皮旛，交廣儲司衣庫成造。虎二隻交造辦處辦造。[689] 雅曼達噶佛壇用了 311 兩赤金和 11,983 銅成做鍍金銅寶頂瓦片和槅扇，想必富麗堂皇。在太液池北邊的極樂世界也是銅瓦鍍金寶頂，兩者相互輝映。永安寺善因殿新供呀們達噶佛像開光日期，「由欽天監選擇得，本月十五日戊寅宜用辰時。十二日己酉宜用辰時。」[690]

（五）紫金琍瑪銅

義大利學者圖齊研究西藏造佛像使用銅的成分，一類是自然銅；另一類是紅銅加了八種物質，即金、銀、銅、白鐵、水晶、白鉛、黑鉛、水銀。這種銅和《八界論》中提到的一些印度造佛所使用的材料一致。[691] 根據羅文華的研究，藏文中銅質統稱 li ma，漢譯為琍碼，清宮正式鑄造紫金琍瑪與六世班禪進京有關。乾隆皇帝發現六世班禪的禮品中一件紫金琍瑪銅造像，命工匠仿作。清宮製作紫金琍瑪的材料有紅銅條、自然銅、金、銀、錫、鉛、鋼、水銀、五色

688 《清宮內務府奏案》，冊61，乾隆十四年十二月初七日，頁39-41。

689 《清宮內務府奏案》，冊67，乾隆十六年正月初十日，頁16-20。

690 《清宮內務府奏銷檔》，冊41，乾隆十六年十一月初九日，頁348-349。

691 圖齊著，羅文華譯，〈西藏人對佛教造像風格的分類〉，收入陳慶英編，《國外藏學研究譯文集》（拉薩：西藏人民出版社，1995），頁177-193。

圖 7-4：大威德金剛像
資料來源：王家鵬主編，《藏傳佛教造像》（香港：商務印書館，2003），頁 523。

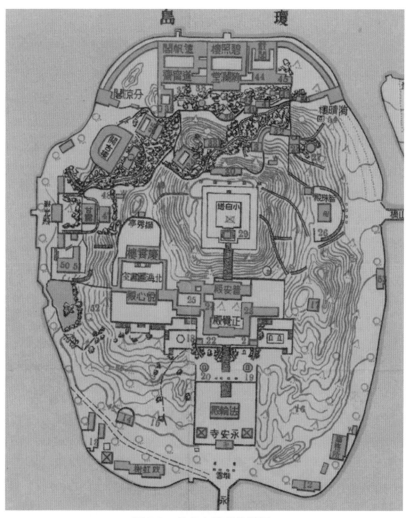

圖 7-5：永安寺地理位置圖
資料來源：北平市北海公園委員會印製，1935 年 12 月。

玻璃和金剛鑽。[692]

　　乾隆四十六年（1781）正月舒文至西黃寺問仲巴呼土克圖歲本亢佈，有關鍍金和燒紫金玾瑪仲巴呼土克圖說：「藏內併未有帶來鍍金能燒紫金喇嗎等匠，緣藏內鍍金燒紫金喇嗎俱係巴爾佈匠役成造。其鍍金係用十足高金鍍飾，如不妥再為再鍍。仍用荳草水提炸，則金水即能較紅。至燒紫金喇嗎係用自來銅、金、銀、鉛、鋼等八項，加入洋條紅銅內合化打造，方能燒得各種彩色。」[693] 乾隆四十六年（1781）四月初七日，庫掌同德持來呈稿一件，內開鑄爐處為呈明遵旨成造無量壽佛八尊請領金銀自然銅等項材料，查前遵旨問明遂本仲巴藏內成造紫金玾瑪佛像係加用金銀等八項隨奏明先試造一尊呈覽，今已造得無量壽佛一尊呈覽奉旨添造八尊成一堂查係每紅銅 1 斤，加用金 3 錢、銀 6 錢、自然銅 3 兩、鋼 2 錢、錫 2 錢、鉛 2 錢、水銀 2 錢、五色玻璃面 5 錢，八尊共合用金 3 兩 6 錢、銀 7 兩 2 錢、自然銅 2 斤 4 兩、鋼 2 兩 4 錢、錫 2 兩 4 錢、鉛 2 兩 4 錢、水銀 2 兩 4 錢、五色玻璃面 6 兩，理合呈明堂台批准存案，遇有成造紫金玾瑪佛像俱照此例辦理。[694]

　　該年十一月太監鄂魯里交銅燒古紅威羅瓦金剛一尊、銅燒古馬頭金剛一尊。傳旨：「照紅威羅瓦金剛配造紫金玾瑪銅吉祥天母一尊，成一堂。先撥蠟樣呈覽。其馬頭金剛問章嘉胡土克圖擬配供何佛像成堂之處，先畫樣呈覽。准時。撥做蠟樣，用紫金玾瑪銅成做。」欽此於十二月初三日將章嘉胡土克圖交來畫得配供馬頭金剛六臂勇保護法一尊畫樣一張持進。奉旨：「照樣准造。」在成做之前，乾隆皇帝交代鑄爐處，在原來配方加上暹羅國進貢的土鑽 10 兩。匠役聲明：「如加此鑽石對化打造時，多有裂紋，必須焊做方能完整。」並將打不住銅板一塊，一併交太監鄂魯里呈覽。奉旨：「現造之佛二尊將現有金剛鑽石十兩均分對化紫金玾瑪銅成造，有裂紋准其焊做。」[695] 顯然加上金剛鑽石

692 羅文華著，《龍袍與袈裟：清宮藏傳佛教文化考察》，下冊，頁403-411。
693 《清宮內務府造辦處檔案總匯》，冊45，乾隆四十六年正月〈鑄爐處〉，頁109-113。
694 《清宮內務府造辦處檔案總匯》，冊45，頁109-113，乾隆四十六年正月〈鑄爐處〉，頁109-113。
695 《清宮內務府造辦處檔案總匯》，冊45，頁140-142，乾隆四十六年十一月〈鑄爐處〉，頁140-

並不是很好的材料，導致銅片出現裂紋。乾隆四十八年（1783），管理造辦處事務舒文將撥得遵旨成造紫金珌瑪銅上藥王佛一尊並沒有加金剛鑽。[696]

至乾隆五十五年（1790），乾隆皇帝又命造辦處利用暹羅國進貢的金剛鑽10兩成做器物。造辦處官員奏稱：「看得不是金剛鑽，刻做活計難以應用，堪可對化鑄造紫金珌瑪銅。」鑄爐處成做紫金珌瑪銅無量壽佛九尊，約用紅銅667斤2兩、鍍金葉29兩，並對化金剛鑽石16.3兩。[697]可能金剛鑽石的分量少，沒有產生裂紋現象。

（六）鈴杵

章嘉國師到西藏時，曾獲得達賴喇嘛許多珍貴的法器，他不但有鑑賞能力，且知道製作法器的配方。乾隆四十年（1775），造辦處成做弘仁寺跳布扎縷絡衣、添做鍍金紅銅小鐘98個、鈴鐺120個，照式成造。例用頭等金8.57錢。[698]根據羅文華研究乾隆三十六年（1771）章嘉呼圖克圖和西洋傳教士蔣友仁分別提供鑄鈴的配方（參見表7-3、表7-4），清宮鑄銅鈴的新配方是漢、藏以及西洋配方綜合的結果，直接改變了清宮這一傳統工藝的面貌。[699]

西洋人蔣友仁說暗地磨牛出在西洋甕濟里亞國，生於金銀銅鉛各項礦內，惟銀礦、鉛礦內生產更多。如鑄鐘材料用紅銅100斤、錫20斤或25斤內，合暗地磨牛2斤鎔化。做成鐘時聲音更為清亮。但，暗地磨牛在鈴杵的配方中所占比例甚低。章嘉呼圖克圖配方的錫成分高達29.75％，比蔣友仁配方的錫至多19％。乾隆皇帝認為紅銅響銅高錫所鑄之鈴聲音好，再造即照此樣所對之

142。

696 《清宮內務府造辦處檔案總匯》，冊45，頁713-715，乾隆四十七年十一月〈鑄爐處〉，頁713-715。

697 《清宮內務府造辦處檔案總匯》，冊52，頁232-237，乾隆五十五年正月〈鑄爐處〉，頁232-237。

698 《乾隆朝內務府奏銷檔》，冊337，乾隆四十年十月二十日，頁59。

699 羅文華著，《龍袍與袈裟：清宮藏傳佛教文化考察》，下冊，頁400-401。

材料	數量	百分比
洋條紅銅	13.87 兩	69.35%
枚錫	5.95 兩	29.75%
金	6 分	0.3%
銀	6 分	0.3%
三色寶石	6 分	0.3%

表 7-3：章嘉呼圖克圖的配方

	材料	數量	百分比
蔣友仁的配方（一）	紅銅	1 斤（16 兩）	81-97%
	錫	3.2 兩	16.39%
	暗地磨牛	3.2 錢	1.34%
蔣友仁的配方（二）	紅銅	1 斤（16 兩）	78.74%
	錫	4 兩	19.68%
	暗地磨牛	3.2 錢	1.57%

表 7-4：蔣友仁的配方

銅鑄造。[700]

　　羅文華的看法是皇帝採用蔣友仁加了暗地磨牛配方的製作鈴杵。不過，乾隆五十一年（1785），太監常寧傳旨：將現交出毀銅自鳴鐘拆下鐘碗，交舒文照從前造過大號鈴杵、中號鈴杵各鑄造一分。奉旨：「現造鈴杵聲音平常，交中正殿喇嘛用再照先造過加金銀寶石，中號鈴杵樣成造十分。」[701]這似乎說明乾隆皇帝喜愛章嘉國師加金銀寶石的配方。鈴杵的樣式參見圖 7-6。

700　《清宮內務府造辦處檔案總匯》，冊34，乾隆三十六年十二月〈鑄爐處〉，頁527-536。
701　《清宮內務府造辦處檔案總匯》，冊48，乾隆五十一年二月〈鑄爐處〉，頁143-144。

圖 7-6：鈴杵
資料來源：故 - 雜 -000706-N000000000，故宮博物院藏。圖版取自《器物典藏資料檢索系統》：https://digitalarchive.npm.gov.tw/Antique/Content?uid=62743&Dept=U（檢索日期：2022 年 4 月 8 日）。

圖 7-7：鎏金銅佛
資料來源：中瓷 004671N000000001，故宮博物院藏。圖版取自《器物典藏資料檢索系統》：https://digitalarchive.npm.gov.tw/Antique/Content?uid=47019&Dept=U（檢索日期：2022 年 4 月 8 日）。

五、黃銅技術的流傳

乾隆皇帝命工匠製作佛像，將佛像尺寸規格化。蒙古王公工布查布將藏文的《造像量度經》翻譯成漢文，乾隆七年（1742）刊印，漢文標題為《佛說造像量度經解》。[702] 黃春和認為佛像按照量度規定和既定的圖像模式塑造，走向程式化，導致乾隆時期的造像生硬呆板，匠氣十足，藝術水平急遽下降，遠不如康熙時期。[703] 袁凱錚則認為，佛像形式標準化，意味著製作佛像趨於固定的工藝流程，形成穩定的藝術風格。十五世紀以前，尼泊爾的銅像多為實心鑄造，尺寸不大。隨著西藏銅像需求增加，尼泊爾工匠用失蠟法製作佛像，變成空心鑄造，製作尺寸較大的銅像採拼湊組合方式。十六世紀以後採用鍛打工藝製作佛像，將佛像分解成幾個部分再拼接組裝，節省材料。[704]

從檔案上看到，佛像規格化也有利於計算製作佛像的銀兩。乾隆二十六年（1761），造仁壽寺供奉無量壽佛一萬尊，據《內務府銀庫用項月摺檔》載，新修理弘仁寺等處廟宇房間，併新建仁壽寺廟宇房間成塑佛像雕做龕案等項工程辦買物料，併給匠夫工價領銀 8,433.59 兩。[705] 乾隆三十四年（1769），中正殿供奉金佛樣式成造銅鍍金釋迦佛一尊、文殊菩薩一尊、觀音菩薩一尊（黃銅觀音菩薩像參見圖 7-7 的鎏金銅佛），共用銅 761 觔 6 兩。這三尊銅佛係按鑄造上樂王銅佛之例，每高一尺用工料銀 139.6 兩，減三成報銷合銀 98.99 兩。[706] 乾隆三十五年（1770），新建萬佛樓工程，共需物料工價銀 264,249 兩零，此內造大佛 36 尊，無量壽佛 11,118 尊，約用銀 140,749 兩零。[707]

內務府三旗人丁戶口冊中，記載管領下人丁有許多當工匠，即為食口糧人

---

702 工布查布譯，《造像量度經》（臺北：臺灣印經處，1956）。

703 黃春和著，〈元明清北京宮廷的藏傳佛教‧造像藝術風格及特徵〉，《法音》，2001年1期，頁31-36。

704 袁凱錚著，〈西藏東部藏傳佛教銅佛像製作工藝研究〉（北京：北京科技大學博士論文，2010），頁81-82。

705 《乾隆朝內務府銀庫用項月摺檔》，乾隆二十六年七月。

706 《乾隆朝內務府奏銷檔》，冊293，乾隆三十四年三月四日，頁284-316。

707 《乾隆朝內務府奏銷檔》，冊296，乾隆三十五年四月四日，頁282-299。

丁，其他外聘的工匠稱為外僱民匠。內務府瓷庫銅作專司鑄造各樣銅錫器皿、拔絲胎鈑鏨花燒古及樂器等事。設八品司匠 2 員、領催 5 名、化銅匠 5 名、銅匠 7 名、錫匠 25 名、拔絲匠 12 名、撙索匠 6 名、鑄銅匠 1 名、撥蠟匠 3 名、上泥匠 1 名、燒古匠 3 名、洗鏡匠 3 名、琵琶匠 2 名。[708] 內務府所屬的工匠除了每月領取俸餉、糧米外，另給飯食銀。如鏨匠、銼匠、磨匠，每工給飯銀 3.6 分。[709] 然而，內務府成造大型器物時，必須僱用大量工匠。例如乾隆三十八年（1773），鑄造寧壽宮 24 口銅缸，每銅一百斤用鑄匠 13.3 工、鏨匠 16.6 工、銼刮匠 26.6 工，接著用磨炭蘸水磨光，再用布片蘸磨炭灰打磨，最後用寶砂打磨光亮。外僱工匠中若有技術超群者，有可能延攬為內務府工匠，如乾隆十四年（1749），內務府造辦處檔案記載：「現今鑄爐處燒古人乏，外有燒古民匠龍呈瑞，燒古甚好，請召募應差。再鑄爐處從前召募過刻板匠方亦瓚，每月食錢糧銀四兩，現今患病不能當差，請將方亦瓚所食錢糧革退，賞給龍呈瑞，令伊在鑄爐處應差。」[710]

前述殷實之家擔任夫頭，招募的工匠取具甘結，進入宮廷給腰牌以便稽查。從碑刻資料記載得知，宮廷這些擁有專業技術的外僱工匠主要應來自山西省。山西人製作銅器的歷史已久，至少明代即已有之。[711] 山西潞安人在北京經營銅、鐵、錫等行業，並成立有潞郡會館等組織。孫嘉淦《重修爐神庵老君殿碑記》載：「吾山右之賈於京者，多業銅、鐵、錫、炭諸貨、以其有資於爐也，相沿尸祝爐神。其伏魔殿、佛殿，前後修舉於潞商。」民國年間《潞郡會館紀念碑文》載：「廣渠門內東興隆街，今名土地廟，舊有潞郡會館爐神庵一座。……向為郡人銅、錫、煙袋三幫經理。」[712] 潞安人在北京經營銅、鐵、錫等行業，相當有名。清宮鑄爐處常有招商鎔化水銅，應該就是山西商人。根據宋麗

---

708 〔清〕佚名輯，《總管內務府現行條例（廣儲司）》，卷1，頁14。

709 《清宮內務府造辦處檔案總匯》，冊9，乾隆四年三月〈行文〉，頁66-69。

710 《清宮內務府造辦處檔案總匯》，冊17，乾隆十四年正月〈記事錄〉，頁175。

711 札奇斯欽著，《北亞游牧民族與中原農業民族間的和平戰爭與貿易之關係》（臺北：國立政治大學叢書，1973），頁519-521。

712 劉德泉著，《潞郡會館紀念碑文》（臺北：中央研究院歷史語言研究所傅斯年圖書館藏民國九年（1920）拓片）。

圖 7-8：黃銅製造香爐、瓶、盒
資料來源：王家鵬主編，《梵華樓》，卷 1，頁 134-135。

莉、張正明的研究，明初官營鐵冶轉歸民營後，潞安境內鐵冶迅速發展，潞州鐵鍋出現在張家口馬市，大量銷往漠北蒙族地區。清代潞安鐵製民生用品依舊名列前茅。[713]

清代著名山西銅商范清沂記《重修爐神廟碑》載：「都中崇文門東三里許，舊有爐神廟，相傳創自張君。……。壬戌春，上黨銅行諸君子，瞻棟宇之傾頹，傷聖像之剝落，因大發其樂善之心，各出己囊，相與勉力捐輸。」[714]該碑刻提到，山西上黨的銅行修繕爐神廟歷經十數年，約費三千餘兩。乾隆九年（1744），鄂爾泰奏稱北京內外八旗三營地方，有熔銅大局，銅舖共432座。其中只賣銅器不設爐舖戶者68座，設有爐舖戶者364座。該處舖戶若將康熙雍正年間鑄造的黃錢銷毀，打造物件有利可圖。故請將設爐舖364座，遷往官房26處，共計791間。此官房屬內務府所有，凡開設各舖戶應交與步軍統領衙門、順天府府尹稽查，每日進舖銅斤若干，並熔化打造出舖銅斤若干數目，令稽查之員，逐日查驗明確，登記號簿，報明步軍統領衙門。倘有私銷情弊，交刑部審明，照例治罪。[715]由鄂爾泰奏摺可知，乾隆年間北京銅舖有400餘座，設有熔爐的銅舖有364座。

靠近鑄爐處的雍和宮是北京藏傳佛教的中心，附近有七家佛像店：永豐號、聚興厚、廣聚成、義和永、義和齋、恆豐號、泰興號，都在雍和宮大街上。永豐號開設於明末清初。據京師市政公所調查，七家佛像店每年售出佛像合計在1萬2、3千元左右。其中永豐號約3、4千，聚興厚約2千元上下，廣聚成約1千5、6百元，義和永約1千2、3百元，義和齋約1千3百元上下，恆豐號約1千4百餘元，泰興號約2千元上下。[716]其次，蒙古王公每年到北京朝覲駐錫外館，附近有一、二百多家雜貨店，販售銅盆、銅器皿、銅佛像等。根據王

---

713 宋麗莉、張正明著，〈淺談明清潞商與區域環境的相互影響〉，《山西大學學報（哲學社會科學版）》，卷31期1（2008），頁134-137。

714 〔清〕孫嘉淦著，《重修爐神庵老君殿碑記》（臺北：中央研究院歷史語言研究所傅斯年圖書館藏清乾隆十一年（1746）拓片）；〔清〕范清沂著，《重修爐神廟碑記》（臺北：中央研究院歷史語言研究所傅斯年圖書館藏清乾隆二十一年（1756）拓片）。

715 彭澤益編，《中國近代手工業史資料》（北京：中華書局，1962），頁422-423。

716 〔日〕中野江漢著，《北京繁昌記》，卷1，頁96-101。

永斌的研究，外館的雙順銅器舖，生產有紅銅奶壺、銅盆、銅盤、銅蠟阡、銅香爐、銅供碗、銅供盤等拜佛用品（參見圖7-8）。[717]值得一提的是，費迪南德・萊辛（Ferdinand Diederich Lessing）提到，雍和宮的遊客中，包含來自尼泊爾的皮膚黝黑、身材矮小的廓爾喀人。[718]不過，這些尼泊爾人是否參與製作銅像，目前尚無資料證實。

民國二十一年（1932），穆學熙等調查北平市銅鐵錫金屬業之公會，以銅業為大宗、鐵次之，錫又次之。清代安定門外的外館地方，銅店聚集，造銅器及銅質佛像頗為馳名，專銷內外蒙。又如文具煙袋等類、須由銅業專行製造者、其行銷各省、為數亦鉅。自外蒙隔絕後，內地風尚驟殊，凡舊式金屬之精品，類多鄙棄，銅業實首蒙打擊。[719]民國年間銅鐵錫業約四百餘家，製造物品者約300家，銅業占四分之三。此工商業調查說：「從前興盛時代，此業獲利甚豐，今則銷路日狹。」[720]

從北京市檔案館所藏的一份《1950年特種工藝品製造業銀蘭會員情況瞭解表》得知，從二十世紀三〇年代至解放初期，雍和宮附近地區的銅鋪逐漸形成了從原料、生產、加工和銷售的內部分工和規矩。北京約有近100個銅鋪，近50％分布在五道營、安內西城根、安內東城根、雍和宮大街、國子監街、國學胡同、官書院胡同、雍和宮內及北新橋附近的小胡同裡。以雍和宮為圓心的話，這些街道和胡同就是半徑，形成了一個銅鋪產銷的圈子。從分工上看，有的作坊負責配活，有的負責軋銅板，有的作坊負責打銅胎，有的磨光及鏃活，有的鏨花和雕刻，最後有的作坊進行燒藍鍍銀的裝飾性工作，形成一件完整的銅器之後交給固定的銅鋪或中間商人售賣。整個過程分工明確，銅鋪各司其職，相互之間基本都有師承淵源。[721]

---

717 王永斌著，《北京關廂鄉鎮和老字號》，頁66-67。

718 Ferdinand Lessing, *Yung Ho Kung: An Iconography of the Lamaist Cathedral in Peking with Notes on Lamaist Mythology and Cult*, p.2.

719 池澤匯等編纂，《北平市工商業概況（一）》，頁443-444。

720 池澤匯等編纂，《北平市工商業概況（一）》，頁444。

721 周錦章著，〈清末民初北京銅器作坊的轉型與發展〉，《北京社會科學》，2015年6期，頁103-107。

據俄國使臣阿‧馬‧波茲德涅耶夫的描述，蒙古多倫諾爾是最早製造佛像的，蒙古人覺得極為稀罕。可是北京製作的佛像卻要比當地多無數倍，而且從北京銷到蒙古——包括準噶爾和青海——以及西藏的佛像也多得多。其實這是因為北京佛像的價錢較為便宜。[722] 由此也可看出，乾隆時代宮廷的外僱工匠不僅承繼了宮廷製作佛像的技術，也將之傳播至中國統治的各個地區。

六、小結

中國使用青銅器的歷史很悠久，青銅器的主要成分為銅和錫。中國十七世紀發現鋅，但對它的稱呼很不一致，有稱為倭鉛、倭元、白鉛，日本稱為亞鉛。銅鋅合金為黃銅，清朝廷以鑄銅錢為由，禁止黃銅廣泛使用，只許一品官員家之器皿許用黃銅，其餘皆被禁止。銅鋅鎳的合金在西方則稱為白銅，十八世紀白銅大量銷售到歐洲，白銅器物在歐洲成為時尚。嘉慶皇帝以白鉛為鑄造銅幣的材料為由，限制白鉛的出口數量，其實「白鉛」是白銅，和鑄造銅錢所用的「白鉛」（鋅）不同的材料。二十世紀西方學者對中國銅的認識仍在青銅（bronze）的階段，本文透過造辦處的史料分析，說明黃銅（brass）才是清代製作銅器物的主流。

陳宏謀提及：「廠銅、洋銅官收居大半，每年打造銅器，需銅無算。」[723] 北京的番役查獲違禁私賣黃銅等款，賞銀 10 兩；或緝獲喜喪違禁僭分違禁私用黃銅等物，賞銀 3 兩等。[724] 清朝康雍時期屢次禁止鑄造黃銅器皿，然清宮黃銅貯存量總數仍達百萬斤，用於建築、器皿則不計其數。羅友枝在《清代宮廷社會史》（The Last Emperors）一書提到，清朝運用薩滿教維繫滿洲族群、藏傳佛教拉攏蒙古關係、儒家禮儀統治漢人。[725] 從宮廷黃銅器物的製作也可以看

---

722 〔俄〕阿‧馬‧波茲德涅耶夫著，劉漢明等譯，《蒙古及蒙古人》，卷2，頁335。

723 〔清〕陳宏謀著，〈申銅禁酌鼓鑄疏〉，收入〔清〕賀長齡輯，《皇朝經世文編》（臺北：文海出版社，1979），卷53，戶政28，頁9-10。

724 《乾隆朝內務府奏銷檔》，冊292，乾隆三十三年八月十五日，頁42-47。

725 Evelyn S. Rawski, The Last Emperors: A Social History of Qing Imperial Institutions, p. 208.

到乾隆皇帝信仰藏傳佛教至深，大量製作佛像、銅殿等，消耗的銅達數百萬斤。《清宮內務府造辦處檔案總匯》、《乾隆朝內務府奏銷檔》與《中國古代當鋪鑒定秘籍》記載製造黃銅器物之紅銅與鋅的比例相當一致，可以說宮廷與民間技術相互融合、影響。並且，乾隆時宮廷造像規模盛大，聘用外頭工匠眾多，這些工匠來自山西省，由殷實之家擔任夫頭，招募的工匠取具甘結，進入宮廷給腰牌以便稽查。前文提到，黃春和批評乾隆時期的佛像走向程式化塑造，導致藝術水平急遽下降，也遠不如康熙年代。但從現代化的角度來看，產品規格化象徵著穩定的工藝流程，而且也便於計算製作所需的銀兩成本。

　　乾隆年間黃銅在中國流量增加，促使北京成為供應蒙古地區銅佛像、供器的中心。過去學者討論清朝將北京建立為藏傳佛教信仰中心，而器物的製造與傳播也反應這樣的趨勢，或許可以說是清朝皇帝無心插柳的成果。

第八章

清宮的錫器

一、前言

　　近年來，學界關注十七、十八世紀中外物質文化交流，外國物品透過朝貢或貿易等途徑，源源不斷輸入皇宮，開展新的物質文化風貌。[726] 筆者在清宮檔案中發現使用錫的數量達 300 萬斤以上，這種不起眼、價格便宜的金屬為何在清宮廣泛利用？十八世紀中國進入全球化時代，錫來自歐美各國，而錫用於製作玻璃鏡等又源於西方技術。清朝多元文化統治，需要各種金屬材料來建構輝煌的帝國，錫為其中之一。

　　清代財政在田賦、關稅、鹽稅之外還有土貢，土貢源自古代「任土作貢」的傳統，清朝各行省土貢向戶部、工部交納貢物。康熙二十四年（1685），朝廷明訂各省送戶部物資後，內務府行文需用數目，戶部照數交付，每年內務府列出明細，見於《內務府題本》。乾隆朝（1736-1795）迄清末戶部撥給內務府的物品有 55 種項目，包括綢緞、布疋、顏料、茶葉、紙張、木材、金屬等。過去，筆者探討內務府使用的紅銅稱為洋銅，由日本進口的銅稱為洋銅，內務府庋藏的高錫也稱為洋錫，是從英國、東南亞，以及荷蘭東印度公司賣到日本的錫，再由唐船輾轉運到中國。根據《鏡鏡詅痴》一書說法，點錫為大量的錫（96％）和少量的銅摻和後，加熱定型的一種混合金屬，廣東進的錫稱為點錫，表示錫的成分高，又稱高錫。[727] 十八世紀興起全球化貿易，貿易影響到傳統的土貢制度，是一有趣的發展。何新華在《清代貢物制度研究》提到貢錫的省分有江蘇、安徽、福建、山西、廣東等，以廣東貢錫數量最多。[728] 他沒有注意到廣東貢錫是來自國外。其次，清朝行省貢物和歷代各朝不同是「歲需上供，悉歸經費採辦」，[729] 貢錫的經費來源也值得探討。

---

726 有關中外物質文化的研究參見任萬平、郭福祥、韓秉辰主編，《宮廷與異域：17、18世紀的中外物質文化交流》。

727 〔清〕鄭復光著，李磊箋注，《〈鏡鏡詅痴〉箋注》（上海：上海古籍出版社，2014），頁44。

728 何新華著，《清代貢物制度研究》，頁23-39。如江蘇貢高錫16,239斤、安徽貢高錫16,654斤、福建貢錫22,028斤、山西貢11,800斤、廣東貢高錫35,664斤8兩、點錫211,713斤。

729 〔清〕清高宗敕撰，《清朝文獻通考》（臺北：臺灣商務印書館，1987，據清刻本影印），卷

乾隆年間實施廣州通商，廣州和福建進貢的錫是經由東印度公司（The East India Company）進口，馬士《東印度公司對華貿易編年史（1635-1834）》一書記載錫從 1751-1833 年由印尼邦加、印度馬德拉斯以及英國等地進口，數量相當多並有長期的數據。[730] 本章第一個重點擬討論行省貢錫，及其進口錫的數量。

再者，各行省採辦錫主要用於鼓鑄錢幣。《大清會典事例》載，乾隆六年（1741）京局改鑄青錢，每 100 斤用紅銅 50 斤、白鉛 41 斤 8 兩、黑鉛 6 斤 8 兩、點銅錫 2 斤。[731] 實際上，各省進到戶部的錫也不僅是用來鑄造錢幣，有部分是撥給內務府成做器物。《內務府廣儲司六庫月摺檔》是內務府堂官每月對金銀銅錫鉛、綢緞、毛皮等物所做的庫藏報告，分為舊存、新收、除用、實在四項，稱為四柱清冊。[732] 銅錫鉛屬瓷庫物品，《內務府瓷庫月摺檔》所見的時間從乾隆八年至嘉慶二十年（1743-1815）。另外，《內務府題本》則是記載戶部撥給內務府的物品數量，從嘉慶二十一年（1821）至光緒十八年（1892），兩類檔案一起統計，可知清宮內務府錫的新收和除用的數量。

有關錫器的研究，維微《說錫器》一文討論錫的辨識、用途，他將錫器分類：禮器、飲具、食具、水具、盛具、燈燭具、煙具、熏具、文具、溺具等等，其中飲具、燈燭具最為常見，而飲具裡面又以錫壺為多。[733] 然而，宮廷帝王后妃使用宴飲食具皆金銀器皿，自與民間不同。然，錫的價格便宜、展性佳、易於敲打成錫箔或錫片，宮廷使用大量的錫片來營建宮殿和碑亭等防水的屋頂，與江浙地區製作錫箔冥紙的用途不同。其次，乾隆十三年（1748）製作的金屬祭器中，牛羊豬祭品所用的錫奠池，並錫用以製作防潮器皿，譬如茶罐、大衣櫃，以及冰箱等器物。皇帝巡幸時攜帶輕便錫用品，如水缸、溺器等。又如乾

38，頁5212-3。

730 Hosea Ballou Morse, *The Chronicles of the East India Company Trading to China, 1635-1834.*

731 〔清〕托津等奉敕纂修，《大清會典事例（嘉慶朝）》，卷174，〈戶部四七·錢法二·辦鉛錫〉，頁1-2。

732 〔清〕崑岡等奉敕撰，《大清會典事例（光緒朝）》，卷1190，〈內務府二一·庫藏一·支發〉，頁9-1。

733 維微著，〈說錫器（上）〉，《收藏家》，2005年5期，頁33-38。

隆年間千叟宴製作大量的錫火鍋，賞賜滿、漢文武老臣等。宮廷製作特殊用途錫器，與民間日用有所區別。

　　本章除了闡釋《天工開物》載「用錫末者為小焊，用響銅末者為大焊」的技術，[734] 將用較多篇幅討論玻璃鏡和玻璃畫（即在錫玻璃鏡上作畫）。關於清宮造辦處製作玻璃的研究已有許多成果。[735] 本章擬討論康熙時期（1662-1722）荷蘭和俄羅斯進貢的玻璃鏡，以及乾隆從粵海關採辦玻璃鏡。這些玻璃鏡大部分為威尼斯、法國等地製作的大片平板錫汞齊玻璃鏡，享譽盛名。清宮也有製作玻璃鏡的工匠，採用近似於十七世紀西方的製鏡技術，檔案記載為擺錫匠，但數量不多。玻璃畫的技術主要是傳自西洋傳教士郎世寧（Giuseppe Castiglione，1688-1766）、王致誠（Jean Denis Attiret，1702-1768）、艾啟蒙（Jgnatius Sickeltart，1708-1780）在玻璃鏡上作油畫，也畫樹木、水果、飛鳥、各種動物。[736] 這方面已有楊伯達、尤景林、肖浪的研究。[737] 本章擬利用《清宮內務府造辦處檔案總匯》更全面討論玻璃畫的工藝，此為討論的第三重點。

　　本章探討錫的產量、用途和技術三個層面，其中錫礦方面主要利用《中央研究院歷史語言研究所現存清代內閣大庫原藏明清檔案》、《宮中硃批奏摺・財政類》，討論各行省土貢錫的數量並從價格比較其質量。其次用途和技術方面，本章引宮廷檔案如《清宮內務府造辦處檔案總匯》、《清宮內務府奏銷檔》、《內務府呈稿》等討論清宮錫匠以及製作器物，以及受到西洋傳教士和藏傳佛教的影響。

734　〔明〕宋應星著，《天工開物》，卷中，頁907。

735　楊伯達著，〈清代玻璃配方化學成分的研究〉，《故宮博物院院刊》，1990年2期，頁17-25；楊伯達著，〈十八世紀中西文化交流對清代美術的影響〉，《故宮博物院院刊》，1998年4期，頁70-77；曹南屏著，〈玻璃與清末民初的日常生活〉，《中央研究院近代史研究所集刊》，期76（2012年6月），頁81-134。

736　〔法〕杜赫德編，鄭德弟、呂一民等譯，《耶穌會士中國書簡集：中國回憶錄》，卷4，頁300。

737　尤景林著，〈洋風鏡子畫──清代玻璃油畫《香山九老圖》、《湖邊風景中的牧羊女》賞談〉，《上海工藝美術》，2010年4期，頁76-77。

二、行省貢錫與國內外的錫市場

何新華提到各行省土貢係向戶部、工部交納貢物。這書提到貢錫的省分如有江蘇、安徽、福建、山西、廣東等，但這是否一成不變？根據《中央研究院歷史語言研究所現存清代內閣大庫原藏明清檔案》所載，順治九年（1652）貢錫的省分為江西、河南、山東、福建、江南、山西等。[738] 此為延續明代土貢制度，當時局勢未定土貢制度還沒改變。本節討論乾隆年間數量，這些省分錫非當地特產，廣東所產的錫不敷進貢，仰賴洋船進口的錫，福建亦需到廣州買錫。此外，江蘇省有部分的錫來自日本，形成國際貿易市場。雲南產錫卻非貢錫省分，主要提供四川、湖北、湖南鼓鑄錢幣之用，另形成國內的貿易市場。

（一）廣東與福建錫的來源

《廣東新語》稱連州是著名鉛錫產地，還有長樂、興寧、河源、永安也有出產。[739] 據乾隆五年廣東省「開三四處錫山，令辦銅各商自備工資分任開採。照例二八收課，即得錫百斤，20 斤交官起解，80 斤歸商作本，開採錫礦是屬於雜賦，即銅鐵錫鉛礦稅之一。」[740] 廣東開採錫礦實際上抽收課錫僅 1 萬多斤，需仰賴洋船進口的錫。

採買洋錫自乾隆十年（1745），廣東巡撫題准採買洋錫解京供鑄廣東應解寶源局 70,571 斤，每百斤 13.5 兩。[741] 此後解辦戶部的點錫逐漸增加，乾隆十四年（1749）廣東巡撫蘇昌（1693-1768）題，應解辦點錫 211,713 斤，除了抽收課錫 12,842 斤，不敷錫 198,870 斤。若等抽收課錫數量足夠再解交戶部，

---

738 《中央研究院歷史語言研究所現存清代內閣大庫原藏明清檔案》，順治九年十月初四日，登錄號161156。各省貢錫數量：江西2,018斤、河南311斤、山東292斤、福建1,591斤、江南10,540斤、山西1,356斤。

739 〔清〕屈大均著，《廣東新語》，卷15，〈貨語〉，頁410。

740 〔清〕清高宗敕撰，《清朝文獻通考》，卷16，頁4999-1。

741 〔清〕托津等奉敕纂修，《大清會典事例（嘉慶朝）》，卷174，〈戶部四十七‧雜賦二‧辦鉛錫等〉，頁2-1～2-2。

勢必耽誤鼓鑄。故請不敷錫斤循例採買起解。剩下應解辦錫，每百斤價銀 13.5 兩，共需銀 26,847.53 兩，其費用係動支田房稅羨銀。[742] 乾隆二十四年（1759），廣東巡撫李侍堯（？-1788）奏，應解辦點錫 211,713 斤，除了抽收課錫 1,000 斤，又收買商人餘錫 2,248 斤，每斤價銀 0.135 兩，共 303.5 兩。尚應解辦錫 208,463 斤，每斤價銀 0.135 兩，共需銀 28,142.62 兩，檔案更說明廣東本地產 的錫僅 3,248 斤，洋錫則占 208,463 斤。李侍堯奏摺還說洋錫又必等洋船到廣 州才能買足。[743]

由廣東運錫到北京基本上是兩艘船，路程遙遠，途經之省分官員需奏報船 隻通過的時間和離境時間，由廣東省運輸途徑在省起程，經由南海、三水、 清遠、英德、曲江、始興、保昌等縣，全數運至江西大庾交替出境。廣東省 城至保昌縣度嶺水陸程途，共 1,290 里，「係灘河逆水並山嶺崎嶇，按例應行 五十一日」。[744] 大庾縣相距廣東保昌縣計程 120 里均屬山路，「必需夫腳陸續 運到方可用船裝載。其自新建縣地方以下即係鄱湖大江，非大庾所載灘河之船 可往。無別項事故逗遛。安徽省經東流縣、懷寧縣、貴池縣、銅陵縣、蕪湖縣、 當塗縣，至江蘇省上元縣。」[745] 江蘇上元縣經儀徵縣、高郵州、寶應縣、山陽 縣、清河縣、桃源縣、宿遷縣、邳州、至沛縣。[746] 入山東省之嶧縣、德州衛， 至直隸之景州訖。[747] 由運錫路線除廣東保昌縣至大庾嶺是山路外，其他都由水 路：北江、東江、贛江、長江、大運河等。參見圖 8-1。

《東印度公司對華貿易編年史（1635-1834）》記載歐美船隻進口錫的資 料，包括英國、荷蘭、瑞典、法國、丹麥和美國。錫的產地有英國康沃爾郡

---

742 起解所需水腳銀兩並請照例在於田房稅羨項內動支，該水腳銀每斤1.87分，共銀3,959兩。《中央研究院歷史語言研究所現存清代內閣大庫原藏明清檔案》，乾隆十七年十二月十二日，登錄號091959。

743 《中央研究院歷史語言研究所現存清代內閣大庫原藏明清檔案》，乾隆二十五年五月初二日，登錄號076474。

744 因官員奏摺詳略不一，僅能選取詳細的奏摺以了解運錫過程，故無法按照時間排列。《宮中硃批奏摺·財政類》，檔案編號1310-015，乾隆四十五年四月二十八日。

745 《宮中硃批奏摺·財政類》，檔案編號1250-004，乾隆二十二年六月初六日。

746 《宮中硃批奏摺·財政類》，檔案編號1241-023，乾隆十四年十月初一日。

747 《宮中硃批奏摺·財政類》，檔案編號1256-031，乾隆二十四年七月初四日。

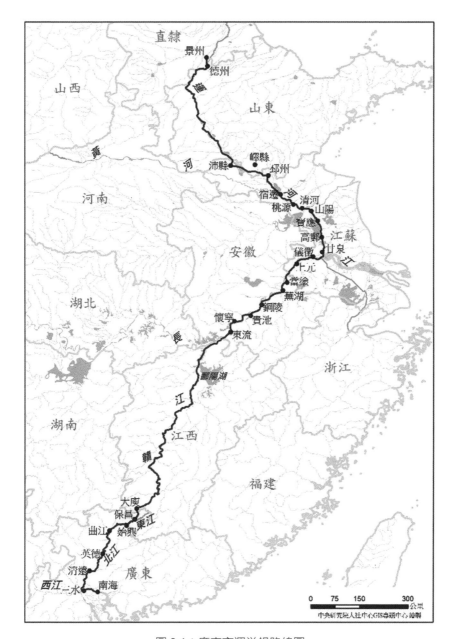

圖 8-1：廣東京運洋錫路線圖

資料來源：中央研究院人社中心 GIS 專題中心繪製。

說明：據《中央研究院歷史語言研究所現存清代內閣大庫原藏明清檔案》、《宮中硃批奏摺·
財政類》收錄廣東、江西、安徽、江蘇、山東、直隸各省官員奏摺繪製。

（Cornwall）和德文郡（Devon）、印度馬德拉斯、印尼邦加、馬六甲等地。至於數量和售價方面早期的資料不太完整，譬如 1751 年有每擔 14 兩，或 1778 年有錫的重量 23,777 擔沒單價，1789 年從英國進口錫 55 噸等等。[748] 表 8-1 是按照錫進口的噸數或售價，從 1750 年到 1833 年分開加總整理而成，故數量和售價兩者並沒有關係。

國名	數量（噸）	售價（千兩）
荷蘭	33,462.25	？
英國	11,289.32	7,512.94
瑞典	23.28	5.82
法國	200.22	319
美國		462.75
丹麥	105.72	
其他	18	61.11

表 8-1：由歐美各國進口錫的數量與售價

資料來源：馬士（Hosea Ballou Morse），《東印度公司對華貿易編年史（1635-1834）》各章整理而成；Liu Yong, *The Dutch East India Company's tea trade with China, 1757-1781*, pp. 178-201.

由表 8-1 可知，從荷蘭進口的錫數量最多，英國進口次之。荷蘭進口錫來自巴達維亞，原來是壓船艙用的，後來發現中國人祭祀焚燒錫箔冥紙用量多，荷蘭東印度公司輸出中國的錫大為增加，十八世紀中葉後較十七世紀錫的輸出量增加 15 倍。[749] 1790 年以後有單價、數量和總價，每年進口錫的銀兩約在 20、30 萬兩之間。1817 年以後以西班牙的「銀元」計價，1 銀元換算 0.72 兩。表 8-1 為整理東印度公司記載各年錫進口金額所繪製而成。

---

748 Hosea Ballou Morse, *The Chronicles of the East India Company Trading to China, 1635-1834,* vol.28, p. 291; vol.33, p. 31; vol.44, p. 173.

749 Els M. Jacobs, *Merchant in Asia: The Trade of the Dutch East India Company during the Eighteenth Century,* pp. 227-228. 劉勇（Liu Yong）書附錄2有荷蘭1758-1793年運到中國錫的數量，參見Liu Yong, *The Dutch East India Company's Tea Trade with China, 1757-1781,* pp. 178-203.

（二）江蘇省錫的來源

江蘇省的錫應隨著銅商從日本貿易而來，日本進口中國的洋銅數量非常多，而錫的數量卻很少。十八世紀日本的錫主要來自荷蘭東印度公司，[750]可能是長崎的華商將該地進口的錫轉賣到中國。

因江蘇洋錫進口數量不多，江蘇省另至湖北漢口採辦錫。乾隆五十一年（1786），江蘇省委員候補知縣張五典赴湖北漢口採買寶蘇局乾隆五十二年鼓鑄白鉛 442,368 斤、點錫 18,432 斤。於乾隆五十一年六月初八自漢口領運鉛錫起程，至七月初六日運抵蘇州。[751]

由貢錫的研究可知，被攤派貢錫的省分也不一定產錫，因土貢關係，到其他省分採購，形成國內的貿易網絡。過去，筆者討論過乾隆年間日本銅和錫輸入中國，影響江南市民生活。蘇州銅作在乾隆年間「西城業銅者不下數千家，精粗巨細，日用之物無不具。」[752]其中以王東文銅錫最為著名。《江南省蘇州府街道開店總目》第十店有精造銅錫器皿的大盛號。[753]顧祿（1793-1843）《清嘉錄》記載：「年夜祀先分歲，筵中皆用冰盆，或八，或十二，或十六，中央則置以銅錫之鍋，雜投食物於中，鑪而烹之，謂之暖鍋。」[754]蘇州地區整個隆冬季節都用銅鍋、銅爐，喝酒用錫壺、錫葫蘆酒壺等。

（三）雲南箇舊產的錫與國內錫市場

《清代的礦業》一書，討論雲南箇舊雍正年間（1723-1735）已有商人領

---

750 〔日〕島田　登著，〈18世紀におけるオランダ東インド会社の錫貿易に　する数量的考察〉，《經濟學論集》，卷44號2-3（福岡，2010年1月），頁199-223。

751 《宮中硃批奏摺‧財政類》，檔案編號1324-030，乾隆五十一年閏七月初九日。

752 〔清〕習寯著，《（乾隆）蘇州府志》，卷12，頁17，轉引自段本洛、張圻福，《蘇州手工業史》（上海：江蘇古籍出版社，1986），頁104、143。

753 范金民主編，《江南社會經濟研究（明清卷）》（北京：中國農業出版社，2006），頁1047。

754 〔清〕顧祿著，《清嘉錄》（上海：上海古籍出版社，1986，據清光緒間浙江刊本縮印），卷12，頁180。

「錫票」到長江流域的漢口販售，各省鼓鑄銅錢，如山西、湖南、四川、江蘇等省至漢口採辦，形成國內市場。雲南箇舊為錫的重要產地，所產錫稱為板錫。[755] 雍正二年（1724）高其倬奏稱，箇舊錫廠錫稅外，各商販錫出滇 90 斤為 1 塊，24 塊為 1 合，每合例繳銀 4.5 兩，年收銀 2,700 兩至 3,000 兩不等。商販領「錫票」賣錫，每張領錫 2,160 斤繳銀 4.5 兩。雍正十三年（1735），戶部尚書張廷玉（1672-1755）等題，該年給過各商錫票領 708 合，販售錫 1,529,280 斤。錫礦所產的錫按「二八抽收」政府鑄造錢幣用錫抽 20％，商人販賣 80％，推算該年產錫約在 1,835,136 斤。當年雲南金銀銅錫各廠課稅 86,787 兩。

　　比較江蘇進口的日本錫價格在 14 兩以上，廣東採辦洋錫每百斤 13.5 兩，雲南錫變價每百斤只價銀 4.04 兩，價格懸殊，進口洋錫的品質較佳，所以戶部要求廣東千里迢迢運送洋錫。潘瑋琳說，江浙製作錫箔以南洋錫最好，雲南錫最多。從海外進口錫料，並非因為國產錫資源的不足，而是由於一來洋錫成色佳，易於成箔，國產錫用舊法提煉，雜質未清。[756] 本節討論戶部向廣東、江蘇等地徵錫，此非當地的特產而是透過和英國、日本貿易而來。其次，雲南產錫卻不是土貢的行省，從價格來說，雲南產錫的質量不如進口的，僅作為各省鑄幣所用，而不是供給戶部。向來，內務府用的器物中不乏進口，如自鳴鐘、玻璃、洋銅。下節討論戶部撥給內務府的錫亦為進口的商品。

三、內務府庋藏的錫與製作錫器

　　從《內務府瓷庫月摺檔》統計，乾隆八年（1743）至嘉慶二十年（1820）

---

755 中國人民大學清史研究所、檔案系中國政治制度史教研室合編，《清代的礦業》（北京：中華書局，1983），下冊，頁601-624；楊娟著，《近代雲南箇舊錫礦開發研究：基於國際經濟一體化視域》（武漢：華中科技大學出版社，2017），頁40。作者解釋箇舊地區所產之錫熔煉後壓成大塊，通常被稱為大錫、板錫。除了雲南、四川、貴州三省鑄錢使用箇舊板錫外，其他省分所鑄青錢用錫全部為點錫或進口南洋洋錫。

756 潘瑋琳著，〈錫箔的社會文化史——以民國時期的江浙地區為中心〉（上海：上海復旦大學歷史博士論文，2010），頁75。

內務府進錫和用錫數量約 260 萬斤以上。又，《內務府題本》載嘉慶二十年以後至光緒十八年，每年戶部撥給內務府的高錫約 1 萬斤。錫的價格便宜、質量輕、延展性佳，內務府用大量的錫來作為宮殿、碑亭等的防水建材。皇室所用的器物雖大都是金銀做成，部分特殊物品還是用錫，譬如防潮用的茶罐、防蟲的衣櫃、防漏用的祭器、以及旅行用的水缸、溺器等。

（一）內務府庋藏的錫

清代戶部和內務府財政互相融通，除了銀兩外，還有銅錫鉛、布疋、顏料等，這些檔案藏於《內務府題本》。根據《內務府瓷庫月摺檔》載，自乾隆八年（1743）至嘉慶二十年（1820），再加上《內務府題本》記載嘉慶二十年以後至光緒十八年（1892），高錫新收共 2,702,616.5 斤，除用為 2,798,293.8 斤。[757] 六錫的資料僅見於《內務府瓷庫月摺檔》載，自乾隆八年（1743）至嘉慶二十年（1820）新收共 413,254 斤，除用為 547,677 斤。各年用度情形參見圖 8-2、圖 8-3。高錫和六錫除用的數量多於新收，不足的數量係向市面買辦。[758]

---

757 圖8-2係逐月統計《內務府瓷庫月摺檔》庋藏錫的新收、除用數字。另外嘉慶二十年以後則係統計《內務府題本》每年錫的新收和除用數字。

758 雍正二年（1724）二月奉旨：「嗣後內用零星物件，何必向部領取，著買辦。應用所需錢糧數目入於月摺具奏」，參見廣儲司六庫職掌，參見〔清〕佚名輯，《總管內務府現行條例（廣儲司）》，卷1，頁41。

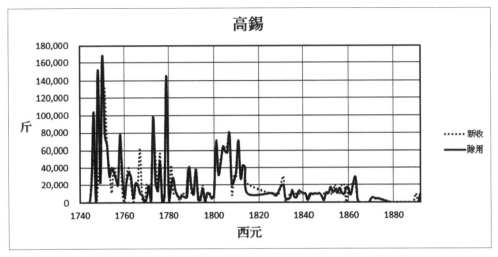

圖 8-2：1743 至 1892 年高錫新收與除用
資料來源：《內務府瓷庫月摺檔》、《內務府題本》。

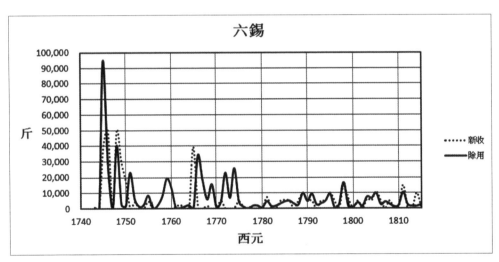

圖 8-3：1743 至 1815 年六錫新收與除用
資料來源：《內務府瓷庫月摺檔》。

　　因錫料的成分和純度不同，表面顯現的結晶花紋也不同，錫匠往往以此判斷錫的優劣與價值。維微《說錫器》一文對錫的純度和紋樣有清楚的闡釋。上品高錫純度高，表面光亮，被彎曲時會發出斷裂聲響，故稱其為「鏡面光」或

「響錫」。次上品者表面有烏斑花紋，名為「烏斑花」；再次一等表面花紋為竹葉狀或芭蕉狀，也屬上品大錫，但價格遠低於「鏡面光」。[759] 前述清宮製作銅器多半使用進口的洋銅，內務府使用高錫為進口的洋錫，純度較高。

《清代匠作則例》載：「化對六錫用高錫六成鉛四成，每斤用木柴一斤，耗錫三錢。」[760] 六錫就是 60％的錫和 40％的鉛合金。《當譜集》載，用錫鑄器器物起碼得用六成的錫。如果錫的成色過低，就不能鑄造。[761] 六錫不能鑄造器物，通常用來做建築防水用的錫片，圖 8-3 顯示錫的用量在 1745 年較多，此因乾隆初期大肆興修宮殿、寺廟，建築物需用到錫片。1765 至 1780 年為清宮用錫次高峰，主要是用來修建熱河的藏傳佛寺。[762]

（二）宮殿的防水建材

雍正七年（1729）建造完成的景陵聖德神宮碑亭，根據徐廣源研究，此碑亭全工告竣用銀 241,655.64 兩。1952 年 7 月 14 日發生火災，在碑亭廢墟上發現許多錫熔化的碎片。原來建碑亭時，為了防止屋頂滲水，在琉璃瓦下的苫背上鋪上一層鉛錫合金的金屬片，片與片之間都焊接著，形成一個整體，老百姓稱為「錫拉背」。這次大火中，錫拉背被燒化了，凝固後變成金屬錠。[763] 碑亭的防水措施，錫片主要鋪設於苫背上方。

乾隆初期修建許多宮廷都用到錫片，例如乾隆六年（1741），在明代的乾西四所、五所的原址上蓋建福宮及其花園，占地達 2 萬平方公尺。因此，將原來的四所、五所挪移。海望（？-1755）、三和（？-1773）奏，蓋造四所、五所地方新建工程，領辦綾絹、紙張、銅錫物料等，並給發各作匠夫工價等項

759 維微著，〈說錫器（下）〉，《收藏家》，2005年8期，頁39-44。

760 王世襄主編，《清代匠作則例》（鄭州，大象出版社，2000），冊2，頁1192。

761 《當譜集・乾隆二十四年抄本》，收入國家圖書館分館編，《中國古代當鋪鑒定秘籍》，頁120。

762 賴惠敏著，《乾隆皇帝的荷包》，頁269-291、373-392。

763 徐廣源著，《溯影追蹤：皇陵舊照裡的清史》（北京：人民文學出版社，2014），頁154-155。

圖 8-4：風俗畫中的席箔
資料來源：王次澄、吳芳思、宋家鈺、
盧慶濱編著，《大英圖書館特藏中國清
代外銷畫精華》，卷 7，頁 162。

圖 8-5：故宮修復宮殿屋頂用的錫箔（故宮長春宮錫背）
資料來源：故宮博物院周榮教授提供。

共銀 123,480.4 兩，再堆山拉運石料，並出運渣土等項，暫請領銀 16,000 兩，總共用銀 139,480.4 兩。[764] 乾隆九年（1744）修繕雍和宮也用了許多錫片。《清代匠作則例》席（錫）箔即為錫片的俗稱（席箔圖示參見圖 8-4）。席箔長 9 尺 5 寸、寬 4 尺 5 寸製作方式：化錫片每 10 斤，用榜紙 1 張、白棉線 2 分、松香 4 錢。[765] 錫片鋪在榜紙上，用松香將它溶解。梁思成（1901-1972）《清工部〈工程做法則例〉圖解》載對頭停望板縫處理方式：每 24 尺用二號高麗紙一張，調油打滿方 6 尺用二號高麗紙一張，每紙 1 張用桐油 3 兩。[766] 工部以高麗紙和桐油處理防水方式，其防水的功能不及宮廷以榜紙和錫箔，錫質料輕，又不易氧化生鏽，是很好的屋頂防水建材。

宋代《營造法式・瓦作》載：「凡瓦下補襯柴棧為上，版棧次之。」亦有用竹笆、葦箔等。[767] 宋代的屋瓦下鋪襯柴、版、竹、葦等物料。祁英濤（1923-1988）則說明代出現護板灰防止望板糟朽，在望板上先刷冷底子油一道。然後再鋪二氈三油防水層。但油氈二、三十年就老化，清代宮廷在重要建築的天溝上、望板上鋪釘價值昂貴的錫版，俗稱「錫背」，厚約 0.2-0.4 公分，面積大時各塊之間是焊接嚴密。[768] 可見清朝建立巍峨宮殿，在防水材料有了新的發展（參見圖 8-5）。

（三）宮廷使用的錫器和錫襯墊

北京的錫器極為普遍，如美國人塞繆爾・維克多・康斯坦特（Samuel Victor Constant，1894-1989）講述了清末民初在北京的賣錫器小販：「原先擺在五金店中的銅壺曾備受人們歡迎，而現在使用錫壺則成為一種普遍現

---

764 《清宮內務府奏銷檔》，冊26，乾隆六年十二月二十六日，頁225-228。
765 王世襄主編，《清代匠作則例》，冊1，頁1192。
766 梁思成著，《清工部〈工程做法則例〉圖解》（北京：清華大學出版社，2006），頁37。
767 李誡撰，王海燕注譯，《營造法式譯解》（武漢：華中科技大學出版社，2011），頁189-191。
768 祁英濤著，《中國古代建築的保護與維修》（北京：文物出版社，1986），頁19-21。

象。」[769]美國人路易斯‧葛雷（Louise Crane，1913-1997）則是記載：「燭臺、火盆和酒器一定要用錫鑞做的，貧苦人家則可以用錫。中國錫鑞古董早被收藏家收存，可是新的也有意思，特別是加了可觀的銻成分之後，產品會更平滑，銀色更光亮。」[770]錫器是一般民眾常使用的器皿，究竟清宮製作的錫器有何特色？以及清宮如何運用錫襯墊改善木箱的性能？以下針對清宮錫器和錫襯墊的用途來討論：

◎祭器

乾隆十三年（1748）內務府製作更多的壇廟金屬祭器，其中包括錫器。《皇朝禮器圖式》規定：「欽定祭器天壇正位俎，以木為之髹以漆青色，中虛錫裏，外四周各銅環二四足有趺縱二尺三寸、橫三尺二寸，通高二尺三寸實以特牲。」[771]其他地壇、太廟、東西陵等使用的俎，也都是髹漆錫裡。錫的延性高，打成錫箔後鋪在漆器裡，防止牲禮的血水流出來，如錫裡牲匣、錫裡漂牲桶。

葉高樹研究《欽定滿洲祭神祭天典禮》之祭器，他認為傳統祭祀必備的物件，理當自宮廷、王府乃至民間皆同，惟《欽定滿洲祭神祭天典禮》均按大內現行規制，紡織品率以綢、緞，金屬製品動輒銀、銅，極其講究，呈現統治階層與一般民眾的落差。[772]不過，坤寧宮每天朝夕各用二豬祭祀，放置豬隻係用兩個鑲錫裏肉槽。[773]錫器價格便宜，因此，宮廷使用的錫器來自北京的店鋪，梵華樓藏的錫香爐，爐外底鏨印德順義造和煙袋斜街路北字樣（參見圖

769 王次澄、吳芳思、宋家鈺、盧慶濱編著，《大英圖書館特藏中國清代外銷畫精華》（廣州：廣東人民出版社，2011），卷2，頁56。

770 王次澄、吳芳思、宋家鈺、盧慶濱編著，《大英圖書館特藏中國清代外銷畫精華》，卷8，頁181。

771 〔清〕允祿等纂，牧東點校，《皇朝禮器圖式》，目錄，頁9。

772 葉高樹著，〈乾隆皇帝與滿洲傳統的重建——以薩滿祭祀儀式為例〉，《國立政治大學歷史學報》，期48（2017年11月），頁43-93。

773 《乾隆朝內務府奏銷檔》，冊201，乾隆四年，頁467-507。

8-6）。[774] 山西潞安人在北京經營的銅、鐵、錫等行業相當有名，根據宋麗莉、張正明的研究明初官營鐵冶轉歸民營後，潞安境內鐵冶迅速發展，其他銅器、錫器等大量銷往漠北蒙族地區。清代潞安鐵製民生用品依舊名列前茅。[775]

◎防潮用品

　　錫在常溫下性質穩定，長期在潮濕空氣中，錫的表面會生成一種極薄的氧化膜而阻止進一步氧化。[776] 而且，錫成型性絕佳，很適合用於收納需防潮的食物。例如，乾隆十二年（1747）七月十八日，司庫白世秀催總達子來說太監胡世傑傳旨：「著安寧圖拉將桂花陰乾，或用磁瓶；或用錫瓶盛裝送些來。」[777] 根據萬秀鋒等人研究，錫茶葉罐試驗證明同等環境下茶葉選用一般性的包裝，保質期約一年半左右，若氣候過於潮濕或乾燥，則時間更短。而錫茶葉罐具有涼性、易散熱、密封性強的功能，可延長茶葉的保質期，保持其特有的香氣。宮內專門置辦的包裝罐並非宮廷製造，而是由朝廷在宮外訂製，如茶桶底部曾見鐫楷書「蘇萬茂」三字，應是名匣之一。[778]

　　清朝皇帝的龍袍或貂皮襖等十分珍貴，用樟木錫裡木箱貯存皇帝冠袍帶履等衣物，能防蟲蛀。同治十年（1871）製作木箱 14 個，共用高錫 5,483 斤，市價每斤 0.3 兩，共用銀 1,644.9 兩。這檔案提到戶部寶泉局撥給高錫不敷使用，另從市面上採購。[779]

---

774 王家鵬主編，《梵華樓》，卷1，頁136。

775 宋麗莉、張正明著，〈淺談明清潞商與區域環境的相互影響〉，《山西大學學報（哲學社會科學版）》，卷31期1，頁134-137。

776 維微著，〈說錫器（上）〉，《收藏家》，2005年5期，頁33-38。

777 《清宮內務府造辦處檔案總匯》，冊15，乾隆十二年年七月十八日〈記事錄〉，頁80。

778 萬秀鋒、劉寶建、王慧、付超著，《清代貢茶研究》（北京：故宮出版社，2014），頁202-204。

779 中國第一歷史檔案館藏，《內務府呈稿》，檔案編號05-08-002-000697-0049，同治九年十二月二十九日。

圖 8-6：錫香爐
資料來源：王家鵬主編，《梵華樓》，卷1，
頁 136。

圖 8-7：錫裡冰箱（北京故宮博物院藏）
資料來源：北京故宮博物院，柏木冰
箱，https://www.dpm.org.cn/collection/
gear/229371.html, 擷取日期：2019 年 5 月 15
日。

圖 8-8：清宮便盆

資料來源：萬依、王樹卿、陸燕貞主編，《清宮生活圖典》，頁 116。

◎錫裡冰桶

　　邱仲麟曾討論清代北京中上人家以冰塊來降低室內溫度，皇家配備有錫裡冰桶（參見圖 8-7），引金寄水（1916-1987）記載：「王府從五月初一起，開始運進天然冰塊，每房都備有硬木製作的冰桶，內襯錫裡，融化的冰水通過底下的小孔流出。每天，由太監往各房送冰，以供瓜果等食品保鮮。冰桶蓋上，有四個轆錢形的排氣孔，排出冷氣並可調節氣溫。」[780]

　　同治三年（1864）製作 10 個冰桶，儲秀工膳房 1 個、茶房 1 個、乾清宮基化門 8 個，使用大量高錫。製作大冰桶用高錫 267.1 斤，舊有錫裡大冰桶收回舊錫 95 斤、添用高錫 172.1 斤，共用高錫 267.1 斤。[781] 製作大冰桶用錫片，其他做水桶、三牲匣也都是用錫片襯裡，防止滲水。

◎旅行用品

　　巫仁恕研究明代旅遊風氣興盛，文士發展出一套「遊具」，提盒、提爐、備具匣和酒尊四樣最為重要。[782] 清代發展以錫為主的遊具，錫質地輕適合製作旅行的用品。乾隆皇帝常巡幸熱河、江南等，常見攜帶之錫器。譬如乾隆三十六年（1771），皇帝巡幸山東備帶物品有錫柿子壺 12 把、錫小柿子壺 6 把、錫座壺 10 把、錫雙陸馬壺 6 把、錫盆 10 箇、錫水缸 1 口。[783] 錫的比重較銅、鐵為輕，攜帶錫水缸較為省力。《清宮生活圖典》載，帝后用的便盆多屬銀或錫，木架坐凳便盆，中間橢圓形有蓋銀盒，盒蓋為活屜版，用以間隔汙物。[784]（參見圖 8-8）此外，清宮錫製的衛生用品也很常見，譬如錫肥皂盒、「錫涎盆」

780 邱仲麟著，〈天然冰與明清北京的社會生活〉，《中央研究院近代史研究所集刊》，期50（2005年12月），頁55-113。

781 中國第一歷史檔案館藏，《內務府呈稿》，檔案編號05-08-030-000418-0031，同治三年五月二十六日。

782 巫仁恕著，《品味奢華：晚明的消費社會與士大夫》，頁205。

783 《乾隆朝內務府奏銷檔》，冊300，乾隆三十六年元月初六日，頁13-18。

784 萬依、王樹卿、陸燕貞主編，《清宮生活圖典》（北京：紫禁城出版社，2007），頁116。

即痰盂，取其質料輕。

◎製作大量的餐具

雖然清代流行冬天用銅火鍋煮食，不過，錫的價格每斤 0.2 至 0.3 兩比銅 0.5 兩便宜，宮女或太監使用的碗、盤、碟、酒壺、火鍋等以錫製作。雍正初內務府官員盤查磁庫庫貯器物，有大量的高錫、六錫餐具，連鳥雀的食罐也是錫做的。[785]

清朝康乾盛世期間舉行過四次千叟宴，以錫做火鍋。乾隆四十九年（1784），卷峽浩繁的《四庫全書》編纂告竣，已過七旬的乾隆皇帝又添五世元孫。乾隆皇帝喜上加喜，發布諭旨，定於乾隆五十年（1785）正月在乾清宮舉行千叟宴盛典，有三千滿、漢文武老臣參加千叟宴。乾隆四十九年（1784）十月，內務府官員等奏報，千叟宴添做錫火鍋銅盤等項，僱覓民匠領工價大制錢 250,000 文。乾隆四十九年（1784）十一月，官員又奏，成造千叟宴應用錫火鍋銅盤等項，僱覓民匠領工價大制錢 146,165 文。[786]錫火鍋熠熠生輝有如銀器，送禮體面又實惠。

總之，清宮製作的錫器超越民眾使用錫茶壺、酒壺、火盆等，而是用來作為帝國統治之絕佳材質。譬如各壇廟祭祀之髹漆錫裡牲禮匣；[787]以錫罐珍藏茗茶；用錫裡衣櫃來珍藏絲綢和毛皮服飾；錫裡冰桶；巡幸用的輕巧器皿，以及賞賜千叟的錫火鍋等。錫雖為不起眼的金屬，卻在宮廷中廣泛使用。

（四）錫器表面處理——以鏇床製程和錫胎貼金為例

歷史檔案記載鏇床工藝在皇室和民間的使用和管理，顯現它在金屬器、瓷

---

785 《清宮內務府奏銷檔》，冊2，雍正六年八月二十四日，頁147-155。

786 《內務府銀庫用項月摺檔》，乾隆四十九年十月一日起至二十九日；乾隆四十九年十一月一日起至三十日；乾隆五十年正月一日起至三十日。

787 《清宮內務府造辦處檔案總匯》，冊28，乾隆二十八年十二月二十四日〈記事錄〉，頁39。

圖 8-9：鏇錫器的鏇床

資料來源：Irina Fedorovna Popova intro., trans., and comm., *Pictures of Folk Life (Fengsuhua) in Qing Beijing*, p. 91.

器、象牙器和玉器的製作上有不可或缺的地位。[788] 周培春的風俗畫提到鏇床在錫器上的使用以獲得光亮圓潤的錫燭台、香爐和茶壺（參見圖8-9）。[789] 此畫說明錫器鍛造後的半成品在木製鏇床上研磨，而工人可以藉由踏板控制木轉軸。乾隆四年（1739），「催總老格栢唐阿福保來說，為鏇作新挑學手鏇匠二名，回明監察御史沈嵛、郎中蘇和訥（1697-？）、員外郎滿毗李英，添做鏇床二張。」[790]

除此之外，內務府造辦處檔案則記載清宮管理西洋銅鐵製鏇床事宜：「將鏇床上銅鐵活計，並木箱俱各收拾光亮新得時，在水法殿擺。」[791] 中國境內則主要是用銅、銀、錫或木頭做成鏇子。

錫器由於熔點低，不得使用鎏金，而應用貼金工藝裝飾之。周培春的風俗畫提到：「用鐵鎚砸之每兩金能打方圓三百六十步大名飛金也」，強調金箔極薄，容易貼合基材表面。[792] 乾隆三十年（1765），太監胡世傑交錫胎貼金紅油裡大碗、小托碗、托盤等。[793]

四、清宮錫合金應用和外來的技術

從研究錫工藝品檔案的過程中，筆者發現清代宮廷冶金工藝比以往認知的「以青銅、金銀器物為主」還更加多樣化。例如，乾隆時期錫玻璃鏡的使用很普遍，並由傳教士暨宮廷畫師王致誠、艾啟蒙等人發展出錫玻璃畫。此外，章嘉國師提供清宮鈴杵的配方與技術，說明清朝冶金工藝得益於多元文化交流。此章節將討論錫在清朝冶金工藝創新，以及文化交流的過程中所扮演的角色。

---

788 參見施靜菲著，〈象牙球所見之工藝技術交流——廣東、清宮與神聖羅馬帝國〉，《故宮學術季刊》，卷25期2（2007年12月），頁87-138。

789 Irina Fedorovna Popova intro., trans., and comm., *Pictures of Folk Life (Fengsuhua) in Qing Beijing* (St. Petersburg: Slaviya, 2009), p. 91.

790 《清宮內務府造辦處檔案總匯》，冊8，乾隆四年十一月二十七日〈記事錄〉，頁787。

791 《清宮內務府造辦處檔案總匯》，冊23，乾隆二十三年六月〈如意館〉，頁458。

792 Irina Fedorovna Popova intro., trans., and comm., *Pictures of Folk Life (Fengsuhua) in Qing Beijing,* p. 80.

793 《清宮內務府造辦處檔案總匯》，冊29，乾隆三十年正月〈行文〉，頁492-493。

（一）錫汞齊玻璃鏡與玻璃鏡繪畫

拉萬蒂（Leonardo Fioravanti，1517-1583）於 1567 年的威尼斯發表《鏡子的科學普及知識》（*Dello Specchio di scientia universale*）為第一篇詳細介紹錫汞齊層製造方式的文獻。[794] 威尼斯當時製作錫汞齊鏡子，首先是準備好一片平整的玻璃，通常這種玻璃是先用圓柱滾壓過，以當初的技術而言很難製作長度超過一米的平板玻璃。[795] 然後讓玻璃滑過被汞淹沒的錫箔，此步驟需要大量的汞。[796] 之後再加以低溫烘烤，或是室溫平放一個月讓汞蒸氣自然散逸，錫汞齊附著於玻璃板上。[797] 威尼斯的錫汞鏡工業於是在十六世紀主導了全歐洲市場，而在十七世紀中葉後錫汞齊玻璃鏡的製造重鎮轉移至法國。

1696 年養心殿造辦處設立玻璃廠，德國傳教士紀禮安（Kilian Stumpf，1655-1720）負責設計和施工，並帶進歐洲鈉鈣玻璃配方，以便於生產大量玻璃，並引進威尼斯和法國的錫汞齊玻璃鏡技術，[798] 這些玻璃鏡是將錫汞齊塗覆於玻璃平板上，且為當時世界上最好的製鏡技術。[799]

---

794 Leonardo Fioravanti, Dello specchio di scientia universale. 1567: Conzatte, https://books.google.co.uk/books?id=Cws8AAAAcAAJ&pg=PP5&dq=Dello+specchio+di+scientia+universale&hl=zh-TW&sa=X&ved=0ahUKEwj1gvHMsPndAhUQdxoKHSjADaYQ6AEIVjAG#v=onepage&q=Dello%20specchio%20di%20scientia%20universale&f=false, accessed August 14, 2018. 為1567年的手稿。

795 Per Hadsund, "The Tin-Mercury Mirror: Its Manufacturing Technique and Deterioration Processes," *Studies in Conservation* 38(1) (February 1993), pp. 3-16; Hannelore Römich, "Historic Glass and its Interaction with the Environment," *The Conservation of Glass and Ceramics*. edited by Norman Tennent (London: James & James, 1999), pp. 5-14.

796 Liz Karen Herrera et al., "Studies of Deterioration of the Tin-mercury Alloy within Ancient Spanish Mirrors," *Journal of Cultural Heritage 9* (3) (December 2008), pp. e41-e46.

797 Peter Franke and Dieter Neuschütz eds., Binary Systems. Part 5: Binary Systems Supplement 1 (Springer Berlin Heidelberg: Berlin, Heidelberg, 2007), pp. 1-4.

798 Per Hadsund, "The Tin-Mercury Mirror: Its Manufacturing Technique and Deterioration Processes," *Studies in Conservation,* pp. 3-16; Hannelore Römich, "Historic Glass and its Interaction with the Environment." *The Coveration of Glass and Ceramics.*, pp. 5-14.

799 Heber D. Curtis, "Methods of Silvering Mirrors," *Publications of the Astronomical Society of the Pacific 23* (135) (February 1911), pp. 13-32. 由於水銀鏡子的製造費時費工，且不太光亮，到1843年時德國化學家李比希（Justus Freiherr von Liebig, 1803-1873）製成鍍銀鏡子後被淘汰。

從周培春的風俗畫可知，中國的製鏡工藝可以分為三個步驟：一、放置平板玻璃於木板上，二、鋪上錫箔紙、並依序再鋪汞、白紙、和另一層平板玻璃。三、其中擺錫匠施重量於平板玻璃，另一人拉出白紙（參見圖 8-10）。[800] 這個做法與歐洲文藝復興後的製鏡技術有些相似，皆以材料自身重量來完成錫汞齊和玻璃平板的貼合。《鏡鏡詅痴》的作者鄭復光（1780- 約 1853）「目擊且手驗」工匠製作玻璃鏡，並記之為「襯箔法」：一、將玻璃斜放於木桌上的大盤內，調整角度使玻璃靠懷一邊稍低，以便水銀聚而不散。二、斜放一極平石板於盤內，板上糊紙一或二層，再將石板墊起使在盤中恰合地平。三、放錫箔於石板上，取少許汞擦在錫箔上保持箔表面光明。四、多加水銀於箔上讓水銀平均堆起而不流走。五、依序蓋上紙和玻璃平板。六、左手按玻璃平板上，右手則將紙抽走。七、將石板取走，錫箔因和水銀反應黏在玻璃上，多餘水銀則流至靠懷一邊。[801] 此「襯箔法」關鍵在玻璃最後斜放讓水銀順暢流下，與周培春記載的製鏡法有些不同。

宮廷雖有做玻璃鏡的工匠，然清宮大片玻璃和玻璃鏡的來源有進貢和粵海關採購兩種。第一、根據《海國四說》載，康熙九年（1670）、十七年（1678），西洋國王（荷蘭）阿豐肅（Willem III van Oranje，1650-1702），遣陪臣奉表入貢方物有大玻璃鏡等物。[802]《朔方備乘》載，康熙十五年（1676）：「張玉書《外國紀》曰，俄羅斯來貢玻璃鏡。」[803] 第二、內務府採辦。玻璃為易碎物品，商民陸路貿易只能攜帶小的玻璃鏡，主要還是從粵海關採購玻璃鏡，如 1771年進口玻璃 736 塊。[804]1792 年英國散商船 20 艘，進口玻璃 563 塊。[805]《清宮

800　Dmitry Ivanovich Mayatsky et al., *Qingmuo Huajia Zhou Peichun Beijing Fengsu Huace,* http://ci.spbu.ru/archive/Book/Beijing-albom/index.html#2, accessed August 14, 2018.

801　〔清〕鄭復光著，李磊箋注，《〈鏡鏡詅痴〉箋注》，頁161-162。

802　〔清〕梁廷楠，《海國四說》（北京：中華書局，1993），卷3，頁206-208。

803　〔清〕何秋濤，《朔方備乘》（臺北：文海出版社，1964，據清刻本影印），卷29，頁600。

804　〔美〕馬士著，中國海關史研究中心、區宗華譯，《東印度公司對華貿易編年史（1635-1834）》，卷2，頁519；卷5，頁579。

805　〔美〕馬士著，中國海關史研究中心、區宗華譯，《東印度公司對華貿易編年史（1635-1834）》，卷2，頁518-519。

圖 8-10：工匠製作玻璃鏡

資料來源：Irina Fedorovna Popova intro., trans., and comm., *Pictures of Folk Life (Fengsuhua) in Qing Beijing*, p. 58.

圖 8-11：《香山九老圖》

資料來源：尤景林，〈洋風鏡子畫——清代玻璃油畫《香山九老圖》、《湖邊風景中的牧羊女》賞談〉，《上海工藝美術》，2010 年 4 期，頁 77。

內務府造辦處檔案總匯》提到玻璃進口，如乾隆四十九年（1784），粵海關監督李質穎（？-1794）送到大玻璃二塊，各長 7.17 尺、寬 6.03 尺。按照粵海關採買大塊玻璃核准之例，共應值銀 622.29 兩。[806] 根據王致誠的書信說：「人們從歐洲帶來了大批巨大而又漂亮的玻璃鏡面，廣州的中國官吏們也向商船大量採購，然後再奉獻給皇帝。」[807] 鄭復光說西洋進口的玻璃稱為「紅毛玻璃」，玻璃堅厚少疵，可做屏風大鏡。[808] 他見過屏風鏡，「高三尺、厚半寸者，此甚難得。」十八世紀清宮大玻璃屏風鏡很常見，而民間至十九世紀大屏風玻璃鏡屬希罕之物，可見屏風鏡普及於清宮，比民間還早半個世紀以上。

《清宮內務府奏銷檔》清查銀庫康熙五十六年（1717）至雍正三年（1725）玻璃鏡的存量以及玻璃製品數量，並沒有提到玻璃畫。[809] 乾隆時期首先在宮廷繪製玻璃畫的傳教士為郎世寧，關於郎世寧的研究相當多。楊伯達〈郎世寧在清內廷的創作活動及其藝術成就〉，提及：「乾隆二年（1737）六月二十七日做得圓明園九洲清晏圍屏，其圍屏背面著新來三名畫畫人畫，其玻璃上亦畫畫俟郎世寧到時再畫。乾隆七年（1742）九月二十五日傳旨：三卷房床罩內玻璃鏡三面有走錫處挖去，命郎世寧、王致誠畫花卉油畫。」[810]

所謂走錫就是錫層脫落，可歸咎於主要兩個原因。其一為錫在低溫環境發生相變態反應（原子排列方式改變），使錫膨脹、出現麻點進而破碎至粉末。[811] 另一原因則是錫玻璃鏡年代久遠自然氧化，如西方學者用掃描式顯微鏡在錫鏡表面測得大量的二氧化錫。[812]

王致誠寫下了將走錫受損玻璃鏡以玻璃背畫法（reverse painting on glass）

---

806 《清宮內務府造辦處檔案總匯》，冊47，乾隆四十九年四月〈記事錄〉，頁654-666。
807 伯德萊（Michel Beurdeley）著，耿昇譯，《清宮洋畫家》（濟南：山東畫報出版社，2002），頁36。
808 〔清〕鄭復光著，李磊箋注，《〈鏡鏡詅痴〉箋注》，頁49。
809 《清宮內務府奏銷檔》，冊1，雍正三年十二月初十日，頁495-503。
810 楊伯達著，〈郎世寧在清內廷的創作活動及其藝術成就〉，《故宮博物院院刊》，1988年2期，頁3-26、90。
811 維微著，〈說錫器（上）〉，《收藏家》，2005年5期，頁33-38。
812 Liz Karen Herrera et al., "Studies of Deterioration of the tin-Mercury Alloy within ancient Spanish Mirrors," pp. e41-e46.

修復美化的方式：「這些鏡面中有一大批在運輸中受損，於鏡面的某一點上有塗錫層的剝落。由於在這裡，匠人們不會重新為它們搪錫，所以皇帝希望藝術家們能找到一種手段，以便不至於失去如此珍貴的物品，我繪製了一幅示意圖，明確地標出了其外部輪廓，這幅草圖被貼在水晶玻璃的背面，那些堆砌以鉛筆色或顏料色的筆畫之筆觸，很明顯地留在了搪錫之上。我再乾淨俐落地僅僅清除那些應作畫的地方之塗錫，其餘的錫仍保留在原位上。這種繪畫特別漂亮，因為從稍遠的地方看，人們可能會認為人物像、動物畫、風景畫或其他任何圖像都並非像是繪製的，而是反射在鏡面玻璃上的。」[813]

這段話說明王致誠修補錫剝落區域的方式，並非再搪錫，而是將殘餘的錫挖乾淨。另在玻璃鏡繪圖畫使之產生「背畫」效果，即遠看圖畫像反射在玻璃鏡上。

耶穌會士艾啟蒙於乾隆十年（1745）六月在造辦處畫畫行走。[814] 十二年（1747），噶爾丹策楞（1695-1745）進貢馬，皇帝命郎世寧、王致誠、艾啟蒙各畫馬一匹。[815] 乾隆三十六年（1771）孝聖皇后（1691-1777）八旬萬壽，艾啟蒙在宮廷繪畫居首席地位。七月初六日太監胡世傑傳旨：「著艾啟蒙等恭畫皇太后聖容一幅。欽此。」[816] 該年，乾隆皇帝「賜三班九老，宴遊香山。命於次日赴乾清門內，令畫工艾啟蒙繪製玻璃鏡畫《香山九老圖》。」[817] 尤景林分析一幅《香山九老圖》鏡子畫掛屏（參見圖 8-11），他說：「人物畫風格和構圖，有著仇英之風。」[818] 艾啟蒙的《香山九老圖》也成為廣東的外銷玻璃油畫的體裁之一。

《國朝院畫錄》載，艾啟蒙「工翎毛。石渠著錄十駿犬圖一冊、百鹿一卷、

813 伯德萊著，耿昇譯，《清宮洋畫家》，頁36-38。
814 《清宮內務府造辦處檔案總匯》，冊13，乾隆十年六月初二日〈記事錄〉，頁552。
815 《清宮內務府造辦處檔案總匯》，冊13，乾隆十二年十一月十三日〈如意館〉，頁552。
816 《清宮內務府造辦處檔案總匯》，冊34，乾隆三十六年七月二十二日〈如意館〉，頁500。
817 〔清〕慶桂等奉敕修，《大清高宗純皇帝實錄》，卷897，頁1062-2〜1063-1。
818 尤景林著，〈洋風鏡子畫——清代玻璃油畫《香山九老圖》、《湖邊風景中的牧羊女》賞談〉，《上海工藝美術》，2010年4期，頁76-77。

寶吉騶一軸、白鷹一軸、風猩一軸、山貓一軸、白鷹二軸、考牧圖一卷。」[819]
艾啟蒙也繪製大掛鏡。乾隆三十三年（1768）元月十二日，「催長四德五德來
說：太監胡世傑交紫檀木邊玻璃掛鏡一面，上面係畫玻璃俱有走錫處出外箱內。
傳旨著另換好玻璃，上面畫玻璃著艾啟蒙起稿呈覽。」官員將挑得庫貯有錫玻
璃長2尺寬1.55尺一塊，長1.6尺寬1尺一塊。進呈。[820]

　　玻璃畫被廣泛用在建築上以乾隆皇帝寢宮淳化軒最著名，乾隆三十四年
（1769）淳化軒成做鑲牆玻璃鏡，窗戶用3尺至7尺玻璃大小34塊，有亮玻璃、
錫玻璃、玻璃畫等。[821] 淳化軒使用大片平板玻璃、錫玻璃作為裝飾，乃是乾隆
皇帝誇示多元文化交流的結果之一。

　　另外，淳化軒還有玻璃的掛屏鏡，乾隆三十五年（1770）十一月二十八日
庫掌四德五德來說太監胡世傑傳旨：「淳化軒西暖閣南北方窗兩邊做玻璃掛屏
鏡二對。於十二月初二日庫掌四德五德為做淳化軒掛鏡二對，挑得庫貯有錫玻
璃四塊持進。」[822] 不幸的是，淳化軒在英法聯軍時被焚燬，這些玻璃鏡也消失
無蹤。

　　耶穌會士郎世寧、王致誠、艾啟蒙等宮廷畫家繪製清宮題材，與同時期廣
州外銷錫玻璃鏡畫的風格有異曲同工之妙。英國倫敦維多利亞與亞伯特博物館
（Victoria and Albert Museum）藏有一張乾隆五十五年《一位玻璃畫匠》（*A
Glass Painter*）的水彩畫（參見圖 8-12），此畫說明了一位廣東玻璃畫匠正在
使用玻璃背畫技術複製一幅以歐洲銅版雕刻繪製的西洋女子像，此水彩畫說明
乾隆中期廣州外銷玻璃畫已形成市場。

　　朱慶徵討論故宮存有玻璃畫103塊，每片高31公分，寬23.5公分，厚
0.3公分，規格統一。玻璃畫的題材，如人物畫、動物畫、植物畫、風景畫等。[823]

819 〔清〕胡敬輯，《國朝院畫錄》（臺北：明文書局，1995），頁473-474；《清宮內務府造辦處
　　檔案總匯》，冊33，乾隆三十五年四月十二日〈如意館〉，頁589。
820 《清宮內務府造辦處檔案總匯》，冊31，乾隆三十三年元月十二日〈金玉作〉，頁431。
821 朱杰著，〈長春園淳化軒與故宮樂壽堂考辨〉，《故宮博物院院刊》，1999年2期，頁26-38。
822 《清宮內務府造辦處檔案總匯》，冊33，乾隆三十五年十一月二十八日〈記事錄〉，頁492。
823 朱慶徵著，〈故宮藏建築裝修用玻璃畫〉，《故宮博物院院刊》，2001年4期，頁66-72。

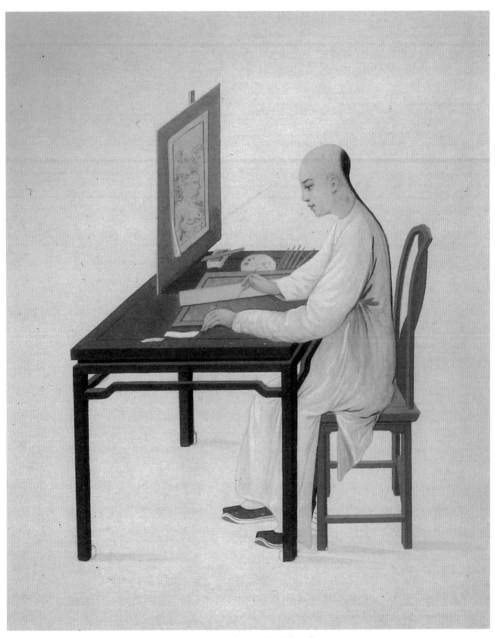

圖 8-12：《一位玻璃畫匠》

資料來源：Patrick Connor, *Paintings of the China Trade: The Sze Yuan Tang Collection of Historic Paintings* (Hong Kong: Hong Kong Maritime Museum, 2013), p. 118.

這些玻璃畫是否為傳教士繪製，將來有機會看到作品，再予以討論。

（二）響銅──銅錫合金用於製作鐘和焊料

乾隆皇帝篤信藏傳佛教，祭器的響銅，含有錫的成分。《天工開物・五金篇》稱：「凡銅供世用，出山與出爐只有赤銅⋯⋯廣錫摻和為響銅。」[824]《當譜集》載：「紅銅加高錫者即是響錫銅」。又載：「高錫各處俱有，惟湖廣的錫能配響銅，其別處配不成。如鑄做的響銅，惟京師不能做。假如鑼者三斤以下者能做，而音不和。如聲小者能做而音拙。大者做成而音全廢如戲鑼。可以總之各處水土之使然也。」[825]這資料提到只有湖廣的高錫才能製作響銅，驗證前述廣東進口的洋錫和以漢口為錫貿易中心的研究。

翟理斯（Herbert Allen Giles，1845-1935）在他的中英辭典翻譯響銅為「發出聲音的黃銅」，並進一步定義為：「最為適合製作鑼的材料。配方為銅和鋅以及重量百分比 5％的錫；或是八成的銅和二成的錫」。[826]基於後者定義，此小節討論響銅為一種錫重量百分比大於 20 的錫青銅。

乾隆三十六年（1771），乾隆皇帝要求命令章嘉呼圖克圖寫下鑄造響鈴的配方，其中錫的含量到達將近 30％重量百分比，另添加 0.3％重量百分比的金、銀、三色寶石等。清宮內務府造辦處檔案並且記載，此配方製造出來的響鈴聲音品質更好。[827]華覺明的《中國古代金屬技術：銅和鐵造就的文明》也說明高錫青銅相對於低錫青銅合金，鑄鐘音質更加渾厚飽滿。[828]因此，使用純度較高的原料比較容易鑄造出良好的響鈴。《當譜集》記載乾隆時期湖廣一帶出產的錫品質最好，彎折時由於塑性變形往往會發出斷裂般聲響。人們因其扭曲

824 〔明〕宋應星著，《天工開物》，卷下，頁982。

825 《當譜集・乾隆二十四年抄本》，收入國家圖書館分館編，《中國古代當鋪鑑定秘籍》，頁125。

826 Herbert A. Giles, A Chinese-English Dictionary, 2nd edition (Shanghai: Kelly & Walsh, 1912), pp. 1519-1520.

827 《清宮內務府造辦處檔案總匯》，冊34，乾隆三十六年九月〈鑄爐處〉，頁527-536。

828 華覺明著，《中國古代金屬技術：銅和鐵造就的文明》，頁278。

有聲，通常名之曰「響錫」。[829] 由記載的塑性斷裂現象可推知湖廣指湖南、湖北的高錫應有最少的雜質含量。

另外，宋應星《天工開物》描述將「響銅」合金（錫青銅）作成粉末可焊銅器：「凡紅銅升黃而後熔化造器，用砒升者為白銅器，工費倍難，侈者事之。凡黃銅，原從爐甘石升者不退火性受錘；從倭鉛升者出爐退火性，以受冷錘。凡響銅入錫參和，成樂器者必圓成無焊。其餘方圓用器，走焊、炙火粘合。用錫末者為小焊，用響銅末者為大焊。……若焊銀器，則用紅銅末。」[830]

錫用於焊接，有小焊、大焊的區別。小焊即是用低熔點鉛錫合金作為焊料，又稱為軟釺焊（soldering）、錫焊、鑞焊，大焊則是用銅鋅合金和銀銅鋅合金為焊料，又稱為硬釺焊（brazing）、銅焊、銀焊。[831] 純錫熔點僅攝氏 232℃、加錫 20％的銅熔點即升至 880℃（約 800℃ 開始熔化），而純銅熔點則是 1085℃。因此，以響銅或紅銅來當焊料，會因為所需加熱溫度的提高而提升工作溫度和工藝的難度，優點則是焊接處常溫或是高溫的機械性質會比純錫焊料好很多。[832]

乾隆皇帝對於焊接工藝品質要求甚高，往往能在宮廷檔案發現因成品不良、不堅固而退回再焊的例子。例如乾隆三十五年（1770）太監英廉呈報三件胎鈑做鳳凰形狀的酒器花紋不真、焊口不齊、鍍金色微淡，乾隆皇帝遂罰工價不准開銷等。[833] 乾隆五十一年（1786），則有小焊強度不足，改用大焊的記載。當初筆帖式和寧來報：「備用耳順風二件亦因年久破壞、不堪應用，相應咨行造辦處照舊式樣另行成做耳順風二件……原耳順風本係黃銅胎錫小焊，因不堅固，今改做耳順風照原樣要做紅銅胎大焊。」

---

829 《當譜集・乾隆二十四年抄本》，收入國家圖書館分館編，《中國古代當鋪鑒定秘籍》，頁 122。

830 〔明〕宋應星著，《天工開物》，卷中，頁906-907。

831 華覺明著，《中國古代金屬技術：銅和鐵造就的文明》，頁220。

832 Daniel Schnee and Harald Krappitz, *Soldering and Brazing, Ullmann's Encyclopedia of Industrial Chemistry* (Wiley-VCH, Weinheim, 2013), pp. 1-11.

833 《清宮內務府奏銷檔》，冊89，乾隆三十五年十一月初一日，頁351-352；冊89，乾隆三十五年十一月三十日，頁582-585。

圖 8-13：銅錫焊接水煙袋

資料來源：Irina Fedorovna Popova intro., trans., and comm., *Pictures of Folk Life (Fengsuhua) in Qing Beijing*, p. 72.

乾隆皇帝回答：「准照樣另行成做新耳順風二件其舊耳順風毀銅，欽此。」[834] 所謂耳順風西洋人所製，查慎行（1650-1727）《陪獵筆記》載：「以銅為之，管長丈餘，如千里鏡之式，空其中，口大而末小。向空中傳語，去山頭五六里聲相聞也。」[835] 人隔著河川山頭，聲音如在對面，耳順風大概像擴音器。《圓明園錫作則例》也有記載滴焊舊錫每縫長 1 丈，用焊錫 1 兩、松香 2 錢、黑炭 8 錢。滴焊舊錫每縫長 35 尺滴焊，用錫匠 1 工。[836] 另外，民間也喜好以銅錫合金大焊來修補金屬器，如清朝晚期《北京民間風俗百圖》記載，工匠焊水烟袋：「其人用小爐、風箱、銅錫焊藥，如有損壞物件，令其收拾，則能復舊如新之技。」（參見圖 8-13）[837] 說明中國直到晚清都喜愛使用銅錫焊藥修補破損金屬器之技術。

五、小結

清代財政被認為是輕徭薄賦的稅制，但在正規的賦稅之外還有土貢。本章以錫為例討論被編派土貢的省分，多半不產錫，而是透過國內、外貿易取得。以廣東省來說，產錫數量不及土貢的 10％，多數仰賴英商進口的洋錫。錫在西方出口商品中不太重要，但在中國的價格高於歐洲，仍有利可圖，1790 年以後每年進口數量約在 20-30 萬兩，至十九世紀中葉以後錫進口值則超過 1 百萬海關兩。江蘇則是採買日本的錫，有專門負責的行鋪來經營，以避免官員浮銷經費。過去，乾隆皇帝常誇耀中國地大物博，自給自足，不需要西方的淫巧奇器，事實上，本章討論錫的進口數量，可了解中國並非完全自足。

從乾隆八年（1743）至光緒十八年（1892）內務府用錫數量約 300 萬斤以

---

834 《清宮內務府造辦處檔案總匯》，冊49，乾隆五十一年十月二十五日〈記事錄〉，頁257。
835 〔清〕查慎行著，《陪獵筆記》，收入畢奧南主編，《清代蒙古遊記選輯三十四種》，下冊（北京：東方出版社，2015，據清刻本影印），頁258。
836 姜亞沙等主編，《清代宮苑則例匯編》，冊54，頁370。
837 佚名繪，王克友、王宏印，許海燕譯，《北京民間風俗百圖（珍藏版）》（北京：北京圖書館出版社，2003），頁23。

上。清代社會階層分明，皇家使用大量的金銀器物，自然有別於民間使用錫製的食具、供器等。然而，清宮廷掌握錫的特性——價格便宜、質量輕、延性佳，以錫片防水建材、防潮的錫茶罐、防蛀蟲的衣箱、保冷的冰桶、旅行用品等，並以傳教士郎世寧、王致誠、艾啟蒙等宮廷畫家，繪製玻璃鏡繪畫。這些宮廷繪畫的題材甚至影響廣州外銷畫，至今歐美博物館藏的玻璃畫仍可看到清代宮廷生活的場景。

在技術方面，過去討論明清科技都利用《天工開物》一書，現今出版大量清宮檔案，如《清宮內務府造辦處檔案總匯》、《清代宮苑則例匯編》、《清宮內務府奏銷檔》，對明清的技術有新的發現。《天工開物》載：「用錫末者為小焊，用響銅末者為大焊。」[838] 利用現代的研究可了解小焊即是用低熔點鉛錫合金作為焊料，又稱為軟釬焊（soldering）、錫焊、鑞焊，大焊則是用銅鋅合金和銀銅鋅合金為焊料，又稱為硬釬焊（brazing）、銅焊、銀焊。造辦處成做鳳凰折盂和耳順風的案例，說明以響銅或紅銅來當焊料，會因為所需加熱溫度的提高而提升工作溫度和工藝的難度，優點則是焊接處常溫或是高溫的機械性質會比純錫焊料好很多，可見清宮的技術利用現代科技來檢測還是很精準的。再者，康熙時期的耳順風到了乾隆時已能仿製，說明清政府選擇合適的金屬材料，並充分發揮其功能，宮廷利用西方的器物和技術比民間早半世紀以上。這些技術透過周培春的北京風俗畫普及民間。

在宮廷收藏器物中可以看到製作錫器的商號名稱，而山西潞安人在北京經營的銅、鐵、錫等行業相當有名，其鐵器、銅器、錫器等大量銷往漠北蒙族地區。以此證明北京冶金工藝在多民族文化交流，以及十八世紀早期全球化進程之下，其創新性、設計性以及工藝水準都有進一步的開展。

---

838 〔明〕宋應星著，《天工開物》，卷中，頁907。

第九章

清宮的金屬祭器

一、前言

　　中國社會向來重視階級貴賤等差，瞿同祖《中國法律與中國社會》一書就指出喪葬的用器和儀式，自始葬以來至埋葬無一不指示階級的差異。祭器以多為貴，按官員品級有鐏、簋、簠、甒、筐、銅、俎、籩、豆等，都是用以區別貴賤的一種重要標識。[839] 清朝承襲明代舊制，壇廟陳設祭品，器用瓷。雍正皇帝則按照古代經典，範銅為器，頒之闕里，俾為世守。乾隆十三年（1748），皇帝又大費周章命官員繪製《皇朝禮器圖式》，以及大量製作祭器，目的何在？

　　陳芳妹提到宋徽宗（1082-1135）建明堂，大量鑄作仿古銅禮器。仿古銅器彷彿成為代表三代理想的政治秩序的象徵及響往。[840] 她還分析各種祭器的形制、紋飾風格等，她認為朱熹的「釋奠儀式」在元、明、清成功地透過地方官員在州縣學及孔廟系統中，將三代意象建置在帝國的中心和邊陲。筆者發現乾隆初年地方督撫奏報製作祭器銀兩，而後來皇帝頒發《皇朝禮器圖式》於各省，重新定義禮器的制度。

　　關於清代祭器研究，劉潞最早提到禮器圖譜完成於乾隆二十四年（1759），由莊親王允祿領銜繪製。乾隆三十一年（1766），由武英殿修書處刻板印刷《皇朝禮器圖式》，三十八年（1773）收入《四庫全書》史部。[841] 然而，乾隆皇帝製作儒家文化祭器的同時，也設計一套新的滿洲祭典的禮器。陳捷先指出，滿洲在接觸漢文化以後，不可避免的會產生漢化現象，惟滿洲人無論是在借取明朝典章制度，或是受到漢人家族倫理的影響時，常是有條件的、有限度的、不一定是全盤接受的，而且是經過理性的思考，首重本身利益的，尤其是他們仍注意保持住自己的民族文化。[842] 乾隆皇帝有感於滿洲傳統祭祀因時空環境變

---

839 參見瞿同祖著，《中國法律與中國社會》，頁256。

840 陳芳妹著，《青銅器與宋代文化史》（臺北：國立臺灣大學出版中心，2016），頁22-23。

841 劉潞著，〈一部規範清代社會成員行為的圖譜——有關《皇朝禮器圖式》的幾個問題〉，《故宮博物院院刊》，2004年4期，頁130-144、160-161。

842 陳捷先著，〈從清初中央建置看滿洲漢化〉，收入陳捷先著，《清史論集》（臺北：東大圖書公司，1997），頁119-135。

遷，編定滿洲祀典之書。

　　葉高樹認為傳統祭祀必備的物件，理當自宮廷、王府乃至民間皆同，惟《典禮》均按大內現行規制，紡織品率以綢、緞、金屬製品動輒銀、銅，極其講究，呈現統治階層與一般民眾的落差。[843]《滿文《欽定滿洲祭神祭天典禮》譯注》一書，其中祭神祭天器用數目、祭神祭天器用形式圖，與《皇朝禮器圖式》不同，有趣的是該書也是莊親王允祿領銜總辦，於乾隆十二年以滿文編定刊行，用以宣揚滿洲傳統。[844] 同時，該書與《皇朝禮器圖式》兩者並列，彰顯了清朝統治的多元文化。羅友枝提到每位新皇帝都必須在國祭場所增設自己父皇的牌位，作為孝道的表現。[845] 筆者發現清初期大量使用金銀的祭器，並不是用豆、登、簠、簋等，而是日常膳具碗盤、茶壺等。康熙時盛京三陵的祭器來自宮廷的金銀器，雍正皇帝更把康熙的膳具搬到景陵當祭器用。乾隆皇帝重新按照受祭者的身分貴賤等差製作祭器，並將景陵、泰陵的大量金銀器鎔化，換成鍍金、銅器、瓷器等，以節省材料費。

　　本章的章節安排，第二節討論製作金屬祭器過程，包括繪紙樣、做合牌樣、蠟樣，以及成做的鑄爐處官員的專業和監督。透過分析《皇朝禮器圖式》的內容，來探討金屬祭器使用在哪些壇廟，第三節討論此書的繪製，以及壇廟陳設，著重於清宮祭祀場域——太廟、奉先殿使用銅器，彰顯其受儒家思想影響。第四節探討以《欽定滿洲祭神祭天典禮》為藍本的祭器，代表乾隆皇帝貫徹滿洲本位的政策。近年來，清史學界對於清朝統治的定位是漢化或者滿洲本位有許多爭議，本章則從皇帝的供桌闡釋滿漢文化的融合與差異。

843 葉高樹著，〈乾隆皇帝與滿洲傳統的重建——以薩滿祭祀儀式為例〉，《國立政治大學歷史學報》，期48，頁43-94。

844 葉高樹譯注，《滿文〈欽定滿洲祭神祭天典禮〉譯注》（臺北：秀威資訊科技，2018），頁338-473。

845 羅友枝著，周衛平譯，《清代宮廷社會史》，頁258。

二、製作壇廟的金屬祭器

《皇朝禮器圖式》第一為祭器部，計 2 卷，祭者有 11 壇 2 殿 9 廟，即天壇、祈穀壇、地壇、社稷壇、朝日壇、夕月壇、先農壇、先蠶壇、天神壇、地祇壇、太歲壇，奉先殿、傳心殿，太廟、文廟、帝王廟、先醫廟、都城隍廟、內城隍廟、永佑廟、天下第一龍王廟、昭靈沛澤龍王廟；所用祭器分璧、琮、圭、爵、登、簠、簋、籩、豆、簠、俎、尊、琖、鉶等 14 類。本章文則強調乾隆皇帝製作《皇朝禮器圖式》和祭器的原因和器皿的種類等。

（一）乾隆朝製作金屬祭器

乾隆初年，各省官員奏銷地方錢糧中提及製作祭器，其經費題報中央核准。譬如，乾隆十年（1745），陝西巡撫陳弘謀（1696-1771）題陝省置備設祭壇祭器原估計 1,820.2 兩，應核減 20.94 兩，共銀 1,799.08 兩。[846] 當地方奏銷祭器經費時，乾隆皇帝也要表現自己的關心，就像宋代皇帝主導祭器的製作。再者，歷朝把祭天地當作重大的祭祀儀式，清朝祭祖也屬國家重要祀典，太廟、奉先殿打造一致的祭器範式，以符合禮儀。

製作銅祭器的起源需從雍正皇帝（1678-1735）談起，雍正二年（1724），曲阜文廟不戒於火，雍正皇帝特發帑金，命大臣等督工修建，「凡殿廡制度規模，以至祭器儀物，皆令繪圖呈覽。朕親為指授，遴選良工庀材興造。」[847] 雍正九年（1731），內務府大臣允祿製作金屬的祭器送到曲阜孔廟。[848] 乾隆十三年（1748），衍聖公孔昭煥稱尚少獻爵 6 件，皇帝諭令「相應照貯庫備用式樣造給」。[849] 照理說允祿曾經製作文廟祭器，乾隆朝只要按照原來紋樣複製就可

---

846 《中央研究院歷史語言研究所現存清代內閣大庫原藏明清檔案》，登錄號066605，乾隆十年十月初五日。

847 中國第一歷史檔案館編，《雍正朝起居注冊》（北京：中華書局，1993），冊4，頁3355。

848 《清宮內務府奏銷檔》，冊36，乾隆十三年元月二十六日，頁312-314。

849 《清宮內務府奏銷檔》，冊36，乾隆十三年元月二十六日，頁312-314。

以了，但乾隆十三年皇帝諭令官員重新繪製，他在《內務府來文》中有很長的議論。雍正皇帝以「範銅為器」只是大致上的改革，乾隆朝則按古禮製作不同材質的祭器。譬如籩以竹絲編造，四周髹漆。鉶器用銅製，加以鍍金。又，《皇朝禮器圖式》徵引《周禮·太宰》：「享先王用玉爵。」[850] 宗廟應用玉爵而不是金爵。《皇朝禮器圖式》御製序中提到：「夫籩、豆、簠、簋所以事神明也，前代以盌盤充數。朕則依古改之。」[851] 乾隆皇帝按照臣工議論再製祭器，從紙樣、合牌樣到蠟樣等，在器物添增犧尊、象尊、山尊、鼠頭尊、壺尊、著尊等，紋飾上更加繁複。乾隆十三年二月，禮部行文內務府：「各壇廟祭器悉仿古制一體更正。本部行文內務府，將從前世宗憲皇帝頒發曲阜一切祭器進呈圖樣，借給本部查辦。」[852] 禮部向內務府借雍正朝製作祭器的圖樣，再進行繪製紋飾。

做祭器必須先畫樣，有紙樣、合牌樣、蠟樣等。乾隆年間製作祭器的部門有鑄爐處做銅器、景德鎮製作瓷器，蘇州織造局做編竹絲漆器。

張麗認為內務府的活計中，「命活」是皇帝御旨，一般都要先畫紙樣（參見圖9-1），有的還要做成立體的蠟樣或木樣呈給皇帝審查。皇帝對命活的要求很嚴格，對呈上來的畫樣或木樣，經常會提出修改意見，然後再畫再審，直至皇帝說「准作」，方可施工。[853] 製作祭器即是命活之一，每個環節乾隆皇帝都親自控管。戶部尚書傅恆（1720-1770）、刑部尚書汪由敦（1692-1758），交十二件祭器圖後，皇帝命內務府的畫匠沈源、金昆先畫准樣，再交造辦處燙合牌樣呈覽。[854] 合牌樣也稱燙胎合牌樣、燙樣等。燙樣是用草紙、秫秸、油蠟和木料等材料加工製作的模型，它是按照實物比例縮小。

---

850 〔清〕允祿等纂，牧東點校，《皇朝禮器圖式》，目錄，頁41。

851 〔清〕允祿等纂，牧東點校，《皇朝禮器圖式》，目錄，頁1。

852 中國第一歷史檔案館藏，《內務府來文》，檔案編號05-13-002-000004-0070，乾隆十三年二月十五日。

853 張麗著，〈清宮銅器製造考——以雍、乾二朝為例〉，《故宮博物院院刊》，2013年5期，頁94-133、163。

854 黃希明、田貴生著，〈談談「樣式雷」燙樣〉，《故宮博物院院刊》，1984年4期，頁91-94；張淑嫻著，〈裝修圖樣：清代宮廷建築內檐裝修設計媒介〉，《江南大學學報（人文社會科學版）》，卷13期3（2014年5月），頁113-121。

膳房應用

銅中盤三件

各重貳觔捌兩

口徑九寸二分

連足通高一寸二分

足高三分

足徑六寸一分

圖 9-1：紙樣

資料來源：臨摹自《內務府來文》，檔案編號 05-08-030-000490-0029，光緒三十三年九月二十五日。

　　蠟樣照例也要奏呈皇帝，遵旨修改。「於六月初十日司庫白世秀將莊親王撥來銅爵蠟樣一件持進，交太監胡世傑呈覽。奉旨：此銅爵大了，照玉爵大小另做樣呈覽。欽此。」[855] 這則檔案提供重要訊息，按照玉爵的形式製作（參見圖 9-2）做銅爵（參見圖 9-3），而瓷爵係按照銅爵的花紋做。香港中文大學文物館藏銅釦（圖 9-4）、銅簠（圖 9-5）、銅簋（圖 9-6）、銅豆（圖 9-7）的祭器，底款為「大清乾隆年製」，或許是這次製作的祭器。

　　據汪由敦奏稱：「添疏羃使得須用古銅色」。奉旨：「准用古銅色做疏羃」。[856] 檔案說明的「古銅色」乃是藉由「燒古」手續後呈現的古銅器美質，以均勻腐蝕、炭火燒烤方法製造出先秦古器物所獨具的色調韻味，又稱為「接色」。[857]

---

855 《清宮內務府造辦處檔案總匯》，冊16，乾隆十三年三月二十六日〈如意館〉，頁243。
856 《清宮內務府造辦處檔案總匯》，冊16，乾隆十三年三月二十六日〈如意館〉，頁244。
857 吳山主編，《中國工藝美術大辭典》，頁217-273。

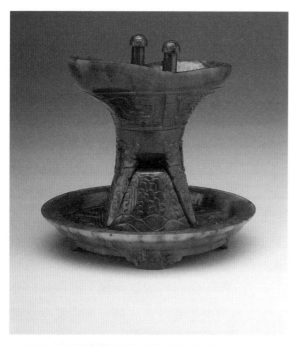

圖 9-2：玉爵
資料來源：文物統一編號 故
玉 003773N000000000，國立故
宮博物院藏。圖版取自《器物
典藏資料檢索系統》：https://
digitalarchive.npm.gov.tw/Antique/
Content?uid=2648&Dept=U（檢索日
期：2022 年 4 月 12 日）。

圖 9-3：銅爵
資料來源：香港中文大學文物館藏。
圖版取自郭家彥，《皇朝禮器》（香
港：香港中文大學文物館，2019），
頁 192。

（二）壇廟祭器的製作與數量

　　乾隆十三年，由允祿負責製造祭器，承辦單位是雍和宮辦造銅器處辦造，和碩莊親王奏稱：「從前臣遵旨辦造文廟祭器前後一百九十件，臣即與該庫成造在案。今養心殿奉旨交臣辦造各壇廟銅祭器，登、鉶、簠、簋、豆、尊等器共二千一百六十八件為數甚多。……至辦造祭器所用銅觔，據佛保稟稱伊處俱係雜銅，但此項祭器非尋常。器皿可比如用雜銅燒古不能出色，而沙眼甚多難以成造。臣仍請照前例領用庫貯銅觔，其所需工價約估銀二萬五千六百五十餘兩，向廣儲司領用。統俟工竣之日，臣另委員詳加查核另行奏聞。」[858]

　　《清宮內務府奏銷檔》有完整的成造祭器需用工價數目清單（參見表9-1），以數量來說做豆的數量達810件、其次是爵558件、鉶196件、簠和簋都是183件。尊類有6種款式數量220件。犧尊的圖案複雜，畫花紋以及雕刊梨木板模子一分需要160工，比其他器型都費功夫。鉶、簠、簋也是圖案繁複，約50至60工。象尊和壺尊所用的雕刊較少些。以上通共用166,575工，每工銀0.154兩，共銀25,652.55兩。[859] 這是預估價格，實際上乾隆十四年（1749），允祿奏稱辦造各壇廟祭器2,194件，原估工價銀25,650兩，實用工料物價銀16,863.16兩，剩餘銀8,789.39兩，用銅27,601觔。又銅鉶鍍金用金2.6兩。[860] 清宮製作銅祭器分工相當細，每項技術都很專業，製造出許多高水準的工藝品。清宮往後製作的銅器物都比照一套標準製作程序，也影響北京銅器製作的技術和流傳。鼠頭尊、壺尊、著尊的式樣較簡單，成做的程序也較省略（參見表9-2）。

　　內務府大臣允祿等議犧尊、象尊、著尊、壺尊的意義：「犧取性順而興稼穡貴其本也，象感雷而文生以明乎，夏德萬物之所由化也，物遇秋而止，著尊無足有止之象。冬時人功已成可勞享之壺者，收藏聚蓄之義。山尊畫為山形以山而興利祫祭合食於祖廟，亦以仁而致養故用山尊。臣等酌議太廟之祭春宜用

858　《清宮內務府奏銷檔》，冊37，乾隆十三年五月十二日，頁307-321。
859　《清宮內務府奏銷檔》，冊37，乾隆十三年五月十二日，頁307-321。
860　《內務府來文》，檔案編號05-0099-017，乾隆十四年四月初四日。

器皿與數量	爵	登	鉶	簠	簋	豆	犧尊	象尊	山尊
件數	558	18	196	183	183	810	38	38	23
粗細泥漠子	1.5	2.5	3	3	3	2.5	4	3	3
上泥出蠟燒窯	1.5		3	3	3	2.5	3	3	3
撥蠟對花紋	1.5	2.5	3	3.5	3.5	2.5	5	3	4
鑄火	0.5	0.5	0.5	1	1	1	1	1	
粗銼	2	3	3	6	6	3	5	8	16
鑿鏨花紋	16	40	35	36	33	32	40	15	50
去裡合口		6	7	8	9	6	12	10	10
細刮銼花紋	4	12	12	26	24	22	28	18	20
雕刊年號	2	2	2	2	2	2	4	4	4
燒古色	12	19	22	24	24	22	24	24	24
每件共工	41	90	90.5	112.5	108.5	85.5	126	89	134
畫花紋雕刊梨木板模子一分	25	40	55	60	50	40	160	35	40
共工	22,903	1,660	17,793	20,647.5	19,505.5	69,295	4,848	3,407	1,170

表 9-1：乾隆十三年成造祭器需用工價數目清單

資料來源：《清宮內務府奏銷檔》，冊 37，乾隆十三年五月十二日，頁 307-321。

犧尊（圖9-8），夏宜用象尊（圖9-9），秋宜用著尊（圖9-10），冬宜用壺尊（圖9-11）。歲暮大祫則宜山尊皆範銅為之，而以金為飾。」[861] 乾隆皇帝採納群臣意見，製作四季的各種尊。最重要的是尊放在太廟、奉先殿等皇家祀典中，象徵著朝廷延續宋元明的漢人傳統。如《皇朝禮器圖式》載：「太廟正殿山尊，範銅為之。高 9 寸 7 分，口徑 5 寸 2 分，項圍 9 寸 9 分，腹圍 1 尺 6 寸 5 分，底徑 3 寸 7 分。足徑 5 寸 3 分，四面有棱，中為山形，旁為雷紋。腹及跗皆為

---

861 《內務府來文》，檔案編號05-13-002-000004-0120，乾隆十三年。

圖 9-4：銅鉶
資料來源：《皇朝禮器》，頁 193-
194。

圖 9-5：銅簠
資料來源：《皇朝禮器》，頁 193-
194。

圖 9-6：銅簋
資料來源：《皇朝禮器》，頁 194。

圖 9-7：銅豆
資料來源：《皇朝禮器》，頁 194。

器皿與數量	鼠頭尊	壺尊	著尊
件數件數件數件數	45	38	38
模工	2	2	2
鑄火	1	1	1
去披縫鑿罩口粗銼	2	2	2
鏇工	8	8	8
細刮銼花紋	5	3	3
雕刊年號	2	2	2
燒古色	6	6	6
每件共工	26	24.5	24
共工	1,170	912	912

表 9-2：成做鼠頭尊、壺尊、著尊的數目與工價

資料來源：《清宮內務府奏銷檔》，冊 37，乾隆十三年五月十二日，頁 307-321。

雲紋。蓋高 2 寸 4 分，徑 5 寸 6 分，亦有棱、如器之飾。頂高 8 分。」[862]

佛保提到鑄造祭器必須使用純銅（檔案上稱銅觔）而不是回收的雜銅，此銅孔隙大難以成造。允祿向瓷庫領用庫貯銅觔達兩萬多斤，以及 20 多萬斤的煤炭等。有關辦買材料的費用，另載於《清宮內務府奏案》，參見表 9-3。[863]

---

862 〔清〕允祿等纂，牧東點校，《皇朝禮器圖式》，卷2，頁48；撫順市人民政府地方志辦公室、撫順市社會科學院、新賓滿族自治縣清永陵文物管理所編，《清永陵志》（瀋陽：遼寧民族出版社，2008），頁168。

863 《清宮內務府奏案》，冊59，乾隆十三年五月十二日，頁45-47。

圖 9-8：犧尊

資料來源：《大清會典圖（嘉慶朝）》，卷 25，頁 11-1 ～ 11-2。圖版取自「中央研究院歷史語言研究所漢籍電子文獻資料庫」：http://hanchi.ihp.sinica.edu.tw/ihpc/hanji?@147^1085087893^807^^^^702060770004000300040003^176@@1389987763（中央研究院歷史語言研究所授權）。

圖 9-9：象尊

資料來源：《大清會典圖（嘉慶朝）》，卷 25，頁 12-1。圖版取自中央研究院歷史語言研究所漢籍電子文獻資料庫：http://hanchi.ihp.sinica.edu.tw/ihpc/hanji?@147^1085087893^807^^^^702060770004000300040004^143@@1936022203（中央研究院歷史語言研究所授權）。

圖 9-10：著尊

資料來源：《大清會典圖（嘉慶朝）》，卷 25，頁 13-1 ～ 13-2。圖版取自中央研究院歷史語言研究所漢籍電子文獻資料庫：http://hanchi.ihp.sinica.edu.tw/ihpc/hanji?@147^1085087893^807^^^7020607700004000300040005^134@@210810754（中央研究院歷史語言研究所授權）。

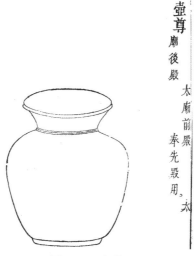

圖 9-11：壺尊

資料來源：《大清會典圖（嘉慶朝）》，卷 25，頁 14-1 ～ 14-2。圖版取自中央研究院歷史語言研究所漢籍電子文獻資料庫：http://hanchi.ihp.sinica.edu.tw/ihpc/hanji?@147^1085087893^807^^^7020607700004000300040006^101@@724520221（中央研究院歷史語言研究所授權）。

辦買材料	數量	單價（兩）	共價（兩）	領取庫貯	
化銅罐	2,250 個	0.065	146.25	金葉	2.6 兩
松香	800 斤	0.032	25.6	紅銅	11,000 斤
黃土	165 車	0.08	13.2	黃銅	16,601.81 斤
秫稭	5,700 個	0.017	96.9	黑炭	31,000 斤
土坯	11,650	每百塊 0.08	9.32	石煤	170,548 斤
鐵釘	336	0.04	13.44	紅羅炭	21,400 斤
木箱	120		162	黃蠟	2,000 斤
共銀			466.71	香油	500 斤
				苧蔴	371 斤
				鐵絲	67.8 斤

表 9-3：成做祭器辦買物料及領庫貯物料
資料來源：《清宮內務府奏案》。

以上祭器唯有鉶鍍金，是按照《皇朝禮器圖式》載：「聶崇義《三禮圖》載：『鉶，天子以黃金飾。』乾隆十三年，欽定祭器；太廟正殿鉶，範銅為之。」[864]按照銀器鍍金定例，花活每見方 1 寸用金 6 釐，素活每見方 1 寸用金 4 釐。[865]這回製作 196 個鉶器只用 2.6 兩的金葉，肯定不及定例標準，鍍金太薄容易剝落。

乾隆十三年，禮部尚書管太常寺海望奏報領取各壇廟新造祭器，並將舊存祭器交內務府收貯。[866]實際上，這批新祭器並未包含所有的壇廟。《皇朝禮器圖式》提到：「乾隆十三年，欽定祭器，天下第一泉龍王廟籩，範銅為之。」[867]至乾隆十七年，總管內務府大臣奏稱，玉泉山天下第一泉，籩豆祭器俱改造銅器燒古刻款。其黑龍潭祭器，亦照天下第一泉龍王祠改造銅器，未得之前暫用瓷器。再者，皇帝認為：「爵、登、簠、簋、豆、尊等，具有舊樣，即照舊式

864　〔清〕允祿等纂，牧東點校，《皇朝禮器圖式》，卷2，頁42。

865　《清宮內務府奏銷檔》，冊91，乾隆三十六年五月初八日，頁163-168。

866　《中央研究院歷史語言研究所現存清代內閣大庫原藏明清檔案》，登錄號025853，乾隆十三年十二月十七日。

867　〔清〕允祿等纂，牧東點校，《皇朝禮器圖式》，卷2，頁53。

辦理，無庸繪圖。」[868] 至十月內務府為兩祠廟製造爵、簠、簋、豆、尊，以及籩共 56 件。所用工價辦買物料銀 478.02 兩，用過庫貯黃銅 668 觔。[869]

由以上討論可知，乾隆皇帝聲稱雍正給曲阜孔廟祭器，始「範銅為器」。然而，乾隆十三年製作祭器所製作的器形和壇廟數量都遠超過雍正時期。最重要的是，連太廟都使用儒家系統的銅祭器。此時距離清朝入關已一百多年，滿漢畛域逐漸消弭。

三、繪製《皇朝禮器圖式》與壇廟祭器陳設

前一節的討論說明乾隆召集大學士、禮部官員共同討論制訂壇廟禮器的款式、材質，並由鑄爐處工匠鑄造兩千餘件的壇廟祭器。在這之後，乾隆皇帝才開始啟動《皇朝禮器圖式》的繪製，先做祭器再繪製禮器圖，做祭器使用的紙樣或許為繪製的藍圖。

（一）繪製《皇朝禮器圖式》

乾隆十六年（1751），乾隆皇帝為了編《皇朝禮器圖式》，武英殿成立禮器館。根據乾隆二十三年（1758），禮器館辦理事務郎中明善等奏：「乾隆十六年二月起至二十三年九月繪畫各圖給發工價辦買顏料、飯食以及辦事人員公費飯食，陸續領用過銀 6,300 兩。」[870] 乾隆二十五年允祿奏報修飾繪畫已完未完天地儀輿圖及祭器等圖數目片，奏稱：「查得從前繪畫祭器、儀器、樂器、冠服、鹵簿、武備圖樣六項，已經畫得設色圖樣各一分。遵旨交於南薰殿墨欄圖樣二分，交於武英殿一分。」[871] 因繪製未完成，武英殿修書處辦理事務

---

868 《清宮內務府奏銷檔》，冊42，乾隆十七年二月二十一日，頁175-178；冊42，乾隆十七年三月初十日，頁237。
869 《清宮內務府奏案》，冊75，乾隆十七年十月初二日，頁5-9。
870 《乾隆朝內務府銀庫用項月摺檔》，乾隆二十三年十二月一日起至三十日。
871 《清宮內務府奏銷檔》，冊60，乾隆二十五年十一月十日，頁22-30。

郎中六十九等陸續呈報，給翰林等備辦飯食辦買物料，併給匠役等工價，乾隆二十五年七月領銀 1,000 兩、三十年十一月領銀 1,000 兩、十二月領 2,000 兩、三十一年五月領銀 1,000 兩、七月領 2,000 兩，共銀 7,000 兩。連同上述的 6,300 兩，共銀 13,300 兩。[872] 根據造辦處檔案記載「照武英殿僱畫士之例，每日每人工銀 1 錢 9 分 5 釐、飯銀 6 分。」一般內務府外僱工匠每天工資銀 1.5 錢，畫士工資銀達 2.55 錢，算是相當高的薪資。[873] 就祭器的部分乾隆二十九年（1764）十一月二十四日，掌稿筆帖式常安持來武英殿漢字文一件，內開「武英殿禮器館為咨送爭照得本館遵旨增改禮器圖書冊，其祭器一門書板業已刻竣，圖冊俱經添繪，並繕就說文」。[874] 三十一年，武英殿圖式書冊告竣，繪圖人員獲得皇帝加恩議敘。

　　乾隆二十九年，武英殿《皇朝禮器圖式》書版刻竣，乾隆三十五年（1770），兩江總督高晉、直隸總督楊廷璋、四川總督阿爾泰，襲封衍聖公孔昭煥紛紛上奏「恩賞皇朝禮器圖全部謝恩」事。[875] 江寧織造寅著奉旨：「交出皇朝禮器圖二部八套，令江寧織造寅著帶往於棲霞行宮、江寧行宮安設。本日交與寅著領去訖。」[876]《皇朝禮器圖式》作為各省壇廟製作祭器的範本，並不僅是收錄在四庫全書，而是公諸於世。陳芳妹研究臺南孔廟的祭器，提及：「蔣元樞對乾隆朝廷從乾隆十三年以來的文廟禮器，用銅器的強調，是否有管道一一知悉，我們也無法確知，但他為臺灣進口文廟禮器強調其『用銅』，與乾隆朝廷對文廟禮器的強調相一致，是可以肯定的。」[877] 蔣元樞於乾隆四十一

872 《乾隆朝內務府銀庫用項月摺檔》，乾隆二十五年七月一日起至二十九日；乾隆三十年十一月一日起至三十日；乾隆三十年十二月一日起至二十九日；乾隆三十一年五月一日起至三十日；乾隆三十一年七月一日起至二十九日。

873 〔清〕佚名輯，《總管內務府現行條例（廣儲司）》，卷1，頁18。

874 《清宮內務府造辦處檔案總匯》，冊29，乾隆二十九年十一月二十四日〈記事錄〉，頁54。

875 以上參見中國第一歷史檔案館藏，《宮中硃批奏摺》，檔案編號04-01-12-0136-101，乾隆三十五年五月十六日；檔案編號04-01-12-0136-117，乾隆三十五年四月十七日；檔案編號04-01-12-0137-008，乾隆三十五年閏五月初六日；檔案編號04-01-12-0137-089，乾隆三十五年。

876 《清宮內務府造辦處檔案總匯》，冊34，乾隆三十五年四月初七日〈雜錄檔〉，頁100。

877 陳芳妹著，〈蔣元樞與臺灣府學的進口禮樂器〉，《故宮學術季刊》，卷30期3（2013年3月），頁123-184。

年至四十三年（1776-1778）擔任臺灣知府，為乾隆頒賜《皇朝禮器圖式》之後，或許他由《皇朝禮器圖式》頒布得知乾隆欽定文廟正位銅爵，範銅為之。

（二）壇廟的祭器陳設

清朝太廟、奉先殿等陳設銅祭器，參見《大清會典圖（光緒朝）》之圖示。[878] 姜舜源探討清代宗廟，按制主要有太廟和奉先殿，其次則為壽皇殿。清代太廟，共有三殿，由南而北前後排列。前殿為享殿，是大享時祭祀中殿神主，歲暮大祫時合祭後殿、中殿神主，舉行儀式的地方。殿內設金漆寶座，每代座數與寢殿每室神牌數一致。座上設有泥金方托座，托座上方有孔，為祭祀時安放神牌所用。每代帝后同案，祭祀時案上設簠、簋、籩、豆用來盛放黍稷、稻粱、形鹽、棗栗、鹿脯等各種食品；每位神主登、鉶各一，盛放太羹與和羹；每位神主金匕一、金箸一、玉爵三（參見圖9-12）。案前設俎一，用太牢，牛羊豕各一。[879] 以稻穀、羹、餅餌、肉醢等為祭品，與漢人傳統祭祀活動類似。

祭祀太廟是國祭，有皇帝、王公、文武百官，執事有禮部、太常寺、光祿寺等衙門的官員；祭祀奉先殿則只有皇帝，行家人禮，不陪祭，執事基本由內務府官員充任，因此，祭祀奉先殿是皇帝的家祭。奉先殿陳設有銅爵、銅鉶、銅簠、銅簋、銅豆等，祭品的內容也與太廟差不多，參見《大清會典圖（光緒朝）》。[880]《皇朝禮器圖式》載：「乾隆十三年，欽定祭器：太廟正殿鉶，範銅為之，兩耳及緣飾以金。」[881] 奉先殿金爵：「奉先殿用金爵，通高3寸5分，深1寸4分，柱高1寸1分，為芝形。腹為星紋。三足相距各1寸，高1寸6分。」[882] 而月壇內原有金爵三件，皇帝硃批：「不必用，亦用月白瓷的。」[883]

---

878 〔清〕崑岡等奉敕纂修，〔清〕劉啟端等纂，《欽定大清會典圖（光緒朝）》，卷7，頁1139。

879 姜舜源著，〈清代的宗廟制度〉，《故宮博物院院刊》，1987年3期，頁15-23、57。

880 〔清〕崑岡等奉敕纂修，〔清〕劉啟端等纂，《欽定大清會典圖（光緒朝）》，卷7，頁1189。

881 〔清〕允祿等纂，牧東點校，《皇朝禮器圖式》，卷2，頁42。

882 〔清〕允祿等纂，牧東點校，《皇朝禮器圖式》，卷2，頁53。

883 《清宮內務府造辦處檔案總匯》，冊16，乾隆十三年三月二十六日〈如意館〉，頁241。

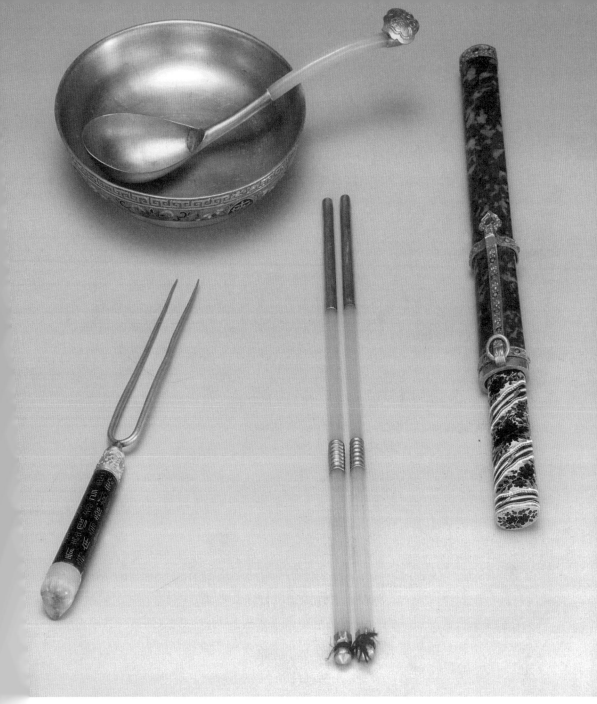

圖9-12：壇廟的祭器陳設，每位神主登、鉶各一，盛放太羹與和羹；每位神主金匕一、金箸一、
玉爵三。
資料來源：萬依、王樹卿、陸燕貞主編，《清宮生活圖典》，頁179。

這說明太廟、奉先殿屬於皇家體系的廟宇，用純金或鍍金，而月壇僅用白瓷。

再者，祭祀使用貴重金屬有階級之分，譬如皇帝親祭使用金祭器，遣官祭祀則不用金器。《大清會典》載，朝廷祭祀分為大祀、中祀、群祀。圜丘、方澤、祈穀、雩祭、太廟、社稷為大祀；日、月、歷代帝王、先師孔子、先農、先蠶、天神、地祇、太歲為中祀；先醫、龍王等廟、賢良、昭忠等祠為群祀。大祀多為皇帝親祭，中祀一部分由皇帝親祭，大部分遣官致祭，群祀全是遣官致祭。太廟為皇帝親祭，因而成做金祭器。每神案一，各設金壺一、金盂一，陳於金器案。每神座一，各設金盆一，陳於暖閣內。[884] 太廟前殿、中殿、後殿、東廡、西廡，供奉物件不同，但正殿、後殿陳設之銅兩耳及邊緣要鍍金。

祭器陳設可知放置金屬祭器的壇廟包括：太廟（前殿、正殿、後殿）、奉先殿、文廟正位、崇聖祠正位、傳心殿正位、歷代帝王廟正位、先醫廟正位、關帝廟前殿、都城隍廟、內城隍廟、永佑廟、天下第一泉龍王廟、昭靈沛澤龍王廟、黑龍潭玉泉山昆明湖三龍神祠、大成殿、文昌廟、先師廟等。其中太廟和奉先殿陳設銅祭器最多，尤其奉先殿有 48 個金爵。傳統清朝祭祀祖先多用金屬器皿，改用儒家體制的祭器仍保留舊有習俗。

總之，乾隆皇帝製作壇廟祭器的意義可歸納以下幾點：第一、羅友枝探討清代皇帝採用漢族的敬祖傳統，並使之發揚光大。祖先崇拜基本上承襲明朝制度，位於午門外的太廟主要祭祀清太祖和他的皇后，更早時期的祖先牌位則放在後殿中。漢代以來儒家學說與陰陽五行學說融合，「正統」指在皇室合法的繼承脈絡。「正統」用於「政治血統」代替「家族血統」，正統理念的合法性可在不同血統間傳遞，從一個統治家族轉移到另一統治家族。宮廷的祭祀象徵支持並控制對歷代統者者的祭祀，擴大了其統治性的合法基礎。[885] 在此脈絡下，清朝祭祖也並非家族的私人活動，而是承襲政治血統命脈，太廟、奉先殿使用國家祀典的祭器和祭品，合乎漢朝以來禮儀傳統。況且，清朝將過去祭天的活動擴大到敬祖的範圍。1646 年順治皇帝（1638-1661）將努爾哈齊牌位放

---

884 〔清〕托津等奉敕纂修，《大清會典（嘉慶朝）》，卷57上，頁13-1。
885 羅友枝著，周衛平譯，《清代宮廷社會史》，頁257-259。

	銅爵	玉爵	金爵	登	鉶	簠	簋	豆	籩	犧尊	象尊	著尊	壺尊	山尊	尊	銅尊
太廟（前殿、正殿）	√	45		15	15	2	2	12	12	15	15	15	15	15		
太廟（後殿）		6		2	2	2	2	12	12	2	2	2	2	2		
奉先殿			48	16	16	2	2	12	12	16	16	16	16			
文廟正位	3			1	2	2	2	10	10						1	
崇聖祠正位	3				2	2	2	8	8						1	
傳心殿正位	3				1			2	2						3	
歷代帝王廟正位	3			1	2	2	2	10	10						7	√
先醫廟正位	3				2	2	2	10	10						1	√
關帝廟前殿	3			1	2	2	2	10	10						1	√
都城隍廟	3				2	2	2	10	10						1	√
內城隍廟	3				2	2	2	10	10						1	
永佑廟	3				2	2	2	10	10						1	
天下第一泉龍王廟	3					2	2	10	10						1	
昭靈沛澤龍王廟	3					2	2	10	10						1	
黑龍潭玉泉山昆明湖三龍神祠	√					√	√	√								√
大成殿	√			√	√	√	√	√								
文昌廟	√			√	√	√	√	√								√
先師廟	V			√	√	√	√	√								√

表 9-4：祭器用於各壇廟

資料來源：〔清〕允祿等纂，牧東點校，《皇朝禮器圖式》，目錄，頁 19-24。

在天壇，1657 年將皇太極（1592-1643）牌位放在天壇，以後的皇帝也都依例辦理。[886] 這又更容易理解乾隆皇帝為何製作形制一致的祭器了。

第二、清朝「崇儒重道」的具體表現在於祭孔的廟宇增加，並提升祭孔規制和儀典，以獲得廣大漢人士大夫的認同與支持。譬如將文廟、崇聖祠、大成殿、先師廟、傳心殿、帝王廟納入國家祀典，做銅爵等祭器代表承繼宋明以來道統。

第三、將民間祭禮納入國家祭禮。羅友枝特別舉出黑龍潭始建於 1681 年，據說該處的黑龍很靈驗。[887] 乾隆皇帝也常親自到黑龍潭祈雨。如乾隆七年三月「上詣黑龍潭祈雨，祭昭靈沛澤龍王之神。」[888] 韓書瑞（Susan Naquin）認為禮部祭祀龍王廟是因北京附近的水運系統的嚴格管理和建造郊區園林的結果，黑龍潭 1738 年被納入祭祀、玉泉山於 1751 年被納入祭祀，同時這些地方也是祈雨的重要場所。[889] 先醫廟是太醫院署內、太歲壇、文昌廟、關帝廟、都城隍廟、內城隍廟、永佑廟、天下第一龍王廟、昭靈沛澤龍王廟也都使用銅爵的祭器，其目的是劃一國家祀典祭器的款式。

內城隍廟建於雍正四年、雍正九年建造永佑廟都是祭祀城隍。雍正十年總管內務府謹奏：「每年祭西安門內新建成永佑廟一事，均照每年秋季紫禁城內城隍廟之例，供獻籩豆，贊禮郎讀文致祭一次。萬壽聖節依禮供獻酒、水果，贊禮郎讀文致祭一次。」[890] 這檔案提及雍正時祭城隍廟用籩豆祭器，於每年萬壽聖節及秋季與都城隍廟同日致祭，祭品同。雍正時期篤信道教，兩座廟宇辦理萬壽平安道場，至乾隆九年（1744），內城隍廟、永佑廟於八月十三日皇帝生日辦聖誕道場一日，每日用銀 15.7 兩。乾隆又改為二處辦聖誕各九日，原每日用銀各 15.7 兩，改為各 8 兩。[891] 這兩座城隍廟辦萬壽聖節活動一直維持

886 羅友枝著，周衛平譯，《清代宮廷社會史》，頁258。

887 羅友枝著，周衛平譯，《清代宮廷社會史》，頁275。

888 〔清〕慶桂等奉敕修，《大清高宗純皇帝實錄》，卷163，頁53-2。

889 韓書瑞（Susan Naquin）著，朱修春譯，《北京：寺廟與城市生活（1400-1900）》（新北：稻鄉出版社，2014），頁42。有關文昌廟、關帝廟研究，參見頁41。

890 《清宮內務府奏銷檔》，冊6，雍正十年七月二十五日，頁45-47。

891 《清宮內務府奏銷檔》，冊30，乾隆九年四月初二日，頁408；冊30，乾隆九年四月初三日，

到清末。

　　皇帝、皇后去世後升祔入太廟、奉先殿和壽皇殿裡供奉，其神龕寶座供奉著金質祭器。以孝賢皇后來說，乾隆十五年皇后升祔太廟，二月工部文開，恭造孝賢皇后升祔太廟供用金盆、金壺等項取頭等赤金3.22兩。四月，內大臣總管內務府大臣海望等奏准，遵旨恭修太廟供奉神龕併孝賢皇后神龕，取頭等赤金1,083.88兩。五月，工部文開，孝賢皇后神牌升祔奉先殿恭造金匙箸併鍍金黃銅五供等項，取頭等赤金14.52兩。[892] 乾隆十五年掌儀司郎中查拉等文開，奏准壽皇殿供奉聖容做金匙箸11分，用三等赤金77兩。[893] 以上共用了1,178.62兩赤金。

　　康熙朝《御製清文鑑》之《器用類》記載祭器的內容不多，如香碟（滿文hiyan fila）、香爐（hiyan dabukū）。[894] 乾隆三十八年（1773）纂修《御製增訂清文鑑》則增加了簠（fisitun）、簋（handutun）、登（samaran）、鉶（tomoron）、豆（moositun）等。[895] 器物的用途亦按照《皇朝禮器圖式》的圖說，說明了清朝漢化傾向。

四、滿洲本位的金屬祭器

　　乾隆十二年（1747）《欽定滿洲祭神祭天典禮》一書以滿文編寫，四十二年專為纂入《四庫全書》而改譯為漢文。乾隆皇帝編書為宣揚滿洲傳統，特別是在儀式和滿洲淳樸的特質。[896] 《欽定滿洲祭神祭天典禮》第六冊為祭器圖說，譬如坤寧宮祭器有銀匙、銀筯、銀盤、銀托碟、銀杯、銀碟、銀碗、銅杓、

　　頁431。

892 《乾隆朝內務府銀庫用項月摺檔》，乾隆十五年二月一日起至三十日；乾隆十五年四月一日起至廿九日；乾隆十五年五月一日起至三十日。

893 《乾隆朝內務府銀庫用項月摺檔》，乾隆十五年六月一日起至二十九日。

894 阿爾泰語研究所編，《御製清文鑑》（大邱：小星女子大學出版部，1978），卷3，頁87-88。

895 〔清〕傅恆奉敕撰，《御製增訂清文鑑》（臺北：臺灣商務印書館，1983），冊232，卷6，頁194。

896 葉高樹譯注，《滿文〈欽定滿洲祭神祭天典禮〉譯注》，頁15-16。

茶桶等。[897] 探究這些語詞的根源係來自康熙《御製清文鑑》〈器用類〉，如匙（滿文 saifi）、筯（滿文 sabka）、盤（滿文 alikū）、托碟（滿文 taili）、杯（滿文 coman）、碟（滿文 fila）、碗（滿文 moro）、馬勺（滿文 maša）、茶桶（滿文 dongmo）。[898] 清初陵寢以金祭器多，是因膳食的使用者去世後，皇帝將他生前的膳具直接搬到陵寢當祭器用。《欽定滿洲祭神祭天典禮》另一特點是祭器以銀、銅器居多，乾隆皇帝標榜滿洲「淳樸」風氣，遂改革祖先使用的祭器。除了帝后仍使用金器外，其他貴妃以下至嬤嬤改為鍍金、銅器、瓷器，符合生前身分的祭器。本節最後還討論滿洲習俗的祭器是為了供奉東北的蘇子、奶油、山葡萄等特產。乾隆皇帝以祭祀來展現滿洲本位和風俗。

（一）從膳具到祭器

清初把膳具作為祭器來源，有許多證據。第一件檔案係康熙五十七年（1718）內務府奏為修復昭陵祭祀器皿摺，據昭陵掌關防官董奎邦等呈文稱：「我陵之飯房所用中等金碗二隻、中等碟四個、大銀盆一個、大碗一隻、大盤一個、三等碟二個、中等碟九個、馬勺一隻，茶房規定放置綠松石珊瑚金茶桶一個、設案房所用中等銀碗一隻、大木方盤一個、盤子二十七個、中等碟十五個，此等器皿俱因年久，破爛不堪。相應將現存於我陵不用之純金碗底一隻、定放綠松石珊瑚碗底二隻、小碗二隻，銀錢碟十九個、小撒碗（滿文 can）五隻、馬勺二隻、大瓶一隻，請將此一併交該處，已毀者照原樣增補復修，用後所餘金銀仍貯之，器皿內復有破爛不堪者，再增補修復可也等情。」[899] 這檔案中提到的銀盆、茶桶、碗、盤、碟、馬勺等，此與乾隆二年製作膳具相當一致。皇帝、皇后膳具：金方、金盤、金碟、金碗、金匙、金三鑲牙筯、銀折盂（盆）、

---

897 葉高樹譯注，《滿文〈欽定滿洲祭神祭天典禮〉譯注》，頁459-465。

898 阿爾泰語研究所編，《御製清文鑑》，卷16，頁399-400。

899 中國第一歷史檔案館編，《康熙朝滿文硃批奏摺全譯》（北京：中國社會科學出版社，1996），頁1277。

銀蓋碗、銀馬杓、金茶桶、銀罐、金瓶、刀子等。[900]

第二件檔案是康熙皇帝（1654-1722）於六十一年（1722）十一月十三日去世，雍正皇帝命人在四月、八月將祭器帶去景陵，有些殘缺不全或有腳無蓋的金器，似乎不是新做的。乾隆二年（1737），總管內務府大臣奏稱：「聖祖仁皇帝、孝恭仁皇后茶膳房等處分例金銀器皿，內除送往景陵祭祀留用外，由景陵發回金瓶執壺等項金銀器皿，及茶膳房交庫無用金銀器皿，俱逕奏准鎔化歸庫在案，其茶膳房等處應留備用者收貯備用。」[901]可見雍正皇帝送景陵的祭器，來自康熙、孝恭仁皇后（1660-1723）生前所用金銀器皿。這批祭器有些殘缺或不太光亮，或許是明代帝王留下來的器皿。[902]送往景陵金器重量達7,734.85兩，有些膳具不適合當祭器，譬如大小盤子和供桌尺寸不合，雍正元年十月便有一批金器送回北京，其中金器有2,108.7兩，連帶將順治皇帝孝陵不用的祭器也一併送回。

第三件檔案為乾隆元年（1736），皇帝又發現景陵有些祭器也用不上。據總理事務和碩莊親王等會奏，查得雍正元年（1723）自京帶來金銀器皿內留下聖祖仁皇帝周年祭祀時，增用之金瓮3、盤2、有節壺2、小撇碗10、口收攏底深小碗20、酒盅托碟10套、茶碗托碟1、杓1、平常小碟10、小撇碗2、珊瑚金杓2、嵌珍珠珊瑚金茶桶1，共75件，重2,071.3兩，其中130兩盤子1個、126兩盤子1個101兩。有節壺2個留下，於每月初一、十五日祭祀、大祭使用外；其餘金器71件，重1,613.3兩。再，銀鍍金碗蓋2、平常小碟蓋10、重81.7兩，前項器皿俱無用處，送回京城交內務府總管。[903]這檔案說明雍正收回不適合的祭器，又做一批新的，祭器使用金茶桶、金杓、碗盤，類似《欽定滿洲祭神祭天典禮》的祭器。

---

900 《清宮內務府奏銷檔》，冊19，乾隆二年十一月初七日，頁213-224。

901 《清宮內務府奏銷檔》，冊19，乾隆二年十一月十三日，頁268。

902 關於明代皇室膳食膳具參見邱仲麟著，〈皇帝的餐桌：明代的宮膳制度及其相關問題〉，《臺大歷史學報》，期34（2004年12月），頁1-42。

903 《清宮內務府奏銷檔》，冊14，乾隆元年七月初三日，頁343-353。本件係滿文檔案，承蒙王健美女士協助翻譯，特此致謝！

總之，雍正和乾隆收回孝陵、景陵金質祭祀共金 4,027.5 兩，參見表 9-5。

景陵的祭器							
	金器（兩）	數量（件）	鑲嵌金器（兩）	數量（件）	銀鑲金器（兩）	數量（件）	銀器（兩）	數量（件）
雍正二年送往	7,734.85	390	306.1	7	367.9	74	831.7	58
留用	5,626.15	258	269.5	5	234.4	35		
收回不用	2,128.7	132	36.6	2	133.5	39	831.7	58
乾隆元年								
不用	1,613.3	71			81.7	10		
孝陵的祭器								
不用	15.5	1					291.4	27
不用	270	6			4.5	1	154	9

表 9-5：收回孝陵、景陵祭祀用器皿數量

資料來源：中國第一歷史檔案館譯編，《雍正朝滿文硃批奏摺全譯》（合肥：黃山書社，1998），頁 410-411。

泰陵位於易縣，是清世宗雍正帝的陵墓，建於雍正七年（1730）。雍正過世後，乾隆帝依樣將雍正帝生前用的金銀器當祭器，可惜祭器數量不清楚。乾隆四年五月總管內務府大臣奏請，將內務府總管盛安送到泰陵祭祀用金銀器皿交廣儲司鎔化摺。又按往例該檔案有雍正皇帝和妃子的祭器數量，沒有重量。總管內務府大臣奏，據泰陵內務府總管盛安咨稱，查祭祀泰陵、妃衙門，乾隆元年十月員外郎馬爾泰等陸續送到金銀器等。照例留下初一、十五月祭、四季大祭時在陵寢祭奠茶飯、餑餑桌上用。這件檔案記載泰陵帝后使用的金銀器數量。就金器來說，康熙景陵件數比雍正泰陵的祭器多，而銀鍍金和銀器則泰陵多於景陵（參見表 9-6）。而乾隆四年如往例將金銀祭器收回京城。共收回泰陵金 2,349.6 兩，皇太子（永璉 1730-1738，贈諡端慧皇太子）陵金 1,689 兩。內務府總管盛安攜回泰陵不用銀器 31 件，重 373.35 兩，銀五供 3 分，重

1,622.8 兩。鍍金銅器 2 件、鑲金雲圖桌 2 張、常宴桌 1 張交送前來。此內金鐃碗 8 件、鐘 4 件，共重 160.4 兩鎔化改造。泰陵供瓜所用中 40 兩大金盤 1 件，妃園寢所用 99.4 兩金鳳凰折盂 1 件、重 21 兩金馬杓 1 件（參見表 9-7）。[904]

成色	金器件數	銀鍍金件數	銀器件數	其他
雍正皇帝祭器	308	86	180	金鑲象牙筯 6 雙、金叉 2 件、金雲圓桌 2 張、酒桌 2 張、班桌 1 張、茶桌 1 張
妃子使用祭器	224	43	78	金鑲象牙筯 6 雙、金叉 2 件、金雲酒桌 2 張、茶桌 1 張留下

表 9-6：泰陵使用金銀器

身分	金器數量	金器重量（兩）	鍍金器數量	鍍金器重量（兩）	銀器	銀器重量（兩）
雍正皇帝	24	2,349.6	41	395	31	1,998.15
皇太子	60	1,689	40	391.65	31	1,998.15

表 9-7：收回京城的金銀數量
資料來源：《清宮內務府奏銷檔》，冊 20，乾隆四年五月十一日，頁 365-367。

　　乾隆三十七年自東西陵以盛京三陵收回的大量的金銀器，其中金器的數量遠遠超過康熙六十一年（1722）內務府銀庫金子的藏量，要說滿洲舊俗淳樸，這種藏富於陵寢的風俗令人嘆為觀止。[905] 總管內務府大臣奏，東西陵祭器內金器 1,501 件改換鍍銀金，銀器 1,845 件改換銅器。換回之金銀器皿，經大臣等磨驗確實另行奏明鎔化貯庫。其換回的金器、銀器，並素無用項之金器 40 件、鍍金銀器 7 件、銀器 288 件、銅器 905 件。[906] 這奏摺詳列金子的成色，二等金、三等金和九成金的比例高，占 66.35％。換言之，東西陵的祭器有三分之二的金子都是九成金以上，而八成以下至五成以上的色金約占三分之一，是因墓主

---

904 《清宮內務府奏銷檔》，冊20，乾隆四年五月十一日，頁365-367。
905 賴惠敏、蘇德徵著，《乾隆朝宮廷鍍金的材料與工藝技術》，《故宮學術季刊》，卷35期3（2018春），頁141-178。康熙六十一年內務府銀庫所存赤金3,041.47 兩，淡金20,161.49 兩。
906 《清宮內務府奏銷檔》，冊98，乾隆三十七年十一月初三日，頁399-403。

有妃子、乾隆生母崇慶皇太后之故。

　　不過，祭器通常有鑲嵌和銅樑箍環等配飾，又金子鎔化會有折耗。按照造辦處的規定金每兩傷折銀 2.6 毫，銀每兩傷折銀 3.4 毫，因此，三十八年鎔化後的重量有所變化，參見表 9-8。

乾隆三十七年金銀器重量				乾隆三十八年鎔化後的重量
成色	數量	重量（兩）	折足金	重量（兩）
二等金	1	73.7	*0.97	60.24
三等金	818	15,542.07	*0.95	13,568.67
九成金	285	5,227.47	*0.9	3,698.86
八成金	155	3,314.31	*0.8	3,664.61
七成金	170	3,079.2	*0.7	4,466.74
六成金	106	1,707.35	*0.6	2,756.93
五成金	6	48.65	*0.5	1,081.37
共計	1,541	28,992.75		29,303.42
鍍金銀器	7	34.1		
銀器	2,133	31,955.84		29,991.67
銅器	905	1,751 斤 2 兩		

表 9-8：東陵金祭器成色與重量

資料來源：《清宮內務府奏銷檔》，冊 98，乾隆三十七年十一月初三日，頁 399-403。

　　總管內務府大臣奏，東陵、西陵換回金器換算為純金，共 25,396.8 兩。皇帝隨派內務府郎中福克精額、員外郎雙福辦理鎔化貯庫，據該員等稟稱，將金器內按等按成每樣檢出數件共 29 件，除嵌石、銅樑箍環等項，重 25.57 兩外，實重 1,420.06 兩。下火試鎔共化成金 31 條，重 1,412.6 兩，較原重傷折 7.46 兩，其成色亦微有低減。總管內務府大臣等詳細查核，此項金器均係已成器皿，與淨金不同，「其成造時底足邊沿均須焊藥粘連，一經下火成色分兩不無低減；且盛貯各樣器品年久，下火後亦於分兩微有傷折。查造辦處定例，金器下火刮磨，每兩例應折耗八釐，今按其所化分兩核計，每兩折耗五釐二五，係其餘未經鎔化金器，尚有一千五百餘件，重二萬七千餘兩，將來次第鎔化，均不免稍

有耗折，統俟鎔化完竣，臣等將逐次折耗數目，另行確查具奏。」[907]此金器焊藥粘連，代表鑄造時非一體成形，開模後還要組裝。

又，禮部奏准將和親王（弘晝，1712-1770）金寶一顆重 206.4 兩，定親王（永璜，1728-1750）金寶一顆重 237 兩，請交總管內務府照例辦理，並交鎔化金銀器皿官員，一併鎔化貯庫。所有應行鎔化金器內，除昭西陵金裏木碗一件重 5.1 兩，業經奏明，仍照常供奉，毋庸鎔化。並金器上鑲嵌珠石銅環箍樑牙筯，重 120.09 兩外，實重 29,310.96 兩，折耗金 7.54 兩，銀器 30,001.99 兩，折耗銀 10.32 兩，統計金每兩傷折 2.6 毫，銀每兩傷折 3.4 毫，並將化得金銀分兩、成色詳細磨驗彈兌，俱與該員等所報無異。[908]化得足金的重量共 24,533.89 兩。

盛京三陵是永陵、福陵、昭陵。永陵、福陵、昭陵以及貴妃園寢金器 137 件，共金 2,295.62 兩，金鑲筯 21 雙。[909]在乾隆三十七年改為銀鍍金或銅器，才用銀 2,295.62 兩，鍍金的頭等赤金 48 兩。雇覓民匠用大制錢 138,307 文。[910]

（二）按照階級等第製造祭器

瞿同祖認為祭器、祭品皆以多為貴。然清朝制度卻是以金成色高低來區分階級，符合生前的身分。譬如「皇太后皇后金寶，均用三等赤金。皇貴妃金寶，用六成金。妃金印，用五成金。親王金寶用五成金，世子金寶用四成金」。[911]在祭器方面，乾隆三十三年（1768），銀庫郎中七十一等呈開，成造祭祀惇怡皇貴妃（1683-1768）所用六成色淡金祭器一分，用六成色淡金 231.6 兩、用

907 《清宮內務府奏銷檔》，冊100，乾隆三十八年二月初五日，頁236-242。

908 《清宮內務府奏銷檔》，冊101，乾隆三十八年四月二十七日，頁352-359。至銅器1,751斤，亦應鎔化，但查鑄爐處現在需用銅斤，與其糜費工值傾鎔貯庫，莫若即將此項銅器並拆下銅環箍樑，均交該處，遇有成做活計之時，隨時鎔化鑄造，更為簡便。

909 《清宮內務府奏銷檔》，冊98，乾隆三十七年十月二十四日，頁210-211。

910 《乾隆朝內務府銀庫用項月摺檔》，乾隆三十八年二月一日起至三十日。

911 〔清〕托津等奉敕纂修，《大清會典事例（嘉慶朝）》，卷257，頁6-1。

銀 907 兩，祭器合對六成色淡金，用銀 5.83 兩。[912] 這檔案更說明皇貴妃用六成金，與往生後的祭器成色一致。這制度到乾隆三十六年以後就變了，原來使用色金的改為銀鍍金，使用銀的改用銅、瓷不等。

乾隆三十六年換造東陵、西陵祭器應改換鍍金銀器 1,409 件，應改換銅器 1,900 件。定安親王等位園寢添造銅器 374 件。[913] 總管內務府奏准換造東西陵祭器內大小碗 243 件、碗座 23 件、盤 793 件、耳碗 3 件、碟 91 件、大小方 26 件、茶桶 8 件、節壺 13 把、鳳奠池 5 件、素奠池 8 件、杓 23 件、匙 42 件、牙筯 40 雙、碗裏 1 件、爵 69 件、鐘碟 6 分、桌子包角葉 9 分，銀鍍金用金 614.29 兩、銀 22,457.5 兩，按例每兩折耗釐，共折耗銀 179.66 兩，共用銀 22,637.16 兩。[914] 從這檔案中可觀察到除了「爵」與儒家系列的祭器有關，其他都按照《欽定滿洲祭神祭天典禮》的器皿，可見乾隆皇帝嚴守滿洲本位的政策。再者，乾隆年間金和銀的兌換比例約 1：11，獲得足金 24,533.89 兩，製作新祭器才用銀 22,637.16 兩製作祭器，省了十餘倍的材料費。

盛京三陵的金器、金鑲筯等替換成銀鍍金，按照貴妃、妃、王、貝勒、公主不同等級使用的器皿如表 9-9。原來盛京三陵金器重 2,304.54 兩，銀器重 1,136.45 兩，換成鍍金、銅器、瓷器，只需用金 48 兩，用銀 2,229.91 兩，銅約 69 斤，在材料上節省很多。

乾隆皇帝制訂皇帝陵寢的祭器數量和規格，當他去世後，嘉慶皇帝（1760-1820）也減少金銀器的數量。嘉慶四年（1799），銀庫郎中三義助等呈開：「據工部咨取恭造高宗純皇帝神牌升祔三壇神位前應添祭器，又據派出成造祭器官員等咨取恭造裕陵添設祭器等，照例動用頭等赤金七成色金加銀合兌，用頭等赤金六百二十兩。」[915] 乾隆升祔祭器和裕陵祭器總共才 620 兩，與

---

912 《乾隆朝內務府銀庫用項月摺檔》，乾隆三十三年十一月一日起至三十日。惇怡皇貴妃，瓜爾佳氏。事聖祖為和妃，世宗尊為皇考貴妃，高宗尊為皇祖溫惠皇貴太妃。乾隆三十三年，薨，年八十六。諡曰惇怡皇貴妃。葬景陵側皇貴妃園寢。〔清〕趙爾巽等撰，《清史稿》（北京：中華書局，1977），卷214，頁8912。

913 《清宮內務府奏銷檔》，冊91，乾隆三十六年五月初八日，頁163-168。

914 《乾隆朝內務府銀庫用項月摺檔》，乾隆三十六年五月一日起至二十九日。

915 中國第一歷史檔案館藏，《嘉慶朝內務府銀庫用項月摺檔》，嘉慶四年七月初一日起至三十日。

	原來園寢之金銀器	數量	重量	改制後
永陵、福陵、昭陵以及貴妃園寢	金器	137	2,295.62 兩	改為銀鍍金，共用銀 2,229.91 兩。
	金鑲	21 雙		改為鍍金，用頭等鍍金 48 兩
壽康太妃、蘇妃園寢	金器	3 件	4.9 兩	改為銅器
	金鑲	5 雙		
	銀器	7 件	197.31 兩	
王貝勒	銀器	10 件	73	改為銅器
	銀鑲筯	2 雙		
媽媽墳	銀器	8 件	85.8 兩	改為銅器
公主墳	金器	3 件	7.2 兩	改為瓷器
	金鑲	1 雙		
	金束小刀	1 把		
	銀器	59 件	780.34 兩	

表 9-9：盛京三陵各等級貴族之祭器

資料來源：《清宮內務府奏銷檔》，冊 98，乾隆三十七年十月二十四日，頁 210-211。

生前所用的六千多兩的赤金不可同日而語。

　　嘉慶皇帝以節儉著稱，孝淑皇后（1760-1797）去世製作的祭器僅用金 249.88 兩。嘉慶八年（1803），暫署坐辦堂郎中事務六庫郎中伊昌阿等呈開，辦理孝淑皇后陵寢供奉鍍金銀祭器 115 件、銀祭器 12 件，連折耗用銀 2,197.04 兩。[916] 又，金銀祭器鑲嵌用碎小珊瑚 5 兩。[917] 另供奉八成色金祭器 2 件，連折耗用八成色金 130.13 兩。又鍍飾銀祭器 115 件，用九成色金 119.75 兩。[918]

---

916 《嘉慶朝內務府銀庫用項月摺檔》，嘉慶八年十一月初一日起至三十日。

917 《嘉慶朝內務府銀庫用項月摺檔》，嘉慶八年十一月初一日起至三十日。

918 《嘉慶朝內務府銀庫用項月摺檔》，嘉慶八年十一月，頁132。孝淑睿皇后（1760-1797），喜塔臘氏，副都統、內務府總管和爾經額女。仁宗為皇子，乾隆三十九年，高宗冊后為嫡福晉。四十七年八月甲戌，宣宗生。仁宗受禪，冊為皇后。嘉慶二年二月戊寅，崩，諡曰孝淑皇后，葬太平峪。〔清〕趙爾巽等撰，《清史稿》，卷214，頁8920。

乾隆皇帝的婉貴妃去世時，只能用銀祭器。嘉慶十二年（1807），郎中長申呈開成造婉貴太妃（1717-1807）園寢應用銀祭器 78 件，用銀 996.91 兩。[919]

　　光緒二十七年（1901），因八國聯軍，盛京三陵和東西陵的金銀祭器被搶，遂改用木器，非木質所能製造者酌改錫質，以便能在中元大祭應用。製作祭器的經費原應由廣恩庫存款撥給，此項存款原屬無多，迨被洋兵移取已屬蕩然。故由直隸附近州縣撥銀 2,500 兩，成做祭器。[920]

（三）滿洲舊俗的祭品

　　乾隆皇帝曾因怡親王弘曉不佩小刀，而引清太宗之聖訓曰：「今宗室之子弟，食肉不能自割，行走不佩箭袋，有失滿洲舊俗。」[921] 為了維持滿洲舊俗，在陵寢的祭器中有銅束刀子項目。其次，宮廷飲食習慣也影響祭器的茶桶款式。清宮裡的早點還保留東北人的習慣，喝奶子要對茶，叫奶茶，皇帝進膳飲奶茶。[922] 康熙年間定，太皇太后、皇太后用乳牛各二十四頭。皇帝、皇后共用乳牛一百頭。皇貴妃用乳牛七頭、貴妃用乳牛六頭、妃用乳牛五頭、嬪用乳牛四頭、貴人用乳牛二頭。每頭取乳二觔，交送尚茶房。[923] 清宮用牛奶製作奶油、奶餅。祭器中品有裝奶油大瓶，光緒三十二年（1906）據署四品官夏景文呈請：「本年三月十三日清明節永陵大祭，裝奶油大瓶等物，繕單領發價銀前來。」[924] 同治三年（1864）永陵大祭，祭品數目清單：麥子 8 斤石、蘇子 4 斤石、蜂蜜 320 斤、奶油 120 斤、抹鍋奶油 3 斤、餑餑房用奶油 24 斤，炒細鱗魚奶油 14

---

919 《嘉慶朝內務府銀庫用項月摺檔》，嘉慶十二年十一月初一日起至三十日。婉貴太妃，陳氏，事高宗潛邸。乾隆間，自貴人累進婉妃。嘉慶間，尊為婉貴太妃。壽康宮位居首。〔清〕趙爾巽等撰，《清史稿》，卷214，頁8919。

920 國立故宮博物院藏，《軍機處檔摺件》，文獻編號143290，光緒二十七年七月三十日。

921 〔清〕慶桂等奉敕修，《大清高宗純皇帝實錄》，卷202，頁595-1。

922 賴惠敏著，〈蘇州的東洋貨與市民生活（1736-1795）〉，《中央研究院近代史研究所集刊》，期63（2009年3月），頁1-48。

923 〔清〕崑岡等奉敕撰，《大清會典事例（光緒朝）》，卷1209，頁15-1～15-2。

924 楊豐陌、趙煥林、佟悅主編，《盛京皇宮和關外三陵檔案》（瀋陽：遼寧民族出版社，2003），頁290。

斤、白糖 64 斤，山葡萄 16 升，枸杞 16 升，餑餑房用奶油 24 斤，飯房用奶油 14 斤，芝麻 21 升等。[925] 祭用取乳奶牛，並羖羊奶油、奶餅及羊毛各差。光緒三十年（1904）冬至三陵大祭，應用乳牛 100 頭，牛犢 100 個，備齊擠奶應用，俟祭畢後趕回養息牧群。[926]

再者，清宮流行飲茶風尚，特別在萬壽節、元旦、冬至三大節日舉行筵宴時，有皇帝賜奶茶禮儀。各類祭祀活動中，也會有進獻奶茶之舉。依《光祿寺則例》按逝者身分，用銀奶桶、銅奶桶等。[927] 乾隆八年（1743）檔冊內載，由盛京禮部來諮內開原奏添設供茶應需茶桶、茶碗等項器皿，交盛京工部照依福、昭二陵供茶器皿等項式樣，成造一份送至應用。[928]

五、金屬祭器的技術

金屬本身堅固耐用、表面易改質以及可回收等優點，使得金屬製造與工藝設計在《皇朝禮器圖式》有其重要的地位。金屬工藝技術概括而言，即是將原物料依照設計，透過各類成形方法製成工件的過程。通常經過精煉、合金配料或是回收廢金屬所產出的金屬毛坯，可應不同的金屬工件需求進行鑄造或鍛造成形。金屬鑄造為將金屬再度升溫至液態，並澆灌至中空腔內讓金屬冷卻凝固而成形出所需三維結構的製程。例如失蠟鑄造是用蠟可塑性極高的特性，做成高形狀精度的蠟模，並在蠟模上多塗幾層泥漿，藉由加熱將蠟熔失以留下堅固的外範，再讓液態金屬倒入蠟熔失後形成的中空腔內。失蠟鑄造的蠟模，其形狀皆應等同於最後的成形金屬件，外範在金屬鑄成後則會被毀去。

乾隆時期，銅作仍以失蠟法為製作藝術鑄件的主要方式，為了達成大量製造，所使用的蠟樣製作方式屬於「剝蠟法」。[929] 本節從王世襄主編之《清代匠

---

925 楊豐陌、趙煥林、佟悅主編，《盛京皇宮和關外三陵檔案》，頁243。
926 楊豐陌、趙煥林、佟悅主編，《盛京皇宮和關外三陵檔案》，頁310-312。
927 萬秀鋒、劉寶建、王慧、付超著，《清代貢茶研究》，頁187。
928 楊豐陌、趙煥林、佟悅主編，《盛京皇宮和關外三陵檔案》，頁285-286。
929 華覺明著，《中國古代金屬技術：銅和鐵造就的文明》，頁536-550。

作則例》記載祭器成做方式以及使用工匠數量，參見表 9-10。其中，從「畫花紋式樣」至「鑄火」屬於失蠟法的範疇；「粗銼」至「雕刊年號」則屬於「物理性表面修飾」；「燒宣銅秋葵古色」為化學性表面處理，屬於當時具重要性的「燒古」製程，另有一小節討論。乾隆十四年（1749），允祿奏稱辦造各壇廟祭器 2,194 件，原估工價銀 25,650 兩，實用工料物價銀 16,863.16 兩，剩餘銀 8,789.39 兩，用銅 27,601 觔。[930] 每件祭器用銅約 12.58 觔，應為鑄造後除去輔助澆道，以及精雕細琢產生重量約為銅器物兩倍的銅廢料。

活計	匠役	爵	凳	鉶	簠	簋	豆
畫花紋式樣 1 件	銅匠	5	5	5	5	5	5
雕梨木花紋板模子 1 副	雕鑾匠	20	35	50	55	45	35
外做粗細泥模子製版	銅匠	1.5	2.5	3	3	3	2.5
撥蠟對花紋	撥蠟匠	1.5	2.5	3	3	3	2.5
上泥四次出蠟燒窯	銅匠	1.5	2.5	3	3	3	2.5
鑄火	鑄銅匠	0.5	0.5	0.5	1	1	1
粗銼	銼銅匠	2	3	3	6	6	3
鑿鏨花紋	鑿花匠	16	40	35	36	33	22
細銼花紋	鑿花匠	4	13	12	26	24	22
鏇裡合口	銅匠		6	7	8	9	
雕刊年號	鐫銅匠	2	2	2	2	2	2
燒宣銅秋葵古色	燒古銅匠	12	19	22	24	24	22

表 9-10：各種祭器的工匠配置人數
資料來源：王世襄主編，《清代匠作則例》，冊 1，頁 1187-1191。

（一）失蠟法成做祭器

失蠟法在現代工業稱之為熔模鑄造（investment casting），屬於精密鑄造（precision casting）工藝中最早發展出來的製程，可追溯到六千年前的印度河

---

930 《內務府來文》，檔案編號05-0099-017，乾隆十四年四月初四日。

流域文明。華覺明認為熔模鑄造在中國發展數千年，已衍生出數種不同的稱呼，最主要有「失蠟」、「出蠟」、「撥蠟」、「剝蠟」等。其中，「失」、「出」是指鑄型製成後化去蠟模以得到可供澆鑄的型腔；「撥」、「剝」則是指蠟模的製作方法，單件器物採用撥蠟法，批量大的採用剝蠟法。[931]

乾隆二年（1737）的《皇朝禮器圖式》已將祭器樣式、材料、裝飾等做詳細的規範，供銅匠「畫花紋式樣」。皇帝並屢次在工匠進行鑄造前嚴格檢驗木樣，[932] 其要求之細膩可以由「雕梨木花紋板模子」步驟的高工本反映出來。而「外做粗細泥模子製版」和「撥蠟對花紋」雖然看似耗工較少，但卻是影響失蠟熔模鑄造是否會成功的關鍵步驟，因為蠟樣是否形狀精確會影響最後銅鑄胚成形是否良好。清朝失蠟法製蠟樣由少量到大量已發展出「撥蠟」、「捏蠟」、「剝蠟」、「批量製蠟」等四種方法。[933] 撥蠟與捏蠟相似，先將蠟料成蠟片，然後貼附在芯上。由於蠟料軟化溫度低，在體溫下稍加應力便可變形，可以用手「捏」成形和修整，細部紋路則用習稱「砑子」的紫檀木或紅木工具「撥」塑的。「剝蠟」則出現在清朝中期之後，是著名的蘇州仿古銅器工藝，將熔蠟放在步驟一刻好的木板上，複製木板上紋路，稍微冷卻後將蠟從木板上剝下，貼在泥芯上，故又稱「貼蠟」。而「批量製蠟」則是直接做出一個永久型（permanent mold）複製大量的蠟樣，原理與現代包覆鑄造（investment casting）工藝一致。

上述提及的「梨木花紋板」即是蘇州仿古銅器剝蠟法（俗稱「蘇州片」）的拓片，[934] 一般而言被　為蠟片的蠟料可直接壓在此「梨木花紋板」上直接壓製成型，但清宮可能在製作蠟模內泥芯時，同時也在泥芯表面拓上紋樣，是為

931　華覺明著，《中國古代金屬技術：銅和鐵造就的文明》，頁536-537。

932　張麗著，〈清宮銅器製造考——以雍、乾二朝為例〉，《故宮博物院院刊》，2013年5期，頁94-163。

933　華覺明著，《中國古代金屬技術：銅和鐵造就的文明》，頁536-537；W.R. Zhou, W. Huang, "Lost-Wax Casting in Ancient China: New Discussion on Old Debates," JOM 67(7), pp. 1629-1636.

934　華覺明、李錦璐著，《金屬採冶和加工技藝》（鄭州：大象出版社，2008），頁116-118；王漢卿著，〈論"蘇州片"失蠟鑄造工藝的特色及其價值〉，《東南文化》，2016年5期，頁26-31。

「外做粗細泥模子製版」，此處「粗細泥模子」應該是從木質紋版翻制銅質紋版用的。而「蠟模內泥芯」，乃做蠟樣的前置作業，包含製作芯骨（俗稱「立胎絲」）、捏泥絲等工藝。作用主要為支撐蠟樣的整體結構、補償金屬鑄液凝固過程的體積收縮（alloy solidification shrinkage）、並在鑄造時提供還原氣氛（reducing atmosphere）以防止金屬液氧化。

　　造辦處檔案中，熔模（失蠟）鑄造稱為「撥蠟」，包含作祭器的「剝蠟法」與用在製作寶璽。由於蠟料易受本身溫度、外界溫度與濕度的影響，實驗說明在「撥蠟對花紋」這個步驟，最適蠟料溫度為 40°C、室內溫度需在 18-26°C 的區間、相對溼度則應保持在 40-70%，且從　蠟、剝蠟、切蠟和貼蠟（於泥芯上）要在 2 分鐘之內完成，因此「撥蠟匠」必須要有豐富的實踐經驗和熟練的貼蠟技術。[935]

　　從表 9-10 可看出，鑿花匠的配置人數非常多，這就是由於乾隆皇帝極度重視祭器表面紋路的緣故。其中，「鑿鏨」工具大多尖銳，利於在硬質表面刻出紋路，而「銼刀」表面較為粗糙，具細部研磨功能。當完成祭器外部紋樣之後，銅匠即將器物內部用鏇床修飾，是為表 9-10 的「鏇裡合口」。鏇床為由踏板控制木轉軸之機械裝置，工匠能將金屬胎靠在輪上以增加器物精度以及表面光潔度，而形成表面平滑具有弧度的典雅祭器，或是對表面雕刻紋飾複雜的銅器進行部分磨平處理。

（二）、祭器燒古

　　鑄爐處鑄造器物，除了使用淨銅外，亦利用熔化舊銅器來做新的器物，此廢銅料成做器物孔隙大、表面不夠平滑，必須經過燒古的功夫。造辦處大臣舒文奏摺說：「杵頭銅斤俱係雜項銅斤渣釉淘澄，鉛性過重，難以鍍金，擬請燒古。」[936] 同時，乾隆皇帝也認為藉由利用「燒古」將新銅器做特殊的表面處理

---

935 王漢卿著，〈論"蘇州片"失蠟鑄造工藝的特色及其價值〉，《東南文化》，2016年5期，頁26-31。
936 《清宮內務府造辦處檔案總匯》，冊42，乾隆四十四年十月〈鑄爐處〉，頁738-739。

達到「仿古」的效果，可使得銅器看起來厚重、樸實，進而增加其價值。明代高濂《遵生八箋》則提到仿古器物燒古的處理，譬如將硇砂、膽礬、寒水石、硼砂、金絲礬磨成細末，以鹽水蘸刷三兩次，過一、二日洗去，乾又洗之。再來是掘一個地坑，以炭火燒紅，將釀醋潑下坑中，放銅器入內，加土覆實。藏三日後生各色古斑，用蠟擦之。[937]

清宮燒古技術的化學配方，有燒堂梨古色、燒青碌古色、燒柳青古色、燒宣銅秋葵古色等。《清代匠作則例》記載每見方一尺，用材料和工匠如表9-11。

材料	燒堂梨古色	燒青碌古色	燒柳青古色	燒宣銅秋葵古色
石硇	1.5 錢	1 錢	1 錢	3.5 兩
鹽硇	1.5 錢	1 錢	1 錢	
西碌	1 錢	1 錢	1 錢	2 錢
蠟	白蠟 1 錢	黃蠟 5 錢	白蠟 1 錢	
膽礬	1.5 錢	1.5 錢	1.5 錢	
磨碳	5 錢	5 錢	5 錢	2 兩
磨石	2 兩	2 兩	2 兩	4 兩
黑炭	2 斤	2 斤	2 斤	2 斤
燒古匠	2 工	2 工	2 工	2 工

表 9-11：燒古色材料與人員配置
資料來源：王世襄主編，《清代匠作則例》，冊 2，頁 589。

根據鑄爐處官員呈報：燒古用到西碌、膽礬、硇砂等藥品。西碌是碳酸銅（$CuCO_3$），或稱銅綠、錫綠、西綠。膽礬的成分是 $CuSO_4 \cdot 5H_2O$，其中氧化銅（CuO）約占 31.87％，三氧化硫（SO_3）占 32.06％，水（H_2O）占 36.07％，亦即「含水硫酸銅」。鹽滷（又稱鹵鹽）則是海水製鹽後殘留於鹽池內的母液蒸發冷卻後析出氯化鎂結晶（$MgCl_2$）而形成的鹵塊。硇砂（Sal Ammoniac）是氯化銨（NH_4Cl）的天然產物，為火山噴氣時的昇華凝結物，

---

937 〔明〕高濂著，《遵生八箋》（成都：巴蜀書社，1992），頁520-521。

白色結晶狀，底層是致密纖維狀，上層呈乳狀突起。[938] 表 9-11 燒宣銅秋葵古色每見方一尺用到了石鹵（硇砂，Sal Ammoniac，主成分為 NH4Cl）3.5 兩、西碌（西綠，CuCO3）2 錢、磨碳 2 兩、磨石 4 兩、黑炭 2 斤等物料。可見得燒古製程為了配置塗覆於表面的化學液以及用黃土發酵法徐徐煨燒銅器重複數次，耗費黑炭甚多。總之，這「燒宣銅秋葵古色」的手續既需要仿造古銅器多年腐蝕的顏色，又要保有鏨花匠留下的精細花紋，故需用工量大，近似於「細銼花紋」之步驟。

（三）、梅洗見新處理

拋光後的光亮金屬工件在大氣中容易氧化、硫化以及腐蝕。為了保持所需求的外觀質感，需要用金屬化學表面處理進行清潔與去氧化皮。這除了搭配基本的研磨拋光手續之外，梅洗炸色即為用泡過梅子的水來浸煮銀器，使其發亮，這是由於梅子水的酸性能平行溶解具有微粗糙度的表面。

梅炸金銀器皿的工藝與配方已於康熙年間有所記載：康熙三十四年（1695）六月梅炸金銀器皿用鹵 4 斤，此項銀 1.6 錢；礬 4 斤，此項銀 8 分；火硝 19 斤，此 1 斤以 4.5 分，共銀 8.55 錢。[939] 上述配方記載之「礬」與燒古處理用礬皆有清洗表面雜質的功能，而火硝的學名為硝酸鉀（化學式 KNO3），作為焰火、黑色火藥與酸洗等化學用途。金胎或是銀胎所用的配方不同：炸做金爵匙箸共 22.9 兩，每兩炸用白炭 2 斤、烏梅 7 兩、黑礬 5 分。白礬、鹽鹼、火硝各 7 分，每 15 兩用西紙 1 張；銀器則是每百兩燒梅用白炭 4.8 斤、烏梅 1 斤。[940] 另外，嘉慶十二年（1807）九月，為進行十一月的婉太貴妃金棺奉移純惠皇貴妃園寢祭祀之事，用銀器 78 件，計重 989 兩。所需用梅洗物料白炭 1,800 觔，烏梅

---

938 關於硇砂研究最早見於李約瑟著，《中國科學技術史》（香港：中華書局，1978），卷5，頁410-415；趙匡華、周嘉華著，《中國科學技術史：化學卷》（北京：科學出版社，1998）。

939 大連市圖書館文獻研究室、遼寧社會科學院歷史研究所編，《清代內閣大庫散佚檔案選編‧獎懲‧宮廷用度‧外藩進貢》（天津：天津古籍出版社，1992），上冊，頁224。

940 《內務府來文》，檔案編號05-08-002-000252-0043，道光二年十二月二十九日。

350　　乾隆的百寶箱

14 勱等等。[941]

　　宣統元年（1909）炸洗銀器的配方出現了一些變化：永陵掌關防官奏，應領五味子等物價銀1.56兩，鹽100斤，白麗布5庹（一庹為5尺），銀匠10名。[942]使用到五味子應是因為其中木脂酸類能清潔金屬表面之故。[943]

（四）、焊接工藝

　　金屬祭器也需要焊接技術，例如將凸出於器壁的器耳焊上主胎，以及祭器用久局部脫落需要修補等。例如，為了構件焊接牢固，在構件上做「仔口」，在拐角處安「拉扯」。它們都隱藏在構件的背面，在塔的表面是看不到的。[944]《天工開物》載：「用錫末者為小焊，用響銅末者為大焊（碎銅為末，用飯黏和打，入水洗去飯，銅末具存，不然則撒散）。若焊銀器，則用紅銅末。」[945]此處紀載的「小焊」即是軟釬焊，最被廣用的焊料合金為鉛37％—錫63％，此焊料熔點低（183℃）易於操作，而錫比例比鉛高也是考量到強度因素。而文中的「大焊」則為硬釬焊，焊料為響銅（銅80％—錫20％）合金。《清代匠作則例》載，化對響銅用紅銅八成，高錫二成。[946]而基於現代對於硬釬焊、軟釬焊的分法，「焊銀器則用紅銅末」也屬於硬釬焊工藝。

　　銀銅合金是明清時期硬釬焊工藝下常用焊料配方，康熙朝宮廷有關銀銅合金焊料焊接的檔案相當多，如康熙十七年（1678）鑾儀衛奏准諮開，製做紅銅大鳳凰4隻、小鳳凰6隻，應配焊藥銀3.53兩。[947]康熙二十年（1681）十月

---

941 中國第一歷史檔案館藏，《養心殿造辦處各作成做活計清檔》，編號1，嘉慶十二年九月二十三日，頁495。

942 楊豐陌、趙煥林、佟悅主編，《盛京皇宮和關外三陵檔案》，頁293。

943 謝文聰、童承福、郭昭麟編著，《輕鬆認識中藥》（臺中：中國醫藥大學，2008），頁213-214、249-250。

944 王世襄編著，《清代匠作則例彙編（佛作、門神作）》，頁232-233。

945 〔明〕宋應星著，《天工開物》，卷中，頁907。

946 王世襄主編，《清代匠作則例》，冊1，頁819。

947 大連市圖書館文獻研究室、遼寧社會科學院歷史研究所編，《清代內閣大庫散佚檔案選編·獎懲·宮廷用度·外藩進貢》，上冊，頁139。

初八日焊接三鳥槍之銅甲葉、束子等項，帶去銀四六（音譯）藥 1 錢，此項投入銀 6 分。[948] 銀占 60％，銅占 40％。鄭復光《鏡鏡詅痴》載鐘錶銲：「鐘錶焊藥，以銀銲為良方。用菜花銅六分，紋銀四分，則老嫩恰好。」同書又提及一種含銅、鋅、銀、錫等近似於黃銅的四元合金配方：「銅大焊方，菜花銅一斤（原注：頂高之銅），白鉛半斤，紋銀一錢八分，合化鑄後人點錫（原注：四錢八分），速攪勻即得。」可見硬銲焊料大多以銅為基，且比鑞（鉛錫合金，最常見即為鉛 37％—錫 63％）焊牢固得多。[949] 乾隆三十六年（1771）七月一日起至三十日，總管內務府奏准換造陵銅祭器 2,274 件，焊做用四六銀焊藥 58.08 兩，用銀 34.85 兩。[950] 內務府匠作則例載，銀焊藥銀占六成，跟康熙朝宮廷用度相關記載相同。以現代焊接工藝而言，應記為「四六銀焊料」，而前述討論的康熙時期「焊接三鳥槍之銅甲葉」以及乾隆時期用「換造陵銅祭器」的銀銅合金焊料占銅四成，但《鏡鏡詅痴》指出的銀銅合金焊料卻用到占銅六成的銀銅合金，兩種配方之性質差異原因應為焊料流動性、接合機械性能、以及材料成本等多因素考量下的結果。

　　乾隆十七年（1752），郎中三達色等文開焊炸金銀祭器，這奏摺提到焊接與鍍金兩項工藝。用的材料見表 9-12。[951] 其中的硼砂和松香都是銲焊工藝的常見焊藥（又稱助焊劑，flux），其作用為與焊料內的氧化物等雜質起反應，進一步能去除焊料雜質、增加焊料潤濕性、並在高溫提供還原氣氛避免焊料氧化。本草綱目曰硼砂出南海，其狀甚光瑩，亦有極大塊者。諸方稀用，可焊金銀。[952] 而圓明園錫作則例載，滴焊舊錫每縫長一丈用焊錫 1 兩、松香 2 錢、黑炭 8 錢。[953] 攢焊每尺用焊藥 8 分、硼砂 3 分。[954] 值得注意的是，硼砂（以及西

948　大連市圖書館文獻研究室、遼寧社會科學院歷史研究所編，《清代內閣大庫散佚檔案選編‧獎懲‧宮廷用度‧外藩進貢》，上冊，頁161。

949　〔清〕鄭復光著，李磊箋注，《〈鏡鏡詅痴〉箋注》，頁44。

950　《乾隆朝內務府銀庫用項月摺檔》，乾隆三十六年七月一日起至三十日。

951　《乾隆朝內務府銀庫用項月摺檔》，乾隆十七年十二月一日起至三十日。

952　〔明〕李時珍著，《本草綱目‧金石部》（北京：人民衛生出版社，1975），頁659。

953　《熱河鍍銀鍍金現行則例》，收入姜亞沙等主編，《清代宮苑則例匯編》，冊18，卷14，頁370。

954　《熱河鍍銀鍍金現行則例》，收入姜亞沙等主編，《清代宮苑則例匯編》，冊18，卷14，頁375。

域一帶使用的胡桐淚）因為活性溫度較高僅適用於硬釬焊，而松香適用於軟釬焊和汞齊黏焊等。

　　除了硼砂與松香等主要焊藥之外，工匠會用弱酸（例如碙砂即氯化銨）或是弱鹼（例如鹵鹽、鹽膽等鹵水物質）去除焊接處的氧化膜，即表9-12中的鹼、火硝、黑礬等。這些弱酸、弱鹼物質的重要性不下於硼砂或松香，也廣為中國各朝代科技醫藥書籍所記載，例如：《本草綱目》記載鹵鹽作焊藥、[955] 碙砂柔金銀（即將金銀提純去雜質），可為焊藥；[956] 孫思邈著《千金翼方》碙砂味鹹苦辛溫有毒，柔金銀可為銲藥。出西戎。[957]；以及《證類本草》記載碙砂可為銲藥等。[958]

材料	數量	價格（兩）	總價（兩）
硼砂	2斤7兩	0.2	0.49
松香	24斤	0.03	0.72
鹼	11斤5兩	0.04	0.45
火硝	11斤5兩	0.03	0.34
水銀	7斤2兩	0.8	5.72
黑礬	5斤12兩	0.01	0.057

表9-12：焊接鍍金材料
資料來源：《乾隆朝內務府銀庫用項月摺檔》，乾隆十七年十二月一日起至三十日。

六、小結

　　清朝多元統治政策，包容了漢地的儒家文化、蒙藏的佛教文化，以及保存滿洲文化，在乾隆時期達到頂峰。從本章祭器討論可知，乾隆皇帝繪製《皇朝

---

955 〔明〕李時珍著，《本草綱目・金石部》，頁638。
956 〔明〕李時珍著，《本草綱目・金石部》，頁655。
957 〔唐〕孫思邈著，《千金翼方》（臺北：中國醫藥研究所，1974），卷2，頁18-2。
958 《證類本草》磂砂可為銲藥，今人作銲藥乃用鵬砂。鵬砂出於南海。〔宋〕唐慎微撰，曹孝忠校，寇宗奭衍義，《證類本草》，收入〔清〕紀昀等總纂，《景印文淵閣四庫全書》（臺北：臺灣商務印書館，1983，據國立故宮博物院藏本影印）。

禮器圖式》以及刊印《欽定滿洲祭神祭天典禮》，並耗費內帑製作的大量金屬祭器，說明清朝統治政策的多元化，一方面依循儒家精神建立尊卑的政治秩序；另方面又維護滿洲的舊俗制定禮器等。

最初，雍正皇帝曾命恭親王允祿製作曲阜孔府文廟金屬祭器，到乾隆皇帝時更擴至各壇廟，他嚴格審查木樣、蠟樣等製作程序，最後在器物上都刻「大清乾隆年製」。乾隆皇帝並規定按照玉爵的圖樣製作金屬祭器，金屬祭器圖樣給唐英製作瓷祭器。其次，乾隆初年，各省督撫奏報製作祭器銀兩，此祭器形制應沿襲宋代朱熹之禮器系統，而乾隆時宮廷繪製的《皇朝禮器圖式》武英殿刻本頒行各省，成為地方製作祭器的範本，實踐儒家的政治秩序。陳弘謀曾批評：「廠銅、洋銅官收居大半，每年打造銅器，需銅無算。」[959] 在他當陝西巡撫時，瓷鉶、籩、豆、簠、簋、爵不過幾分錢，而銅祭器材料和工匠銀起碼得十餘兩銀。[960] 全國各州縣紛紛改製銅祭器，確實「需銅無算」。此事亦反映康雍乾盛世物資豐厚與明太祖儉樸時代有很大差距。

其次，傳統以祭器多寡來分辨官員品級，鐏、簋、簠等祭器是用以區別貴賤的一種重要標識。《皇朝禮器圖式》則規定利用不同材質來界定貴賤，特別是太廟和奉先殿的金爵、銅爵，以及象徵四季運行的犧尊、象尊、著尊、壺尊都使用銅質祭器。孝賢皇后升祔太廟金質祭器達一千多兩，而親王、大臣配享太廟僅以瓷器做祭器。乾隆皇帝所謂的復古改制，本質上仍維持滿洲喜好金屬材料的傳統。

再者，從知識傳承來看，乾隆皇帝托古改作祭器，在《欽定滿洲祭神祭天典禮》上可以找到痕跡，一方面將康熙朝《御製清文鑑》之《器用類》轉變成祭器；另一方面為滿洲人將往生者的器皿作為祭器之傳統。乾隆皇帝的主要貢

---

959 〔清〕陳宏謀著，〈申銅禁酌鼓鑄疏〉，收入〔清〕賀長齡輯，《皇朝經世文編》，卷53，戶政28，頁9-10。

960 《中央研究院歷史語言研究所現存清代內閣大庫原藏明清檔案》，登錄號066605，乾隆十年十月初五日。根據陳弘謀題報，瓷鉶每件銀1.2分至8、9分；籩豆每件銀7釐至4、5分；簠簋每件銀1.2分至9.5分；爵每件銀0.3分至4.5分；錫每斤銀1.05錢至1.5、1.6錢；籧每件2分至8錢。瓷祭器價格差異是因陝西省內交通狀況不同，以各地商賈售價來估算。

獻在於編纂《欽定滿洲祭神祭天典禮》，內容包含器物的功用、尺寸以及圖式，讓人一目了然。他承繼滿洲舊俗又建立祭神的知識體系，讓後來朝代遵循，以確保滿洲習俗。

乾隆皇帝以製作《欽定滿洲祭神祭天典禮》闡釋滿洲淳樸的傳統，也成為他回收盛京三陵和東西陵金銀祭器的堅實利器。本章探討清初以來陵寢使用黃金、白銀各三萬多兩，一點也不淳樸儉約。然而，乾隆皇帝巧妙地運用還淳返樸的名義，大量收回金銀祭器。除了身故的皇帝，其他后妃、王侯等，按照階級制訂銀鍍金、銅、瓷不同材質的祭器，方符合「淳樸」的本意。其次，《欽定滿洲祭神祭天典禮》載祭器使用杯盤、碗碟、杓壺等物。筆者認為乾隆皇帝以儒家為緣飾，在本質上還是按照滿洲習俗。譬如祭品為滿洲特產的蘇子、蜂蜜、奶油、山葡萄等，都是維護滿洲習俗。

在技術層面，乾隆皇帝嚴格要求祭器表面外觀，則是考驗著宮廷工匠的金屬工藝。祭器工匠都要先畫紙樣，有的還要做成立體的合牌樣、蠟樣或木樣呈給皇帝審查。以此我們可見祭器製作頻繁使用能成形複雜立體形狀工件的失蠟法，其中也配製大量雕鑿匠與鑿花匠，且開發各種燒古配方等。銀鍍金容易生黑鏽，必須擦磨表面，宮廷用詞為「梅洗見新」。再者，焊接技術方面，除了承襲前朝《天工開物》所載軟硬釬焊技術、廣泛使用「四六銀焊料」之外，也精準掌握硼砂、松香、鹵鹽等焊藥配方和嘗試使用能使焊口表面更為光潔的汞齊黏焊。宮廷技術成為各地製作銅器皿的匠師仿效，器物的製作程序標準化、規格化，為近代手工業進步象徵。

結論

清朝透過朝貢和貿易等途徑，大量異域文明的物質進入中國宮廷視野，本文僅針對毛皮、紡織品和金銀銅錫等項目討論，就可見難以估計的數量。這都得感謝清宮檔案出版，從細節中耙梳珍貴史料來。清宮庋藏的舶來品，亦通行於北京城市，十八世紀北京的崇文門已出現大量洋貨的稅目。宮廷的品味影響到北京市民，乾隆二年間御史周人際奏稱：「京師輦轂之下，人民輻輳商賈雲集，俗尚豪華。不獨八旗然也，今街市齊民悉著貂衣緞，旗兵其誰甘儉樸乎。京師商民半係外至，外至者悉著貂衣緞，處京師者，又誰甘儉樸乎？」[961] 然而，商民或旗兵崇尚奢華也是仿效宮廷，所謂：「上有好者，下必甚焉」上行下效的流行風氣，一改過去明代士大夫主導流行時尚。學者如柯律格（Craig Clunas）、卜正民（Timothy Brook）、巫仁恕等討論晚明消費文化，認為晚明是由士大夫引導流行時尚，然而清代士大夫在創造時尚方面所扮演的角色已大不如前，取而代之的是北京的宮廷領導流行，尤以十八世紀的乾隆朝為然。[962]

究竟用什麼角度來看十八世紀的洋貨？近年來學者提出「現代性」的解釋，一反過去現代化理論強調中國西化的模式，現代性闡釋中國接受外來文化有一種擴散的歷程。鄭揚文教授認為洋貨要單一階層的流行並不等於開消費文化的確立，必須等到由部分人口擴散到其他階層，從城市擴至其他非城市地區，其擴散與否必須與中國人既存的食衣住行習慣相合，才能跨過階級漢城鄉的藩籬。[963] 本書探討清宮寶藏之洋貨亦是有層次的往外擴展，首先是帶動京城時尚，再由北京往外擴展到其他地區。最顯著的是北京蒙古王公每年到北京朝覲駐錫外館，附近有一、二百多家雜貨店，販售銅盆、銅器皿、銅佛像等。至今參觀蒙古共和國的博物館都可以看到各種銅器皿。

其次，宮廷利用洋貨的材料，融入宮廷文化特質，再經設計、創新式樣，

961 《內閣大庫原藏明清檔案》，登錄號025051，乾隆二年閏九月。

962 巫仁恕著，〈明清消費文化研究的新取徑與新問題〉，《新史學》，卷17期4（2006），頁217-254。

963 鄭揚文著，溫楨文、詹宜娜譯，〈清代洋貨的流通與形式洋拼嵌（mosaic）的出現〉，巫仁恕、康豹、林美莉主編，《從城市看中國的現代性》（臺北：中央研究院近代史研究所，2010）頁37-52。

洋貨的用途已超乎西方人的想像。韓格理討論中國人所接受的進口物品經常與當地的模仿品相競爭，中國當地的模仿品在進口貨的競爭中，很快的就掌握了相當數量的市場。[964] 譬如中國進口洋銅為鑄幣用，但宮廷製造無數的佛像、祭器等也使用洋銅。宮廷的式樣稱為「內造樣」、「宮樣」，內務府工匠做的樣必須透過皇帝審核通過才能成做器物，宮廷精心製作，成為北京消費大眾仿效對象。文人的竹枝詞提到穿著和配飾的洋貨，如：「紗袍顏色米湯嬌，褂面洋氌勝紫貂。班指要人知翡翠，輕寒猶把扇頻搖。」[965] 洋氌、紫貂、翡翠都是極為珍貴的洋貨。又如「滿身翡翠與金珠，婢子扶來意態殊。不過婚喪皆馬褂，手中亦有鼻烟壺。」[966] 但是洋貨也不是品質保證，俄羅斯進口的洋布有「綿袍洋布製荊妻，顏色鮮明價又低。可惜一冬穿未罷，渾身如蒜伴茄泥」。[967]

　　乾隆時期宮廷各種日用物資需求大增，宮廷買辦負責向北京鋪戶採購物資。衣食之外，宮廷向北京銀樓訂製珊瑚到珠寶，潘榮陞記載乾隆年間北京的敦華、元吉銀樓製作金銀寶飾，從現今故宮博物院珍藏的首飾仍可看到銀樓戳記。再如晚清的恆利銀樓不僅成做宮廷器物，兼營金融業，大量貸款給內務府。旗人仿效內廷時尚的習慣，使寶華樓從護國寺大肆擴張到正陽門外的排子胡同、廊房頭條、大柵欄等。

　　乾隆皇帝大量刊刻《皇朝禮器圖式》，頒佈於各省，連台南孔廟仍保存著乾隆年間的祭器。夏仁虎在《舊京瑣記》曾說：「京師工藝之巧蓋萃南北之精英而成之，歷代帝都，四方筐篚之貢梯航並至，有所取法。又召集各省巧技匠師為之師資，故由內府傳及民間，成風尚矣。」[968]《都門竹枝詞》載：「尖靴

964 〔美〕韓格理（Gary G. Hamilton）著，張維安譯，〈中國人對外國商品的消費：一個比較的觀點〉，收入韓格理著，張維安、陳介玄、翟本瑞譯，《中國社會與經濟》，頁191-225。

965 〔清〕得碩亭著，《草珠一串》，收入〔清〕楊米人等著、路工編選，《清代北京竹枝詞（十三種）》，頁54。

966 〔清〕得碩亭著，《草珠一串》，收入〔清〕楊米人等著、路工編選，《清代北京竹枝詞（十三種）》，頁52。

967 〔清〕楊靜亭著，《都門雜詠》，收入〔清〕楊米人等著、路工編選，《清代北京竹枝詞（十三種）》，頁79。

968 夏仁虎著，《舊京瑣記》（北京：北京古籍出版社，1986），頁101。

武備院稱魁，帽樣須圓要軟胎。不為生雲兼壯首，只求人似日邊來。」[969]武備院尖靴樣為外省紛紛仿效，傳到江南蘇松地區，必須數年時間，而京師往往又變了樣。[970]清代北京為毛皮手工業重心，外任的官員離京時，必備的物件包括京帽、袍褂、京靴等。延昌《事宜須知》載：「應用衣服備送禮物，有萬不可少者，必須在京購買開列細單於後：京帽、本色貂褂一件、白風毛褂一件、京靴各雙。以上蓋自用，應有之物非謂炫美章服，若缺苦路近亦可隨時置辦不必多帶。至於送禮之物另有一單：帽緯、皮帽沿、皮袖頭、京靴。」[971]京帽、本色貂褂、京靴是官員服飾必要配備，並非炫耀奢侈品。而帽緯、皮帽沿、皮袖頭、京靴送禮，算是北京特產。此亦說明北京穿戴時尚擴展至全國各地。

　　辛亥革命之後，宮廷創作的技藝是否延續？從《經濟部檔・商業司》檔案仍可見以「恆祥鍍金作」、「雲昇首飾作」、「振興首飾作」為名稱的作坊。[972]就北京各行業來說，《北平市工商業概況》第一編北京特品，描述北京的特產與宮廷關係極為密切。如景泰藍係清乾隆中葉致力仿製景泰藍，從而興起。歷嘉道而至咸豐，市肆之間，始有琺瑯專業。所出精品，都人士咸相矜尚。及光緒庚子年後，海禁大開，各國人士，見其精美，亦爭來訂購。沿至民國並在平市設立公司收運，此業遂見發達。美國之聖路易萬國博覽會（1904），景泰藍與賽得一等獎。[973]又如首飾業「在前清時代，養心殿設有造辦處，專為內庭供奉。其時各地製造首飾之名工，罔不招致其中。又前外打磨廠內戥子市，向為首飾樓聚集之所，承造滿籍貴族婦女之扁方墊子（滿人梳兩把頭、其頂檠之橫簪，名為扁方，其底部曰墊子）鑲嵌金玉珠翠、備極精巧。」[974]此提到內務府

969 〔清〕佚名著，《都門竹枝詞》，收入〔清〕楊米人等著、路工編選，《清代北京竹枝詞（十三種）》，頁40；〔清〕得碩亭著，《草珠一串》，同前書，頁53。

970 李家瑞編，《北平風俗類徵》（臺北：臺灣商務印書館，1992），《服飾》，頁237。

971 延昌著，《事宜須知》（臺北：中央研究院傅斯年圖書館藏清光緒十三年桂林楊鴻文堂刊本），卷1，頁11-12。

972 中央研究院近代史檔案館藏，《經濟部檔》，編號18-23-01-01-24-020，民國三十七年九月。

973 池澤匯等編纂，《北平市工商業概況（一）》，收入張研等主編，《民國史料叢刊》，第571冊，頁15。

974 池澤匯等編纂，《北平市工商業概況（一）》，頁105。

造辦處網羅各地製造首飾之名工，甚至在打磨廠等處聚集首飾樓。其他筆墨、錦匣、燈畫、皮革等也和宮廷製造作坊有淵源。服飾方面，辛亥革命後，官員不再以毛皮服飾區分階級等第，製作男性衣領、袍褂等服飾減少，但女性依舊穿著大一、斗蓬、女袍。又有以貂皮和狐皮製作領袖、圍巾、帽子等。各種居家的皮縟皮毯仍有其市場。民國時期，每年秋後即為批貨之期。若外銷則上海、南京、漢口、山東、河南、江西、湖南、廣東等處客商每逢入秋，即來北平採購，其中以上海為最多。[975] 至於對外貿易，皆由天津各洋行之出口商到北平收購，洋行多為猶太人所設。如新華洋行、好士洋行、遠東洋行等。[976]

　　南京人在北京執工商業者曰「緞莊」，凡靴帽之才皆聚於此。又有織工，昔內府設綺華館，聚南方工人教織於中，江寧織造選送以為教習。又織絨氈者亦南京人，能以金線夾絨織之，璀璨耀目。[977] 由此看來內務府的工匠係來自江南地區，教導工人的織絨氈服飾等。北京的作坊或商鋪在乾隆時期即組織行會，如浙江人的西金行會館、正乙祠會館，山西人潞安會館、臨汾會館等。這些會館碑刻資料觸目皆是，凡有志於宮廷史、社會史、經濟史研究者皆可找到材料。

---

975 池澤匯等編纂，《北平市工商業概況（一）》，頁182。

976 鄒來鈺、趙世俊著，〈北平的毛皮業〉，《工商月刊（續完）》，5卷11期（1948），頁20-22。

977 夏仁虎著，《舊京瑣記》，頁97。

後記

研究清代宮廷文化，必須提到我在兩岸故宮的因緣際遇。1979年修陳捷先老師開的清代文獻學，他規定我們要到故宮去抄檔案。張淑雅和我一清早從台大坐故宮的交通車，晃到故宮抄檔案，每次只能提五件，五件抄完才能再提。當時，故宮圖書館就在現在展廳旁邊，檔案抄累了可以去文獻處（在目前的展廳內）找莊吉發老師喝茶，莊老師特別好心，每次都幫我準備一杯好茶！順便溜到展廳去看書畫、器物等。耳濡目染之下，多少也學到一點皮毛。更難能可貴的是當時台大歷史所碩士班招生，分三組：一般史、近代史、藝術史。和我前後期的學姐如蔡梅芬、嵇若昕、王正華都很熱心的教導如何鑑賞書畫器物。故宮博物院開會常找我湊趣兒，譬如2002年展覽「乾隆皇帝的文化大業」，邀我去做報告，順便得圖錄一本。後來陸續參加策展或演講活動。後來和年輕輩的學者余珮瑾教授、陳慧霞教授、陳東和教授熟識，常受他們的指導。中國社科院近史所雲妍教授告訴我《中國古代當鋪鑑定秘籍》很有用，本書有關毛皮、紡織品、珠寶、金屬器皿的知識很多來自此書，2019年她出版《官紳的荷包：清代精英家庭資產結構研究》，我們一直都有聯繫和交換檔案資料。

1993年開始到北京第一歷史檔案館查抄檔案，從西華門進宮，一直到三、四點閉館為止。當時一檔館在故宮裡頭，抄完檔案可以到故宮各展廳參訪，擴大了文物的視野。透過楊珍教授介紹有機會向朱家溍教授、宗鳳英教授請教真是榮幸！2009年到北京故宮開會，鄭欣淼院長好心發給客座研究員的聘書，這聘書像清朝匠役進宮的「腰牌」，可以從神武門、東華門等進宮，也能到各館室和學者切磋。最常去找宮廷部的羅文華教授、郭福祥教授、萬秀峰教授、滕德永教授等，羅教授研究藏傳佛教、郭教授研究西洋器物，萬教授研究貢茶、滕教授研究內務府財政，和我旨趣相符。2013年故宮和德國馬普學院共同召開宮廷與地方會議，我學習到邊看檔案邊看文物的方法。到故宮提調文物的機會多，章新教授負責保管織繡，提調俄羅斯綢緞時他用實物解釋圓金和片金的織法。2014年出版西洋紡織品後，應邀到中國社科院歷史所演講、故宮博物院演講。2019年參加故宮召開的造辦處會議，周榮教授提供故宮長春宮修護照片，他說清朝以錫版防水的防水工程，現在還用得上。讓我瞭解梁思成教授、王世襄教授蒐集的資料多麼寶貴！該年，和賴毓芝到故宮，她提調《皇朝禮器

圖式》的圖冊，我提調各種祭祀器物，祭器屬於宗教部，透過宗教研究所所長羅文華和鮑楠教授協助，能進入清代如意館的地方看到大量的祭器。本書與兩岸故宮的學者交流，論述上採取介紹這學術社群學者的著作。在此也要特別感謝中國第一歷史檔案館長期整理檔案，二十世紀九〇年代去看檔案都是一包包的檔案，累積許多灰塵，一面看檔案一面咳嗽。到二十一世紀一〇年代基本上都數位化，在檔案館電腦可以查詢、閱讀。好友王澈請去澤園吃飯，我頭一次學到「佈菜」這名詞。古人上京趕考，我去北京找資料，也學習到京城文化。劉小萌教授研究北京旗人城市文化也給我很多啟發。對以上學者們熱忱協助，致以衷心的感謝。

　　楊玉君教授曾在近史所演講報告鮑士鐸畫了一系列中國皇家貴族的生活景象，以透視法將建築、背景畫得非常細膩，有大清國皇帝祭壇廟、大清國皇帝閱兵、大清國皇帝出入儀制、北京前門、北京銀樓等主題，楊教授猜測是俄國皇室欲窺探中國皇室的生活，因此訂製了這一系列的年畫。然而鮑士鐸究竟是誰，又是為何訂製這些圖，是目前持續探討的問題，楊教授也期望能集結不同領域的學者一起研究。2017 年 6 月至 7 月至聖彼得堡參加中正大學媽祖文化中心與 The State Museum of the History of Religion、Institute of Oriental Manuscripts of the Russian 主辦會議「Folk Images and Late Imperial China.」會後參觀參觀宗教博物館和東方文獻研究所，彼得大帝的冬宮，以及俄羅斯美術館。令我訝異的是中國銷售到俄羅斯的商品成為展覽對象，特別是凱薩琳女王的夏宮，她與乾隆年代相近，喜好中國風，有一座宮殿以中國裝潢為主、收藏中式的桌椅、櫥櫃、瓷器、繪畫等。因受到衝擊而留意清代宮廷的外來文化。

　　近年來，學界主張研究走向科普，承蒙馮明珠院長邀請，曾撰寫中俄貿易、珊瑚等科普文章刊登於《故宮文物月刊》。2017 年故宮博物院邀請演講「乾隆皇帝的寶藏」，2020 年史語所邀請院慶演講「讀清宮檔案才看懂《紅樓夢》」，被收錄在中研院的《研之有物》，一度被放在台大和中研院接駁車的廣告上，顯然大陸的宮鬥劇引發大家對后妃荷包的興趣。還有些貓奴們反應說，用貓皮做皮襖太殘忍了，希望我看錯檔案。2023 年國科會邀稿，撰寫〈乾隆帝的百寶箱〉刊登於《人文與社會科學簡訊》（卷 24 期 2）。本

書若干章節被收錄於專書中，如〈清乾隆朝內務府皮貨買賣與京城時尚〉，收入胡曉真、王鴻泰主編，《日常生活的論述與實踐》（臺北：允晨文化，2011）。〈清代北京的旅蒙商〉，收入巫仁恕主編，《城市指南與近代中國城市研究》（臺北：民國歷史文化學社，2019）。〈十九世紀恰克圖貿易的俄羅斯紡織品〉，收入吳翎君等著，《課綱中的世界史：從全球化、文化交流到現代性的反思，縱觀世界的形成與展望》（台北：臺灣商務書局，2021）。"Brass Consumption in the Qing Empire," in E. Akçetin and S. Faroqhi eds., *Living the Good Life: Consumption in the Qing and Ottoman Empires of the Eighteenth Century* (Brill: Leiden, 2017). "Resplendent Innovations: Fire Gilding Techniques at the Qing Court," in Martina Siebert, Kai Jun Chen, Dorothy Ko, eds., *Making the Palace Machine Work: Mobilizing People, Objects, and Nature in the Qing Empire* (Amsterdam: Amsterdam University Press, 2021). 本書利用《內務府廣儲司銀庫用項月摺檔》都是蘇春華博士進行分類和繪圖，應稱他為「科學顧問」，而討論的金屬工藝技術都是曾經與蘇德徵博士一起發表論文，他從英國倫敦帝國學院材料系畢業當博士後研究員期間，對歷史上的金屬製成有興趣，他閱讀《天工開物》、《高厚蒙求》、《鏡鏡詅痴》之後，發現十七、十八世紀工藝材料的轉變和宮廷傳教士引進的西方知識有關。在此特別感謝他們的協助和解惑。

在近史所三十幾年感謝歷任的所長呂芳上教授、陳永發教授、黃克武教授、呂妙芬教授、雷祥麟教授等對我的提攜和關照。尤其近三年呂妙芬教授、雷祥麟教授當任所長幫我辦理延聘，可以從容地整理未完成的研究課題。這些年來臺灣數位典藏計畫如火如荼地進行，史語所的漢籍資料庫、內閣大庫藏明清檔案，近史所的清代檔案資料庫，以及故宮博物院開放軍機處硃批奏摺全文線上檢索，嘉惠讀者，由衷感謝。近史所同仁常舉辦讀書會，瞭解國際學界的研究趨勢。具有前瞻眼光的同仁帶領組織會議。譬如，康豹教授召開國家治理性的會議，讓我留心國家與社會的議題。張啟雄教授介紹我利用蒙古國的檔案，林美莉教授研究財政金融，張寧教授探討商業、企業史。和賴毓芝教授長年合作，建置造辦處活計檔資料庫，她研究「圖」、「文」，出版鳥譜、獸譜的論文，近年來她指引《皇朝禮器圖式》研究，獲益良多。《乾隆的百寶箱：

清宮寶藏與京城時尚》一書是從宮廷禮儀規範出發，討論階級和器物的相關性。又，與孫慧敏教授建置城市商號資料庫、股東名冊，從中發現宮廷和北京商號的關連，如替宮廷製作首飾的銀樓，也經營金融業，清末內務府財政困難時借貸給宮廷。巫仁恕教授討論明代消費文化的趨勢由下而上，我則看到宮廷時尚對北京城市文化影響。連玲玲教授研究上海百貨公司的意涵不只是新式商業技術的引進，也帶來城市生活方式的變遷。讓我思考宮廷的「宮樣」、「內造」影響市民消費文化。《詩經・小雅・伐木》：「嚶其鳴矣，求其友聲。」是同仁們志趣相投的最佳寫照。一併於此致謝！

這本書的當初想法是把博物館的器物放在乾隆時代的經濟史脈絡來討論，北京的商鋪就像現今的法國巴黎香榭大道、德國的法蘭克福歌德大街上，精品店林立。但是，2021 年開始找出版社，都被不明原因拒絕了。2022 年參加故宮博物院「避暑山莊：清帝國多元統治下的縮影」特展講座，遇到八旗文化出版社總編輯李延賀先生，他很爽快地答應出版，並簽下合同。後來由洪源鴻先生等接著排版工作。本書在執行中研院深耕計畫期間完成，感謝吉林師大許富翔教授協助繪製北京城市地圖，以及助理王士銘博士、王中奇小姐、衛姿伃小姐、黃品欣小姐、墜如敏小姐協助蒐集資料與編排。時間過得真快，當初質疑阿嬤寫什麼皇帝的「荷包蛋」的大孫女已經讀高中了，小孫女也讀國中。在他們成長過程，帶去信義區逛街，透過百貨公司櫥窗，感受一下時尚潮流。

最後感謝上師雪莉・雪莉・阿南達慕提先生（Shrii Shrii Ananda Murtii），我從 1986 年開始每天規律地靜坐、做瑜伽，至今才能保有健康的身心。上師：「引導星辰的力量，也引導著你。」想在清朝 1,100 件檔案中，找到乾隆皇帝好洋貨的證據，確實需要宇宙能量來引導。

参考書目

檔案文獻

《中央研究院歷史語言研究所現存清代內閣大庫原藏明清檔案》，臺北：中央研究院歷史語言研究所藏。

《內務府呈稿》，北京：中國第一歷史檔案館藏。

《內務府來文》，北京：中國第一歷史檔案館藏。

《內務府奏案》，北京：中國第一歷史檔案館藏。

《內務府造辦處檔案》，北京：中國第一歷史檔案館藏。

《內務府銀庫進項月摺檔》，北京：中國第一歷史檔案館發行微捲，2002。

《內務府廣儲司六庫月摺檔》，北京：中國第一歷史檔案館藏。

《內務府廣儲司瓷庫月摺檔》，北京：中國第一歷史檔案館藏。

《內務府廣儲司銀庫月摺檔》，北京：中國第一歷史檔案館藏。

《內務府題本》，北京：中國第一歷史檔案館發行微卷，2002。

《內閣題本戶科》，北京：中國第一歷史檔案館藏。

《北洋政府外交部商務檔》，臺北：中央研究院近代史研究所檔案館藏。

《軍機處滿文錄副奏摺》，北京：中國第一歷史檔案館藏。

《軍機處漢文錄副奏摺》，北京：中國第一歷史檔案館藏。

《軍機處檔摺件》，臺北：國立故宮博物院藏。

《宮中硃批奏摺》，北京：中國第一歷史檔案館藏。

《宮中硃批奏摺・財政類》，北京：中國第一歷史檔案館發行微捲，1986。

《宮中檔咸豐朝奏摺》，臺北：國立故宮博物院藏。

《宮中檔乾隆朝奏摺》，臺北：國立故宮博物院藏。

《宮中檔雍正朝奏摺》，臺北：國立故宮博物院藏。

《乾隆朝內務府奏銷檔》，北京：中國第一歷史檔案館藏。

《乾隆朝內務府銀庫用項月摺檔》，北京：中國第一歷史檔案館藏。

《清代譜牒檔案》，北京：中國第一歷史檔案館發行微捲，1984。

《農商公報》，卷 2 期 9，1916 年 4 月。

《嘉慶朝內務府銀庫用項月摺檔》，北京：中國第一歷史檔案館藏。

《實業部檔》，臺北：中央研究院近代史研究所檔案館藏。

《蒙古國家檔案局檔案》，臺北：行政院文化部蒙藏文化中心藏。

《養心殿造辦處各作成做活計清檔》，北京：中國第一歷史檔案館藏。

《總理各國事務衙門》，臺北：中央研究院近代史研究所檔案館藏。

編者不詳，《清代各部院則例》，香港：蝠池書院出版有限公司，2004。

〔唐〕孫思邈，《千金翼方》，臺北：中國醫藥研究所，1974。

〔宋〕唐慎微撰，曹孝忠校，寇宗奭衍義，《證類本草》，收入〔清〕紀昀等總纂，《景
　　印文淵閣四庫全書》，臺北：臺灣商務印書館，1983，據國立故宮博物院藏本影印。

〔明〕李時珍，《本草綱目・金石部》，北京：人民衛生出版社，1975。

〔明〕宋應星，《天工開物》，上海：上海古籍出版社，1988，據明崇禎十年（1637）
　　初刻本影印。

〔明〕高濂，《遵生八箋》，成都：巴蜀書社，1992。

〔清〕工部編，《九卿議定物料價值》，臺北：中央研究院傅斯年圖書館藏清乾隆元年
　　（1736）刊本。

〔清〕允祿等纂，牧東點校，《皇朝禮器圖式》，揚州：廣陵書社，2004。

〔清〕內務府輯，《內務府現行則例》，臺北：故宮博物院藏抄本。

〔清〕托津等奉敕纂修，《大清會典（嘉慶朝）》，臺北：文海出版社，1991，清嘉慶
　　年間刻本。

〔清〕托津等奉敕纂修，《大清會典事例（嘉慶朝）》，臺北：文海出版社，1991，清
　　嘉慶年間刻本。

〔清〕托津等奉敕續修，《欽定大清會典 八十卷》，清嘉慶戊寅年（1818）北京武英殿
　　刊本。

〔清〕托津等奉敕續撰，《欽定大清會典圖 一百三十二卷，目錄二卷》，清嘉慶戊寅年
　　（1818）北京武英殿刊本。

〔清〕何秋濤，《北徼方物考》，收入〔清〕李宗昉，《小方壺齋輿地叢鈔正編》，清
　　光緒丁丑（三）年（1877）至丁酉（二十三）年（1897）上海著易堂排印本。

〔清〕何秋濤，《朔方備乘》，臺北：文海出版社，1964，據清刻本影印。

〔清〕佚名，《烏里雅蘇台事宜》，收入茅建海主編，《清代兵事典籍檔冊匯覽》，北京：
　　學苑出版社，2005。

〔清〕佚名輯，《總管內務府現行條例（廣儲司）》，臺北：文海出版社，1972。

〔清〕李汝珍，《鏡花緣》，臺北：世界書局，1974。

〔清〕李廷玉著，吳豐培整理，《游蒙日記》，香港：蝠池書院出版有限公司，2009，
　　據民國四年（1915）財政部印刷局印行影印。

〔清〕周藹聯，《西藏紀遊》，北京：全國圖書館文獻縮微複製中心，1991。

〔清〕屈大均，《廣東新語》，北京：中華書局，1985，據清刻本影印。

〔清〕延昌撰，《事宜須知》，臺北：中研院史語所傅斯年圖書館藏清光　十三年（1887）

桂林楊鴻文堂刊本。

〔清〕松筠（穆齊賢）記，趙令志、關康譯，《閑窗錄夢譯編》，北京：中央民族大學出版社，2010。

〔清〕姚元之，《竹葉亭雜記》，北京：中華書局，1982。

〔清〕昭槤，《嘯亭雜錄·續錄》，臺北：弘文館出版社，1986。

〔清〕昭槤，《嘯亭雜錄》，北京：中華書局，1980。

〔清〕查慎行，《陪獵筆記》，收入畢奧南主編，《清代蒙古遊記選輯三十四種》，下冊，北京：東方出版社，2015，據清刻本影印。

〔清〕紀昀，《閱微草堂筆記》，收入《筆記小說大觀》，臺北：新興書局，1988。

〔清〕胡敬輯，《國朝院畫錄》，臺北：明文書局，1985。

〔清〕范清沂，《重修爐神廟碑記》，臺北：中央研究院歷史語言研究所傅斯年圖書館藏清乾隆二十一年（1756）拓片。

〔清〕夏仁虎，《舊京瑣記》，北京：北京古籍出版社，1986。

〔清〕孫嘉淦，《重修爐神庵老君殿碑記》，臺北：中央研究院歷史語言研究所傅斯年圖書館藏清乾隆十一年（1746）拓片。

〔清〕徐永年增輯，《都門紀略》，北縣：文海出版社，1972。

〔清〕徐珂，《清稗類鈔》，北京：中華書局，1984。

〔清〕馬齊、張廷玉、蔣廷錫監修，《大清聖祖仁皇帝實錄》，臺北：華文書局，1969。

〔清〕崑岡等奉敕撰，《大清會典事例（光緒朝）》，北京：中華書局據光緒二十五年（1899）石印本影印，1991。

〔清〕崑岡等奉敕撰，《大清會典圖（光緒朝）》，臺北：新文豐出版社，1976，據光緒二十五年（1899）刻本影印。

〔清〕崑岡等奉敕纂修，〔清〕劉啟端等纂，《欽定大清會典圖 二百七十卷》，上海：上海古籍出版社，1997。

〔清〕曹振鏞、戴均元、英和、汪廷珍奉敕修，《大清仁宗睿皇帝實錄》，北京：中華書局，1986。

〔清〕曹雪芹、高鶚原著，馮其庸等校注，《紅樓夢校注》，臺北：里仁書局，1984。

〔清〕梁廷楠等修，《粵海關志》，臺北：文海出版社，1975。

〔清〕梁廷楠，《海國四說》，北京：中華書局，1993。

〔清〕清高宗敕撰，《清朝文獻通考》，臺北：臺灣商務印書館，1987，據清刻本影印。

〔清〕清高宗敕撰，《清朝通志》，臺北：臺灣商務書局，1987。

〔清〕傅恆奉敕撰，《御製增訂清文鑑》，臺北：臺灣商務印書館，1983。

〔清〕富俊，《科布多政務總冊》，北京：全國圖書館文獻縮微複製中心，1988。

〔清〕賀長齡輯，《皇朝經世文編》，臺北：文海出版社，1979。

〔清〕鄂爾泰、張廷玉等編纂，左步青校點，《國朝宮史》，北京：北京古籍出版社，
　　1987。

〔清〕楊米人等著，路工編選，《清代北京竹枝詞（十三種）》，北京；北京古籍出版社，
　　1982。

〔清〕載銓等修，《金吾事例》，收入故宮博物院編，《故宮珍本叢刊》，海口：海南
　　出版社，2000。

〔清〕圖海監修，《大清太宗文皇帝實錄》，臺北：華聯出版，1964。

〔清〕福格，《聽雨叢談》，北京：中華書局，1984。

〔清〕趙爾等撰，《清史稿》，北京：中華書局，1977。

〔清〕趙翼，《簷曝雜記》北京：中華書局，1982。

〔清〕劉錦藻撰，《清朝續文獻通考》，臺北：臺灣商務印書館，1987。

〔清〕慶桂等奉敕修，《大清高宗純皇帝實錄》，北京：中華書局，1986。

〔清〕慶桂等編纂，左步青校點，《國朝宮史續編》，北京：北京古籍出版社，1994。

〔清〕歐陽兆熊、金安清撰，《水窗春囈》，北京：中華書局，1984。

〔清〕潘榮陛撰，《帝京歲時紀勝》，臺北：木鐸出版社，1982。

〔清〕鄭復光著，李磊箋注，《《鏡鏡詅痴》箋注》，上海：上海古籍出版社，2014。

〔清〕蕭奭，《永憲錄》，北京：中華書局，1959。

〔清〕顧祿，《清嘉錄》，上海：上海古籍出版社，1986，據清光緒間浙江刊本縮印。

〔美〕馬士著，中國海關史研究中心、區宗華譯，《東印度公司對華貿易編年史（1635-
　　1834）》，廣州：中山大學出版社，1991。

大連市圖書館文獻研究室、遼寧社會科學院歷史研究所編，《清代內閣大庫散佚檔案選
　　編・獎懲・宮廷用度・外藩進貢》，天津：天津古籍出版社，1992。

不著編人，《崇文門商稅衙門現行稅則》，臺北：中央研究院傅斯年圖書館藏光緒
　　三十四年（1908）刊本。

中國人民大學清史研究所、檔案系中國政治制度史教研室合編，《清代的礦業》，北京：
　　中華書局，1983。

中國人民銀行山西省分行、山西財經學院《山西票號史料》編寫組編，《山西票號史料》，
　　太原：山西經濟出版社，1990。

中國社會科學院中國邊疆史地研究中心主編，《清代理藩院資料輯錄》，北京：全國圖

書館文獻縮微複製中心，1988。

中國第一歷史檔案館、承德市文物局合編，《清宮熱河檔案》，北京：中國檔案出版社，
　　2003。

中國第一歷史檔案館、故宮博物院合編，《清宮內務府奏案》，北京：故宮出版社，
　　2014。

中國第一歷史檔案館、故宮博物院合編，《清宮內務府奏銷檔》，北京：故宮出版社，
　　2014。

中國第一歷史檔案館、香港中文大學文物館合編，《清宮內務府造辦處檔案總匯》，北京：
　　人民出版社，2005。

中國第一歷史檔案館編，《乾隆朝滿文寄信檔譯編》，長沙：嶽麓書院，2011。

中國第一歷史檔案館編，《乾隆朝懲辦貪污檔案選編》，北京：中華書局，1994。

中國第一歷史檔案館編，《康熙朝滿文硃批奏摺全譯》，北京：中國社會科學出版社，
　　1996。

中國第一歷史檔案館編，《清宮粵港澳商貿檔案全集》，北京：中國書店，2002。

中國第一歷史檔案館編，《雍正朝起居注冊》，北京：中華書局，1993。

中國第一歷史檔案館譯編，《雍正朝滿文硃批奏摺全譯》，合肥：黃山書社，1998。

王世襄主編，《清代匠作則例》，鄭州，大象出版社，2000。

王世襄編著，《清代匠作則例彙編（佛作、門神作）》，北京：北京古籍出版社，
　　2001。

王世襄編著，《清代匠作則例彙編（裝修作、漆作、泥金作、油作）》，北京：中國書店，
　　2008。

北京市檔案館編，《那桐日記（1890-1925）》，北京：新華出版社，2006。

李華編，《明清以來北京工商會館碑刻選編》，北京：文物出版社，1980。

阿爾泰語研究所編，《御製清文鑑》，大邱：小星女子大學出版部，1978。

姜亞沙等主編，《清代宮苑則例彙編》，北京：全國圖書館文獻縮微複製中心，2011。

首都圖書館編，《清蒙古車王府藏曲本》，北京：北京古籍出版社，1991。

國家圖書館分館編，《中國古代當鋪鑒定秘籍》，北京：全國圖書館文獻縮微複製中心，
　　2001。

陳湛綺編，《國家圖書館藏清代稅收稅務檔案史料匯編》，北京：全國圖書館文獻縮微
　　複製中心，2008。

楊豐陌、趙煥林、佟悅主編，《盛京皇宮和關外三陵檔案》，瀋陽：遼寧民族出版社，
　　2003。

趙令志等主編，《雍和宮滿文檔案譯編》，北京：北京出版社，2016。

劉德泉，《潞郡會館紀念碑文》，臺北：中央研究院歷史語言研究所傅斯年圖書館藏民國九年（1920）拓片。

撫順市人民政府地方志辦公室、撫順市社會科學院、新賓滿族自治縣清永陵文物管理所編，《清永陵志》，瀋陽：遼寧民族出版社，2008。

蔣廷黻編，《籌辦夷務始末補遺》，民國間抄本。

遼寧社會科學院歷史研究所、大連市圖書館文獻研究室、遼寧民族研究所歷史研究室譯編，《大連市圖書館藏清代內閣大庫散佚滿文檔案選編：職司銓選‧獎懲‧宮廷用度‧進貢》，天津：天津古籍出版社，1991。

關嘉錄、王佩環譯，《黑圖檔中有關莊頭問題的滿文檔案文件匯編》，收入中國社會科學院歷史研究所清史研究室編，《清史資料》，北京：中華書局，1984，輯5。

中文書目

◎專書

《北京滿族調查報告》，收入中國社會科學院民族研究所、遼寧少數民族社會歷史調查組編，《滿族社會歷史調查報告》，出版地不詳：出版者不詳，1963，輯5。

〔日〕中野江漢，《北京繁昌記》，北京：支那風物研究會，1925。

〔日〕佐口透著，凌頌純譯，《18-19世紀新疆社會史研究》，烏魯木齊：新疆人民出版社，1984。

〔法〕杜赫德（Jean-Baptiste Du Halde）編，鄭德弟、呂一民等譯，《耶穌會士中國書簡集：中國回憶錄》，鄭州；大象出版社，2005。

〔俄〕尼古拉‧班蒂什-卡緬斯基編著，中國人民大學俄語教研室譯，《俄中兩國外交文獻匯編：1619-1792年》，北京：商務印書館，1982。

〔俄〕米‧約‧斯拉德科夫斯基著，宿豐林譯，《俄國各民族與中國貿易經濟關係史（1917年以前）》，北京：社會科學文獻出版社，2008。

〔俄〕阿‧科爾薩克著，米鎮波譯，《俄中商貿關係史述》，北京：社會科學文獻出版社，2010。

〔俄〕阿‧馬‧波茲德涅耶夫著，劉漢明等譯，《蒙古及蒙古人》，呼和浩特：內蒙古人民出版社，1983。

〔俄〕特魯謝維奇著，徐東輝、譚萍譯，陳開科審校，《十九世紀前的俄中外交及貿易

關係》，長沙：岳麓書社，2010。

〔俄〕謝·賓·奧孔著，俞啟驤等譯，《俄美公司》，北京：商務印書館，1988。

〔美〕韓格理（Gary G. Hamilton）著，張維安、陳介玄、翟本瑞譯，《中國社會與經濟》，
　　臺北：聯經出版社，1990。

〔德〕G. F. 米勒、彼得·西蒙·帕拉斯著，李雨時譯，趙禮校，《西伯利亞的征服和早
　　期俄中交往、戰爭和商業史》，北京：商務印書館，1979。

〔德〕諾貝特·埃里亞斯著，王佩莉、袁志英譯，《文明的進程：文明社會起源和心理
　　起源的研究》，北京：三聯書局，1998，上冊。

B. C. 米雅斯尼科夫主編，徐昌翰等譯，《19 世紀俄中關係：資料與文獻第一卷 1803-
　　1807》，廣州：廣州人民出版社，2013。

土觀·洛桑卻吉尼瑪著，陳慶英、馬連龍譯，《章嘉國師若必多吉傳》，北京：中國藏
　　學出版社，2007。

工布查布，《造像量度經》，臺北：臺灣印經處，1956。

日本種智院大學密教學會編，世界佛學名著譯叢編委會譯，《西藏密教研究》，臺北：
　　華宇出版社，1988。

王永斌，《北京關廂鄉鎮和老字號》，北京：東方出版社，2003。

王次澄、吳芳思、宋家鈺、盧慶濱編著，《大英圖書館特藏中國清代外銷畫精華》，廣州：
　　廣東人民出版社，2011。

王佩環，《清代后妃宮廷生活》，北京：故宮出版社，2014。

王家鵬，《梵華樓》，北京：紫禁城出版社，2009。

王家鵬主編，《藏傳佛教造像》，香港：商務印書館，2003。

史志宏，《清代戶部銀庫收支和庫存研究》，北京：社會科學文獻出版社，2014。

史若民、牛白琳編，《平、祁、太經濟社會史資料與研究》，太原：山西古籍出版社，
　　2002。

布羅代爾著，顧良、施康強譯，《十五至十八世紀的物質文明、經濟和資本主義》，北京：
　　三聯書店，1992-1993。

札奇斯欽，《北亞游牧民族與中原農業民族間的和平戰爭與貿易之關係》，臺北：國立
　　政治大學叢書，1973。

札奇斯欽、海爾保羅撰述，《一位活佛的傳記：末代甘珠爾瓦·呼圖克圖的自述》，臺北：
　　聯經出版社，1983。

正風經濟社主編，《北京市工商指南》，收入張研等主編，《民國史料叢刊》，鄭州：
　　大象出版社，2009，第 572 冊。

池澤匯等編纂，《北平市工商業概況（一）》，收入張研等主編，《民國史料叢刊》，鄭州：大象出版社，2009，第 571 冊。

米鎮波，《清代中俄恰克圖邊境貿易》，天津：南開大學出版社，2003。

米鎮波，《清代西北邊境地區中俄貿易》，天津：天津社會科學院出版社，2005。

伯德萊（Michel Beurdeley）著，耿昇譯，《清宮洋畫家》，濟南：山東畫報出版社，2002。

何新華，《清代貢物制度研究》北京：社會科學文獻出版社，2012。

佚名繪，王克友、王宏印，許海燕譯，《北京民間風俗百圖（珍藏版）》，北京：北京圖書館出版社，2003。

吳山主編，《中國工藝美術大辭典》，南京：江蘇美術出版社，1989。

吳明娣，《漢藏工藝美術交流史》，北京：中國藏學出版社，2007。

吳翎君等著，《課綱中的世界史：從全球化、文化交流到現代性的反思，縱觀世界的形成與展望》，臺北：臺灣商務書局，2021。

巫仁恕，《品味奢華：晚明的消費社會與士大夫》，臺北：中央研究院、聯經出版社，2007。

李約瑟，《中國科學技術史》，香港：中華書局，1978。

李家瑞編，《北平風俗類徵》，臺北：臺灣商務印書館，1992。

李誡撰，王海燕注譯，《營造法式譯解》，武漢：華中科技大學出版社，2011。

周衛榮，《中國古代錢幣合金成份研究》，北京：中華書局，2004。

周錫保，《中國古代服飾史》，臺北：南天書局，1989。

孟憲章，《中蘇貿易史資料》，北京：中國對外經濟貿易出版社，1991。

宗鳳英，《清代宮廷服飾》，北京：紫禁城出版社，2004。

祁美琴，《清代內務府》，北京：中國人民大學出版社，1998。

祁英濤，《中國古代建築的保護與維修》，北京：文物出版社，1986。

金文華編，《簡明北平遊覽指南》，北平：中華印書局，1932。

金梁編纂，牛力耕校訂，《雍和宮志略》，北京：中國藏學出版社，1994。

侯仁之主編，《北京歷史地圖集》，北京：北京出版社，1988。

姚賢鎬，《中國近代對外貿易史資料（1840-1895）》，北京：中華書局，1962。

故宮博物院、故宮鼓浪嶼外國文物館編，《海國微瀾：故宮鼓浪嶼外國文物館展覽圖錄》，北京：故宮出版社，2017。

故宮博物院主編，《清宮藏傳佛教文物》，香港：兩木出版社；北京：故宮博物院紫禁城出版社，1992。

故宮博物院編，《故宮博物院藏清代宮廷繪畫》，北京：文物出版社，1992。

故宮博物院編，《清宮包裝圖典》，北京：紫禁城出版社，2011。

段本洛、張圻福，《蘇州手工業史》，上海：江蘇古籍出版社，1986。

約翰・巴羅著，李國慶、歐陽少春譯，《我看乾隆盛世》，北京：北京圖書館出版社，2007。

范金民主編，《江南社會經濟研究（明清卷）》，北京：中國農業出版社，2006。

倪玉平，《清代關稅：1644-1911 年》，北京：科學出版社，2017。

孫健主編，《北京經濟史資料：近代北京商業部分》，北京：燕山出版社，1990。

徐珂編，《實用北京指南》，北京：商務印書館，1920。

徐啟憲主編，《宮廷珍寶》，香港：商務印書館，2004。

徐廣源，《溯影追蹤：皇陵舊照裡的清史》，北京：人民文學出版社，2014。

國立故宮博物院編輯委員會編，《皇權與佛法：藏傳佛教法器特展圖錄》，臺北：國立故宮博物院，1999。

國家圖書館版本，《諸佛菩薩聖像贊》，北京：中國藏學出版社，2009。

康無為（Harold Kahn），《讀史偶得：學術演講三篇》，臺北：中央研究院近代史研究所，1993。

張淑嫻，《金窗繡戶：清代皇宮內檐裝修研究》，北京：故宮出版社，2019。

張維華、孫西，《清前期中俄關係》，濟南：山東教育出版社，1997。

梁思成，《清工部《工程做法則例》圖解》，北京：清華大學出版社，2006。

莊吉發，《清高宗十全武功研究》，臺北：國立故宮博物院，1982。

許檀，《明清華北的商業城鎮與市場層級》，北京：社會科學出版社，2021。

郭家彥，《皇朝禮器》，香港：香港中文大學文物館，2019。

郭福祥，《明清帝后璽印》，北京：國際文化出版公司，2002。

陳志高，《中國銀樓與銀號 · 華北、東北》，北京：清華大學出版社，2015。

陳芳妹，《青銅器與宋代文化史》，臺北：國立臺灣大學出版中心，2016。

陳國棟，《清代前期的粵海關與十三行》，廣州：廣東人民出版社，2014。

陳慶英編，《國外藏學研究譯文集》，拉薩：西藏人民出版社，1995。

喬治・斯當東（Staunton, George Thomas, Sir, bart）著，葉篤義譯，《英使謁見乾隆紀實》，上海：上海書店出版社，1997。

彭慕蘭（Pomeranz Kenneth）著，邱澎生等譯，《大分流》，臺北：巨流出版社，2004。

彭澤益編，《中國近代手工業史資料》，北京：中華書局，1962。

華覺明，《中國古代金屬技術：銅和鐵造就的文明》，鄭州：大象出版社，1999。

華覺明、李錦璐，《金屬採冶和加工技藝》，鄭州：大象出版社，2008。

馮明珠主編，《乾隆皇帝的文化大業》，臺北：故宮博物院，2002。

愛新覺羅·溥儀，《我的前半生》，香港：文通書局，1964。

楊玉君主編，《俄羅斯典藏晚清木板年畫》，臺中：豐饒文化社，2016。

楊娟，《近代雲南箇舊錫礦開發研究：基於國際經濟一體化視域》，武漢：華中科技大學出版社，2017。

萬秀鋒、劉寶建、王慧、付超著，《清代貢茶研究》，北京：故宮出版社，2014。

萬依、王樹卿、陸燕貞主編，《清宮生活圖典》，北京：紫禁城出版社，2007。

葉高樹譯註，《滿文《欽定滿洲祭神祭天典禮》譯註》，臺北：秀威資訊科技，2018。

路迪民、王大業編著，《中國古代冶金與金屬文物》，西安：陝西科學技術出版社，1998。

嘉木央·久麥旺波著，許得存等譯，《六世班禪洛桑巴丹益西傳》，拉薩：西藏人民出版社，1990。

趙匡華、周嘉華，《中國科學技術史：化學卷》，北京：科學出版社，1998。

劉萬航，《金銀裝飾藝術》，臺北：行政院文化建設委員會，1989。

厲聲，《哈薩克斯坦及其與中國新疆的關係（15 世紀 -20 世紀中期）》，哈爾濱：黑龍江教育出版社，2004。

厲聲，《新疆對蘇（俄）貿易史》，烏魯木齊：新疆人民出版社，1993。

潘吉星，《天工開物校注及研究》，成都：巴蜀書社，1989。

賴惠敏，《乾隆皇帝的荷包》，臺北：中研院近代史研究所，2016 二刷。

賴惠敏，《滿大人的荷包：清代喀爾喀蒙古的衙門與商號》，北京：中華書局，2020。

謝文聰、童承福、郭昭麟，《輕鬆認識中藥》，臺中：中國醫藥大學，2008。

謝健（Jonathan Schlesinger）著，關康譯，《帝國之裘：清朝的山珍、禁地以及自然邊疆》，北京：北京大學出版社，2019。

韓光輝，《北京歷史人口地理》，北京：北京大學出版社，1996。

韓書瑞（Susan Naquin）著，朱修春譯，《北京：寺廟與城市生活（1400-1900）》，新北：稻鄉出版社，2014。

擷華編輯社，《新北京指南》，北京：擷華書局，1914。

瞿同祖，《中國法律與中國社會》，臺北：里仁書局，1982。

聶崇正主編，《清代宮廷繪畫》，香港：商務印書館，1996。

羅友枝（Evelyn Rawski）著，周衛平譯，《清代宮廷社會史》，北京：中國人民大學出版社，2009。

羅文華，《龍袍與袈裟：清宮藏傳佛教文化考察》，北京：紫禁城出版社，2005。

羅布桑卻丹原著，趙景陽翻譯，管文華校訂，《蒙古風俗鑒》，瀋陽：遼寧民族出版社，1988。

嚴勇、房宏俊、殷安妮主編，《清宮服飾圖典》，北京：紫禁城出版社，2010。

◎論文

〔日〕河內良弘，〈明代東北亞的貂皮貿易〉，收入常江編，《慶祝王鍾翰教授八十壽辰學術論文集》，瀋陽：遼寧大學出版社，1993，頁 284-299。

〔日〕柳澤光治、定力金藏合著，西生譯，〈電器鍍金工業〉，《河北工商月報》，卷 1 期 9，1929，頁 181-190。

Anna Grasskamp，〈框架自然——從清宮中的三件珊瑚藝術品論起〉，《故宮文物月刊》，期 399，2016 年 6 月，頁 108-117。

尤景林，〈洋風鏡子畫——清代玻璃油畫《香山九老圖》、《湖邊風景中的牧羊女》賞談〉，《上海工藝美術》，2010 年 4 期，頁 76-77。

方裕謹，〈宣統二年京師外城巡警總廳抄送各商行規史料〉，《歷史檔案》，1995 年 4 期，頁 55-68、44。

王子林，〈雨花閣：乾隆朝宮廷佛堂建設主導思想論〉，《故宮博物院院刊》，2005 年 4 期，頁 87-109。

王少平，〈中俄恰克圖貿易〉，《社會科學戰線》，1990 年 3 期，頁 182-186。

王少平，〈恰克圖貿易中斷原因初探〉，《學習與探索》，1987 年 3 期，頁 136-140。

王家鵬，〈清代皇家雅曼達噶神壇叢考〉，《故宮博物院院刊》，2006 年 4 期，頁 98-121、158。

王漢卿，〈論"蘇州片"失蠟鑄造工藝的特色及其價值〉，《東南文化》，2016 年 5 期，頁 26-31。

朱杰，〈長春園淳化軒與故宮樂壽堂考辨〉，《故宮博物院院刊》1999 年 2 期，頁 26-38。

朱慶徵，〈故宮藏建築裝修用玻璃畫〉，《故宮博物院院刊》，2001 年 4 期，頁 66-72。

朱慶薇，〈內務府廣儲司六庫月摺檔〉，《近代中國史研究通訊》，期 34（2002 年 9 月），頁 143-147。

吳元康、儲榮邦，〈鎏鍍——中國古代發明的一種在材料表面上鍍金屬的技術（續完）〉，《塗裝與電鍍》，2011 年 3 期，頁 25-28。

吳元康、儲榮邦，〈鎏鍍——中國古代發明的一種在材料表面上鍍金屬的技術〉，《塗裝與電鍍》，2011 年 1 期，頁 3-9。

吳兆清，〈清代造辦處的機構和匠役〉，《歷史檔案》，1991 年 4 期，頁 79-86、89。

吳伯婭，〈澳門與乾隆朝大教案〉，收入吳志良、林發欽、何志輝主編，《澳門人文社會科學研究文選·歷史卷（含法制史）》，北京：社會科學文獻出版社，2010，下卷，頁 1369-1379。

吳坤儀，〈鎏金〉，《中國科技史料》，1981 年 1 期，頁 90-94。

宋麗莉、張正明，〈淺談明清潞商與區域環境的相互影響〉，《山西大學學報（哲學社會科學版）》，卷 31 期 1，2008，頁 134-137。

巫仁恕，〈明代士大夫與轎子文化〉，《中央研究院近代史研究所集刊》，期 38，2002 年 12 月，頁 1-69。

李芝安，〈清代朝珠述論〉，《中國國家博物館館刊》，2013 年 6 期，頁 102-110。

李鵬年，〈一人慶壽——舉國遭殃——略述慈禧「六旬慶典」〉，《故宮博物院院刊》，1984 年 3 期，頁 32-40。

周錦章，〈清末民初北京銅器作坊的轉型與發展〉，《北京社會科學》，2015 年 6 期，頁 103-107。

周錦章，〈論民國時期的北京商業鋪保〉，《北京社會科學》，2011 年 3 期，頁 92-97。

林士鉉，〈《皇朝禮器圖式》的滿蒙西域西洋等因素探究〉，《故宮學術季刊》，卷 37 期 2，2020 年 9 月，頁 83-172。

邱仲麟，〈天然冰與明清北京的社會生活〉，《中央研究院近代史研究所集刊》，期 50，2005 年 12 月，頁 55-113。

邱仲麟，〈保暖、炫耀與權勢——明代珍貴毛皮的文化史〉，《中央研究院歷史語言研究所集刊》，第八十本，第四分，2009 年 12 月，頁 555-631。

邱仲麟，〈皇帝的餐桌——明代的宮膳制度及其相關問題〉，《臺大歷史學報》，34 期，2004 年 12 月，頁 1-42。

姜舜源，〈清代的宗廟制度〉，《故宮博物院院刊》，1987 年 3 期，頁 15-23、57。

施靜菲，〈象牙球所見之工藝技術交流——廣東、清宮與神聖羅馬帝國〉，《故宮學術季刊》，卷 25 期 2，2007 年 12 月，頁 87-138。

胡進杉，〈法界聖眾 藝海瑰寶：院藏康熙八年《內府泥金寫本藏文龍藏經》圖像介述〉，收入馮明珠、盧雪燕主編，《殊勝因緣：內府泥金寫本藏文龍藏經探索》，臺北：國立故宮博物院，2015，頁 250-257。

袁凱錚，〈西藏東部藏傳佛教銅佛像製作工藝研究〉，北京：北京科技大學博士論文，

2010。

袁凱錚，〈西藏傳統銅佛像製作工藝的另面觀察——基於清宮活計檔案記錄的討論〉，《西藏研究》，2013 年 1 期，頁 62-75。

袁凱錚，〈試析藏族兩種傳統鑄造工藝的存在——由傳統銅佛像製作引發的思考〉，《中國藏學》，2012 年 3 期，頁 175-185。

袁凱錚，〈試論藏傳佛教銅佛像外部特徵與其製作工藝〉，《西北民族大學學報（哲學社會科學版）》，2009 年 5 期，頁 82-89。

馬連龍，〈一代宗師 百世楷模：章嘉若必多吉生平述略〉，《西北民族研究》，1992 年 2 期，頁 185-192。

馬越、李秀輝，〈中國古代黃銅製品與冶煉技術的研究狀況分析〉，《中國科技史雜誌》，卷 31 期 1，2010，頁 1-8。

康右銘，〈清代的唐努烏梁海〉，《世界歷史》，1988 年 5 期，頁 116-122。

張淑芝，〈清宮朝珠與滿族東珠〉，《滿族研究》，1995 年 2 期，頁 39-42。

張淑嫻，〈裝修圖樣：清代宮廷建築內檐裝修設計媒介〉，《江南大學學報（人文社會科學版）》，卷 13 期 3，2014 年 5 月，頁 113-121。

張麗，〈清宮銅器製造考——以雍、乾二朝為例〉，《故宮博物院院刊》，2013 年 5 期，頁 94-133、163。

曹南屏，〈玻璃與清末民初的日常生活〉，《中央研究院近代史研究所集刊》，期 76，2012 年 6 月，頁 81-134。

梁旭東，〈中國傳統的鎏金技術〉，《材料保護》，卷 3 期 1～2，1990 年 2 月，頁 83-86。

梅玫，〈清宮西洋錦——以乾隆二十三年大閱圖中所繪鞍韉與櫜鞬為中心〉，《故宮文物月刊》，期 367，2013 年 10 月，頁 110-120。

章新，〈清代宮廷外國織物的來源與用途述略〉，收入任萬平、郭福祥、韓秉臣主編，《宮廷與異域：17、18 世紀的中外物質文化交流》，廈門：廈門大學出版社，2017，頁 166-188。

郭福祥，〈《皇朝禮器圖式》編纂與乾隆朝科學儀器的禮制化〉，《故宮學術季刊》，卷 37 期 3，頁 1-44。

郭福祥，〈清代帝后印璽的製作〉，《紫禁城》，1993 年 3 期，頁 26-27。

陳志剛，〈清代西藏與南亞貿易及其影響〉，《四川大學學報（哲學社會科學版）》，2012 年 2 期，頁 21-27。

陳芳妹，〈蔣元樞與臺灣府學的進口禮樂器〉，《故宮學術季刊》，卷 30 期 3，2013 年

3 月，頁 123-184。

陳國棟，〈清代中葉廣東行商經營不善的原因〉，收入氏著，《東亞海域一千年：歷史
　　上的海洋中國與對外貿易》，濟南：山東畫報出版社，2006，頁 267-277。

陳捷先，〈從清初中央建置看滿洲漢化〉，收入氏著，《清史論集》，臺北：東大圖書公司，
　　1997，頁 119-135。

陳維新，〈同治時期中俄烏里雅蘇台及科布多界務交涉──以故宮博物院藏外交輿圖為
　　例〉，《蒙藏季刊》，卷 20 期 3，2011 年 9 月，頁 48-71。

陳慧霞，〈清代朝珠研究的再省思〉，《故宮學術季刊》，卷 37 期 4，2020 年 9 月，頁
　　173-220。

嵇若昕，〈從《活計檔》看雍乾兩朝的內廷器物藝術顧問〉，《東吳歷史學報》，期
　　16，2006 年 12 月，頁 53-105。

嵇若昕，〈清中後期（1821-1911）內務府造辦處南匠及其相關問題〉，《故宮學術季刊》，
　　卷 32 期 3，2015 春，頁 63-89。

黃一農，〈紅夷大砲與皇太極創立的八旗漢軍〉，《歷史研究》，2004 年 4 期，頁 74-
　　105。

黃希明、田貴生，〈談談「樣式雷」燙樣〉，《故宮博物院院刊》，1984 年 4 期，頁 91-
　　94。

黃春和，〈元明清北京宮廷的藏傳佛教 造像藝術風格及特徵〉，《法音》，2001 年 1 期，
　　頁 31-36。

楊丙雨，〈試金石及其對貴金屬的磨試〉，《貴金屬》，卷 6 期 2，1985，頁 39-43、
　　49。

楊玉君，〈楊柳青民俗版畫中的財富母題意義與轉換〉，《民俗曲藝》，期 207，2020
　　年 3 月，頁 11-60。

楊玉良，〈乾隆內府寫本《甘珠爾經》〉，《紫禁城》，1988 年 4 期，頁 22-23。

楊伯達，〈十八世紀中西文化交流對清代美術的影響〉，《故宮博物院院刊》，1998 年
　　4 期，頁 70-77。

楊伯達，〈郎世寧在清內廷的創作活動及其藝術成就〉，《故宮博物院院刊》，1988 年
　　2 期，頁 3-26、90。

楊伯達，〈清代玻璃配方化學成分的研究〉，《故宮博物院院刊》，1990 年 2 期，頁 17-
　　25。

楊煜達，〈清代中期（1726-1855）滇東北的銅業開發與環境變遷〉，《中國史研究》，
　　2004 年 3 期，頁 157-174。

溫廷寬，〈幾種有關金屬工藝的傳統技術方法（續）〉，《文物參考資料》，1958 年 9 期，頁 62-64。

溫廷寬，〈幾種有關金屬工藝的傳統技術方法〉，《文物參考資料》，1958 年 3 期，頁 62-63。

葉高樹，〈乾隆皇帝與滿洲傳統的重建——以薩滿祭祀儀式為例〉，《國立政治大學歷史學報》，期 48（2017 年 11 月），頁 43-93。

裘石、沙永福，〈貢貂與賞烏林制度非貿易辨〉，《北方文物》，1995 年 2 期，頁 87-92。

維微，〈說錫器（上）〉，《收藏家》，2005 年 5 期，頁 33-38。

維微，〈說錫器（下）〉，《收藏家》，2005 年 8 期，頁 39-44。

劉小萌，〈清代北京內城居民的分布格局與變遷〉，收入劉小萌，《清史滿族史論集》，北京：中國社會科學出版社，2020，下冊，頁 695-714。

劉序楓，〈清康熙——乾隆年間洋銅的進口與流通問題〉，收入湯熙勇編，《中國海洋發展史論文集》，臺北：中央研究院中山人文社會科學研究所，1999，輯 7，上冊，頁 93-144。

劉潞，〈一部規範清代社會成員行為的圖譜——有關《皇朝禮器圖式》的幾個問題〉，《故宮博物院院刊》，2004 年 4 期，頁 130-144、160-161。

樊明方，〈從唐努烏梁海進貢貂皮看清政府對唐努烏梁海的管轄〉，《中國邊疆史地研究》，1993 年 4 期，頁 28-31。

樊明方，〈清朝對唐努烏梁海地區的管轄〉，《中國邊疆史地研究》，1996 年 2 期，頁 42-59。

滕德永，〈清代內務府貢貂變價制度探析〉，《黑龍江社會科學》，2013 年 6 期，頁 144-153。

滕德永，〈清季內務府與北京銀號借貸關係淺探〉，《北京社會科學》，2013 年 5 期，頁 52-58。

潘志平、王熹，〈清前期喀什噶爾及葉爾羌的對外貿易〉，《歷史檔案》，1992 年 2 期，頁 82-91。

潘瑋琳，〈錫箔的社會文化史——以民國時期的江浙地區為中心〉，上海：上海復旦大學歷史博士論文，2010。

蔡鴻生，〈清代廣州的毛皮貿易〉，《學術研究》，1986 年 4 期，頁 85-91。

賴惠敏，〈山西常氏在恰克圖的茶葉貿易〉，《史學集刊》，2012 年 6 期，2012 年 11 月，頁 33-47。

賴惠敏，〈乾嘉時代北京的洋貨與旗人日常生活〉，收入巫仁恕等主編，《從城市看中國的現代性》，臺北：中央研究院近代史研究所，2010，頁 1-35。

賴惠敏，〈崇慶皇太后的萬壽盛典〉，《近代中國婦女史研究》，期 28，2016 年 12 月，頁 1-50。

賴惠敏，〈從高樸案看乾隆朝的內務府與商人〉，《新史學》，卷 13 期 1，2002 年 3 月，頁 71-134。

賴惠敏，〈清乾隆朝內務府皮貨買賣與京城時尚〉，收入胡曉真、王鴻泰主編，《日常生活的論述與實踐》，臺北：允晨文化，2011，頁 103-144。

賴惠敏，〈清乾隆朝的稅關與皇室財政〉，《中央研究院近代史研究所集刊》，期 46（2004 年 12 月），頁 53-103。

賴惠敏，〈蘇州的東洋貨與市民生活（1736-1795）〉，《中央研究院近代史研究所集刊》，63 期，2009 年 3 月，頁 1-48。

賴惠敏、蘇德徵，〈清朝宮廷製作黃銅技術與流傳〉，《吉林師範大學學報（人文社會科學版）》，2015 年 1 期，頁 43-53。

賴毓芝，〈「圖」與禮：《皇朝禮器圖式》的成立及其影響〉，《故宮學術季刊》，卷 37 期 2，2020 年 9 月，頁 1-56。

應兆金，〈藏族建築中的金屬材料及其鎦金工藝〉，《古建園林技術》，1991 年 2 期，頁 21-23。

戴和，〈清代粵海關稅收述論〉，《中國社會經濟史研究》，1988 年 1 期，頁 61-68、27。

戴逸，〈一場未經交鋒的戰爭——乾隆朝第一次廓爾喀之役〉，《清史研究》，1994 年 3 期，頁 1-10。

薛鳳，〈追求技藝：清代技術知識之傳播網路〉，收入故宮博物院，柏林馬普學會科學史所編，《宮廷與地方：十七至十八世紀的技術交流》，北京：紫禁城出版社，2010，頁 11-30。

韓光輝，〈清代北京地區人口的區域構成〉，《中國歷史地理論叢》，1990 年 4 期，頁 135-142

魏巧坤、丘志力，〈紅珊瑚的歷史、文化與現代時尚〉，《珠寶科技》，2004 年 3 期，頁 57-60。

魏雅平，〈工商月報調查・張家口皮革業近況及其衰落之原因〉，《河北工商月報》，卷 1 期 8（1929 年 6 月），頁 139-153。

關雪玲，〈金寶印〉，《紫禁城》，2001 年 1 期，頁 15-17。

關雪玲，〈清代后妃的寶印〉，《紫禁城》，1994 年 5 期，頁 22-23。

酈永慶、宿豐林，〈乾隆年間恰克圖貿易三次閉關辨析〉，《歷史檔案》，1987 年 3 期，
　　頁 80-88。

日韓書目

◎專書

〔日〕山脇悌二郎，《長崎の唐人貿易》，東京：吉川弘文館，1995。

〔日〕永積洋子編，《唐船輸出入品數量一　，1637-1833 年：復元唐船貨物改帳・帰帆
　　荷物買渡帳》，東京：創文社，1987。

〔日〕森永貴子，《イルクーツク商人とキャフタ貿易：帝政ロシアにおけるユーラシ
　　ア商業》，札幌：北海道大學出版會，2010。

〔日〕森永貴子，《ロシアの拡大と毛皮交易：16-19 世紀シベリア・北太平洋の商人
　　世界》，東京：彩流社，2008。

〔韓〕朴趾源著，朱瑞平校點，《熱河日記》，上海：上海書店出版社，1997。

〔朝鮮〕李基憲，《燕行錄・燕行日記》，收入成均館大學校大東文化研究院編，《燕
　　行錄選集》，首爾：成均館大學校大東文化研究院，1962，卷下。

〔朝鮮〕俞彥述，《燕京雜識》，收錄於林基中編，《燕行錄全集》，首爾：東國大學
　　校出版部，2000。

〔朝鮮〕洪大容，《湛軒燕記・湛軒燕行雜記三》，收入成均館大學校大東文化研究院編，
　　《燕行錄選集》，首爾：成均館大學校大東文化研究院，1962，卷上。

◎論文

〔日〕夫馬進，〈日本現存朝鮮燕行錄解題〉，《京都大學文學部研究紀要》，號 42，
　　2003 年 3 月，頁 127-238。

〔日〕吉田金一，〈ロシアと清の貿易について〉，《東洋學報》（東京），卷 45 號 4，
　　1963 年 6 月，頁 39-86。

〔日〕則松彰文，〈清代中期社会における奢侈・流行・消費―江南地方を中心とし
　　て―〉，《東洋學報》（東京），卷 80 期 2，1998 年 9 月，頁 173-200。

〔日〕島田　登，〈18 世紀におけるオランダ東インド会社の錫貿易に　する數量的考

察〉，《經濟學論集》（福岡），卷 44 號 2-3，2010 年 1 月，頁 199-223。

英文書目

◎專書

Clifford M. Foust. *Muscovite and Mandarin: Russia's Trade with China and Its Setting 1727-1805*. Chapel Hill: University of North Carolina Press, N. C. 1969.

Earl H. Pritchard. *Britain and the China trade 1635-1842*. London and New York: Routledge, 2000.

Els M. Jacobs. *Merchant in Asia: The Trade of the Dutch East India Company during the Eighteenth Century*. Leiden: CNWS Publications, 2006.

Evelyn S. Rawski. *The Last Emperors: A Social History of Qing Imperial Institutions*. Berkeley: University of California Press, 1998.

Finnane, Antonia. *Changing Clothes in China: Fashion, History, Nation*. London: Hurst & Company Press, 2007.

Franke, Peter and Dieter Neuschütz eds. *Binary Systems. Part 5: Binary Systems Supplement 1*. Springer Berlin Heidelberg: Berlin, Heidelberg, 2007.

Giles, Herbert A. *A Chinese-English Dictionary, 2nd edition*. Shanghai: Kelly & Walsh, 1912.

Irina Fedorovna Popova intro., trans., and comm., *Pictures of Folk Life (Fengsuhua) in Qing Beijing*. St. Petersburg: Slaviya, 2009.

Keith Pinn. *Paktong: The Chinese alloy in Europe, 1680-1820*. Woodbridge, Suffolk; (Wappingers Falls, NY): Antique Collectors' Club, 1999.

Lessing, Ferdinand. *Yung Ho Kung: An Iconography of the Lamaist Cathedral in Peking with Notes on Lamaist Mythology and Cult*. Stockholm; Göteborg: Elanders Boktryckeri Aktiebolag, 1942.

Liu Yong. *The Dutch East India Company's Tea Trade with China, 1757-1781*. Leiden: Brill, 2007.

Morse, Hosea Ballou. *The Chronicles of the East India Company Trading to China, 1635-1834*. Oxford: The Clarendon Press, 1926-29.

Patrick Connor, *Paintings of the China Trade: The Sze Yuan Tang Collection of Historic Paintings*. Hong Kong: Hong Kong Maritime Museum, 2013.

S. Wells Williams. *The Chinese Commercial Guide, Containing Treaties, Tariffs, Regulations, Tables, Etc., Useful in the Trade to China & Eastern Asia: with an Appendix of Sailing Directions for those Seas and Coasts*. Taipei: Ch'eng-Wen Publishing, 1966.

Schlesinger, Jonathan. *A World Trimmed with Fur: Wild Things, Pristine Places, and the Natural Fringes of Qing.* Stanford: Stanford University Press, 2019.

Schnee, Daniel and Krappitz, Harald. *Soldering and Brazing, Ullmann's Encyclopedia of Industrial Chemistry.* Wiley-VCH, Weinheim, 2013.

Walter Renton Ingalls. *Production and Properties of Zinc: A Treatise on the Occurrence and Distribution of Zinc Ore, the Commercial and Technical Conditions Affecting the Production of the Spelter, Its Chemical and Physical Properties and Uses in the Arts, together with a Historical and Statistical Review of the Industry.* New York and London: The Engineering and Mining Journal, 1902.

Watson Richard. *Chemical Essays.* London: printed for J. Johnson, F. and C. Rivington; R. Faulder; J. Walker; J. Scatcherd; J. Nunn; Longman and Rees; Cadell, jun. and Davies; and T. Hurst. 1800. G. Woodfall, printer,1800.

Yogev, Gedalia. *Diamonds and coral: Anglo-Dutch Jews and Eighteenth-Century Trade.* New York: Leicester University Press, 1978.

◎論文

Chapman, Martin. "Techniques of Mercury Gilding in the Eighteenth Century." In D. A. Scott, J. Podany, and B. B. Considine ed. *Ancient and Historic Metals: Conservation and Scientific Research.* Marina del Rey, Ca.: Getty Conservation Institute, 1994, pp. 229-238.

Finnane, Antonia. "Barbarian and Chinese: Dress as Difference in Chinese Art." *Humanities Australia*, 1 (August 2010), pp. 33-43.

Hadsund Per. "The Tin-Mercury Mirror: Its Manufacturing Technique and Deterioration Processes." *Studies in Conservation*, 38(1) (February 1993), pp. 3-16.

Heber D. Curtis. "Methods of Silvering Mirrors." *Publications of the Astronomical Society of the Pacific*, 23(135) (February 1911), pp. 13-32.

Herrera, Liz Karen et al. "Studies of Deterioration of the Tin-mercury Alloy within Ancient Spanish Mirrors." *Journal of Cultural Heritage*, 9(3) (December 2008), pp. e41-e46.

Kilian Anheuser, "The Practice and Characterization of Historic Fire Gilding Techniques." *JOM-Journal of the Minerals Metals & Materials Society*, 49 (November 1997), pp. 58-62.

Kilian Anheuser. "Cold and Hot Mercury Gilding of Metalwork in Antiquity." *The Bulletin of the Metals Museum*, 26(2) (January 1996), pp. 48-52.

Lai, Hu-min and Su, Te-cheng. "Brass Consumption in the Qing Empire." In E. Akçetin and S.

Faroqhi ed. *Living the Good Life: Consumption in the Qing and Ottoman Empires of the Eighteenth Century.* Brill: Leiden, 2017, pp. 333-356.

Römich Hannelore. "Historic Glass and its Interaction with the Environment." In Norman Tennent ed. *The Conservation of Glass and Ceramics.* London: James & James, 1999, pp. 5-14.

Tan, D.R., H.P. Lian. "The Ancient Chinese Casting Techniques." *China Foundry*, 8(1) (February 2011), pp. 127-136.

Zhou, W.R., Huang W. "Lost-Wax Casting in Ancient China: New Discussion on Old Debates." *JOM* 67(7) (July 2015), pp. 1629-1636.

網路資料

Dmitry Ivanovich Mayatsky et al., *Qingmuo Huajia Zhou Peichun Beijing Fengsu Huace*, http://ci.spbu.ru/archive/Book/Beijing-albom/index.html#2, accessed August 14, 2018.

Fioravanti Leonardo. *Dello specchio di scientia universale. 1567: Conzatte*, https://books.google.co.uk/books?id=Cws8AAAAcAAJ&pg=PP5&dq=Dello+specchio+di+scientia+universale&hl=zh-TW&sa=X&ved=0ahUKEwj1gvHMsPndAhUQdxoKHSjADaYQ6AEIVjAG#v=onepage&q=Dello%20specchio%20di%20scientia%20universale&f=false, accessed August 14, 2018.

Phase Diagrams & Computational Thermodynamics, "Calculated Phase Diagram." https://www.metallurgy.nist.gov/phase/solder/cusn.html, accessed August 14, 2018.

乾隆的百寶箱

清宮寶藏與京城時尚

作者｜賴惠敏
圖片授權｜本書內文圖檔均由作者提供，特此感謝相關單位授權使用

主編｜洪源鴻
責任編輯｜洪源鴻
行銷企劃總監｜蔡慧華
封面設計｜薛偉成
內頁排版｜宸遠彩藝

出版｜八旗文化／遠足文化事業股份有限公司
發行｜遠足文化事業股份有限公司（讀書共和國出版集團）
地址｜231 新北市新店區民權路 108 之 2 號 9 樓
電話｜02-2218-1417
傳真｜02-2218-8057
客服專線｜0800-221-029
信箱｜gusa0601@gmail.com
Facebook｜facebook.com/gusapublishing
Blog｜gusapublishing.blogspot.com
法律顧問｜華洋法律事務所／蘇文生律師
印刷｜成陽印刷股份有限公司

出版｜2023 年 11 月　初版一刷
定價｜650 元
ISBN｜　978-626-7234-70-9（平裝）
　　　　978-626-7234-74-7（EPUB）
　　　　978-626-7234-75-4（PDF）

國家圖書館出版品預行編目（CIP）資料

乾隆的百寶箱：清宮寶藏與京城時尚／賴惠敏著／初版／新北市／八旗文化／遠足文化事業股份有限公司／ 2023.11

ISBN：978-626-7234-70-9（平裝）

一、古器物　二、文物研究　三、工藝設計
四、文化史　五、清代

797.07　　　　　　　　　　　　112015404

乾隆的百寶箱

清宮寶藏與京城時尚

作者｜賴惠敏
圖片授權｜本書內文圖檔均由作者提供，特此感謝相關單位授權使用

主編｜洪源鴻
責任編輯｜洪源鴻
行銷企劃總監｜蔡慧華
封面設計｜薛偉成
內頁排版｜宸遠彩藝

出版｜八旗文化／遠足文化事業股份有限公司
發行｜遠足文化事業股份有限公司（讀書共和國出版集團）
地址｜231 新北市新店區民權路 108 之 2 號 9 樓
電話｜02-2218-1417
傳真｜02-2218-8057
客服專線｜0800-221-029
信箱｜gusa0601@gmail.com
Facebook｜facebook.com/gusapublishing
Blog｜gusapublishing.blogspot.com
法律顧問｜華洋法律事務所／蘇文生律師
印刷｜成陽印刷股份有限公司

出版｜2023 年 11 月　初版一刷
定價｜650 元
ISBN｜　978-626-7234-70-9（平裝）
　　　　978-626-7234-74-7（EPUB）
　　　　978-626-7234-75-4（PDF）

國家圖書館出版品預行編目（CIP）資料

乾隆的百寶箱：清宮寶藏與京城時尚／賴惠
敏著／初版／新北市／八旗文化／遠足文化
事業股份有限公司／ 2023.11

ISBN：978-626-7234-70-9（平裝）

一、古器物　二、文物研究　三、工藝設計
四、文化史　五、清代

797.07　　　　　　　　　　　　112015404